Chronist ohne Botschaft
Christoph Hein. Ein Arbeitsbuch

Chronist ohne Botschaft
Christoph Hein. Ein Arbeitsbuch

Materialien, Auskünfte, Bibliographie

Herausgegeben von Klaus Hammer

Aufbau-Verlag

Redaktion Hannelore Prosche

ISBN 3-351-02152-6

1. Auflage 1992

Schutzumschlag und Einbandgestaltung Ute Henkel unter Verwendung eines Fotos von Günter Prust
Gesetzt aus der Aldus und der Helvetica der Firma Berthold
Satz Hagedornsatz, Berlin
Druck und Bindung Clausen & Bosse, Leck

INHALT

Vorbemerkung

Christoph Hein (geb. 1944), in den achtziger Jahren zu einem der wesentlichen Autoren im deutschsprachigen Raum geworden, ist ein aufklärerischer Moralist, der auf Dialog mit dem Leser setzt. Chronist zu sein, hält er für die Pflicht des Autors: Genauigkeit des Benennens, des Reflektierens; denn nicht der Vorgang ist das eigentlich Fürchterliche, sondern sein Benennen. Hein gibt vor, nichts anderes zu wollen, als Geschichten zu erzählen. Doch in seinen einfachen Alltagsgeschichten verstecken sich – im Untertext – ganz andere, viel komplexere Geschichten. Sie stehen dem entgegen, was der Erzähler- oder Figurenbericht vorgibt. Der Leser hat beim Erzählten ständig zwischen Oberfläche und Tiefe, Gesagtem und Ungesagtem, Offenbartem und Verborgenem zu unterscheiden. Der Chronist, der Erzähler ebenso wie das berichtende Ich oder die Figur nehmen – jeder auf andere Weise – die Doppelposition von betroffenem Subjekt und distanziertem Beobachter ein. Indem er verschiedene Zeitebenen verschränkt, den Erzähl- durch den Erinnerungsvorgang hinterfragt, fordert Hein uns auf, den verlorenen Zusammenhang von Gegenwart und Vergangenheit wiederherzustellen, damit wir der Chance der Zukunft nicht gänzlich verlustig gehen. Unsere Geschichte holt uns immer wieder ein, mögen wir sie auch noch so sehr verdrängen. Heins Thema ist die Distanz, die Nichtidentität, die Entfremdung des Menschen in unserer Zeit, und seine Texte zielen selbst auf abgelegenen Pfaden und phantasievollen Umwegen immer unsere Gegenwart an. Die Mehrbödigkeit seines Erzählens ist wohl auch ein Grund dafür, daß seine Geschichten, erneut gelesen, erstaunlich oszillieren, andere Schichten freilegen, neue Deutungen zulassen. Sie halten in unterschiedlichen Situationen und Zeiten eine ganz andere, neue Sicht, Warnung und Wahrheit bereit. Mit bloßen Analogien und Gleichsetzungen kommt man ihnen jedenfalls nicht bei.

Dem Schicksal seiner Figuren scheinen mitunter nichtige, eigentlich leicht behebbare Ursachen zugrunde zu liegen. Gesellschaftliche Tabus können sich über Nacht in Nichts auflösen. Unrecht von gestern kann heute schon anerkanntes Verhalten sein. Unerbittlich protokolliert Hein Festschreibungen von Haltungen in der Zeiten- und Generationenabfolge. Er deckt erschreckende Biographien auf: Die Figuren haben sich eingerichtet in einer Interimssituation der Stagnation, sie erfahren die banale Ereignislosigkeit ihres ungelebten Lebens als Rollenspiele an sich. So zwanghaft diese Lebensläufe sind, die der Autor auch nicht durch Variationsversuche und Chancen überprüfen läßt, ist doch der Schrei der Figuren nach Leben nicht zu überhören. Die sich in Extremsituationen entfaltenden psychosozialen Überlebenstechniken, die Hein vorführt, mögen beim Leser Betroffenheit oder Sich-Wehren auslösen, aber die Einsicht wird nicht auf sich warten lassen: Ein Zustand der Frustration, das Erlebnis der Handlungsunfähigkeit kann nicht bewältigt werden, solange sich menschliche Aktivität in der Blockierung von Vergangenheit oder in der rigorosen Verdrängung von Wahrnehmungen erschöpft. Erst der Entschluß, Realität unverstellt anzunehmen, kann Identitätsfindung und Kooperation ermöglichen.

Die Ideale sind desavouiert, die Botschaften verschlissen, das Leben scheint ein falsches, leeres, sinnloses und auswegloses – Hein unternimmt die Bestandsaufnahme eines Zustandes, nicht die Schilderung eines Entwicklungsprozesses. Während in seiner Prosa gesellschaftliche Realität und Psychologie der Figuren gleichermaßen minutiös aufgezeichnet und verzahnt erscheinen (und die Notation geringfügiger Verhaltensänderungen hier das Aufregende ausmacht), bleibt der Autor in seinen konventionell gebauten Stücken vornehmlich registrierender Chronist, der allerdings mehr an den Folgen als an den Fakten interessiert ist. Auch hier durchdringen sich Persönliches und Gesellschaftliches, in scheinbar belangloser Konversation wird gesellschaftliche (Nicht-)Entwicklung deutlich, banale zwischenmenschliche Vorgänge spiegeln Weltpolitisches. Alle seine Dramen sind »historische Gegenwartsstücke«, weil Heins Blick in die Vergangenheit auch immer einer in die Zukunft ist. Es sind Spiele um Kunstfiguren, Schau- und Denk-Spiele, in denen sich überall komisch abgründige Fallen auftun. Sie heben sich in ihrer Abfolge direkt und indirekt auf, führen weiter oder setzen dagegen – die gewöhnliche Haltung von Produktivität, die das Theater (wieder) als Anstalt des öffentlichen Nachdenkens über große gesellschaftliche Gegenstände begreift, als Schau-Bühne und Instrumentarium menschlicher Phantasie.

Hein hat in den vergangenen DDR-Jahren jeden Versuch einer Funktionalisierung von Literatur zum Zweck einer verschwörerischen Verständigung mittels der »Sklavensprache« von sich gewiesen und darauf bestanden, Literatur schreiben zu wollen; und er forderte uneingeschränkte Öffentlichkeit. In begrifflicher Schärfe und logischer Eindeutigkeit demontierte er in seinen Reden und Aufsätzen die zu Versatzstücken, zur Phrase und zu Beschwörungsformeln gewordenen sozialistischen Ideale und

Leitbilder; Hein arbeitete so dem Herbst 1989 vor und wirkte an ihm mit. Er hat die versteinerten Verhältnisse beschrieben, und die versteinerten Verhältnisse fingen an zu tanzen.

Unser Materialienband ist als Arbeitsbuch gedacht. Kritiker, Wissenschaftler und Autoren aus dem In- und Ausland äußern sich in ganz unterschiedlicher Weise zu Werk und Persönlichkeit Heins wie zu verschiedenen Aspekten seines Schaffens. Dem Leser werden damit Denkangebote vermittelt, womöglich neue, ungewöhnliche Zugänge und Lesarten eröffnet. Gerade Kontrapunktik und Zusammenspiel von älteren und jüngsten, hier erstmals veröffentlichten Arbeiten können das Spannende dieses Buches ausmachen. Daß der Essayist Hein hier kaum erscheint, spiegelt die Tatsache, daß er bisher zu sehr vom Publizisten verdeckt wurde. Ein ausführliches, 1991 geführtes Gespräch mit dem Autor ist dem Band vorangestellt, Zeittafel, Inszenierungsverzeichnis und Bibliographie – als bislang umfassendster Nachweis zum Œuvre Heins und zur Sekundärliteratur unentbehrliche Arbeitsgrundlage für den Spezialisten – beschließen ihn.

Juni 1991 *Der Herausgeber*

I
»Dialog ist das Gegenteil von Belehren« Gespräch mit Christoph Hein

KLAUS HAMMER: Vor knapp zehn Jahren saßen wir schon einmal an diesem Tisch; von dem längeren Gespräch konnte dann nur ein Auszug veröffentlicht werden ... Damals haben Sie die Frage, ob Sie sich als Moralist verstehen, bejaht. Christoph Hein, ein aufklärerischer Moralist, der auf den Dialog mit dem Leser aus ist – auch wenn Sie sagen, daß Sie in erster Instanz für sich selbst schreiben und als Schreibender an Moral, an Ethik nicht interessiert sind – ist das auch heute noch Ihre Position?

CHRISTOPH HEIN: Das gehört zusammen. Ich denke, Literatur hat mit Moral nichts zu tun. Es geht um Genauigkeit, ›Moral‹ oder ›Sittlichkeit‹ wirkte da nur beschönigend, es gäbe Abstriche an der Genauigkeit. »Aufklärerischer Moralist« würde ich akzeptieren, für mich hat Schreiben sehr viel mit Aufklärung zu tun. Und die Aufklärung in dieser Art von Moral, das hängt schon zusammen. Aber Moral selbst, Sittlichkeit soll durch Schreiben nicht unbedingt befördert werden. Ich denke, die Genauigkeit, die direkte Mitteilung über die Welt, ist wichtiger, und die verstößt eben auch mitunter gegen Moral.

HAMMER: Wenn Sie sich so in die Tradition aufklärerischer Literaturpraxis stellen – wohl nicht nur Sie allein, sondern auch viele andere Ihrer und der vorhergehenden Generation –, dann ist das – im Unterschied zu den Vorgaben einer Autonomie-Ästhetik, die sich am innovatorischen Material ausrichtet – eine recht konventionelle, auf Wirkung gerichtete Haltung. Geht es Ihnen um Aufklärung des noch nicht Aufgeklärten, um Bewußtwerdung des Unbewußten durch die erweiterte Vernunft? Ist das Prinzip der Vernunft für Sie nach wie vor eine wesentliche Kategorie? Nicht so sehr eine moralische als vielmehr eine ästhetische Kategorie?

HEIN: Ja, vor allem eine ästhetische Kategorie. Wobei ich nicht weiß, inwieweit das stärker konventionell ist als eine andere Haltung, die innovative würde ich keinesfalls in einem Gegensatz dazu sehen. Kunst ohne das Moment der Innovation wäre Makulatur. Allerdings meine ich auch, in jeder Generation, in meiner wie der vorhergehenden und der nachfolgenden, gibt es die unterschiedlichsten Konzeptionen. Ich würde keinesfalls

eine Konzeption als für eine ganze Generation verbindlich ansehen, da sind die Unterschiede doch größer. »Aufklärung von Unaufgeklärtem« – das wäre für mich nicht mehr zu akzeptieren; im Lessingschen Zeitalter war eine solche Haltung sicher noch möglich, doch durch die Massenmedien, durch die Anwesenheit sämtlicher Informationen zu jeder Zeit und jedem Moment heute nicht mehr. Die Aufklärung, die heute zu leisten ist, hat eine andere Funktion. Es geht nicht mehr darum, den Uninformierten aufzuklären, sondern – da kommen wir wieder auf das, was Sie anfangs sagten – in einen Dialog mit einem anderen Menschen zu treten, der über die gleiche Vielzahl an Informationen verfügt. Und es geht in meiner Konzeption da weitaus mehr um Dialog, ich bin da nicht weniger belehrbar als vielleicht ein anderer. Der Dialog ist ja das Gegenteil von Belehren.

HAMMER: Zum Begriff des aufklärerischen Moralisten kommt ja noch ein zweiter, der mit der Aufarbeitung von Geschichte zu tun hat, der Begriff Chronist. Immer wieder haben Sie sich als Chronist bezeichnet ...

HEIN: Sogar an primärer Stelle.

HAMMER: ... der sogar soweit geht, wie ein Buchhalter seine Zeit zu protokollieren.

HEIN: Chronist ist für mich ein Homer wie ein Shakespeare wie ein Kafka. Ich benutze das Wort weniger im Sinne des Buchhalters als des wirklichen Chronikschreibers etwa des 14. und 15. Jahrhunderts, wo die kleinen Fürsten einen Schreiber hatten, der wirklich tagtäglich aufzeichnete, was da passierte, und dies auch mit ein bißchen Rückgrat machte. Er berichtete also auch über Dinge, die nicht berichtet werden sollten. Ich habe ein paar dieser Chroniken gelesen, etwa die des Herzogs Ulrich von Baden-Württemberg. Es ist sehr beeindruckend, wie genau da die freundlichen und die schäbigen Seiten des Fürstentums aufgezeichnet sind. Das war die eingetragene Berufsbezeichnung Chronist, in diesem Sinne also Chronist. Natürlich, das versteht sich von selbst, gehört dazu noch das Moment der Kunst – was einen Shakespeare, einen Kafka oder andere ausmacht.

HAMMER: Nun hat doch ›Chronist‹ etwas zu tun mit Quellenbeleg, der besonderen Rolle des Fakts, mit Authentischem, Nachprüfbarem; während andererseits – verfolgt man die gegenwärtige Diskussion – die berechtigte Erwartung da ist, daß Literatur wieder zu dem zurückkehren kann, was immer ihre eigentliche Aufgabe war.

HEIN: Chronist so gefaßt, wäre mir ein bißchen zu eng. Ich hatte ja Homer, Shakespeare und Kafka genannt, da wird natürlich auch eine Welt erfunden, um die bestehende widerzuspiegeln. Also das Moment des Phantastischen gehört ebenso dazu. Die Welt Kafkas wirkt auf den ersten Blick sehr phantastisch. Wenn wir die *Amtlichen Schriften* ansehen, die dankenswerterweise vor drei, vier Jahren veröffentlicht worden sind, sehen wir geradezu eine Kongruenz seiner Prosa und seiner Tätigkeit in diesem Versicherungsbüro. Liest man diese Schriften und dazu den *Prozeß*, wird diese Übereinstimmung deutlich, etwas von dieser Genauigkeit und natürlich der Umsetzungsprozeß mit den künstlerischen Möglichkeiten eines Kafka.

HAMMER: Sie haben einmal gesagt, Sie könnten die Person Kafka, auch wenn Sie kein Foto von ihm kennten, auf Grund seines Prosawerkes sehr genau umreißen. Kafka verstecke sich zwar völlig hinter seiner Prosa, schreibe aber zugleich eben dennoch *seine* Geschichte. Auch in Ihrem Werk spielt das autobiographische Moment eine große Rolle...

HEIN: Das ist in der Kunst gar nicht anders möglich. Natürlich ist das die Welt desjenigen, der sich da mitteilt. Selbstverständlich haben Kafkas Zeitgenossen etwas anderes mitgeteilt gemäß ihren Augen, ihrer Sicht auf die Welt, und natürlich ist in dem, was ich mitteile, ein Stück meiner Welt enthalten, wie ich sie sehe und vor allem, gebrochen durch meine Augen, wie ich sie wahrnehme, wie ich sie auffasse. Der Nachbar, der neben mir lebt, sieht das vielleicht völlig anders. Es ist *eine* Sicht auf die Welt, nämlich meine.

HAMMER: Die Tatsache, daß es vom einzelnen her gesehen eine ›objektive‹ Weltsicht nicht gibt – lange geleugnet –, ist das eine. Ein anderes das bestimmte Wirkungskonzept: einem Marx-Wort folgend, mit dem Sie gerne umgehen, auch schon in unserem Gespräch damals, daß man den versteinerten Verhältnissen ihre eigene Melodie vorspielen muß, um sie zum Tanzen zu bringen ... Dazu gehört auch die Genauigkeit des Benennens. Nicht der Vorgang selbst sei das Fürchterliche, sagten Sie einmal, sondern dessen Benennen. Und das ist wohl eine der wichtigsten Funktionen von Literatur überhaupt.

HEIN: Ja, dazu stehe ich.

HAMMER: Die Positionen, die Sie in Dramatik, Prosa und Essayistik ausgebildet haben, sind also weniger als moralisierender Appell zu verstehen, sondern immer im Zugriff auf das historische Material, auf das Material der Gesellschaft, der Literatur. In diesem Material steckt schon die Aufforderung an den einzelnen, sich selbst in einer historischen Kontinuität zu sehen, mit allen Schrecknissen, allem Mißlingen und allen Verbrechen. 1983 nannten Sie dies »Plädoyer für Engagement«, in das man das eigene Leben einbeziehen müsse. Ist nicht wenigstens in den letzten zehn Jahren schon in den literarischen Texten – nicht erst in den publizistischen, essayistischen – die Entwicklung zu dem öffentlich eingreifenden Autor Christoph Hein deutlich markiert?

HEIN: Ich habe ja den ersten Essayband, der hier veröffentlicht wurde, nach einem der Artikel benannt. Denn dieses »öffentliche Arbeiten«, das meint schon, daß die Arbeit des Schriftstellers selbst öffentlich ist. Nicht die Person, die sollte sich raushalten.

HAMMER: Sie haben sich ja auch geweigert, in der »Sklavensprache« zu schreiben und statt dessen immer wieder Öffentlichkeit für Literatur eingefordert.

HEIN: Ja. Wobei ich denke, die Kennzeichnung ›öffentliche Arbeit‹ trifft für sämtliche Literatur zu, selbst für die esoterische. In dem Moment, wo etwas veröffentlicht wird, ist das deckungsgleich. Es sind öffentliche Arbeiten. Und sie wirken auch oder können öffentlich wirken, ich muß mir auch dessen bewußt sein.

Programm-Poster »Spektakel 2 – Zeitstücke«, Volksbühne Berlin 1974 (Ausschnitt)

Ein völliges Verabschieden von Wirkung ist gar nicht möglich. Wenn ich veröffentliche, öffentlich arbeite, stehe ich dann auch in einer Pflicht.

HAMMER: Peter Hacks hat Sie 1982 den letzten Vertreter der Schlesischen Dichterschule genannt – sind Sie durch das Land Ihrer Geburt geprägt?

HEIN: Ich bin mit einem dreiviertel Jahr von dort weggebracht worden ...; allenfalls bin ich durch Schlesier geprägt.

HAMMER: Vor und nach Ihrem Philosophie-Studium waren Sie bei Benno Besson. Haben Sie sich über ihn oder vielleicht auch über Heiner Müller, der ja auch an der Volksbühne tätig war, mit dem Brecht-Theater auseinandersetzen können?

HEIN: Das Brecht-Theater war für mich schon wichtig und gewichtig, bevor ich Besson kannte, ohne daß ich sagen kann, es gab da eine wirkliche Auseinandersetzung. Brecht ist für mich ein wichtiger, großer Mann. Aber das war er für mich schon vor Besson. Besson war weniger die Brechtsche Richtung, die er prägte, viel eher die romanische, die er sehr stark auch nach Deutschland und nach Berlin brachte. Das war schon entscheidend und wichtig.

HAMMER: Und Heiner Müller? Gab es vielleicht damals schon gewisse Anhaltspunkte dafür, daß Sie sich später auch mit Themen auseinandergesetzt haben, die Heiner Müller eine Zeitphase zuvor schon behandelt hatte, so daß man bestimmte Stücke bei Ihnen als Paraphrasen zu Müllerschen Stücken sehen kann?

HEIN: Das überrascht mich, wo sehen Sie das?

HAMMER: *Schlötel* und Müllers Produktionsstücke der fünfziger und sechziger Jahre – das ist doch eine Entgegensetzung mit einer zeitlichen Verschiebung.

HEIN: Vielleicht. Nun gibt es aber eine ganze Reihe Stücke dieser Art. Für mich ist *Schlötel* sehr stark in der Lenzschen Tradition. Lenz ist für mich sehr wichtig und war es auch damals schon, die Lenzsche Dramatik, die bedauerlicherweise dann abgebrochen wurde mit dem 19. Jahrhundert. Es gibt noch Büchner, das ist für mich so etwas wie ein Glanzstück der Lenzschen Dramatik und Dramaturgie. Das war wesentlich für *Schlötel;* ich hätte diese Art Dramatik damals auch gerne weiterbetrieben. Es endete aber alles so fürchterlich mit dem Stück, und es gab derart viel Prügel, da bin ich nolens volens davon abgekommen. Ich weiß nicht, ob es mir noch mal gelingen wird, das hängt von vielem ab, auch von Thematik, Gegenstand usw. Die Beziehung zu Müller, die wird es sicher geben bei dem Stück, ganz stark sogar. Aber vergessen Sie nicht, zu der Zeit gab es durchaus auch Verbindungen zu anderen Kollegen, die dort arbeiteten. Sehen Sie weitere Bezüge zu Müller, weil Sie das so generell sagen?

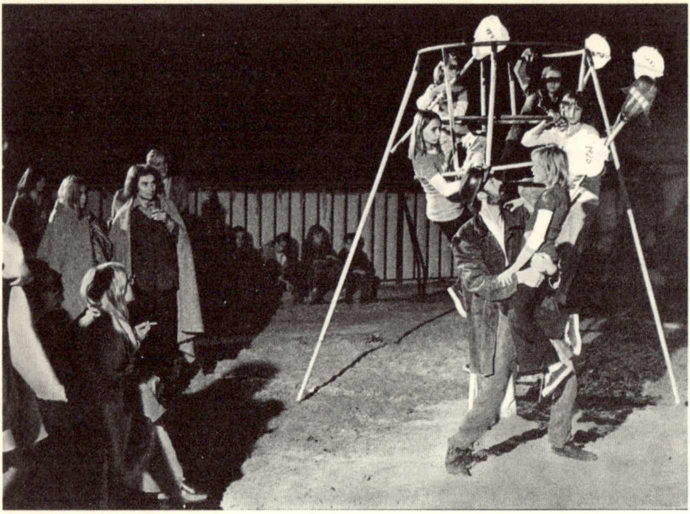

»Vom hungrigen Hennecke« (Winfried Glatzeder und Kinder der Georg-Schumann-Oberschule Berlin-Lichtenberg)

HAMMER: Nun, ich denke an das frühe ›Lehrstück‹ *Vom hungrigen Hennecke.*

HEIN: Ja, das ist ganz ironisch und mehrfach gebrochen. Ich will das nicht ausschließen, das sind Sachen, die ein dritter auch genauer sieht als man selbst.

HAMMER: Sie haben es zwar als banale Tatsache angesehen, daß Stücke, die in der Gegenwart geschrieben werden, Gegenwartsstücke sind, aber es war Ihnen doch so wichtig, daß Sie es mehrfach wiederholt haben. Und dennoch sind Ihre Stücke auf der Bühne oft in einer aktualisierend publizistischen Form inszeniert worden, gegen Ihre eigene Intention, und wahrscheinlich auch vom Publikum so mißverstanden.

HEIN: Die Gefahren liegen grundsätzlich beim Theater. Es besteht immer auch die Gefahr oder die Möglichkeit, einen *Hamlet* tagesaktuell zu inszenieren. Nicht nur die Gefahr, sondern es liegt auch ein großer Reiz darin. Theater hat eben mit dem jeweiligen Tag zu tun. Ich gehe ins Theater und habe im Kopf die Geschehnisse des Tages, und die Bühne reagiert auch darauf. Und es gibt Dinge, die weder vom Regisseur noch vom Schauspieler so gedacht sind, vom Autor, der schon vier Jahrhunderte tot ist, schon gar nicht. Aber dennoch gibt es auf einmal eine Korrespondenz. Diese Art von tagesaktueller Nähe ist größer als bei anderen Genres in der Kunst.

HAMMER: Aber Sie wehren sich doch immer gegen die journalistische Funktion, die Literatur auszuüben gezwungen war oder, in welcher Weise auch immer, ausgeübt hat. Dennoch sind Ihre Stücke wiederholt in dieser Form auf die Bühne gekommen.

HEIN: So grundsätzlich würde ich das nicht sagen. Es gab wohl solche Inszenierungen. Das kann passieren, es ist gerade auf der Bühne leicht möglich. Unter anderem auch, weil eben vom Publikum ein gewisser Druck auf den Literaten der DDR ausgeübt wurde, die fehlende Presse zu ersetzen, also doch Wahrheiten über die DDR mitzuteilen. Ich habe mich dagegen immer gewehrt.

HAMMER: Es sind doch Schau-Spiele, Denk-Spiele, und diese ihre ästhetische Funktion ist mitunter aus dem aktuellen Bedürfnis heraus zu kurz gekommen.

HEIN: Das aktuelle Bedürfnis ist vorhanden und bricht sich und brach sich Bahn. Ich habe versucht, ein bißchen dagegenzusteuern, auch in Essays und Reden, weil ich das für eine Gefahr hielt und halte. Aber gar keine Frage, ein solches Bedürfnis ist dann doch größer. Wenn man nicht aufpaßt, kann über der Erfüllung einer moralisch wertvollen Aufgabe leicht die ganze Arbeit untergehen. Aber es hat eben mit Moral, wenig mit Kunst zu tun.

HAMMER: Und es waren außerliterarische Aufgaben ...

HEIN: Es waren total außerliterarische Aufgaben. Wenn man sich denen beugte, konnte man sehr schnell mit Erfolg, mit Resonanz rechnen.

HAMMER: Mitunter waren es dann Chiffren, die wie in einem Schlüsselstück über die Bühne vermittelt wurden, und Inszenierungen dieser Art hatten in der Bundesrepublik vor einem Publikum, das nicht immer sensibilisiert war für diese Probleme, ihre besonderen Schwierigkeiten. *Lassalle* als Tragödie über den Rückzug aus der Politik in der DDR und eine Komödie über opportunistische Anpassung zugleich – das ist doch sehr linear über die Bühne gegangen – in der DDR nicht viel anders; mit diesem Stück hatte man ja seine besonderen Probleme.

HEIN: Es gab eine Inszenierung in der DDR, die hatte nichts von dieser Art der Tagespolitik ...

HAMMER: ... die Erfurter Inszenierung von 1987, die erste in der DDR, die sieben Jahre nach der Uraufführung in Düsseldorf stattfand ...

HEIN: Wenn heute jemand zu mir kommen würde, um mich zu fragen, welches meiner Stücke man jetzt aufführen sollte, ich würde unbedingt zu *Lassalle* raten. Das hat nicht unbedingt nur etwas mit der DDR zu tun. Das sind Dinge, die doch etwas übergreifend sind. Und zur Zeit läuft das Lassalle-Stück überall, nicht gerade auf den Bühnen, aber sonst überall im Land. Tatsächlich gab es ja nicht nur Schwierigkeiten in der DDR damit, daß das Publikum den Text zwischen den Zeilen hören wollte, also auf tagespolitische Anspielungen aus war. Ein vergleichbares Mißverständnis gab es auch in Westdeutschland, speziell gegenüber der DDR-Literatur. Man spricht immer von einem Bonus, den die DDR-Literatur drüben hatte. Ich habe es immer als Malum empfunden. Man war im Grunde weniger geneigt – als dann gerade im Ausland –, das Stück Literatur als solches zu nehmen. Man nahm es immer als Mitteilung und möglicherweise noch als Kassiber aus der DDR, da kamen die allergrößten Mißverständnisse auf. Es ging immer darum, daß ein mutiger Mensch aus der DDR irgendwelche mutigen Dinge sagt. Mit Literatur hat das wenig zu tun. Ich war immer heilfroh, wenn im Ausland, also bei Inszenierungen jenseits der deutschen Grenze, dieser Punkt auf einmal überhaupt keine Rolle spielte. Woher das Stück kam, interessierte gar nicht, oder man konnte mit dem Wort DDR nichts anfangen. Das war eben so weit weg. Gezwungenermaßen mußte man sich auf den Text einlassen – und das schon gar nicht als Streicheleinheiten für einen unterdrückten Autor aus der DDR.

HAMMER: Um auf *Cromwell* zu sprechen zu kommen: Ist das Stück 1974 unter dem Eindruck der Revolution in Portugal geschrieben worden?

HEIN: Nein, das kann man nicht sagen. Wie bei fast allen meinen Arbeiten sind das Sachen, die mich über ein paar Jahre beschäftigt haben, bevor ich dann schrieb. Allerdings, die damals ablaufende Revolution habe ich ziemlich kräftig benutzt. Ich hätte das auch mit jeder anderen machen können. Es war mir ganz hilfreich, um die Brechungen zu bekommen, die das Historienstück verhindern sollten. Diese ziemlich kräftige, auch ziemlich grobe Brechung, die war mir sehr wichtig, damit nicht ein solches Mißverständnis auftaucht. Aber Ausgangspunkt waren Sachen, die liegen Jahre zurück. Wie fast alle Arbeiten, die über ein paar Jahre gewachsen sind, weil ich sie früh begonnen, unterbrochen und weggelegt und etwas anderes vorgezogen habe. Ich fand auch – wenn das auch immer etwas mit Katastrophen zu tun hat –, eine Arbeit unterbrechen zu müssen ist etwas Hilfreiches. Man kann so ein paar Jahre hingehen lassen, um sich dann die Sache noch einmal anzuschauen.

HAMMER: Es wird ja ein Komplex verschiedener Erklärungsmuster – ökonomischer, sozialer, psychologischer – in der Konfrontation Cromwells mit den verschiedenen an der Revolution beteiligten Kräften angeboten. Jeder im Stück nimmt einen anderen Standpunkt ein. Und von daher ist zu vermuten, daß hier in einer Modellsituation etwas durchgespielt werden sollte: die Bedingungen für das Gelingen oder Nicht-Gelingen einer Revolution. In anderer Weise haben das zu gleicher Zeit auch andere DDR-Autoren getan – etwa Volker Braun –, und das hatte doch etwas zu tun mit den stehengebliebenen, abgebogenen, den rückläufigen Prozessen im Lande selbst.

HEIN: Das hatte sehr viel mehr mit dem Lande selbst zu tun. Bis hin zu dem vollständigen Ende dieses Aufbruchs in *Cromwell*. Der alte König kommt zurück. Es ist ein neuer König, aber er ist wieder da.

HAMMER: Und Sie haben das Stück als Komödie angelegt.

HEIN: Ja, es ist eine Komödie.

HAMMER: In die Figur des Narren Ladybird, der zugleich ein Weiser ist, wurde ja viel hineingelegt: Autorenkommentar, es ist auf die Zweigeschlechtlichkeit und Vogelähnlichkeit verwiesen worden, Ladybird als Figur des Volkes. Es treten aber auch die tragischen, ja fatalen Züge hervor. Verläßt Ladybird am Ende die Kommentatorenrolle und wird zu einer handelnden, ja zu einer Geschichtsfigur?

HEIN: Daß da Autorenkommentar vorliegt, würde ich heftig bestreiten, weil ich das grundsätzlich nicht mache. Der Autor als Kommentator der eigenen Arbeiten, das halte ich für geradezu kunstfeindlich. Ich meine auch nicht, daß Ladybird am Ende aus der Figur heraustritt; ich denke, er ist doch eine insgesamt geschlossene Figur, und das scheinbar Überraschende des Endes ist schon am Anfang angelegt. Ich sehe ihn weniger als Volks- und Witzfigur, sondern tatsächlich wesentlich bösartiger. Was da zum Schluß passiert, ist genaugenommen auch am Anfang drin und gehört zu dieser Art von Figur, auch in dieser anbiedernden, scheinbaren Freundlichkeit. Da ist kein Verlassen der Figur, an keiner Stelle.

HAMMER: Wenn man *Cromwell* heute wieder liest, drängen sich ganz überraschende Parallelen auf. Es geht ja um die Frage Führung und Volk, um die Frage: Wer war schuld an dem Scheitern? Cromwell sagt:

»Das Land war zu schwach. Es taugt nichts. Eine Kanaille, die nur gelauert hat auf das Mißglücken meiner Arbeit [...]. Sie waren nicht reif genug [...]. Sie sind undankbar und rachsüchtig.«

Hier handelt es sich ja um Projektionen eigener Fehler auf das Volk; solche Aussagen sind auch für die Geschichte der sozialistischen Revolutionen und ihres Scheiterns zu treffen. Ich erinnere an das Brechtsche Paradoxon: ›Wäre es da nicht einfacher, die Regierung löste das Volk auf und wählte ein anderes?‹

HEIN: Ja gut, das war schon ein Teil der Intentionen. Vergessen Sie nicht, in den Text sind auch bruchstückweise markante Sätze aus Gerichtsreden von Stalins Starankläger Wyschinski montiert. Insofern erinnert mich das, was Sie eben zitierten, an die jüngsten Kommentare der ehemaligen Führung. Da ist auch etwas von dieser Art Wehleidigkeit, das Sich-selbst-schuldfrei-

Sehen, die Zuweisung zu einem ganz anderen, veränderten Bereich. Möglicherweise ist das der normale Verlauf der Welt. Da habe ich ja nicht als Prophet gesprochen, sondern das ist eben schon tausendmal so abgelaufen, und es lief halt in diesem kleinen Land nochmals so ab.

HAMMER: Das Vergangene und die Gegenwart berühren sich. Und genau diese Schnittstellen sind es, die Sie interessiert haben.

HEIN: Sicher ist es das, warum wir Interesse an der Geschichte und an Geschichtlichem haben. Das hat auch etwas damit zu tun, daß die Gegenwart davon geprägt ist. Und der Ablauf der kleinen Geschichte unseres kleinen Landes belegte es noch mal, und es fand in geradezu kurioser Art und Weise in einer Form von Wiederholung statt. Es ist dadurch nicht frei von Komik, weil es einfach wiederholt so abgelaufen ist, und irgendwo erschöpft sich dann auch die Neuheit. Es lief allzu sehr nach Drehbuch ab.

HAMMER: Aber die Anachronismen, die ja bewußt eingearbeitet sind, die sollen doch eigentlich gerade diese Schnittstellen ...

HEIN: Ich wollte das Historienstück verhindern.

HAMMER: Das Nicht-Eingewöhnen in die Geschichte auf der einen Seite, aber auf der anderen wollten Sie kein Gegenwartsstück in historischer Verkleidung schreiben, Sie wollten schon zeigen, wie sich zwei Ebenen überlagern, ja aufeinanderstoßen, und es ist für den Leser/Zuschauer schon von besonderem Interesse, die Brüche, die Zäsuren herauszulesen ...

HEIN: Ich denke auch, das sind sehr grobe Mittel, diese Anachronismen ...

HAMMER: ... die Sie dann später in der Weise nicht mehr eingesetzt haben. Sie würden aber die Arbeit mit Anachronismen nicht prinzipiell ablehnen, weil sie ja den Stoff enthistorisieren, verfremden, Abstand und Nähe zugleich auf andere Weise herzustellen vermögen?

HEIN: Es gibt gelegentlich Arbeiten mit historischem Sujet, wo ich durchaus auch Anachronismen verwende, nur anders. Ich erinnere an die Humboldt-Geschichte. Da sind auch genügend Anachronismen drin, ohne daß sie sogleich ins Auge fallen. Nein, wenn ich eine historische Geschichte aufschreibe, dann liegt damit überhaupt schon eine Art Anachronismus vor. Es geht nicht darum, absolut stimmig zu erzählen. Es erzählt ein anderer, und nicht ein Zeitgenosse. Um dies noch etwas bewußter zu machen, als es ohnehin schon passiert ist, habe ich es, wie gesagt, mit groben Mitteln versucht, nur mit dem Punkt der Mitteilung, daß hier einer aus der zweiten Hälfte des 20. Jahrhunderts redet. Ich halte das für legitim. Es kann sein, daß einen dann mal was anderes interessiert. Ich würde aber nicht versuchen zu vermischen, das würde ich für fatal halten. Das käme für mich wohl in die Nähe der Makulatur, eine Fortführung auch der ästhetischen Mittel jener Zeit, denn die liegen ein paar Jahrhunderte zurück, und das wäre für mich sehr fragwürdig. Natürlich versuche ich, mit ästhetischen Mitteln meiner Zeit zu arbeiten beziehungsweise mit meinen, die aus meiner Zeit stammen. Insofern liegt ohnehin ein Anachronismus vor, den ich dann eben bei dem Stück nur verdeutlicht oder unabweisbar gemacht habe.

HAMMER: Wobei die Anachronismen ja auch eine direkte Identifikation mit einzelnen Figuren erschweren, ja ausschließen können ...

HEIN: Nicht-Einfühlen oder Einfühlen ist für mich nicht der entscheidende Punkt. Ich glaube, das hängt damit zusammen, was ich bin oder was ich erzählen kann. Ich habe es schon recht gerne, daß man dann, wenn beim Publikum die Gemütlichkeit beginnt, einen Bruch macht, indem man noch mal den Boden aufreißt, um deutlich zu machen, was da eben auch noch vorhanden ist. Aber das hat mehr zu tun mit der individuellen Ästhetik eines jeden.

HAMMER: Nun ist ja auch über die ›Lehre‹ des Stückes viel Unterschiedliches gesagt worden, es ist sogar von der ›Wiederkehr des Gleichen‹ gesprochen worden. Hat sich dieses Gleiche auf immer neuen Stufen von Fortschritt zu Fortschreiten so gewandelt, wie es die ironische Pointe am Schluß aussagt, daß dieser Bauer Cromwell eigentlich durch den absichtlich herbeigeführten Hunger besiegt wird? Die Armee kann einen König besiegen, aber sie kann nicht Kriege führen gegen Kartoffeln und Rüben.

HEIN: Ach, hier versuche ich eigentlich nur, den Ablauf genau zu benennen. Bei ›Lehre‹ halte ich mich ein bißchen zurück, das geht so in Richtung Botschaft und Moral, was ich eigentlich für mich und meine Arbeiten ablehne. Ich will das Publikum nicht belehren und habe auch da wirklich keine Botschaft. Ich versuche einfach nur, wie ein Chronist die Sache mitzuteilen, natürlich meinem Verständnis gemäß.

HAMMER: Aber es gibt doch das Resultat einer Analyse, die in und mit dem Stück angestellt wurde?

HEIN: Die gehört mit zur Arbeit und ist insofern auch ein Angebot. Aber mehr ironisch und fraglich wie all diese scheinbaren Quintessenzen. Denn ich gebe einer Schlußfolgerung nicht mehr Wert als einer anderen, obwohl sie einen Teil des Publikums anzieht. Das ist nicht bedeutsam, das hat nicht viel zu sagen.

HAMMER: Und wie ist es nun mit dem Fortschrittsglauben in diesem Stück? Wie würden Sie ›Fortschritt‹ definieren? Vor zehn Jahren sagten Sie, daß es bei uns das ständige Fortschreiben eines Prozesses gibt, der sehr genau planbar ist und in dem einfach das Moment der Irritation, der Gegenläufigkeit fehlt. Ein Fortschrittsbegriff also, der nur eine Reproduktion seiner selbst war, immer unhistorischer wurde, dieser aufgesetzte Optimismus, der da historisch unbegründet proklamiert wurde... Das war doch zu hinterfragen, zu unterlaufen...

HEIN: Ja, das hat die DDR-Politik stark geprägt; ich habe mich darüber in einer Rede über die »Sieger der Geschichte« geäußert. Und dann eben als andere Seite davon dieses Gefühl von Vergeblichkeit oder Auf-der-Stelle-Treten, das in der DDR sehr stark war, diese soziale Geborgenheit, aber gleichzeitig eine Unbeweglichkeit, die die Nähe zu versteinerten Verhältnissen hatte. Und das wurde dann noch mit den entsprechenden Parolen, dieses: Fortschritt, Fortschreiten, garniert. Das war etwas, was die DDR gekennzeichnet hat, das war der Punkt damals, über den wir sprachen, und ich habe mehrfach in meinen Arbeiten und Essays dort eingegriffen. Ich denke, das war schon eine Besonderheit dieses Landes.

HAMMER: Was war für Sie der Reizpunkt an der Lassalle-Figur? Lassalle ständig gegen sich selbst, gegen seine eigene Statue stoßen zu lassen, Lassalle, der unentwegt Theater spielt, vor sich selbst, vor den anderen, und der Leser, der erkennen soll, daß dieser Mann da immer unterhalb seiner eigenen Geschichte geblieben ist und bleiben muß, der Philosoph, dessen Philosophie mit dem eigenen Leben so wenig wie mit den Problemen der Arbeiter zu tun hat? Ein ganzes Bündel von Widersprüchen ist in dieser Figur angelegt, die in vielfältiger und unterschiedlicher Weise zusammenkommen und einander ablösen. War die Demontage einer Figur für Sie nicht auch von psychologischem Interesse?

HEIN: Ja, die künstlerischen Mittel waren andere. Aber es hat mich auch hier als Vorfall aus der Geschichte interessiert, einwirkend auf oder als Resonanzboden für meine Gegenwart. Aber da auch nicht mehr als bei Cromwell.

HAMMER: Wobei es aber größere Irritationsmomente gibt als bei Cromwell, der ja mehr holzschnittartig gezeichnet ist.

HEIN: Ja sicher, das hat einfach ästhetische Gründe. Im *Cromwell* versuche ich einen größeren Zeitraum auf die Bühne zu bringen, im *Lassalle* spiegele ich das wie in einer Nußschale wider, ich verwende hier andere Mittel und Möglichkeiten. Psychologie interessiert mich kaum. Das hat etwas mit der Stücktechnik zu tun, mit der ich eine Geschichtsfigur des 19. Jahrhunderts aufnehme und da auch etwas mit ästhetischen Mitteln des 19. Jahrhunderts umgehe, sie nicht pur übernehme, aber mit ihnen etwas spiele, was auch wieder mit dem Gegenstand, der Figur, zu tun hat.

HAMMER: Aber die Privatheit dieser Figur ist doch viel stärker herausgearbeitet. Lassalle nicht so sehr in der Spiegelung einer größeren Außenwelt, das ist in *Cromwell* noch anders, sondern Lassalle im Salon – diese private Welt wird da sehr genau untersucht.

HEIN: Das hat etwas damit zu tun – ich habe dazu in einem Text zum Stück etwas gesagt –, wie wir auch heute Politik erleben können. Das geht durch die Medien und diesen privaten Bereich. Das hat nichts mehr mit den großen Schlachtfeldern zu tun. Auf den Schlachtfeldern ist der Regierende nicht mehr anwesend.

HAMMER: Und auf den Spaziergängen der Politiker wird mehr Politik gemacht als auf den großen Konferenzen ...

HEIN: Solange es unter vier Augen und beim Glas Sekt oder während des berühmten Waldspazierganges stattfindet ...

HAMMER: Und in dieser Weise kann der Salon auch eine Art Demaskierung einer Figur sein? Man kann so sein, wie man wirklich ist.

HEIN: Nein, Demaskierung wäre viel zu scharf. Es ist einfach das Rekapitulieren, das Benennen des Ortes, wo, beginnend im 19. Jahrhundert, heute unsere Politik stattfindet. Das ist der Salon, das ist der Sitzungssaal – im Unterschied zur Shakespearezeit, wo politische Vorgänge noch als Schauspiel auf der Bühne abliefen. Sie passieren in dieser Art und Weise im 20. Jahrhundert nicht mehr, von Ausnahmen abgesehen, wie der Entmachtung Berijas. Der Normalfall ist das, was ich den Salon zu benennen versucht habe als den Ort, wo, wenn überhaupt, noch Politik stattfindet.

HAMMER: In der Hinterstube von *Passage* findet auch Politik statt. In der Artus-Runde, die nun schon wieder etwas offizieller ist, wird genauso Politik gemacht. Es sind immer doch die Abseits-Orte, die geschlossenen Gesellschaften, an denen man nicht der Öffentlichkeit ausgesetzt ist.

HEIN: Ich mußte einfach sehen, was in meiner Zeit passiert. Wo ich die Möglichkeit habe, es auf die Bühne zu bringen, ohne daß es mit der Langeweile des Sitzungszimmers kaputtgeht oder völlig uninteressant ist, da eben auch zunehmend weltgeschichtliche Vorgänge die Banalität eines Sitzungszimmers haben. Das ist wirklich alles.

HAMMER: Von *Schlötel,* der 1974 in einer doch gerupften Version herauskam an der Volksbühne, gibt es ja eine erste, umfangreichere Fassung. Aber auch an der späteren veröffentlichten Fassung wird deutlich, daß Schlötel Student der Frankfurter Kritischen Schule war, der nun in die Gefilde des real existierenden Sozialismus gerät, hier die Revolution vermißt und infolgedessen verzweifelt. Hat Ihnen die Frankfurter Schule ein wesentliches philosophisches Modell vermittelt, oder war sie doch nur mittelbarer Ansatzpunkt für Sie? Denn das Stück bewegt sich ja dann in anderen Bahnen.

HEIN: Nein, das hatte schon ein bißchen mit der Sicht von damals zu tun, auch gerade der Frankfurter Schule oder auch der Linken in der DDR, was ein bißchen heruntergespielt wurde. In der ersten Fassung, das sind so 300 Seiten, gibt es alle möglichen, auch Parallel-Szenen, und da ist das eine unter anderen, diesen Fremdling Schlötel noch fremder zu machen, wenn er als ein von der DDR begeisterter Nicht-DDR-Bürger beginnt. Das war weniger philosophisch geprägt in der Ausführung als von der Dramaturgie des Stückes und ging natürlich aus von dem, was derzeit auch in Westdeutschland an Sichten auf die DDR vorhanden war. Dieses Aufnehmen war eine Möglichkeit zu verdeutlichen, von mir aus: zu vergröbern. Ich habe dann in der letzten Fassung andere Szenen, die dafür stehen. Ich denke, das war eine richtige Entscheidung.

HAMMER: Es ist auch eine Komödie.

HEIN: Das ist eine Komödie. Das auf jeden Fall.

HAMMER: In *Ah Q* gibt es den Satz:

»Wer sich in der Geschichte auskennt, ist vor Überraschungen sicher. Die gleichen Geschichten, alles wiederholt sich.«

Ist das Anschreiben gegen diese Aussage nicht letztlich ein vergebliches Unterfangen? Geschichtsbewußtsein sei egoistisch, haben Sie formuliert:

»Für das Vorübergehende haben wir nur Aufmerksamkeit, sofern es das unsrige ist, insoweit es unsere Gegenwart ausmacht und wir darin verstrickt sind.«

Haben wir nicht begierig nach dem *Ah Q* gegriffen, weil wir unsere Zustände und Haltungen darin fanden? Es ist ja ebensowenig ein Revolutionsstück wie *Cromwell.*

HEIN: Ja, wahrscheinlich habe ich überhaupt kein Revolutionsstück geschrieben, auch mit *Cromwell* nicht. Das hat sicher sehr viel mit diesem Lande zu tun. Hier hat es ja 1945 auch keine Revolution gegeben. Die offizielle Geschichtsschreibung hat dies hinterher in diese Richtung verfälscht, aber das war es ja nicht. 1945 wollte man alles mögliche, aber doch keinen Sozialismus. Die Entwicklung hier ist ein Ergebnis des zweiten Weltkrieges und doch kein Ergebnis einer Revolution. Ich glaube, damit haben meine Stücke sehr viel zu tun, *Ah Q* wie *Cromwell.*

HAMMER: Diese vage Form des Erwartens von etwas, was man sich genauso vage erträumt und erwünscht, und dann ist das vorübergegangen, ohne daß man etwas bemerkt hat, und

1985

man konnte es auch gar nicht bemerken – das ist es wohl in *Ah Q*.

HEIN: Das auslösende Moment – Revolution – hat es auch im *Ah Q* nicht gegeben. Das ist für einen Geschichtsverlauf doch schon entscheidend – ob dieser Funke da war oder nicht. Und den gab es hier nicht, und man hatte die ganzen Jahre und Jahrzehnte hindurch versucht, das dadurch fehlende Bewußtsein nachträglich zu schaffen, durch ein Nivellieren der Prozesse, durch Verfälschungen und durch Überzeugungsarbeit. Man hatte versucht, den Makel der Geburt zu tilgen.

HAMMER: Der Leser hat natürlich gleich gefragt: Um welche ›Revolution‹ geht es hier? Es ist wieder das Herauslesen von Botschaften aus Texten, die ganz anders strukturiert sind. Es ist ja auch keine Parabel.

HEIN: Nein, eigentlich nicht. Eine Parabel müßte irgendwo aufgehen. Ich habe mit Vergnügen gesehen, daß gerade jetzt zwei Bühnen der ehemaligen DDR *Ah Q* machen wollen. Das fand ich sehr komisch. Das Stück ist ja in einer ganz anderen Zeit geschrieben.

HAMMER: Aber vielleicht kann man dem Stück gerade heute neue oder gar nicht so neue Aspekte abgewinnen?

HEIN: Ja, obwohl das Stück schon vor zehn Jahren geschrieben wurde, sehe ich da schon einige äußerst merkwürdige, ja fatale Konsequenzen für Übereinstimmungen und Aussagen.

HAMMER: Es ist ja auch ein Stück mit spezifischer Intellektuellenproblematik: die Unfähigkeit zur Utopie …

HEIN: Da würde ich Ihnen nicht zustimmen, weil mir das schon wieder zu sehr in Richtung einer Botschaft, einer Lehre geht. Spiel ist für mich viel gewichtiger; diese Art von Mitteilung würde ich in Prosa oder Dramatik nie machen, eher in Essays, da predige ich vielleicht manchmal.

HAMMER: Dann ist auch das Absurde für Sie nicht relevant? Die Clownerie im Prinzip Hoffnung?

HEIN: Nein, ich habe einfach den Ah Q und den Wang kennengelernt. Das ist alles. Und die Situation habe ich auch kennengelernt. Und das habe ich einfach versucht mit Mitteln aufzuschreiben, die für ein Stück oder die Bühne geeignet sind, die ein Stück ergeben; und ich versuche da nirgends zu sagen, ob das richtig oder falsch ist. Es ist das, was ich gesehen habe. Und ich versuche nicht zu urteilen.

HAMMER: Der Widerspruch ist ja immer da in diesem Konterkarieren: Aussage steht gegen Handlung. Dem Schicksal eins in die Fresse, sagt Ah Q und läßt das Schicksal walten.

HEIN: Ja, das haben wir doch in den letzten zwei Jahren kräftig erlebt. Das sind einfach Dinge, die vorhanden waren, vorhanden sind, und ich versuche, dies wertfrei, weitgehend wertfrei auf die Bühne zu bringen. Ich versuche nur das zu beschreiben, was ich gesehen habe. Das hat mit Moral nichts zu tun. Und dann wird es der eine auch als End-Spiel empfinden und ein anderer noch anders. Nehmen wir den *Fremden Freund,* der wurde völlig unterschiedlich aufgenommen. Das hat doch viel stärker – jetzt sind wir wieder beim Dialog – mit dem Zuschauer, mit dem Leser zu tun. Das gilt auch für *Ah Q,* der wurde ja hier sehr heftig angenommen oder diskutiert, doch von Jugendlichen wurde er ganz anders gesehen. Es war ganz überraschend, wie der Prenzlauer Berg darauf reagierte. Das war schon ganz spannend.

HAMMER: Wie unterschiedlich auch in der Schweiz, in Frankreich, in der DDR Akzente gesetzt wurden! Die Provokation von Alexander Langs Inszenierung am Deutschen Theater bestand in dem geheimen Einverständnis mit dem Publikum, das da herauskam. In der Strasbourger Inszenierung wurde der Text als Allegorie verstanden. Und die Analogien und Assoziationen, die der Text zuläßt, machen ihn doch auch heute für die Bühne interessant, weil er sich sehr raffiniert vernetzt, dieses Spielerische, Offene, Bewegliche in Zusammenhang mit der Realität bringt.

HEIN: Ja, es ist sehr schwer zu greifen. Es war damals auch eine Schwierigkeit für die Kritiker, die das Ganze auf eine Aussage haben wollten. Und das ist bei vielen meiner Arbeiten nicht möglich. Sobald man da sicher einen Faden hat, wird er bei dem nächsten Satz wieder aus der Hand gehauen. Das ist ein Spiel und ...

HAMMER: ... es ist wohl der spielerischste Text, den Sie geschrieben haben ...

HEIN: Ja, das glaube ich auch.

HAMMER: Ich möchte noch einmal auf die ›Szene‹ zurückkommen: die »Szene ein Salon« in *Lassalle,* die Szene ein Hinterzimmer in *Passage;* aber auch in Ihrer Prosa sind diese abgeschlossenen Kleinwelten da, in die von außen Nachrichten dringen, Beunruhigungen mehr denn Hoffnungsimpulse. Menschliche Schicksale, die sich in diesen Mikrowelten in ihren Wendungen und Fügungen, in ihren Mechanismen und Bedingungen einsehbarer, erlebbarer entfalten können?

HEIN: Es sind die Schauplätze, die ich kennengelernt habe oder auf denen die Abläufe stattfinden, die ich mit anderen Mitteln zu zeigen versuche. Ob das ein Hinterzimmer ist, ein geschlossener Raum oder eine geschlossene Welt, das hat mehr mit dem, wie ich Welt erfahre, zu tun. Das sind eben keine großen Schlachtengemälde mehr.

HAMMER: Aber es ist auch das Brennpunktartige ...

HEIN: Ja, aber das versucht Kunst eigentlich immer. Kunst ist doch in jedem Falle die Erfindung einer Welt, und sie versucht brennpunktartig eine Welt relativ geschlossen darzustellen, um sie anderen zu erklären. Ob das Voltaire macht mit seinen Reiseromanen oder Cervantes oder Kafka, es ist immer wieder eine in sich geschlossene Welt. Es ist ziemlich egal, wie groß diese Welt ist, in der sich das widerspiegelt, eine Nußschale, wie Shakespeare sagt, oder größer. In *Cromwell* und *Lassalle,* da sind es Jahre und Jahrzehnte oder nur wenige Tage ... Gut, das will ich vielleicht sagen: Mein Bestreben ist schon, das kleinstmögliche Tableau zu haben. Wenn es mir gelingt, etwas in der Nußschale darzustellen, wird die Spiegelung oder die Erfindung dabei vollkommen.

HAMMER: Es ist auch die Genauigkeit dabei ...

HEIN: Ja, es ist für alle Seiten, mich eingeschlossen, genauer, übersichtlicher, treffender. Aber dann, cum grano salis, bei der nächsten Arbeit, wo eine Nußschale möglich wäre, ziehe ich doch vielleicht wieder ein großes Meer vor.

HAMMER: Das wird auch im Racine-Text deutlich – das ist für mich so eine Ur-Situation: die Zeremonie des Aufstehens in ihrer Doppelbedeutung ...

HEIN: Ja. Das ist für mich auch einer der Texte, mit denen ich einigermaßen zufrieden bin. Gerade, weil es mir da gelungen ist, es in der Nußschale zu bringen. Den halte ich für einen relativ gelungenen Text.

HAMMER: Ist von da an das Generalthema: ›Der Intellektuelle und die Macht‹? Oder wäre dies für Sie schon wieder zu sehr Botschaft?

HEIN: Na ja, es kann sein, daß Sie recht haben. Und vielleicht gibt es so etwas wie ein Generalthema. Ich versuche mich dem eigentlich entgegenzustellen, ich will mich nicht auf ein Thema festlegen lassen. Nur aus einem einzigen Grund: Ich will mich nicht selber beschränken. Ich möchte soviel wie möglich von der Welt erfassen. Es bleibt natürlich nur meine Welt, insofern ist schon eine Beschränkung da. Aber ich möchte nicht von vornherein sagen: Mein Thema ist … Und dann werden alle meine Stücke oder die Prosa sich immer nur mit diesem Thema beschäftigen. Nach meinem Tod kann man ja sagen: Er hat immer nur über das gleiche Thema geschrieben. Nur, wie gesagt, mein Bestreben ist: Soviel wie möglich.

HAMMER: Was eigentlich mit dem Racine-Text schon gegeben ist: die Figuren stellen sich dar in diesen Neben- und Halbsätzen, in den Hintergründen, die dann in *Der fremde Freund* noch deutlicher werden. Das ist ja von der Kritik erst an dieser Novelle bemerkt worden, diese Rollenprosa, dieser Untertext, der schon in *Einladung zum Lever Bourgeois* da ist. Kann Prosa in dieser Hinsicht etwas mehr mitgeben als ein Theaterstück, das erst auf den Regisseur angewiesen ist?

HEIN: Nein, das glaube ich nicht. Ein ganz großer Meister auch dieser Halbsätze, des fortlaufenden Untertextes ist Tschechow, auch der Dramatiker. Das ist ganz wunderbar, wie die Figuren etwas sagen, und der Zuschauer bemerkt, sie sagen gleichzeitig noch etwas anderes. Ich habe einmal gesagt, *Der fremde Freund* sei mit einem durchgängigen Untertext geschrieben worden. Die Figur teilt mit, mir geht es gut, und jeder Leser bekommt mit, ihr geht es ganz schlecht. Das ist auch in der Dramatik möglich, wie gesagt, Tschechow als Beispiel, oder erinnern wir uns an den Landsmann Büchner. Da fällt ein halber Satz, und es reißt geradezu ein Universum auf. Die Prosa ist nicht prädestiniert für diese Art. Das ist in der Dramatik genauso möglich. Und überhaupt in der Kunst. Denken Sie an Arbeiten Picassos, wenn er so mit zwei, drei Strichen etwas macht, und dennoch hat man nicht das Gefühl, es fehlt was. Ganz im Gegenteil, es ist absolut vollkommen da, und man sieht fast mehr, als er gemalt hat. Aber er hat es auch mitgemalt, weil: dieser Untertext oder dieses Nichtgemalte ist auch mitgemalt. Ich denke, das ist etwas Grundsätzliches bei Kunst und auch etwas, was mich vom Technischen her besonders interessiert, vom Handwerklichen.

HAMMER: Und das ist Ihre Intention auch in der Dramatik?

HEIN: Ich denke, das ist im *Ah Q* so angelegt. Im *Lassalle* würde ich auch sehr viel sehen davon. Es ist in allen Arbeiten verschieden. In *Horns Ende* ist es, denke ich, am wenigsten. Bei einigen Figuren vielleicht, aber sehr viel weniger als beim *Fremden Freund.*

HAMMER: Das hat etwas zu tun mit der besonderen Struktur von *Horns Ende.*

HEIN: Ja, aber es hat natürlich auch wieder etwas mit dem Ablauf von Arbeit, also mit mir zu tun. Wenn ich in einer bestimmten Weise gearbeitet habe, entsteht ein sehr normales Bedürfnis nach einer ganz anderen Arbeit. Wenn ich sehr viel mit Untertexten gearbeitet habe, dann will ich auch wieder etwas völlig anderes machen. Da bedingen und determinieren sich auch Arbeiten.

HAMMER: Wegen des (unerwartet) Neuen wurde ja *Der fremde Freund* das am heftigsten diskutierte Werk. Wir haben diese Frau als eine typische DDR-Bürgerin gesehen und uns gleichsam an dieser Figur ›hinterfragt‹, wie und ob so viel anders denn unser eigenes Leben ist und verläuft. Und daß das rüberkommt, daß dies genauso auch den Leser im Westen erreicht hat, das war eigentlich das Überwältigende. Daß die Umwelt dieser Ärztin sowohl in Berlin-Marzahn als auch im Märkischen Viertel angesiedelt sein konnte. Das Nicht-mehr-kommunizieren-Können, die Fremdheit, das In-der-Rolle-Leben einer Figur – das ist ein Grundproblem, das alle modernen Industriegesellschaften betrifft und nicht nur – wie wir damals glaubten – uns allein.

HEIN: Es interessierte mich auch hier nur, die Geschichte zu schreiben. Wie bei all meinen Arbeiten ist das Erzählen das Vorherrschende, das Wichtigere. Ich wollte auch hier nur erzählen und nicht eine Philosophie mitteilen. Das ist etwas sehr Zweit- und Drittrangiges, das würde doch wieder mehr in Richtung einer Lehre, einer Botschaft gehen. Das war nicht meine Absicht. Ich versuchte etwas von dem zu benennen, was ich gesehen habe, was vorhanden, fast unübersehbar war. Es war für mich eine DDR-Geschichte. Aber sie wurde in vierzig Ländern übersetzt, und auch an den Briefen aus sehr unterschiedlichen Ländern merkte ich, daß da offenbar noch etwas war, was auch in anderen Ländern vorhanden ist. In der »New York Times« hieß es dann auch: Die Frau lebe in Ostberlin, aber das Barometer stehe auf der gleichen Stelle wie in New York. Also ist da irgend etwas Übergreifendes, und ich vermute nachträglich, daß es eben etwas mit dem Stand der Zivilisation zu tun hat, die ja doch in den sonst politisch so unterschiedlichen Ländern vergleichbar ist. So verschieden leben halt Leute inzwischen im 20. Jahrhundert nicht mehr, jedenfalls nicht mehr in Europa und Amerika. Es wird sicher noch ein paar Länder geben, wo man noch ganz anders lebt, vielleicht etwas traditioneller oder vielleicht auch etwas menschlicher. Aber unser Leben ist sicher durch den Stand und die Art der Produktion, der Zivilisation geprägt, und ich vermute, daß ich da über ein paar ihrer Folgen geschrieben habe. Und diese Folgen sind eben in verschiedenen Ländern vorhanden, und deswegen gab es eine so heftige Resonanz und diese vielen Übersetzungen.

HAMMER: Es geht ja auch gar nicht so sehr um das individuelle Scheitern einer Person oder Lebenshaltung, sondern vielmehr um die unlösbare Lebensdetermination, die da von der Gesellschaft produziert wurde. Könnte man auch von einer Nicht-Persönlichkeit sprechen?

HEIN: Nein, das ist nicht meine Sicht auf die Figur. Ich habe mit der Figur viel zu tun. Sie mag uns nicht angenehm sein, aber deswegen ist sie noch keine Nicht-Persönlichkeit.

HAMMER: Bei anderen Figuren, eben auch bei Lassalle, gibt es neben Irritationsmomenten auch solche, mit denen man sich sehr wohl ins Benehmen setzen kann. Bei dieser Frau ist das Schockierende dominant, weil man ja weiß, etwas von ihr steckt auch in einem selbst. Selbstabrechnung wird beim Leser provoziert. Durch die Härte der faktischen Aussage, die da getroffen wird. Hier ist eine Person ganz auf sich allein gestellt in dieser eisigen Kälte, die in ihr und um sie ist. Eine erschreckende Rigorosität, die keine Steigerungsmöglichkeit mehr besitzt.

HEIN: Damit drücken Sie gerade das aus, was ich meine, wenn Sie eine solche Nähe nicht abweisen können oder wollen. Und da es ja doch offenbar einigen Personen so ging, die teilweise sehr heftig darauf reagierten, aber ebenso betroffen davon, denke ich schon, es ist eine Figur, mit der einige zu tun haben.

HAMMER: Das macht eben auch aus, daß die Geschichte so genau wie allgemein gehalten ist, um diese grenzüberschreitende Wirkung haben zu können.

HEIN: Ich habe an dieser Arbeit lange gebastelt. Die Form der Geschichte hat etwas mit der Figur zu tun, es konnte gar nicht anders ablaufen. Ich hatte eigentlich die Geschichte eines Mannes vorgehabt. Ich habe angefangen, den Text zu schreiben, und dann aufgehört. Ich langweilte mich selber ein bißchen dabei, und dann habe ich den Text völlig neu geschrieben mit einer Frau als Hauptfigur. Das war eine Hürde, die wurde etwas höher, und es war für mich spannender und aufregender bei der Arbeit.

HAMMER: Sie legen ja Ihrer Figur lange innere Monologe in den Mund, eine Form der Selbstenthüllung, die aber noch nicht in den Stand der Bewußtheit getreten ist. Die psychische und soziale Verkrüppelung dieser Frau ist ein so alltägliches Phänomen in der modernen Industriegesellschaft, daß man es gar nicht mehr wahrnimmt, weder an sich selbst noch an anderen. Das ist es ja, was die Novelle ausmacht, das Unerhörte, das uns schon gar nicht mehr beunruhigt. Das ist wohl das große Kunststück gewesen, genau die Zäsuren zu setzen, die diesen Text so erregend machen, ihm die formale Straffheit zu geben, ohne daß er unversehens in Banalität und Langeweile abrutscht.

HEIN: Die Reaktion in Westdeutschland war ja nicht soviel anders als bei uns in der DDR, und das ist für mich nicht so ganz überraschend. Kunst und Literatur erzählen ja auch darüber, wie einer auf etwas reagiert. Bei jedem Kunstwerk stoßen zwei Sachen zusammen: der Betrachter/Zuschauer/Leser und jeweils das, was er empfindet, wie er vom Gegenstand der Kunst angeregt wird. Es hat also sehr viel mit ihm selbst zu tun. Das merke ich auch beim *Fremden Freund:* In heftigen, ablehnenden Reaktionen offenbart sich ein betroffenes Unbehagen an dieser Frau. Das war für mich sehr merkwürdig und zugleich ziemlich spannend und aufregend.

HAMMER: Aber das fällt doch keineswegs unter die Kategorie der Lebenshilfe-Literatur: eine Geschichte, die beunruhigen sollte...

HEIN: Nein, das würde zu sehr auf den Leser hin gehen. Ich wollte einfach eine Geschichte erzählen, mit der ich zufrieden bin. Und wenn sie jemanden beunruhigen sollte, dann mich selbst.

HAMMER: Wollen wir uns nun *Horns Ende* zuwenden? Haben die Zigeuner dort eine Art Katalysatoren-Funktion? Und die Juden in *Passage,* stellen diese fremden Figuren eine Grenzüberschreitung im Geist von Prinzip Hoffnung dar? Aufbruch in eine Utopie?

HEIN: Nein, das ist sehr viel einfacher, auch wenn ich die Dimension, die Sie da ansprechen, gar nicht ablehnen will. Aber es ist auch hier wirklich nur wieder das Geschichtenerzählen, also Horns Ende. In die Stadt, die ich da beschreibe, in der ich gelebt habe, da kamen im Frühjahr die Zigeuner, und im Herbst zogen sie wieder fort. Das ist keine Konstruktion von mir, das war etwas, was vorhanden war, was ich gesehen habe und andere in anderen Kleinstädten auch, als sie Kinder waren. Ich erfinde keine Geschichte, ich erzähle von dem, was ich gesehen habe. Es ist schwer, die Juden mit den Zigeunern zu vergleichen. Im Unterschied zu der erhöhten Form der Juden in *Passage* ist es in *Horns Ende* einfach die Realität der Zigeuner, ihr Kommen und Gehen in der Stadt. Es ist auch diesmal wieder das normale Verlassen der Stadt, nur daß sie dann nicht wiederkommen, aber das weiß man in der Stadt noch nicht. Also insofern ist es kein Aufbruch in etwas anderes, sondern der normale Rhythmus der Zigeuner, der die Stadt belästigt. Die Juden hätte ich auch nicht zu erfinden gewagt, das ist ein historisch überlieferter Fakt. Aus Dokumenten geht hervor, daß es zweimal einer Gruppe gelungen ist, durch halb Europa zu marschieren. Also da benutze ich auch einen Fakt in der Art und Weise, daß er im Stück eine Funktion bekommt.

HAMMER: Also kein Zeichen von Hoffnung, von Ausbruch aus diesem Circulus vitiosus?

HEIN: Das würde ich nicht zu sagen wagen, weil die Aussichten, mit denen die Gruppe losgeht, so gering sind. Das wird nur der Zuschauer entscheiden können. Aber es ist ein aussichtsloses Unternehmen, was ja alle anderen bestätigen, eine Art Hoffnung in der Hoffnungslosigkeit.

HAMMER: Alexander Mitscherlich hat die Verdrängungsprozesse in beiden deutschen Staaten als die »Unfähigkeit zu trauern« charakterisiert und dem den notwendigen »Kampf um Erinnerung« entgegengesetzt. Inwieweit holt uns unsere Vergangenheit immer wieder ein? In dieser Kleinstadt, angesiedelt in der real existierenden DDR, in der das Substrat an übernommenen Denkstrukturen und Verhaltensmustern einfach überlebt hat und weiterwuchert. Plädieren Sie hier für den »Kampf um Erinnerung«?

HEIN: So wie Sie es beschreiben, möchte ich nicht widersprechen. Aber das war natürlich für die Arbeit, bei der Arbeit kein Ausgangspunkt. Ich erzähle eine konkrete Geschichte. Und der Anlaß für mich selber, sie zu erzählen, ist auch immer etwas ganz Konkretes, eine Kleinigkeit, über die ich dann, weil sie mich beschäftigt, längere Zeit nachdenke oder die mir immer wieder in den Kopf kommt. Aber der Ausgangspunkt ist eigentlich eine Geschichte, die ich erzählen will.

Also, Ihren Einordnungen würde ich nicht widersprechen wollen; aber sie sind eine nachträgliche Interpretation, und möglicherweise entspricht sie auch meinen Intentionen. Ich selbst aber kann so nicht arbeiten. Daß ich eine philosophische These oder einen dialektischen Satz nehme und daraus eine Geschichte mache, halte ich für mich jedenfalls nicht für möglich. Ich versuche eigentlich nur ein paar Geschichten zu erzählen, die mir wichtig sind. Gut, die sind mir wichtig aus ganz bestimmten Gründen, dazu gehören sicher auch Sachen, die mit der Lebenserfahrung zu tun haben, oder fast nur, aber ich versuche nicht, etwas zu illustrieren.

HAMMER: Dennoch fügen Sie ja ein Mosaik von Begegnungen, konkreten Situationen, Fakten und Personen zusammen. Sie werden kompositorisch in bestimmte Zusammenhänge gestellt. So ist auch das Prinzip des gebrochenen Spiegels ein von Ihnen eingesetztes Kunstprinzip, ein Motiv der Rekonstruktion von Geschichte, die für alle Figuren des Romans etwas anderes bedeutet.

HEIN: Ganz wichtig finde ich schon den Begriff Mosaik. Das gehörte auch zu den formalen Ausgangspunkten bei der Geschichte. Auch das mit den verschiedenen Geschichtsauffassungen, wobei das Wort Geschichtsauffassung bei den einzelnen Figuren sicher zu hoch gegriffen ist, es handelt sich wohl um ein unterschiedliches Verhältnis zur Welt. Speziell: Wie kommen sie mit der eigenen Geschichte klar, was bei der Fischlinger noch am einfachsten und natürlichsten vonstatten geht. Ein bißchen

Hoffnung, die ich bei dieser Art Mosaik und dem Gegenüberstellen der verschiedenen Weltsichten hatte, richtete ich auf das Relativieren, so daß also nicht nur eine einzelne Figur die Wahrheit für sich gepachtet hat, sondern sich die Aussagen auch ein bißchen ergänzen. Die Figuren widersprechen sich nicht unbedingt. Es ist nicht so, daß hier ein Tatbestand aus verschiedenen, völlig konträren Sichten beleuchtet wird, sondern sie überlappen sich eher, sie sind nicht deckungsgleich. Und ich hoffte, daß aus dem Mosaik und diesen verschiedenen Weltsichten sich dann doch ein komplettes Bild ergibt, auch mit den Zwischenräumen, die bei einem Mosaik nun einmal da sind. Also die kleinen Striche zwischen den Teilen, wo etwas fehlt, was aber der Blick des Betrachters leicht ergänzen kann. Ergänzen natürlich gemäß seinen Erfahrungen, und da hätten wir wieder diesen Dialog, den wir anfangs erwähnten. Letzten Aufschluß, warum die Zigeuner gegangen sind, warum sich Horn erhängt hat, können wir nicht geben. Ich denke, es ist für jeden Mitlesenden oder Mitdenkenden einfach, es zu ergänzen. Aber die Antworten fallen möglicherweise verschieden aus, das ist normal, das halte ich durchaus für förderlich.

HAMMER: Das Prinzip dieser Schüfftan-Variante ist ja ein strukturelles Prinzip: das Filmische des Romans fällt sofort ins Auge.

HEIN: Das hatte natürlich für den Roman, für das Formale, für das Mosaik-Prinzip eine Bedeutung. Es hatte ebenso natürlich eine inhaltliche Bedeutung. Ich habe ja immer wieder versucht, den ganzen Roman zu spiegeln, also mit Thomas vor dem Spiegel, wo ja auch ein bißchen von der Technik des Romans, in einer konkreten Geschichte, erzählt wird, usw. Ausgangspunkt war wieder ein Fakt, genauer gesagt, ein unbestätigter Fakt: Ich hatte von einem Deutschen, der lange Zeit in der Sowjetunion gelebt hat, gehört, daß in den vierziger Jahren zwei oder drei Techniker genau für diese Erfindung den Stalinpreis bekamen, indem sie nämlich Dokumentarfilme auf eine gebrochene Leinwand brachten und dann mißliebige Personen herausnehmen konnten. Das war dann für diese 1.-Mai-Paraden sehr einfach: Da gab es Horizontalen und Vertikalen, die man leicht versetzen konnte; ließ man dann eine mißliebige Person verschwinden, wurde dies vom Betrachter, zumal bei diesen alten, etwas flimmrigen Wochenschauen, nicht bemerkt. Ich habe versucht, diesen Fakt zu verifizieren, aber das war damals gar nicht möglich, da kam ich nicht weiter. Insofern übernahm ich es dann in der so veränderten Form, weil ich nichts sagen und behaupten wollte, was ich nicht beweisen kann. Somit blieb es bei der unbestätigten Geschichte, die ich gehört hatte, die mir aber für den Roman wichtig war, ganz unabhängig davon, daß Stalin hier die treibende Kraft war.

HAMMER: Erinnern und vergessen: Für den toten Horn wird Erinnerung zum einzig möglichen Weiterleben nach dem Tode, für Kruschkatz dagegen wird sie zur Belastung, zum Alptraum.

HEIN: Ich denke, dieses Begriffspaar gehört im täglichen Leben zusammen: Das Erinnern, um nicht das Vergessen zuzulassen. Oder es hat dann entsprechende Folgen, die wir mit dem Begriff Verdrängung belegen. Ich kann mich von beiden nicht befreien. Ich kann nicht nur auf das eine setzen oder das andere ersehnen, das geht leider nicht.

HAMMER: So könnte der Roman noch einmal neu gelesen werden, weil wir inzwischen um einige bittere Erfahrungen reicher sind.

HEIN: Und daß sich alles wiederholt.

HAMMER: Die Beziehung zwischen Horn und Thomas, kann sie im Sinne Walter Benjamins als »geheime Verabredung« zwischen den gewesenen und den späteren Geschlechtern begriffen werden?

HEIN: Das wäre eine mir sehr nahe Sicht, aber ich habe das ganz bewußt offengelassen. Und ich merkte auch, das war für den Leser ganz anregend. Ich habe da zwar ganz unterschiedliche Interpretationen dieser kleinen Gespräche gehört, aber ich denke, solche Anregungen, die ja gleichzeitig auch Verunsicherungen sind, mögen ganz hilfreich sein. Die machen dann etwas auf das Folgende aufmerksam. Also wenn eine Stelle scheinbar dunkel bleibt, dabei ist sie eigentlich gar nicht dunkel, man schreibt sie nur nicht so ganz vollständig, man ahnt aber etwas und kann sich dann das relativ schnell zusammenreimen, auch dann wieder gemäß den Erfahrungen des Lesers. Die verschiedenen Interpretationen, die die kleinen Dialoge fanden, überzeugten mich davon, daß es richtig war, sie dafür als Mittel einzusetzen.

HAMMER: Der Appell Horns an Thomas, sich zu erinnern und durch das Aufschreiben die Erinnerung an die Leidensfähigkeit des Menschen mit in die Zukunft zu nehmen, ist das nicht auch eine – allerdings nicht vom Autor, sondern von Figuren übermittelte – Botschaft?

HEIN: Ja, das ist keine Botschaft vom Autor, das ist eine der Figuren, wohl eindeutig von Horn, der da sonst wenig Gelegenheit zum Sprechen hat. Er hat also recht und unrecht wie andere Figuren. Ich denke, es entspricht sehr genau dieser Figur, die dem Roman den Titel gibt, er kommt wirklich immer wieder auf den Punkt, läßt da den Jungen nicht frei. Das hat etwas mit der Spielfigur zu tun, mit der Figur Horn.

HAMMER: Geht er nicht in der Leidensfähigkeit allen anderen voraus, bis zum Tod?

HEIN: Ich weiß nicht, ob er eine größere Leidensfähigkeit hat, wenn er Selbstmord begeht. Ich halte Selbstmord für die Grenze der Leidensfähigkeit, die ein Mensch besitzt. Und einer, der nicht Selbstmord verübt, ist entweder nicht so weit gekommen, oder seine Grenze ist ein Stück weiter. Also Selbstmord würde ich nicht als einen Beweis von größerer Leidensfähigkeit ansehen.

HAMMER: Dallow im *Tangospieler* hat ja auch Schwierigkeiten, mit dem Wort Zukunft umzugehen: Für ihn ist Zukunft Weitermachen. Dabei wird durch die Doppelbödigkeit des Erzählens die eine Logik wieder durch eine andere ad absurdum geführt. Wie kann der Autor – um Walter Benjamin zu zitieren – »das Kontinuum der Geschichte aufbrechen«?

HEIN: Ja, mit Benjamin habe ich schon einiges zu tun, und der Aufsatz, aus dem Sie zitieren, entspricht schon weitgehend, nicht in allem, meiner Geschichtsauffassung. Es wäre auch dem Benjaminschen Gedanken entsprechend, daß es keine Stunde Null gibt; was ja die Erregung über *Horns Ende* ausmachte. Man hatte sehr viel auf die Stunde Null gegeben, in Westdeutschland wie in Ostdeutschland, einfach um sich von dieser Vorgeschichte loszusagen. Sicher passiert das jetzt zur Zeit auch wieder, man setzt wieder eine Stunde Null, also das Jahr 89 oder 90, um mit der Vergangenheit nichts mehr zu tun zu haben. Das wird, denke ich, genauso schiefgehen. Sie zitierten Dallow mit diesem Satz, daß die Zukunft nur die Fortsetzung von etwas gerade Geschehenem oder Derzeitigem ist. Das ist nicht unbedingt mein Satz, aber ich merke doch, und das ist für mich sehr überraschend, daß er für die meisten Leute gerade jetzt zutrifft. Die großen Verunsicherungen, die Ängste, die rationalen und irrationalen, die derzeit die DDR bewegen, haben genau damit zu tun. Sie sehen die Zukunft nicht, weil sie sie nicht hochrechnen können. Das, was da vorher da war, ist nicht mehr zum Hochrechnen geeignet, ist weggefallen. Es ist völlig klar, daß es eine Zukunft gibt, wie lange, weiß kein Mensch, aber wir wissen, es geht eben noch ein paar Minuten oder Tage oder Jahre oder Jahrzehnte oder gar auch Jahrhunderte weiter, nicht für jeden von uns, aber vermutlich für die Menschheit, hoffen wir's. Nur, ich habe keine Möglichkeiten mehr, jetzt vorauszusagen, was im nächsten Jahr passiert. Diese ganzen Sicherheiten sind weg, das waren Sicherheiten, die mit der Vergangenheit, der gelebten Gegenwart zu tun haben. Die gilt nichts mehr, die wird sogar als mißlich angesehen, sogar denunziert, sie soll weggeworfen werden.

HAMMER: Die Ärztin, Horn, Dallow – alle haben sich aus Verbitterung so von ihrer Umwelt abgekapselt, daß eigentlich nur noch Selbstvernichtung als möglicher Ausweg erscheint.

HEIN: Ich bin da nicht so sicher, ob das mit der Selbstvernichtung ein übereinstimmender Zug ist. Ich denke, es gehört zum

Leben mit dazu, und nicht nur für die Figuren, es gehört mit zu den menschlichen Freiheiten, auch wenn es eine beängstigende Freiheit ist. Ich habe sie und ich muß mich da entscheiden, und gelegentlich werde ich sogar häufiger genötigt, mich zu entscheiden, in dieser beängstigenden Freiheit. Da ist das Tier etwas günstiger dran, es hat keine Entscheidungsfreiheit, das ist sicher leichter, vermute ich.

HAMMER: Ich will noch einmal nach dem Terminus Kammerspiel fragen, vielleicht am Beispiel von *Passage:* Das ist weder ein Geschichtsdrama noch ein Schlüsseldrama, obgleich es dort authentische Namen gibt, auch literarische Namen, die bei Anna Seghers und Klaus Mann eine Rolle spielen. Welche Möglichkeiten sehen Sie in der konventionellen Form des Konversationsstücks – das die Dinge ja sehr linear erzählt –, vielleicht auch gerade durch die Unangemessenheit dieser Form, etwas produktiv zu machen?

HEIN: Mit solchen überlieferten Versatzstücken zu arbeiten, das interessiert mich formal schon sehr. Da habe ich schon ein paar feste Punkte, von denen aus ich arbeiten kann. Daß ich es nicht pur übernehme, ist nicht zu übersehen. Aber man kann damit spielen, das ist schon ganz reizvoll. Man kann einen Reichtum benutzen, ohne ihm völlig zu folgen. Und dann sind auch diese banaleren, leichtfüßigeren Genres für so etwas geeignet. Das hat auch große Traditionen. Also ich erinnere da an ein ganz großes Beispiel, das ist Shakespeare, der eines der für seine Zeit schwierigsten Stücke machte, nämlich *Hamlet,* wo er unter anderem eine Wahnsinnige auf die Bühne brachte, was es bis dato nicht gegeben hatte. Die Schauspieltruppen, die *Hamlet* damals in Deutschland vorstellten, hielten es für notwendig, Ophelia noch einen Clown beizugeben, der konterkarierend kommentierte, weil eine Wahnsinnige auf der Bühne eine offenbare Unerträglichkeit für das Publikum war. Als Shakespeare dieses merkwürdige Stück machte, noch dazu mit einem Hamlet, einem Helden, der nicht agiert, sondern dessen Agieren im Nicht-Agieren besteht, also auch eine äußerste Merkwürdigkeit, da griff er auch zu einem Hilfsmittel, zu einer Kriminalgeschichte, die die sehr komplizierte Hamlet-Geschichte dann (für ein breites Publikum) erfolgreich zu transportieren vermochte.

HAMMER: Und das ist für Sie auch ein Indiz für die Verwendung des Kammerspiels, des Konversationsstückes, angesichts des Holocausts, der da um die Erzählsituation, um die Wartesituation herum stattfindet?

HEIN: Für diese Geschichte fand ich das einen angemessenen Raum, auch dieses Kammerspiel.

HAMMER: Es ist ja auch triviale Konversation, die da betrieben wird.

HEIN: Ja natürlich, es ist der Versuch, in der Nußschale zu sein, was für mich reizvoll oder der richtige Zugang war. Es gibt sicher andere Möglichkeiten – für mich war es das Kammerspiel –, als die Möglichkeit mit der Nußschale.

HAMMER: In der Kritik ist immer wieder mit dem Begriff Legende operiert worden, Sie seien aus der realistischen Konzeption ausgebrochen und haben die Form der Legende gefunden, auch in bezug auf die jüdischen Figuren.

HEIN: Damit kann ich wenig anfangen. Wie gesagt, diese jüdischen Figuren sind ein Fakt, den ich in den Dokumenten gefunden habe. Den benutze ich einfach, ich hätte diese Geschichte nicht erfinden wollen. Die Legende geht in den Archivmaterialien noch sehr viel weiter, ich habe sie so weitgehend gar nicht nutzen wollen. Es läuft nämlich darauf hinaus, daß möglicherweise eine dieser Gruppen von Eichmann gerettet wurde. Jedenfalls sagt das Eichmann im Jerusalemer Prozeß, und er spricht davon so, daß es fast deckungsgleich ist mit den Dokumenten über eine dieser Gruppen. Diese soll zurücktransportiert werden nach Deutschland, wird aber von einem hohen deutschen Offizier auf einem französischen Grenzbahnhof zurückgewiesen. Er schreit die Franzosen an, also was soll das, sie hätten schon genug Juden. Und er schickt sie wieder zurück, und die kommen dann nach Spanien. Diesen Fakt erwähnt Eichmann, ohne die Dokumente kennen zu können.

HAMMER: Dieses Logik gegen Logik Einsetzen: Da ist der Sinologe Dr. Frankfurther, der das Brettspiel als Überlebenstraining probt, und dann ist er derjenige, der es für sein eigenes Leben selbst nicht nutzen kann. Ist das so dieses Moment Spiel und Leben, das Sie da interessiert hat? Was da eingangs am Brett gespielt wurde, das findet dann in der Realität mit vertauschten Rollen statt.

HEIN: Ich halte das für eine mögliche Interpretation, aber ich habe nicht unbedingt daran gedacht. Aber so, wie Sie es sagen, ist es in sich schlüssig, insofern möchte ich dem auch nicht widersprechen. Jede Interpretation des Lesers, sofern sie nur korrekt ist und nicht etwas übersehen hat, ist dann auch richtig, und der Autor muß damit leben. Denn wenn er das Werk abgeschlossen hat, hat er kein Recht mehr, noch nachträglich in die Geschichte einzugreifen.

HAMMER: *Die Ritter der Tafelrunde* – wofür steht der Gral: Für ein Ideal, eine Idee, wobei die Realität sie dann zum erschreckenden Zerrbild ihrer selbst macht, die Sprüche über den Gral zur Phrase gerinnen? Es ist ja gerade für die Dresdener Inszenierung charakteristisch, daß sie versucht, die philosophische Tiefe des Werkes, die historische Allgemeingültigkeit herauszuheben, und dies vom Publikum im Frühsommer 1989 ganz anders angenommen wurde, das auf Reizworte reagierte. Es war also – zumindest zu diesem Zeitpunkt – gar nicht so sehr die geistige Dimension des Stückes gefragt als vielmehr die publizistische.

HEIN: Meine Erfahrungen in Dresden waren andere. Man reagierte auf einzelne Worte gar nicht, man schwieg im Grunde die ganze Zeit, fast atemlos folgte man der Geschichte. Und zu der Zeit, es war noch in der Vorwendezeit, war das eine atemlose Ruhe. Das Reagieren auf einzelne Worte, so in der direkten Form auch noch auf DDR-Geschichte, habe ich nicht gesehen. Sicher, gar keine Frage, wird man sich die Sache übersetzt haben, auf die DDR, aber man hat den Ansatz der Regie, den ich für richtig halte, voll akzeptiert. Man wollte da auch nicht mehr eine größere Nähe zur DDR haben, was die Sache dann auch zum Kabarett gemacht hätte.

HAMMER: Was die Gastaufführungen in der Bundesrepublik anbelangt, da war auch die publizistische Aktualität gefragt.

HEIN: Nun, vergessen wir nicht die Zeit, geschrieben habe ich das Stück 1985, da war eine solche Nähe zur Zeit gar nicht gegeben, sonst hätte ich es wahrscheinlich gar nicht schreiben können. Und 1989/90, als dann diese vielen Aufführungen herauskamen, das war dann voll in der Wende drin, da war natürlich der Zuschauer gar nicht fähig, das zu abstrahieren, und nahm das pur, möglicherweise sogar 1:1, was gar nicht aufgeht bei dem Stück. Aber es war diese nervöse, auch hysterische Zeit, wo man das natürlich sehr viel enger nimmt, auch direkter, was ja auch kein Fehler ist.

HAMMER: Und was war nun der Gral für Sie – steht er für den Begriff der Ideologie, steht er für den politischen Mythos oder für eine zementierte Machtansammlung? Kann man sagen: Kritische Bestandsaufnahme einer Legende? Die großen Mythen der Menschheit sind am Ende...

HEIN: Ich will Ihnen da nicht widersprechen; allerdings stört mich dabei das Adjektiv »kritische«. Wenn es dabei verbleibt, wird es für mich langweilig. Mit einer nur kritischen Haltung zerstöre ich nur etwas. Sagen wir: kritisches Weiterführen einer Legende, das würde mehr meinen Intentionen entsprechen. Ich will nichts zerstören, ich bin kein Mythenzertrümmerer, ich schätze Mythen viel zu sehr.

HAMMER: In der Kritik artikulierte sich dann aber die Auffassung: Politbüro-Endspiel. Im Prozeß der Rezeption wurde das Stück gleichsam zu einem Schlüsselstück. Von daher gibt es auch Meinungen, es habe sich mit der veränderten Situation überlebt, sei nicht mehr von solchem Interesse.

HEIN: Ja, wie gesagt, es ist kein Schlüsselstück. Wenn einer es so mißverstehen will, dann muß er es sehr schlecht gelesen haben, sonst würde er merken, daß der Schlüssel nicht funktioniert. Und dann wäre für ihn natürlich die Sache ad acta gelegt, wenn die Situation vorbei ist. Ich denke, die täuschen sich da, aber schlecht lesende Kritiker sind so selten nicht, die gibt es nicht nur in Westdeutschland.

HAMMER: Aber kann das Stück vielleicht schon wieder ein Stück vom letztlich einsichtigen Artus sein?

HEIN: Möglicherweise, aber das ist gerade einer der Punkte, weshalb das Stück gar kein Schlüsselstück sein kann. Einen Artus hat es in dieser realen Welt der sozialistischen Gesellschaft nicht gegeben. Also insofern bleibt es im Mythos der Geschichte, ich habe da keine Geschichtsschreibung der sozialistischen Länder gemacht.

HAMMER: Sie haben Anfang der achtziger Jahre über das Schreiben in einem geteilten Land nachgedacht und eine neue, arme Kultur gefordert, die sich gegenüber der alten, reichen Kultur durchsetzen müsse. Was ist diese neue, arme Kultur, die sich nur durchsetzen kann, wenn sie ihre Geschichte mit Bewußtheit aufarbeitet oder vollzieht?

HEIN: Aufzuarbeiten oder zu vollziehen, ich denke, das hat Kunst, ob sie will oder nicht, immer gemacht, gleichgültig, ob das Isaak Babel oder Andy Warhol war. Nolens volens haben es beide betrieben. Und der andere Punkt dieser neuen, armen Kultur: Jede neue Kultur ist eine arme Kultur, egal in welchen Landesteilen, in welchem Zeitalter, sie fängt arm an, sie versucht, sich gegen etwas abzusetzen, und ist gut beraten, wenn sie sich nicht als Bilderstürmerei betätigt. Aber arm fängt sie in jedem Falle an, und das wird dann auch individuell nachvollzogen, so

Dezember 1989 in Düsseldorf anläßlich der Verleihung des Heinrich-Heine-Preises an Max Frisch, zu der Hein die Laudatio hielt.

daß jeder, der beginnt, ohne einen Kanon ästhetischer Begriffe beginnt, nur einen Gegen-Kanon hat, der noch nichts Setzendes enthält. Er weiß nur, womit er nichts zu tun haben will, wovon er sich absetzen will. Es ist so eine Armut der Tabula rasa, in der Hoffnung, daß sich dieser Tisch füllen wird. Diese arme Kultur, die ich ansprach, hat in Westdeutschland ganz beispielhaft Arno Schmidt gemacht. Das hat nur sehr bedingt etwas mit dem geltenden System zu tun. Das gibt es einfach immer dann, wenn ästhetisch etwas Neues beginnt. Das hat mit Arno Schmidt sehr kräftig eingesetzt und begann als eine solche arme, entleerte Kultur, entleert in dem Sinne, daß sie nichts mehr von dem benutzen kann oder will, was ihr da vorgesetzt wurde. Ich kann natürlich auch eine reiche Kultur gebrauchen, indem ich sie fortsetze. Da bewege ich mich in einem gesicherten Gelände. Ich könnte sagen, Thomas Mann ist für mich ein Höhepunkt der Prosa, es gibt keinen anderen Weg, und man muß ihm folgen. Wenn ein Autor das Zeug dazu hat, dieses Epigonentum auf hoher Stufe zu betreiben, könnte er diese Art Ästhetik weiterführen. Wenn ich aber meine, es müßte etwas völlig anderes kommen, dann stehe ich ja erst einmal auf einem Ödland. In dem Sinne also diese neue, arme Kultur, die sich ständig fortsetzt, in jeder Zeit, mit jedem Künstler, der da gegen etwas antreten will. Ich denke, gut beraten ist man, wenn man die Vergangenheit nicht zerschlägt, sondern es auch aushält, mit ihr zu leben. Ich kann die Leistung der Väter und Vorväter eben nicht zerschlagen, das ist ein dummer, ein ohnmächtiger, ein folgenloser Akt, er ist bedeutungslos und führt nur dazu, daß ich weiter verarme. Das wäre alles.

HAMMER: Ich will noch einmal auf die Ereignisse des Herbstes 89 zurückkommen. Joachim Walther hat gemeint, das Volk habe Formulierungshilfe gebraucht, die von Künstlern und Autoren geleistet wurde, und abgelöst worden sei diese Phase durch das schnelle Erlernen und Wiedererlernen der eigenen Sprache.

HEIN: Ich denke nicht, daß das Volk Formulierungshilfe gebraucht hat. Das hat das Volk eigentlich die ganze Zeit ganz gut selber gemacht. Auch die Intellektuellen haben ihre Aufgabe ganz gut erfüllt, und die bestand eben nicht unbedingt im Herbst 89 und in den folgenden Monaten, sondern in den Jahren davor, und ich denke, da haben sie ihre Aufgaben so einigermaßen erfüllt. Das war ein Wachhalten, ein Insistieren auf Geschichten, die eigentlich nicht möglich oder unerwünscht waren oder vergessen werden sollten usw. Ich denke, das war die eigentliche Aufgabe. Und daß, nachdem die Sache erledigt war, die Intellektuellen nicht mehr gebraucht werden, ist auch völlig normal. Wenn der Mohr seine Schuldigkeit getan hat, kann er nun mal gehen, daran ist doch nichts moralisch Verwerfliches; und ich kann nicht etwas einklagen oder beklagen, was zum Lauf der Dinge gehört. Ich hoffe, die Intellektuellen werden weiterarbeiten, die Arbeit besteht nicht darin, daß sie die Gegenwart verwalten sollen, sondern sie haben sie ein bißchen fünf Minuten vor der Zeit zu bewegen, mit den Dingen, die kommen oder kommen sollten.

HAMMER: Aber da war doch auch der Glaube an das Dichterwort, gerade, wenn man an Ihre Rede vom 4. November denkt.

HEIN: Nein, das war es nicht. Es war eine Hochstimmung da, und nicht viel mehr. Die Sache kulminierte. Ich habe, wenn ich mich recht erinnere, vor allem auch vor der Hochstimmung damals gewarnt, die ich immer für fatal halte, und ich habe von der Arbeit gesprochen, die zu machen ist. Hochstimmung ist immer sehr verführerisch, und das haben wir ja in den letzten anderthalb Jahren auch reichlich erleben dürfen.

HAMMER: Sie würden sich also in diese Hochstimmung nicht einbeziehen, denn es gab ja nachträglich zu einigen Passagen Ihrer Rede mit ihrem pathetischen Duktus wie »Heldenstadt Leipzig« auch kritische Stimmen?

HEIN: Nein, ich habe da keine Schwierigkeiten, ich halte das schon für korrekt, was ich da gesagt habe, inklusive Heldenstadt. Wir wollen nicht vergessen, was da im Oktober in Leipzig anstand, und die Leipziger wußten Bescheid, es hätte ein Temesvar, also dieses Massaker in Rumänien, werden können. Die Leipziger sind Anfang Oktober auf die Straße gegangen, als dies eigentlich bevorstand und die Befehle schon ausgegeben waren. Sie haben diesen Mut bewiesen, und das trug wesentlich dazu bei, daß ein Staat, der schon lange am Ende angelangt war, auch tatsächlich zu Ende ging. Im Nachhinein erfolgten dann die Beschimpfungen der Stadt Leipzig, die ich nicht teile. Das finde ich unsinnig. Es setzte dann etwas Verwirrung ein, Wahlkämpfer kamen mit Wahlversprechen und Täuschungen. Daß da die Leute Täuschungen erlagen, ist auch normal, da ist nichts Verwerfliches dabei. Verwerflich ist eben die Täuschung selbst, aber das wäre nur eine moralische Kategorie, ich halte die Täuschung politisch für eine große Dummheit. Ich bin ein bißchen entsetzt, wie wenig man als Politiker über fünf Minuten hinaus zu denken imstande ist.

HAMMER: Ein Politiker hat ja gerade in diesen Tagen, wo der Offenbarungseid geleistet werden mußte, gesagt, es sei »schick«, jetzt auf die Fehler des vergangenen Jahres zu verweisen, man sollte besser in die Zukunft schauen.

HEIN: Wenn er jetzt in die Zukunft schauen will, ist das insofern merkwürdig, als er ja damals auch in die Zukunft geschaut hat. Jetzt schaut er erneut in die Zukunft, und nächstes Jahr will er wahrscheinlich davon nichts mehr hören.

HAMMER: Man hat Ihnen in Ihrer Rede auch eine gewisse Toleranz jenem alten, gescheiterten Mann gegenüber vorgehalten. Steckt in diesem Vorwurf nicht auch eine Portion Abwälzung eigener Betroffenheit, eigener Schuld auf andere, allein auf ›die da oben‹, wenn man das jetzt so personalisieren will?

HEIN: Ich muß sagen, es interessiert mich nicht so sehr. Das ist eine Geschichte, die den Staatsanwalt beschäftigen soll, und ich bin kein Richter. Herr Honecker ist kein Problem, jedenfalls nicht für mich. Es gibt ein paar andere, wichtigere Probleme, die zu bewältigen sind, das Problem Honecker muß ich nicht bewältigen. Ich kann die Erregung über Honecker heute nicht mehr teilen, vor anderthalb oder zwei Jahren schon. Jetzt dieses Zählen der Toten, dieses Aufrechnen, das ist eine Sache, die muß wahrscheinlich gemacht werden, aber nicht von mir. Das ist nicht die Sache der Intellektuellen, das kann die Buchhaltung machen. Von der Toleranz, die mir vorgeworfen wird, da lasse ich mich nicht abbringen. Das war in den letzten Jahren und Jahrzehnten, die ich hier gelebt habe, von Wichtigkeit, und ich hoffe sie beizubehalten. Wenn wir das aufgeben, sind wir schnell wieder dort, wo Deutschland schon mal vor fünfzig, sechzig Jahren war.

HAMMER: Am 4. November haben Sie noch davon gesprochen, daß es zu Demokratie und Sozialismus keine Alternative gibt, aber am 9. November, am Tag des Mauerfalls, haben Sie schon nicht mehr den Appell »Fassen Sie Vertrauen« unterzeichnet, und Ihre Unterschrift fehlt dann auch etwas später unter dem Aufruf »Für unser Land«. Hat sich da schon innerhalb weniger Tage Weitsicht, Einsicht bei Ihnen eingestellt?

HEIN: Ich war gegen diesen Appell und habe auch versucht, ihn zu verhindern. Die Mauer war geöffnet, da war die Reform der DDR vorbei. Ich denke, eine mögliche Reform in allen sozialistischen Ländern war überhaupt mit Prag 1968 vorbei, danach kam jede Reform zu spät, wir sehen es in der Sowjetunion an dem Reformer Gorbatschow, der zuerst heftig begrüßt, dessen Reform dann jedoch vom Volk sofort ad acta gelegt wurde. Man begrüßte eine Befreiung, die aber innerlich schon längst vollzogen war, und man wollte dann auch von der Reform nichts mehr hören. Das, was in der Sowjetunion in vier Jahren passierte, das passierte in der DDR in wenigen Tagen, und das hat einfach, wie ich denke, mit dem Jahr 68 zu tun, daß da der letzte Konsens zwischen der Bevölkerung und einem antikapitalistischen Modell zerbrochen ist. Insofern war es dann auch schon Anfang November 89 mit der DDR vorbei, aber nach dem 9. November, mit dem Fall der Mauer, war überhaupt keine Bereitschaft mehr da. Ich war deshalb zu dem Zeitpunkt nicht mehr bereit, einen solchen Appell mitzutragen.

HAMMER: Wenn man noch einmal auf die Rolle der Literatur in der DDR eingeht, dieser Widerspruch zwischen Geist und Macht, der gerade in der DDR schärfer als in manchen anderen Ländern und Zeiten ans Licht gekommen ist, hat diese Literatur nicht auch eine Vorstellung vom gleichberechtigten Zusammenleben der Menschen beschworen und im Durchstehen gerade solcher Widersprüche ihre Ästhetik, ihre Poetik ausgebildet? Kann man da für einen Teil dieser Literatur von einer Ästhetik des Widerstehens und Bewahrens sprechen – im Behaupten der Rechte des Individuums?

HEIN: Es gab in der DDR-Literatur sehr verschiedene Haltungen gegenüber der Gesellschaft. »Ästhetik des Widerstehens« ist mir da ein bißchen zu groß. Daß das Verhältnis von Geist und Macht ausgeprägter gewesen ist als in anderen Ländern oder in anderen Zeiten, hat wohl damit zu tun, daß der Geist, zum Beispiel die Literatur, von der Macht zu wichtig genommen wurde. Sie wurde gefürchtet, und weil sie gefürchtet wurde, hatte sie eine gewisse Macht. Ich denke, wir leben jetzt in einem Land, wo der Geist nicht mehr gefürchtet wird, und da ist er dann tatsächlich völlig ohnmächtig, da gibt es ein Verhältnis zwischen Geist und Macht überhaupt nicht mehr.

HAMMER: Aber Sie haben sich doch immer gegen eine Funktionalisierung von Literatur gewandt?

HEIN: Ja, eigentlich nach wie vor, gegen diese Beeinträchtigung der Literatur in der DDR. Diesen Wünschen und Forderungen nachzukommen, habe ich mich eigentlich immer gewehrt.

HAMMER: Das verschwörerische Miteinander-Reden oder Verständigen mittels der »Sklavensprache« …

HEIN: Das sind außerliterarische Mittel und Möglichkeiten, das war ein gewisser Druck des Publikums, dem nachzugeben vielleicht ehrenwert ist, aber es hatte mit Literatur nichts zu tun. Also schon deswegen würde mich ein Schlüsselstück überhaupt nicht interessieren.

HAMMER: Obgleich Ihnen eben ungewollt mit der *Tafelrunde* auch so eine Art Rolle zugewiesen wurde …

HEIN: Na, da stimme ich Ihnen nicht zu. Eine westdeutsche Zeitschrift wollte das Stück drucken, und ich war nicht so willig, dem zuzustimmen. Ich wußte einfach nicht, was ich damit für Westdeutschland erzählen kann. Da las ich zufällig den Brief des Herausgebers der Zeitschrift an den Verlag, und ich habe dann sehr schnell zugestimmt, weil er schrieb, das hätte für ihn mit der BRD zu tun und nicht mit der DDR, weil er die nicht kenne.

HAMMER: War die in der Bundesrepublik gedruckte DDR-Literatur nicht auch solcher Gefährdung ausgesetzt? Durch alle ideologischen Lager?

HEIN: Die Gefährdung habe ich nie bestritten, sie kommt von allen Seiten. Ich unterliege ja auch der Zensur, wenn ich gegen die Zensur anschreibe. Dann bin ich ja auch fremdgeleitet. Die Gefährdung war in jedem Falle da, wie auch immer ich mich verhielt. Die einzige Möglichkeit ist, sich dieser Gefährdung bewußt zu sein. Wie immer bei solchen Geschichten ist das Bewußtsein einer Situation eine kleine Hilfe, aus der Situation vielleicht herauszukommen.

HAMMER: Nun hat man den DDR-Autoren vorausgesagt, sie würden sowohl ihre Gegenstände als auch ihre Sprache verlieren. Sehen Sie Grund, sich auf neue Schreibsituationen einzustellen, oder sehen Sie der neuen Situation mit größerer Gelassenheit entgegen?

HEIN: Ob es mir gelungen ist, das würde sich ja jetzt zeigen, beim Rückblick auf die vorliegenden Arbeiten, ob es da einen Satz gibt, der heute anders geschrieben werden müßte oder sollte, oder ob ein Satz fehlt. Ich wüßte nicht, welche Arbeit ich in einem anderen Land, das vielleicht Deutschland, aber nicht die DDR wäre, anders geschrieben hätte. Ich habe mich immer als Chronist verstanden, ich schreibe doch nur das auf, was ich erfahre. Wenn ich ein paar neue Erfahrungen mache, werde ich darüber schreiben. Und der andere Punkt, der für die DDR-Bevölkerung so neu ist, ist für mich nicht so neu, das ist die Marktwirtschaft. Als Freischaffender unterlag man der Marktwirtschaft ohnehin, ein paar Schwierigkeiten sind weggefallen, ein paar Schwierigkeiten sind hinzugekommen. Da, wo der Markt etwas härter ist, da war es halt früher die Zensur. Wenn man aus politischen Gründen auf ein Stück zehn Jahre warten muß, ehe es auf die Bühne kommen darf, dann ist das auch nicht so sehr angenehm. Die Zwänge wechseln, ja. Einen Unterschied sehe ich für mich nur darin, daß ich vermutlich neue Erfahrungen mache, und das kann ich als Autor nur begrüßen. Es gäbe dann ein paar Stoffe mehr.

HAMMER: Also Erfahrungsgewinn wäre für Sie das entscheidende Moment?

HEIN: Ich lasse mich auch gern darauf ein. Insofern ist die DDR oder dieser Teil Deutschlands schon ganz spannend. Die Verunsicherungen und Unsicherheiten haben derart zugenommen, daß die Bevölkerung in einer Woche so viele Veränderungen erlebt wie in einem normalen Land innerhalb eines Jahres. Die Leute in der DDR machen jetzt in Wochen oder Monaten das durch, was in Westdeutschland in vierzig Jahren gereift ist, was natürlich sehr viel einfacher zu bewerkstelligen war, vor allem auch psychisch. Ich sehe hier enorme psychische Probleme für die DDR-Bevölkerung, die Anforderungen zu bewältigen hat, die fast das Fassungsvermögen eines Individuums überschreiten. Deswegen natürlich auch die hohe Selbstmordrate usw.

HAMMER: Der Autor galt quasi als moralische Autorität. Sie haben von überall Post bekommen, sich um alle möglichen Dinge, die nicht mit dem Schreiben zu tun hatten, gekümmert. Das ist wahrscheinlich so geblieben.

HEIN: Das hat nicht ganz aufgehört. Was aufgehört hat und worüber ich nicht unglücklich bin: Ich bekomme keine Briefe mehr, wo es sich um Unrechtsmaßnahmen handelt, wo ich gebeten werde, mich für etwas oder jemand einzusetzen. Also, wo ich an den Staatsrat zu schreiben habe, um auf dieses Unrecht hinzuweisen, wo ich dann direkt keine Antwort bekommen habe, aber manchmal veränderte sich was. Diese Rolle ist weg, jetzt hat man sich ans Gericht zu wenden und nicht mehr an eine Person, weil die kraft ihrer Wassersuppe zeitweilig ein gewichtiges Wort zugunsten eines anderen einlegen kann. Von diesen Ersatzfunktionen, vor denen ich die Literatur auch immer gewarnt habe, fallen einige weg. Das ist mir ganz lieb, das kostete mich Arbeitszeit, und mußte doch gemacht werden, gar keine Frage. Es gab keine Sache, der ich mich damals entzogen habe. Es waren sehr merkwürdige Sachen darunter. Aber die anderen Briefe kommen weiter. Ich weiß nicht, ob sich da so sehr viel geändert hat. Daß in der DDR mehr Bücher gelesen wurden, hing doch wohl nicht damit zusammen, daß es zum Beispiel keine Porno-Kassetten gab? Nun gibt es Porno-Kassetten, und man braucht vielleicht keine Bücher mehr zu lesen? Man nimmt andere Sachen zur Kenntnis, die man früher nicht zur Kenntnis nehmen konnte, und findet die eben wichtiger. Und das ist ja auch eine Entlastung der Literatur.

HAMMER: Aber es muß doch geradezu schon zu einer Zwangsvorstellung für Sie geworden sein, diese moralische Autorität, die der Autor genießt?

HEIN: Ja, das war es, eine Zwangsvorstellung.

HAMMER: Müssen Autoren immer moralisch einwandfreie Menschen sein? Thomas Brasch hat gesagt, wichtiger sei es, über den Riß zu schreiben, der durch die Gesellschaft geht und durch die Autoren selbst.

HEIN: Diese Meinung Braschs teile ich völlig. Moral hat mit dem Schreiben nichts zu tun. Ich hoffe sehr stark, daß ich das auch damals aus meinen Arbeiten herausgehalten und es allenfalls dann in den Essays oder in solchen Briefchen abgeleistet habe. Es gibt ganz hervorragende Bücher, die höchst unmoralisch, aber wirklich wunderbar sind. Schreiben hat nichts mit Moral zu tun, höchstens was mit der Genauigkeit, mit der ich

Bericht geben kann von einer Geschichte, und da ist Moral völlig fehl am Platz. Moral verkleistert nämlich etwas, macht den Blick schief, um ein gewünschtes Resultat zu haben. Das hat mit Schreiben nichts zu tun, Moral als Mittel der Literatur. Das hat mit Predigen zu tun. Der Prediger muß natürlich die Schäfchen möglichst auf einen Pfad bringen, der für die Seele gut ist oder eben für die Gemeinschaft von Nutzen. Wie gesagt, die Literatur sollte sich hüten, solche Prophetenrollen zu übernehmen.

HAMMER: Sie gehen also nicht von einem Funktionswandel der Literatur aus?

HEIN: Nein. Ich denke, an die Literatur beziehungsweise die Literaten wurden Ersatzfunktionen herangetragen. Denen konnte man sich nicht völlig entziehen. Wer sie erfüllt hat, der ist einer Verwechslung aufgesessen. Ich bin über diese Entlastung von Ersatzfunktionen ganz zufrieden, behängte sie die Literatur doch mit falschen Gewichten. Jetzt ist sie davon weitgehend befreit; diese Freiheit kann ihr nur helfen.

HAMMER: In der Bundesrepublik hat es nach 1945 keine ernsthafte Auseinandersetzung mit der Vergangenheit gegeben, und es gibt auch heute wieder Zeitgenossen, die der ehemaligen DDR das gleiche Verfahren nahelegen. Sie sind ja selbst in einer Kommission, der es gerade darum geht, Vergangenheit aufzuarbeiten …

HEIN: Ach, ich bin da ganz zuversichtlich. Die Vergangenheit ist so kräftig, daß sie sich, auch wenn man sie verdrängen will, schon Gehör verschaffen wird. Und die Nation, die das ab und zu mal macht, und fast jede Nation hatte solche Weißwaschungs- und Verdrängungsversuche, die hat dann im Abstand weniger Jahre oder Jahrzehnte erlebt, daß wieder auf dem Tisch lag, was man hatte verbuddeln wollen. Insofern, wenn die Arbeit nicht jetzt geleistet wird, wird man sie später leisten müssen. Wir kommen nicht daran vorbei.

HAMMER: Sie haben in dem Aufsatz *Maelzel's Chess Player Goes To Hollywood* 1986 marktorientierte Makulaturkunst unterschieden von einer Kunst, die sich den Reproduktionsbedingungen weitgehend zu entziehen habe. Sind das Texte, die über gegenwärtige Realität hinausreichen, Texte als Utopie? Verliert die Realität ihren Charakter als Maßstab, als Prüfstein aller Praxis?

HEIN: Das muß jeder Künstler für sich selbst beantworten. Eine neue Ästhetik bekomme ich nicht geschenkt, die muß ich mir schon erarbeiten, und ich kenne sie nicht, bevor ich die Arbeit selbst geleistet habe. Das ist eine Sache, die man erst post festum feststellen kann, die als Programm vorher nicht verfügbar ist.

HAMMER: Und was hat Ihre Literatur mit dem Begriff Utopie zu tun, so wie Sie ihn beschrieben haben?

HEIN: Ich denke, zumindest in meiner Arbeit ist Utopie immer vorhanden. Auch für mich ganz persönlich. Ohne utopisches Denken ist Denken gar nicht möglich. Ich glaube, es hat etwas mit Gegenwelten zu tun. Wenn ich keine Gegenwelten mehr entwickeln kann, dann bin ich eigentlich tot.

HAMMER: Nun ist Utopie ja gegenwärtig ziemlich suspekt geworden ...

HEIN: In dem Moment, wo hierzulande eine harte Währung Einzug hielt, wollte man von Utopie nichts mehr wissen, sondern was von D-Mark. Das ist völlig normal, das ist alles schon beschrieben, vom Kollegen Shakespeare in dem Stück *Timon von Athen,* da ist alles drin, auch der Ausgang der Geschichte. Und wir spielen einfach dieses alte Stück zur Zeit in einer sehr großen Besetzung.

HAMMER: Sie haben sich vor einigen Jahren noch sehr prononciert dazu geäußert, daß Sie sich als DDR-Autor sehen mit einer hier geprägten Erfahrungswelt. Werden Sie sich, auch mit den neuen Erfahrungen, die jetzt auf Sie zukommen, weiter so von den hier erfahrenen Prägungen bestimmen lassen?

HEIN: Ich denke, das wird sich in ähnlichen Zeiträumen vollziehen, wie sich das nach 1945 vollzogen hat. Sicher wird man da mit Zeiträumen von dreißig bis fünfzig Jahren rechnen müssen. Das ist ja nicht schlagartig mit dem Tag der Vereinigung vorbei. Ich sehe dem ganz gespannt entgegen, wie dieses Zusammenkommen passieren wird. Die Bevölkerung hat es ja inzwischen auch bemerkt, daß es mit dem 3. Oktober 1990 eben nicht getan ist, daß es einige Zeit dauern, auch Rückschläge geben wird usw. Und in der Literatur wird es ähnlich langsam vonstatten gehen, mit Schwierigkeiten, Verdächtigungen und Denunziationen und allem, was das menschliche Leben so reich und angenehm macht.

HAMMER: Es ist ja wohl ein europäisches Phänomen, daß wir Geschichte immer als Entwicklung auf einen Endzustand hin betrachtet haben. Sie setzten sich selbst vehement mit der Auffassung vom »Sieger der Geschichte« in der DDR auseinander. Nun gibt es aber wieder eine Art Sieger-Haltung, neue Heilsversprechungen. Wie kann man der Sieger-Ideologie begegnen, wie kann man in der gegenwärtigen Situation allgemeiner Betroffenheit und Desolatheit Hoffnung schöpfen?

HEIN: Es reicht ein Blick in die Geschichte. Insofern können wir den neuen Siegern der Geschichte ruhig entgegenblicken. Sie wurden immer von der Geschichte korrigiert.

HAMMER: Sie sagen das mit einer solchen Gelassenheit ...

HEIN: Wenn ich nicht gelassen wäre, würde es auch nicht anders laufen. Wir haben gar keine andere Wahl, keine andere Möglichkeit. Und um die Gelassenheit bemühe ich mich regelrecht. Sie fällt mir auch nicht leicht, das gebe ich zu. Aber dieser Weg ist ja nun seit längerem voraussehbar gewesen, und es ist ja ungefähr voraussehbar, wie es in den nächsten Jahren weitergehen wird. Auch wo es unangenehm, fatal oder mehr als nur schwierig werden wird, muß das eben einigermaßen überstanden werden. Und Gelassenheit finde ich eine ganz wichtige Haltung der Geschichte und der Gegenwart gegenüber, der stattfindenden Geschichte.

HAMMER: Alles deutet darauf hin, daß sich der ehemalige DDR-Bürger weitgehend als Mensch zweiter Klasse fühlt im gesamtdeutschen Kontext und daß vieles, was da wieder über ihn hinwegrollt, eine ganz neue Art von Fremdbestimmung ist, eine eher anonyme.

HEIN: Aber: Das war voraussehbar. Es wurde von dieser berühmten Veranstaltung da am 4. November 1989 aus meiner Rede vor allem dieses »Heldenstadt« zitiert. Der wichtigere Satz war, daß wir jetzt nicht wieder Strukturen zulassen dürfen, denen wir eines Tages hilflos ausgeliefert sind. Der ist vergessen worden. Das war die Gefahr, die ich gesehen habe, und ich denke, jetzt hat sie uns eingeholt. Und das bringt das ganze Unglück mit sich. Es ist wieder passiert, daß es Strukturen sind, denen wir uns hilflos ausgeliefert fühlen. Das wollte man damals nicht hören, und kurze Zeit danach, im Winter und Frühjahr 90, überhaupt nicht mehr. Daß diese Strukturen für viele fürchterlicher sind als vorher, das liegt, denke ich, nur daran, daß die alten bekannter waren und wir eine gewisse Übung hatten, damit umzugehen. Jetzt ist alles neu und unbekannt. Wir werden noch lange damit umgehen und dann vielleicht auch mit den eigenen Ängsten und Irritationen umzugehen lernen. Ich merke es ja an Westdeutschen, wenn sie nach der Zensur fragen. Sie bleibt ihnen unbegreiflich. Wenn ich erkläre, wie das funktionierte, können sie dann nicht meine Gelassenheit verstehen. Natürlich, die Zensur war da, bevor man begonnen hatte zu schreiben, und irgendwie mußte man damit leben. Man konnte nicht so leben, daß man jeden Tag aufstand und ein Wehklagelied sang, sondern man versuchte doch, seine Arbeit zu machen. Und das wird auch die ganze DDR-Bevölkerung demnächst lernen, mit den Veränderungen zu leben …

HAMMER: Wir sind immer noch zu stark in der Larmoyanz-Haltung befangen, haben zuviel Mitleid mit uns selbst.

HEIN: Ich denke, das hat auch damit zu tun, daß es vielleicht wirklich zuviel ist, was dem einzelnen da abverlangt wird, und nicht jeder schafft das auch psychisch. Das halte ich für eine ganz reale Gefahr, denn da kann es sehr leicht zu sozialen Unruhen kommen; ich vermute, daß sie in diesem Jahr noch kommen.

HAMMER: Wie kommen wir aus diesen Vereinfachungen heraus: Vormals manifestierten sich in der Wissenschaft Fortschritt und Reaktion, jetzt wird wieder Wissenschaft und Ideologie als These und Gegenthese gesetzt. Und – um noch mal auf die Manipulierung von Literatur hüben wie drüben zurückzukommen – nur die in der Opposition dachten kritisch, und alle, die kritisch dachten, waren Opfer, das sind ja auch wieder solche Vereinfachungen.

HEIN: Ich denke schon, das, was ich in der Wissenschaft kennengelernt habe, bewegt sich durchaus in diesen Feldern. Und das ist ja auch das Menschliche, das ist nun mal so, daß völlig rein eine Sache nicht zu haben ist, weder der Opportunismus noch der Widerstand, sondern daß sich das menschliche Leben in Zwischenbereichen bewegt. Das hat mit dem einen zu tun wie mit dem anderen. Also berührt das nicht allein die Wissenschaft.

HAMMER: Hans-Joachim Schädlich hat gesagt, an die DDR-Autoren gewandt, es gehe jetzt darum, normale Schriftsteller in einer demokratischen Gesellschaft zu werden. Da wird doch immer nur vorausgesetzt, daß die anderen sich zu ändern und anzupassen haben.

HEIN: Jede Katastrophe, die man erlebt, ist persönlich unangenehm, aber sie bedeutet zugleich wieder eine Chance, man ist einen Schritt weitergekommen. Aber Schädlich hat natürlich recht, die Aufforderung an die DDR-Autoren wie an die DDR-Bürger ist jetzt, schnellstens westdeutsch zu werden. Denn die DDR ist beigetreten, und ein beigetretenes Gebiet hat sich den Bedingungen zu unterwerfen, insofern ist die Forderung völlig legitim. Da ist nichts gegen zu sagen. Ob man ihr folgt, ist von der Forderung unabhängig. Ich habe auch in den letzten Jahren und Jahrzehnten ein paar Forderungen gehört, denen ich nicht nachgekommen bin.

HAMMER: Nun ist die in diesem Land produzierte Kultur für viele doch eine wichtige Lebens-, ja Selbstbehauptungsfrage gewesen. Wie sollen denn nun aber Persönlichkeitswerte, der geforderte aufrechte Gang realisiert werden, wenn ganze soziale Schichten gleichsam an den Existenzrand katapultiert werden? Man kann sich schon von der extremen Bevorzugung von sogenannten Lieblingskindern der Kultur verabschieden, denn es geht ja um Entwicklung einer Soziokultur oder darum, was an Subkulturen da verborgen unter der Oberfläche existierte.

HEIN: Da gibt es keine Möglichkeiten. Das ist das Primat der Ökonomie: Da wird abgeschafft, was keinen Wert hat. In der DDR hatte Geld ja keinen Wert, da war es völlig egal, ob Geld da war oder nicht, es konnte dennoch einiges existieren, unabhängig vom Geld. Jetzt hat Geld wieder den Wert, und die Geschichte verläuft, wie in Shakespeares *Timon von Athen* beschrieben. Wenn das Geld wieder Wert hat, dann kann man auch andere nicht mit Geld bezahlen, die auf Werte verzichten. Das erfolgt bereits und wird so auch weitergehen.

HAMMER: Was uns gegenwärtig bedrückt, das ist der Golfkrieg, die größte Schlacht der letzten vierzig Jahre. Sie haben einen Protest formuliert, der auf den Berliner Bühnen verlesen wurde. Sie sagen, dieser Krieg wird neue, unlösbare Probleme schaffen.

HEIN: Grundsätzlich: Ein Krieg, der sich in diesem Maße ausweitet, wie es dieser Krieg getan hat, wird zunehmend zu einem Krieg gegen die Erde. Da geht es nicht mehr um einen Staat oder Völker, da geht es inzwischen um das Überleben der Erde. Dieser Krieg – wie jeder Krieg im 20. Jahrhundert – wird zu irreparablen Schäden führen und hat schon zu irreparablen Schäden geführt. Auch die bevorstehende vollständige Niederlage des Irak wird nichts lösen, das Nahost-Problem wird auf eine andere Weise wieder losbrechen, es ist nicht nur an den Irak gebunden. Und daß dafür noch keine Lösung gefunden wurde, darin sehe ich das Versagen der Politik. Und daß man wieder wie im 19. Jahrhundert auf den Krieg gekommen ist und glaubt, er sei ein Mittel der Politik, das halte ich im Zeitalter der Massenvernichtungswaffen, die, wie wir wissen, auch eingesetzt werden, für ein Verbrechen. Ich denke, daß spätestens seit 1944, seit dem ersten Atombombenabwurf in der amerikanischen Wüste, seit der Erprobung der Atombombe, Krieg nur noch ein Verbrechen ist. Es führt zur Zerstörung der Erde. Und insofern denke ich, ist Gerechtigkeit durch einen Krieg nicht zu schaffen. Er schafft nur eine Ungerechtigkeit – oder Gerechtigkeit auf einer unbewohnten, unbewohnbaren Erdkugel.

Februar 1991

Christoph Hein

Eure Freiheit ist unser Auftrag

Ein Brief an (fast alle) Ausländer – wider das Gerede vom Fremdenhaß der Deutschen

Ein Gerücht geht durch die Welt, von Regierungssprechern bestätigt und von der Presse immer wieder behauptet und durch ihre Berichte und Bilder scheinbar bewiesen. Die Deutschen, heißt es, und die Mitteleuropäer und die Amerikaner seien fremdenfeindlich und aggressiv und gewalttätig gegen Ausländer. Das ist nicht wahr.

Wenn wir einen dreißigjährigen Mörder lebenslänglich ins Gefängnis stecken oder hinrichten, weil er einen anderen Menschen ermordet hat und folglich bestraft werden muß, wäre es eine Lüge zu sagen, wir würden die Dreißigjährigen lebenslänglich ins Gefängnis stecken oder hinrichten. Wir sind gegen Ausländer ebensowenig wie gegen Dreißigjährige. Aber wir sind gegen alle, die uns bedrohen, und wir müssen sie verurteilen, wenn wir nicht uns selbst gefährden wollen.

Wir sind nicht gegen Ausländer. In unseren Städten stehen Gebäude, die vor allem für Ausländer gebaut sind. Sie sind besonders gut ausgestattet, und wenn die Ausländer mit viel Gepäck kommen, stehen Leute von uns bereit, ihnen das Gepäck abzunehmen und es bis in ihr Zimmer zu tragen.

Gelegentlich laufen Leute vor diesen Häusern zusammen, aber keinesfalls, um diese Ausländer zu beschimpfen oder gar anzugreifen. Diese Leute wollen die Ausländer freundlich begrüßen und sie um ein Autogramm bitten. Und keiner von ihnen rief je: Ausländer raus.

Nein, wir sind nicht ausländerfeindlich. Das Gerücht lügt. Wir fahren selbst gern ins Ausland und freuen uns, in der Fremde zu sein, ungewöhnliche Sitten und Gebräuche kennenzulernen, ein anderes Klima und eine uns unbekannte Küche zu genießen (oder wir sind zufrieden, wenn wir auch in exotischer Ferne die heimatlichen Gerichte serviert bekommen).

Das Gerücht lügt, glaubt ihm nicht. Und glaubt nicht, daß wir Ausländer nur als Touristen freundlich begrüßen und sie ansonsten hassen. Was wäre das auch für ein merkwürdiger Haß, der nach Belieben an- und abgestellt werden kann?

Wir sind keine zurückgebliebenen Hinterwäldler, die die Welt nicht kennen, keine albernen, unaufgeklärten Toren, die vor einer anderen Hautfarbe erschrecken. Im Gegenteil. Wenn unsere Tochter mit Eurem Sohn zusammenleben will, nehmen wir Euren Sohn als unseren Sohn auf und ermahnen unsere Kinder, ihre Kinder zweisprachig zu erziehen, denn dies ist für ihre Bildung, ihre Kultur und ihre Geschäfte sehr vorteilhaft.

In wenigen Jahren werden viele Chinesen ihre Heimat Hongkong verlassen. Damit sie nicht völlig heimatlos werden oder gar gezwungen sind, beim ärmsten Mitglied unserer Völkerfamilie, dem Volk der Boat people, um Asyl zu bitten, haben wir sie bereits jetzt zu uns eingeladen. Sie werden künftig mitten unter uns wohnen, und ihr Reichtum wird unseren vermehren.

Wir sind gebildet, kulturvoll, wir haben viel gelernt und kennen die Welt. Wir wollen mit Euch kaufen, mit Euch verkaufen, mit Euch reden, mit Euch gehen und so weiter. Wir sind inzwischen auch bereit, mit Euch zu essen, mit Euch zu trinken und sogar – jeder zu seinem Gott – mit Euch zu beten.

Nein, wir sind nicht ausländerfeindlich. Wir haben keine Angst vor Eurer Hautfarbe oder Religion, und Eure uns fremde Kultur achten wir und interessieren uns sehr für sie. Aber wir hassen die Armut. Und es ist leider wahr, daß viele von Euch besonders arm sind. Wir fürchten uns vor Eurer Armut, weil sie uns ängstigt. Wir fürchten den Bazillus Eurer Armut, wir fürchten, uns anzustecken. Wir haben eine panische Angst davor, zu verarmen. Dabei ist es uns völlig gleichgültig, ob jener Mensch mit diesem Bazillus der schrecklichsten Krankheit unserer Welt ein Ausländer oder ein Deutscher ist.

Denn auch die Obdachlosen und Armen unserer Nationalität fürchten wir. Wir versuchen, sie in unsere Gesellschaft zu integrieren. Aber wenn dies nicht mehr möglich ist – sei es, weil ihre Armut sie bereits zu sehr zerstört hat, oder sei es, weil es zu viele sind und wir sie nicht mehr aufnehmen können, ohne uns selbst, unseren Wohlstand, zu gefährden –, wenden wir uns auch gegen sie, brennen ihre Asyle nieder und töten sie, wenn sie auf einer Parkbank nächtigen.

Es ist keine Ausländerfeindlichkeit, die uns zur Gewalt gegen Euch treibt, es ist unser Haß gegen die Armut. Wir wollen unseren durchaus bescheidenen Wohlstand behalten und müssen ihn gegen Euch verteidigen. Ihr habt – ohne es zu wissen – den Krieg begonnen. Eure Welt hat unsere Welt angegriffen, und wenn wir uns nicht wehren, wird unsere uns so kostbare und unaufgebbare erste Welt in Eurer dritten Welt versinken.

Wir haben Mitleid mit Eurer Armut. Die Bilder aus Euren Ländern erschrecken uns zutiefst, und es zerreißt uns das Herz, Euer entsetzliches Elend sehen zu müssen. Wir schalten sogar häufig die Nachrichtensendungen des Fernsehens aus, weil wir Euer Elend nicht mehr ertragen. Wenn wir an Euch vorbeigehen, blikken wir in die reichen Schaufenster unserer Geschäfte, denn es schmerzt uns, Eure Lumpen zu sehen und in Eure erloschenen Augen zu schauen.

Nennt uns nicht zynisch. Wir sind voll Mitleid, aber wir müssen unsere Welt verteidigen. Wir müssen unsere Wohnungen und Häuser, die Euch wie Paläste erscheinen, gegen Euch verbarrikadieren. Denn wenn wir diesen Kampf, diesen Krieg, den Ihr begonnen habt, verlieren, werden unsere Städte zu Slums. Unsere Welt wird, wenn sie sich mit Eurer Welt vermischt, untergehen. Unser Reichtum wird wie ein Eimer Wasser in dem Ozean Eures Elends spurlos verschwinden.

Unseren Wohlstand und unsere Kultur müssen wir gegen Euch verteidigen, wenn wir uns nicht selbst aufgeben wollen. Und wir werden uns ebenso entschlossen verteidigen, wie Ihr offenbar entschlossen seid, Eure Armut nicht weiter hinzunehmen.

Die Bevölkerung der Vereinigten Staaten stellt 5 % der gesamten Menschheit dar und sie benötigt 27 % der Ressourcen unserer Erde. Wir Europäer (10 %) verbrauchen mit den Nordamerikanern zusammen weit mehr als die Hälfte aller Naturressourcen. Dabei leben wir keineswegs luxuriös, wir sind fast anspruchslos. Wir benötigen eine Wohnung, einen Kühlschrank, ein Auto und etwas Papier, um unsere Bedürfnisse zu befriedigen. Und wir können Euch – bei Strafe unseres Untergangs – nicht erlauben, Eure Bedürfnisse gleichfalls zu befriedigen. Wir verbrauchen pro Kopf unserer Bevölkerung jährlich 230 Kilogramm Papier. Wenn wir Euch auch gestatten, pro Kopf so viel Papier zu verbrauchen, ist die für uns lebensnotwendige Flora dieser Erde und mit ihr die von ihr abhängige Fauna in wenigen Jahrzehnten ausgestorben. Wenn auch Ihr jeder einen Kühlschrank besitzt oder Sprays benutzt, ist die für uns alle erforderliche Ozonschicht irreparabel zerstört, bevor Ihr alle Raten für Euren Kühlschrank bezahlt habt. Und wenn auch Ihr jeder eine Wohnung und ein Auto bekommt, wird es keine Wälder und Wiesen mehr geben und keinen Spielplatz für unsere Kinder.

Euer Anspruch, an unserem Leben teilhaben zu wollen, ist ein Angriff gegen uns, gegen unseren Wohlstand, gegen unsere Kultur. Wenn wir erlauben, daß Ihr Euren Anspruch durchsetzt, wird die Natur zerstört werden. Die Welt wird unbewohnbar für Euch, aber leider auch für uns.

Ihr habt den Krieg eröffnet, und wir müssen uns verteidigen. Und da eine Mauer aus Stein nicht haltbar genug ist und nicht das Elend der dritten Welt aus unserer Welt ausgrenzen kann, haben wir eine Mauer aus dem besten und haltbarsten Material geschaffen, das wir besitzen, eine Mauer, die keiner überwindet, eine Mauer aus Geld.

Wir sind nicht fremdenfeindlich. Zwei unserer Staaten, die USA und Australien, haben ihre Gesetze verändert, nur um die Immigration von Ausländern zu erleichtern. In Australien werdet Ihr sofort aufgenommen, wenn Ihr bereit seid, bei Eurer Ankunft 500 000 Dollar in die Wirtschaft des Landes zu investieren, und in den USA erhaltet Ihr die vollen Rechte eines Staatsbürgers, wenn Ihr 1 Million Dollar investiert.

Wir Europäer haben solche Gesetze noch nicht formuliert, aber wir wenden sie bereits jetzt an, und zwar für Euch oder gegen Euch. Kommt zu uns, wenn Ihr bereit seid, dieses Geld bei uns zu investieren. Aber wenn Ihr nicht dazu bereit seid, dann bleibt, wo Ihr seid und rührt Euch nicht. Denn wenn Ihr trotzdem kommt, werden wir dies als einen kriegerischen Akt ansehen und entsprechend reagieren. Doch nicht wir sind die Schuldigen. Schuldig seid Ihr, schuldig der fehlenden Bereitschaft, Geld in unsere Wirtschaft zu investieren.

Versteht uns doch: wir haben Angst vor dem Elend, vor Eurem heutigem Elend und vor unserem künftigen Elend, das uns droht, wenn wir uns jetzt nicht wehren.

Wer in einem Viehstall zur Welt kommt und statt in eine Wiege, in eine Futterkrippe gelegt wird, den kreuzigen wir nur deshalb, weil wir uns davor fürchten, unsere Kinder in einem Viehstall zur Welt bringen zu müssen. (Und wenn Ihr, um Eurem Kind dieses Schicksal zu ersparen, es vor seiner Geburt abtreibt, werden wir Euch deshalb kreuzigen.) Denn unser Gott sagt uns: Was immer ihr einem dieser meiner geringsten Brüder getan habt, das habt ihr mir getan. Und so werden wir seinem Gebot folgen und, was wir unserem Gott antaten, auch Euch antun. Denn die Geringsten sind in unserer Welt und nach unserer Moral und unserem Glauben jene, die kein Geld haben.

Wir verfolgen Euch nicht, weil Ihr Ausländer seid. Auch in unseren Ländern steht der reichere Norden oder Westen gegen den ärmeren Süden oder Osten. Und wenn dieser Kampf weniger brutal ist, dann nur weil das Wohlstandsgefälle weniger brutal ist. Und wenn wir Ausländer oder ärmere Inländer oder Ausländer, die deutscher Herkunft sind, beschimpfen und sie als faul und asozial, stinkend und larmoyant bezeichnen, wollen wir damit nur sagen, daß diese Leute arm sind. Wenn sie klagen, daß es ihnen schlecht gehe, erwidern wir ihnen, daß es ihnen noch nicht schlecht genug geht, wenn sie immer noch klagen können. Und wenn sie sagen, sie und ihre Welt seien von uns und unserer Welt bestohlen worden, antworten wir ihnen: dann bleibt uns gestohlen.

Glaubt nicht unseren Regierungen und der Presse, wenn sie sagen, es fehle uns nur an einer gründlicheren Aufklärung und der richtigen Erziehung, um die noch immer vorhandenen rechten und linken Denkblockaden und -verbote zu beseitigen. Wir wissen, was Euch fehlt und was uns droht, wenn Ihr zu uns kommt. Wir sind aufgeklärt. Unsere Religion kennt – im Unterschied zu allen anderen Religionen – nicht die Sünde der Heuchelei. Denn Geld läßt sich nicht heucheln. Der scheinheilige Tartuffe kann in unserer Gesellschaft nicht überleben; er wird sofort entlarvt, wenn der Ruf zu unserem Gebet ertönt. Und der heißt bei uns: cash. Diese Religion und dieses Gebet können die Grenzen unserer Welt wirksamer schützen als jede Mauer.

Wir sind aufgeklärt. Wenn vorerst nur die Angehörigen bestimmter Schichten (die ärmeren und damit auch ungebildeteren) gegen Euch gewalttätig werden, so liegt es nicht an fehlender Aufklärung. Unsere ärmeren Landsleute wissen, daß Eure viel größere Armut vor allem sie bedroht. Denn unsere Armen werden die ersten Opfer Eurer Armut sein, wenn wir uns nicht wehren.

Wir sind nicht ausländerfeindlich. Wir sind zivilisiert genug zu wissen, daß auch Ihr einen Anspruch auf Menschenrechte habt. Aber da Euer Anspruch unseren Wohlstand gefährdet und Ihr ihn dennoch durchzusetzen versucht, habt Ihr damit einen nicht-erklärten Krieg gegen uns begonnen. Wir werden uns wehren. Aus Furcht vor Eurer Armut. Aus Angst, eines Tages Eure Armut teilen zu müssen.

»Eure Freiheit ist unser Auftrag« (Inschrift des Denkmals in der Berliner Straße des 17. Juni) – »es fehlet aber das Geld« (Hölderlin).

Dezember 1991

II
DER ERZÄHLER

Jochen Marquardt

Es war einmal ein Land, das hieß DDR oder Wie Kohlhaas zum Staatsbürger ward

Zu Christoph Heins Kleist-Adaption

Konnte der hier zu betrachtende Prosatext Christoph Heins, *Der neuere (glücklichere) Kohlhaas. Bericht über einen Rechtshandel aus den Jahren 1972/73*[1], noch vor kurzem als ein Versuch gelesen werden, im nüchtern konstatierten Befund des Spannungsverhältnisses von Anspruch und Realität eines sich sozialistisch nennenden Staatswesens Kräfte freizusetzen für systemimmanente Veränderungen, indem sowohl die gesellschaftlichen als auch die individuellen Ursachen der historischen Differenz zwischen Anspruch und Realität aufgezeigt werden, so erscheint er heute um so schärfer als glasklare Analyse (jeglicher) systembedingter Selbstdestruktion, an deren Zustandekommen nicht nur die Exponenten restriktiver Herrschaftsverhältnisse maßgeblichen Anteil haben, sondern auch die systemstabilisierende, nämlich jene die Sicherung der sozialen Existenz bezweckende Liaison des – kleinbürgerlichen – Individuums mit der Macht.

Hubert K. – dies ist der Name der Hauptfigur von Christoph Heins Text. Nicht erst bei Günter Kunert (im Hörspiel *Ein anderer K.*, 1977) deutete die Initiale »K.« auf den Bezug zwischen Autor und Figur (Kunert-Kleist); dies fand sich schon, von Kunert gewiß im Blick, bei dem Kleist-Kenner Franz Kafka, dem es bekanntlich besonders der *Michael Kohlhaas* angetan hatte, im Roman-Fragment *Der Prozeß* (1925, Hg. Max Brod). Dort verweist Josef K., die Hauptfigur, auf Kafka, den Autor. Christoph Hein, so wird in der Titelgebung seines analytischen, auch im Sprachduktus deutlich an Kleist geschulten novellistischen Erzähltextes deutlich, beerbt bewußt die Artikulationsweisen solchen literarischen Traditionsbekenntnisses, und sein Interesse zielt auf die Historisierung gelebter Gegenwart. Der Gewährsmann dafür ist Kleist höchstselbst. Heins Titel versinnbildlicht in seiner Analogie zu Kleists in den »Berliner Abendblättern« vom 7. 1. 1811 veröffentlichten Kurzgeschichte *Der neuere (glücklichere) Werther* seine Bemühungen, überkommene literarische Traditionen zum Zwecke der Realitätsbewältigung zu nutzen. In der Tat ist bereits bei Kleist – und wohl mehr oder weniger bei jedem Autor aus Vergangenheit und Gegenwart, sofern er nicht wähnt, die Welt aus sich selbst heraus zu schöpfen – das Phänomen der Intertextualität, verstanden als Summe und Qualität der den Texten eingeschriebenen Traditionsbeziehungen, allenthalben zu beobachten, und auch darauf rekurriert Heins Titelgebung in ihrer diese Traditionsbeziehungen aktivierenden Parallelisierung. Daß Christoph Hein Kleists Gegenwartsbewältigung durch Reflexion der literarischen Tradition aufgreift, unterstreicht die Normalität dieses Prozesses im Gang der Literaturgeschichte.

Mit Heins Text dokumentiert sich, indem die Kleist-Bezüge darin zu ästhetischen Funktionsträgern der Aussageabsicht des Autors qualifiziert werden, ein zutiefst dialektischer und eben darum schöpferischer Umgang mit der (Literatur-)Geschichte, der den Interpreten der Suche nach Zwangsanleihen Heins bei Kleist enthebt. An seinem Text besticht gerade die inhaltliche und strukturelle Eigenständigkeit und damit Unabhängigkeit von dem gerade *nicht* manieristisch nachgeahmten *Michael Kohlhaas,* wobei die Kleist-Bezüge in Gestalt gleichsam assoziativer ›Zitate‹ der Beschreibung ganz und gar heutiger und jenseits verwesener DDR-Wirklichkeit unverändert akuter Probleme dienen. Doch im einzelnen:

Hein behandelt einen auf den ersten Blick banal anmutenden, prosaischen Stoff nunmehr vollendeter, doch gleichwohl fortwirkender Gegenwart, der, gemeinhin nicht eine Zeitungsnotiz wert, zunächst scheinbar keinerlei Möglichkeiten poetischer Überhöhung bietet. Chronikartig, in Form eines diszipliniert vorgetragenen Geschehnisreports, innerhalb dessen sich der Erzähler betont zurückhält, nur gelegentlich die Sicht der Figuren kommentiert beziehungsweise sich von dieser abgrenzt oder sie vorsichtig bestätigt (z. B. 84, 95, 97), mit großem, dem Genre Bericht angemessenen Authentizitätsanspruch und im Stil, bis in die syntaktische Struktur und die lexikalischen Mittel hinein, Kleists Verfahrensweise schöpferisch umfunktionierend, wird der Weg des Buchhalters und »verfluchte(n) Gottesnarr(en)« Hubert K. nachvollzogen. Als »Muster eines *Rechnungsführers*« (103) vorgestellt, erhebt dieser Klage gegen die Betriebswie auch Gewerkschaftsleitung, weil ihm – im Unterschied zu anderen Kollegen – krankheitshalber ein geringfügiger Betrag von einer Prämie abgezogen worden war. Hubert K. beharrt auf seinem Anspruch, wird sowohl von der gewerkschaftlichen Konfliktkommission als auch vom Kreisgericht abgewiesen, verliert im Zuge seines Aufbegehrens seine Familie und erhält schließlich, in unerwarteter Wendung des Geschehens, doch sein Recht – allerdings handelt es sich um einen Pyrrhussieg. Denn die Art und Weise, wie dieser seltsame und höchst merkwürdige Ausgang der Geschichte zustande kommt, gehört gleichwohl zur Fabel. Doch dies ist bereits ein Verdienst des Autors, der seinem Stoff, gewissermaßen dem Rohmaterial, kraft seiner originellen Gestaltung eine Bedeutsamkeit abgewinnt, die diesem selbst nicht innewohnt. Hein gewinnt poetische Höhe dadurch, daß er den prosaischen Stoff mit sprachlichen Mitteln bewältigt, die er an ihn als eine das Geschehen historisierende Wertungsfolie anlegt. Die verwendeten sprachlichen Mittel stehen in ihrer Unverhältnismäßigkeit in kontradiktorischer Beziehung zur Banalität des Stoffs, wodurch ironische Distanz erzeugt wird, der allerdings auch tragische Momente eignen. Signalisieren bereits einige wenige Worte, die im Kontext der vorgeführten Alltäglichkeit des Geschehens an Kleist erinnern und insofern – im historischen Kontrast – als Archaismen auszumachen sind, wie *»Rechtshandel«* oder, in diesem speziellen Fall, auch das an den *Homburg* gemahnende Wort von der *»Kassation des Urteils«* (82, 100) – beides ist, wohl kaum zufällig, vom Autor hervorgehoben –, so wird Heins Poetisierungstechnik vollends in der Syntax deutlich, die ebenfalls als Archaismus fungiert, und zwar insofern, als die ironische Distanz im Kontrast von plattem Sachverhalt und diesen überhöhender Satzkonstruktion erscheint. Ein Beispiel:

»Enttäuscht in ihren Urlaubserwartungen war jedoch Elvira K., die sich durch den Eifer ihres Gatten um eine, wie sie sagte, Lappalie vernachlässigt fühlte und, wohl nicht zu Unrecht, ihrem Ehemann mangelnde Zärtlichkeit vorwarf, ihn auch an *gewisse Ehepflichten* erinnerte, die anzumahnen sie besonders im Urlaub hoffte, keine Veranlassung zu haben.« (89)

Doch gibt es Steigerungsmöglichkeiten der Ironie, die so einzig in der Lage ist, die durch und durch unheroische, weil prosaische Aktion »unseres Helden« (85, 94) auf der Höhe der großen geschichtlichen Komödie (Dürrenmattscher Provenienz) zu halten, denn nur »im Rausch«, und damit scheinbar außerhalb der gesellschaftlichen Spielregeln, vermag Klartext gesprochen zu werden:

»Ungeachtet ihres [der Ehefrau] Einwandes unterrichtete der angetrunkene Ehemann sie darüber, daß er und ein gewisser Bernie – ein Name, der hier zum ersten und einzigen Mal auftaucht und den später keine der beteiligten Personen, selbst Hubert K. nicht, irgendeinem Bekannten eindeutig wird zuordnen können –, daß also er und der erwähnte Bernie beschlossen hätten, nunmehr, nach der feigen und unterwürfigen Entscheidung einer *leitungshörigen Kommission*, wie er im Rausch sich ausdrückte, das zuständige Gericht anzugehen, was ihm als einem *freien Bürger* zustehe.« (93)

Wenden wir uns, der Funktionalität dieser poetischen Verfahrensweise Heins bewußt, dem weiteren Geschehen zu, das, »nach allgemeiner Ansicht der unterrichteten Bürger«, »eine Folge allzu genauer Lebensführung« von Hubert K. gewesen sei, der, wie ihn die »gleichen«, gewöhnlich gut unterrichteten Kreise

»zumeist ironisch« zitierten, nichts weiter gewollt habe, »als sich *sein Recht*« zu »schaffen«. (82)

Weniger über die Tatsache seiner Benachteiligung selbst als über deren Begründung erbost, die ihm als »Ausdruck *unsozialer Denkungsart*« (84) erschien, wurde Hubert K. im Urlaub von einem Ingenieur auf »*Präzedenzfälle* [...] in der Republik« (86) hingewiesen und in der Rechtmäßigkeit seines Ansinnens bestärkt. Da es ihm vorgeblich – wie einst auch Kleists Michael Kohlhaas – um »Gerechtigkeit schlechthin« (87) ging, wandte er sich nach dem Urlaub an die Konfliktkommission, »in der Hoffnung auf eine *vernünftige Korrektur* des geschehenen Unrechts« (88). Jedoch ging es ihm dabei nicht um die Artikulation von existentieller Verunsicherung in seinem Individualitätsanspruch, die durch den Rechtsfall hätte ausgelöst werden können; vielmehr erscheint dieser lediglich als eine Art Betriebsunfall in dem ansonsten scheinbar perfekt funktionierenden System sozialen Ausgleichs zwischen Staat und Staatsbürger.

So war Hubert K.s Interesse schon befriedigt durch die bloße »Ansetzung der Verhandlung«, von der er meinte, sie sei »gleichbedeutend mit der von ihm angestrebten Korrektur«. (90) Ganz wesentlich in diesem Zusammenhang ist auch, daß Hubert K. zu dieser Zeit erwog, sein Begehren »wieder rückgängig zu machen, da ihm diese Ankündigung allein genügte, um seinem«, wie es heißt, »gestörten Rechtsgefühl ausreichend Genugtuung zu geben«. (90)

Hier werden übrigens, wie natürlich auch an anderen Stellen, Ähnlichkeiten mit Handlungsführung und Konfliktgestaltung in *Michael Kohlhaas* sichtbar: Kohlhaas war zwischenzeitlich, nachdem Luther ihm versichert hatte, daß nicht der Landesherr an seiner Verstoßung schuld sei, im Vertrauen auf die zu diesem Zeitpunkt von ihm im Grundsätzlichen noch als solche akzeptierte Rechtsstaatlichkeit der bestehenden Ordnung bereit, auf die gewaltsame Durchsetzung seines Rechtsanspruchs zu verzichten. Die Bedingtheit von Kohlhaasens Entschluß freilich ist eine völlig andere als die Motivation von Hubert K., insofern dieser keineswegs »auf gewisse Weise außer der Staatsverbindung gesetzt worden« (Kohlhaas, 52)[2] war, sondern nur graduell, nicht prinzipiell, uneins mit dem Gesetz wurde. Die Verwirklichung des Vorhabens von Hubert K., alles rückgängig zu machen, hätte ihm, so zu diesem Zeitpunkt sein – objektiv falsches – Bewußtsein vom Stand der Dinge, die Möglichkeit gegeben, sich wieder in Übereinstimmung mit den Gesetzen zu befinden, »so fest glaubte er sich mit seiner Ansicht auf der Seite der Gesetze« (90). Das heißt also, sein Individualitätsanspruch wäre befriedigt, wenn er sich gleichsam ungebrochen in den durch diesen Schritt zu bewirkenden, vermeintlichen Schutz der

Gesellschaft hätte zurückbegeben und sein bisheriges Leben in alten Gleisen fortsetzen können.

Während es Kleist in der Konfrontation zwischen dem einzelnen und dem Staatswesen, die sich in vielen seiner Werke, neben *Kohlhaas* vor allem auch im *Homburg*, an einem Rechtsfall entzündet, gerade darum zu tun ist, Individual- und Gesetzesanspruch polarisierend zu steigern und auf neuer Stufe zueinander ins Verhältnis zu setzen, strebt Hubert K. eine neue Übereinstimmung an, welche die überkommenen gesellschaftlichen Beziehungen lediglich auf gleicher Stufe reproduziert.

Hubert K. nun wird, da der bisherige Verlauf bereits, wie es bei Kleist heißt, zu »öffentliche(r) Meinung« (Kohlhaas, 51) geführt hat – man erkundigt sich, nicht ohne Spott, nach dem Fortgang seiner Unternehmung –, bewußt, daß er sich deshalb, wie er meint, der Gerechtigkeit wegen, jetzt nicht ohne weiteres zurückhalten kann. Seine Klage aber wird, unter Bekundung »lärmende(r) Heiterkeit« und »Schadenfreude« nicht weniger Kollegen, »als *unbegründet* zurückgewiesen«. (92)

Während all dieser Vorgänge hütet sich der Erzähler, voreilig zu werten oder gar für eine der beteiligten Seiten Partei zu ergreifen; er stellt nur hin und wieder vorsichtige Vermutungen auf, mögliche Motive der jeweiligen Figuren betreffend. Denn so einfach liegen die Dinge nicht, als daß der Erzähler, sich dessen unausgesprochenermaßen bewußt, Anlaß hätte, dem Leser Eindeutigkeit vorzugaukeln und sich etwa, wie einige Kollegen von Hubert K., auf dessen Kosten zu profilieren. Die »vernünftigen Ansichten des *gesunden Menschenverstandes*« (91) helfen hier kaum weiter, sondern sie erweisen sich statt dessen immer mehr als suspekt.

So fällt Hubert K. in der Darstellungshaltung des Erzählers, der nur teilweise mit den inneren Handlungsantrieben der Hauptfigur vertraut ist, keineswegs allein ironischer Distanz anheim, sondern auch alle anderen Figuren erscheinen durchaus zwielichtig. Das wird besonders dann deutlich, wenn sich deren Handlungsmotive, die hauptsächlich aus dem Geschehensablauf selbst und also aus der darauf beruhenden Textstruktur ersichtlich werden, als Eigennutz, als Egoismus entpuppen, gerade auch dort, wo von der Position des Hubert K. aus Uneigennützigkeit erwartet werden könnte. So zeigt sich, daß der Ingenieur im Urlaub, jenseits von interesselosem Wohlgefallen, zunehmend auch deshalb Anteil an Hubert K.s Problem nimmt, weil ihm dessen Frau »äußerst reizvoll« (89) erscheint. Oder ein anderes Beispiel – von ungleich größerer Tragweite: Die Sprachverwendung des Vorsitzenden der Konfliktkommission enthüllt unzweideutig Mechanismen obrigkeitsdienlichen Umgangs mit den Menschen:

»Wenn auch der Vorsitzende [...] ihn anfangs von der Nichtigkeit seines Klagegegenstandes überzeugen wollte, sicherte er Hubert K. doch zu, alsbald eine Sitzung anzuberaumen, um dem Kläger zu seinem Recht – oder, wie er sagte, zu einer *Rechtsbelehrung* – zu verhelfen.« (90)

Ein letztes, doch gleichwohl wichtiges Beispiel mag vorerst genügen: Elvira K., die Ehefrau. Der sich am Rechtsfall entzündende Ehekonflikt, die Tatsache, daß »sich die Eheleute schon zu weit entfremdet hatten« (99), wird von Hein als gleichsam privates Spiegelbild öffentlich sich ausbreitender Entfremdung ins Werk gesetzt. Bekundet der Erzähler einerseits gelegentlich Verständnis für das Befremdem der Elvira K. dem Verhalten ihres Mannes gegenüber, so wird in der Darstellung ihrer Bereitschaft, den Verlust des geringfügigen Geldbetrages zu verschmerzen, in der Tatsache also, daß sie die Tragweite der diesen Konflikt verursachenden Widersprüche entweder nicht reflektiert oder sich darüber hinwegtäuscht, auch jene Selbstentfremdung spürbar, die sich als (zeitlich begrenzter) Schutz vor der uneingestandenen Lebenslüge erweist. Das Desillusionierende des Vorgangs aber besteht darin, daß er, auf verschiedene Weise, nicht nur Hubert und Elvira K. betrifft, sondern, gleichsam in Fortsetzung altbekannter Muster in neuem Gewande und somit in der ›Kohlhaas'schen‹ Erkenntnis von der »gebrechlichen Einrichtung der Welt« (Kohlhaas, 14), offenbar massenhaft zur Lebensform geworden ist, indem es immer wieder der Eigennutz, der Egoismus ist, welcher die Rebellion alltäglicher Konflikte für lange Zeit im Geiste nicht zur Ausprägung oder im Handeln nicht zur letzten Konsequenz gelangen läßt und welcher deshalb oft genug zum insgeheim herbeigesehnten Kompromiß führt.

Angesichts der vom Betrieb zurückgewiesenen Klage erweist sich die daraus resultierende Erschütterung Hubert K.s als Pendant seiner nunmehr einsetzenden Desillusionierung:

»[...] und obgleich ihm alles unbegreiflich blieb: es war, er begriff es nur langsam, sein *wirkliches* Leben.« (92 f.; Hervorhebung v. Verf.)

Folgeerscheinung ist die empfindliche Störung seiner bisherigen Lebensweise, die sich damit als Selbstbetrug, als Ausdruck bloßer Konvention, ja als Lebenslüge herausstellt. War sie gleichsam ein äußeres Indiz für die in Hubert K.s Augen quasi vorprogrammierte Entwicklung der übereinkunftsgemäß als sozialistisch bezeichneten Gesellschaft, die sich seiner Teilhabe an ihr nur insoweit versicherte, als er sich in ihren Nischen einrichten und sich darin beschützt fühlen durfte, so mußte solche Selbstgenügsamkeit um so mehr erschüttert werden, als er eine solche Erschütterung für schlechthin undenkbar gehalten hatte. »Der an der Theke gefaßte Beschluß, seine Klage bis zum Kreisgericht zu tragen« (93), vermochte daher die notwendig folgende Ernüchterung – in der von Kleist mehrfach apostrophierten merkwürdigen Übereinstimmung von physischer und moralischer Welt – zu überdauern, gleichsam als Trotzreaktion auf den vermeintlichen Verrat, die sich nur als Selbstausdruck gekränkten Stolzes erweist.

Aus der Schutzbehauptung heraus, daß der Ruf des Betriebes durch eine ordentliche Gerichtsverhandlung, allein schon der dann unausbleiblichen und also befürchteten Öffentlichkeit des Vorgangs wegen, diskreditiert werden könnte, wird Hubert K., allerdings vergeblich, von der Gewerkschaftsleitung ersucht, die Klage zurückzuziehen, und man macht ihm »bittere Vorwürfe wegen seines betriebsschädigenden Verhaltens« (97). Wiederum verweist das Motiv auf Eigennutz, nicht etwa auf sachdienliche Funktionswahrnehmung, wodurch sich Selbsttäuschung und Entfremdung auch hier enthüllen, denn das Gewerkschaftsgremium drängt auf Nivellierung, nicht auf Lösung der Widersprüche. So zeigt sich – der Gesellschaftsvertrag basiert auf der Einhaltung von Spielregeln, die den Keim ihrer Auflösung in sich tragen. Gerade der Appell an die innerbetriebliche Solidarität Hubert K.s erweist sich damit als demagogisch, denn er ist nichts anderes als die Beschwörung, sich gefälligst an diese Spielregeln zu halten, welche die Konvention bislang immerfort als eine solche aufrechterhalten hatte; es ist dies eine Beschwörung, die nur allzu leicht in eine offene Drohung einmünden kann, wenn ansonsten bevorzugte »feinere«, nämlich strukturimmanente Mittel versagen. Indes: »Der angeklagte Betrieb« wurde in allen Punkten »freigesprochen«. (97) Wichtig ist aber die subjektive Ernsthaftigkeit, mit der in dieser Situation, und zwar unter »dem Beifall der Zuhörer und begleitet vom wohlwollenden Nicken der Beisitzer«, der Vertreter der Betriebsleitung, indem er »Hubert K. seine Hand demonstrativ entgegenstreckte«, erklärt, der Prozeß würde »in keiner Weise das Verhältnis der Betriebsleitung zu dem Kollegen Buchhalter beeinträchtigen«. (97 f.) Dieser Vorgang, im Text gerade durch die vorgeführte Ernsthaftigkeit ironisiert, bezeugt: Die Selbsttäuschung ist vollkommen. Aber auch hier bringt die (Figuren-)Sprache die Wahrheit ans Licht: Indem es allein die Perspektive der Betriebsleitung ist, aus der heraus versichert wird, daß ihr Verhältnis zum Kollegen Buchhalter durch den Prozeß nicht beeinträchtigt werden würde, entblößen sich die realen Machtstrukturen, denn diese generöse Geste impliziert nahezu unverhohlen die Warnung, daß die Betriebsleitung beinahe Anlaß gehabt hätte, das Verhältnis zu ihrem Kollegen beeinträchtigt zu sehen – wozu sonst bedurfte es dieses Hinweises. Hubert K., der sich in seinem Vertrauen erneut getäuscht sieht, verkündet ein weiteres Mal, »daß er nunmehr auf alle weiteren Rechtsschritte in dieser Sache *verzichten* werde« (98).

Nun aber ereignet sich ein merkwürdiger Zufall, der eine unerwartete Wende herbeiführt, wenigstens äußerlich. In Gestalt eines Deus ex machina mit allzu menschlichen Zügen taucht Johannes B., Mitarbeiter des Kreisvorstandes der Gewerkschaft zu H., auf, der dem Prozeß als Beobachter beigewohnt hatte und sich sogleich anschickt, die gerade erlernten Spielregeln für seine Zwecke auszunutzen. Von ihm wird, aus der Perspektive des Erzählers, unter anderem gesagt, daß er »erst vor einem Jahr von der Hochschule nach H. gekommen und *mit zuviel Ehrgeiz* versehen« sei, »um sich in einer kleinen Stadt einzurichten«, und daß er »hochgespannte(n) berufliche(n) Erwartungen« hege (100). So handelt auch er, aufs eigene Fortkommen bedacht, alles andere als uneigennützig, wenn er »von der *Unhaltbarkeit* der behördlichen Entscheidung [...] fest überzeugt« ist und Hubert K. bedrängt, eine »*Revision oder Wiederaufnahme* seines Prozesses zu beantragen«, da »der gefallene Entscheid keineswegs eine Privatsache des Klägers sei, sondern von grundsätzlicher Bedeutung für die gewerkschaftliche Arbeit«. (99) Da aber des Funktionärs Eifer Hubert K. nicht umzustimmen vermochte, legte er diesem, unter Umgehung der nächsten Instanz, in einem Brief an den Bundesvorstand der Gewerkschaften folgenden Satz in den Mund: »*Ich habe kein Vertrauen mehr in die sozialistische Gesetzlichkeit.*« (100) Dieser Satz jedoch wirkt Wunder – es wird die »*Kassation des Urteils*« (ebd.) zugunsten Hubert K.s durch den Präsidenten des Obersten Gerichts in die Wege geleitet. Doch das geschieht, es sei nochmals betont, nicht auf Veranlassung Hubert K.s, der nun nicht mehr Subjekt, sondern vollends Objekt der folgenden Ereignisse ist, die sich seiner Kontrolle weitgehend entziehen. Doch die von Johannes B. überbrachte Nachricht aus Berlin deckt nachträglich zugleich ein wichtiges Motiv für Hubert K.s früheres Aufbegehren auf, denn sehr bewegt ihn unter anderem die Frage, »ob der eingeleitete Schritt seiner schwieriger gewordenen Stellung im Betrieb förderlich sei« (ebd.).

Dessenungeachtet wird das in opernhafter Selbstinszenierung plötzlich in besonderer Weise auf Publizität ausgerichtete Kassationsverfahren als eine an feudale Strukturen erinnernde pompöse Haupt- und Staatsaktion in Szene gesetzt: Es trafen, »vielbeachtet«, »zwei große schwarze Staatslimousinen« vor dem Gebäude des Kreisgerichts in H. ein, der amtierende Oberrichter der Stadt empfing »auf der Vortreppe« den Vertreter des Präsidenten des Obersten Gerichts und weitere Persönlichkeiten; »in einer Taxe« folgte wegen einer Panne der Vertreter des Generalstaatsanwalts des Bezirkes Suhl; auch »einen kleinen Imbiß« gab es vor der Verhandlung für – »die Herren«. (101) Die Vertreter der Firma und der betrieblichen Gewerkschaftsleitung wurden »über ihre fehlerhafte Entscheidung *belehrt*« (101 f.; Hervorhebung v. Verf.), und im Ergebnis der Verhandlung erhielt Hubert K. nach nunmehr fünfzehn Monaten sein Recht. Oder doch nicht?

»In der Verhandlung wies der Vertreter des Präsidenten des Obersten Gerichts wiederholt darauf hin, daß durch ein nicht zu billigendes, leichtfertiges Verfahren der Kläger *in schwere Konflikte* mit unserer [man beachte das Possessivpronomen!] Gesellschaft, ja daß er sogar in seinem Betrieb als ein engstirniger Federfuchser in Verruf gekommen sei. Das zu *revidieren,* so schloß der Richter seine Ausführungen, sei vielleicht die vornehmste Aufgabe der heutigen Verhandlung gewesen.« (102)

So wurde Hubert K., freilich auf andere Weise, als er selbst es wahrnahm, in der Tat »auf die *außerordentlichste* Weise«, nach »ersten Versuchen, sich in der Welt sein Recht zu verschaffen, [...] von dieser Welt darin unterstützt.« (102; Hervorhebung v. Verf.) Daß der Staat mit diesem öffentlichen Akt die individuelle Kündigung des Vertrauens eines *seiner* Staatsbürger nach Maßgabe *seiner* Bedürfnisse und höchst eigennützigen Spekulationen umfunktioniert, indem er – gleichsam in der Flucht nach vorn – die dadurch gegebenen Möglichkeiten der Selbstdarstellung zur Festigung seiner Strukturen ausnutzt und so das Individuum gerade in dessen Protest vereinnahmt, all dies wird Hubert K. nicht bewußt. Erinnern wir uns der Figurensicht in einer Stelle am Beginn des Textes, in der Hubert K.s Wertung des erst danach entwickelten Gesamtgeschehens mitgeteilt wird und die seine Auffassung belegt, daß man sich in der Kassationsverhandlung tatsächlich der Gerechtigkeit angenommen habe:

»Die [...] Haltung seiner Mitbürger verbitterte Hubert K., brachte ihn dazu, das Gericht anzurufen, und führte ihn schließlich soweit, eben diesen Ort für immer – wie er damals meinte – zu meiden, der ihm nichts als sein Recht schaffen sollte und darin versagte; versagte, *bis man anderen Orts sich seiner Klage und der Gerechtigkeit annahm.*« (82)

K.s Desillusionierung hat hier ihre Grenzen. Die Kritik des Autors aber, so wird in der geschilderten sprachlichen Gestaltung der Vorgänge deutlich, gilt maßgeblich auch der äußerst zufälligen Bedingtheit dieses »glücklicheren«, höchst zwiespältigen Endes. Das Gespinst der stillschweigenden Übereinkünfte ist als ein solches durchschaubar geworden in dem Moment, in dem das Stillschweigen gerade unter Berufung auf seinen ursprünglichen Begründungszusammenhang durchbrochen wird, was sogar selbst zum systemstabilisierenden Bestandteil der konventionalisierten Vertragsbeziehungen geworden ist, jedoch nur bis zu dem in Christoph Heins Text geschilderten Punkt. Noch aber hält das Gespinst, indem es gelingt, den vermeintlichen Betriebsunfall seiner Wirkungsweise auf einer nunmehr zweiten Ebene mit seinen Fäden zu überspannen, womit aber dieser »Betriebsunfall« zum Erschrecken aller Beteiligten gleichsam als genetischer Defekt sui generis allmählich kenntlich wird.

Auf andere Art als im Schluß von *Michael Kohlhaas,* aber auch auf andere Art als in dem von *Homburg,* ist der unheroische Held hier »allein« (102) – und das nicht nur deshalb, weil sich seine Frau von ihm getrennt hat. Hubert K.s naives Überschreiten der Konvention wird von ihr nicht mitgetragen; die Gefahren waren ihr zu offenbar geworden, wenn dieses Gespür auch unterhalb der Ebene intellektueller Reflexion verbleibt. Auf andere Art auch wird die Gefährdung des Individuums in ihrer Komplexität vorgeführt, das heißt, sowohl in ihren strukturbedingt objektiven als auch in ihren daraus resultierenden subjektiven Voraussetzungen. Ein wirklicher Ausgleich zwischen Staat und Staatsbürger findet nicht statt.

Die Strukturen des Staatswesens folgen dem gleichen Selbsterhaltungstrieb, der auch das Handeln Hubert K.s als eines von eben diesen Strukturen selbst hervorgebrachten Individuums geleitet hatte. Beide, der Staat wie der Staatsbürger, unterliegen deshalb auch den gleichen Mechanismen der selbstimplantierten Destruktion, die gerade noch einmal verdeckt zu werden vermag, doch es wird zugleich deutlich, daß über die Komplexität dieser Selbsttäuschung hinaus keine Fortsetzung möglich ist.

Mit Hubert K. indes wird ein Exempel statuiert, wie das Individuum durch eine wohlfunktionierende juristische Maschinerie des Staates, gleichsam von oben, von der durch einen Fehler des Systems erst ausgelösten, möglichen Konsequenz querulanter Artikulation seines Individualanspruchs wieder *erlöst* werden kann – denn dieses Interesse beruht durchaus auf Gegenseitigkeit –, indem das Individuum nunmehr in seine wirklichen, das heißt kleinbürgerlich-beschränkten Interessen wieder eingesetzt wird, die sich in seinem Harmoniebedürfnis äußern, das der Obrigkeit und damit der Aufrechterhaltung der gesellschaftlichen Machtstrukturen entgegenkommt. Dieser Prozeß aber – gleichfalls in des Wortes doppelter Bedeutung – wird deshalb von Christoph Hein im Untertitel seines Textes präzise als das bezeichnet, was er ist – als ein »Rechts*handel*« (82; Hervorhebung v. Verf.).

So verbleiben die Figuren in ihrer kafkaesken Strafkolonie, und im Verhältnis zu *Michael Kohlhaas* erscheint hier die Desillusionierung bedeutend gesteigert. Mit diesem Text, der auf soziale Strukturen verweist, in denen Alltagsbewußtsein gefangen ist, liegt ein Dokument der Ent-Täuschung vor, von dem man sich im gleichsam symbolhaften Ausschnitt ein nahezu vollständiges Bild von durchlebter DDR-Wirklichkeit wird machen können, das aber zugleich auf die ungelösten Antagonismen jedweder gesellschaftlichen Organisation im Verhältnis von Staat und Staatsbürger hindeutet. Denn mit dem Ende der DDR stellt sich nicht nur die Frage nach klärender Strukturbeschreibung der DDR-Realität selbst, sondern, untrennbar damit verbunden, auch die Frage sowohl nach den zeitlich vorgelagerten geschichtlichen Akzeptanzvoraussetzungen ihrer einundvierzigjährigen Existenz, die in andersartig fortgesetztem Anpassungs- und Konventionsdruck in ihr gesellschaftliches Sein hineingewirkt haben, als auch die Frage nach den unter diesem Aspekt über ihren Untergang als Staat hinaus geschichtlich *weiterwirkenden* Ursachen ihres Scheiterns in neuer sozialer Organisationsform des Alltags.

In Christoph Heins novellistischer Erzählung vom neueren (glücklicheren) Kohlhaas vermittelt sich die kulturgeschichtliche Konstanz dieses Problems, ungeachtet der dabei zutage tretenden historisch-konkreten Modifikationen, in der Bezugnahme auf Heinrich von Kleist. Die entsprechenden Bezüge des Textes fungieren dabei als ästhetische Verfremdungsmittel und werden vor allem durch die sprachliche Art und Weise der Konfliktgestaltung und Konfliktlösung verifiziert. Damit wird die angestrebte illusionslose Schilderung der Vorgänge unterstützt, und im assoziativen, auch kontradiktorischen Kleist-Zitat, mithin in der kritisch-kontrastierenden Bezugnahme auf unmittelbar gelebte Gegenwart wird das soziale Konfliktpotential gesellschaftlichen Zusammenlebens als weiterwirkendes historisches Kontinuum kenntlich, welches sich mit dem Untergang der DDR wohl kaum erledigt hat.

Zitatnachweise

1 In: Christoph Hein: Einladung zum Lever Bourgeois. Berlin/Weimar 1980, S. 82–103 (Zitatnachweise im folgenden im Text, ohne Sigle).

2 Zit. nach: Heinrich v. Kleist: Werke und Briefe in vier Bdn. Hg. Siegfried Streller u. a. Berlin/Weimar 1978. Bd. 3, S. 52 (Zitatnachweise im folgenden im Text).

Antonia Grunenberg

Geschichte als Entfremdung

Christoph Hein als Autor der DDR

[...] Des Autors Umgang mit Geschichte soll im folgenden an dem 1974 unter dem Eindruck der Revolution in Portugal entstandenen Theaterstück *Cromwell* diskutiert werden. Hein beleuchtet die Person Cromwell durch Konfrontation mit den verschiedenen, an der Revolution beteiligten Kräften, Personen und Klassen zunächst von allen Seiten. In der Politik gegenüber der Generalität – in der Haltung gegenüber dem Parlament – in der Unentschiedenheit, mit der Cromwell den Kräften der »City« (der Geschäftswelt Londons) begegnet – in der schwankenden Haltung, die er seinen Mitstreitern und radikalen Verfechtern der Eigentumsfrage entgegensetzt – in der weinerlichen Anhänglichkeit, die Cromwell gegenüber seiner Mutter an den Tag legt, werden ökonomische, soziale und psychologische Erklärungsmuster für das Fehlschlagen der Revolution angeboten. Der Handlungsvorgang selbst wird durch einen Kunstgriff immer wieder durchbrochen. Quer über den Text verstreut tauchen – wie Widerhaken – scheinbar unmotiviert fremde Begriffe auf, die nicht in die Zeit Cromwells passen: Eigennamen, Zitate, Assoziationen. Da werden die englischen Soldaten als »Companeros« angeredet, da taucht der Name des Nazi-Marschalls Göring auf, da gibt es eine königliche Datscha, da trinkt einer Wodka (in England, wohlgemerkt), da gibt es einen mangelhaften Lautsprecher, einer benützt eine Pistole der Marke »Mauser« (eine deutliche Anspielung auf Heiner Müllers Revolutionsstück *Mauser* insofern, als Cromwells Situation der eines Mauser durchaus ähnlich ist. Auch er ist ein Soldat, der im Namen der Revolution tötet. Nur ist der Unterschied der, daß ihn keiner zur Rechenschaft zieht, als seine Revolution sich gegen das Volk wendet). Da wird von Cromwell berichtet, daß er »literweise Herztropfen« tränke, seit er merke, daß ihm die Revolution aus der Hand gleite. (Cr 48)[1] Cromwells General Thomas Fairfax wird ein abgewandeltes Wort des Sozialdemokraten Noske aus der deutschen Revolution von 1918 in den Mund gelegt. (Cr 50) Der Narr und weise Kommentator Ladybird kommentiert den von Cromwell angeordneten Tod Karls I. mit den Worten:

»Da wir keine Neger, Schwule oder Ausländer sind, geht uns ein von seinem Körper vereinzelter Kopf selbstverständlich zu Herzen.« (Cr 57)

Und als Cromwell und seinen Verbündeten die Revolution gänzlich aus den Händen gleitet, reden Cromwell und sein Vertrauter Monk über ihre Gegner in Worten, die der Ankläger Wyschinski in den stalinistischen Schauprozessen der dreißiger Jahre gebrauchte: »Man muß diese tollwütigen Hunde erschießen.« (Cr 77)

Durch diese Zitate und Begriffe werden historische Bezüge zur russischen Revolution von 1917, zur mißglückten deutschen Revolution von 1918, zum Stalinismus, zum Nationalsozialismus und schließlich zur portugiesischen Revolution von 1974 regelrecht abgerufen. Das wirkt plakativ und desorientierend. Nimmt man das alles nämlich wörtlich, so würde dieses Theaterstück die Lehre produzieren, daß alle Revolutionen gleich sind. Mir scheint jedoch, daß es Hein gar nicht um die Konkretheit der Assoziationen und Querverweise geht, sondern daß er die Lehnwörter aus der späteren Geschichte einmal zu dem Zweck benutzt, um Geschichte als Kontinuität deutlich zu machen, und zum zweiten, um Abstand zu schaffen und Identifikationen mit historischen Personen und Begebenheiten zu verhindern, um den Leser/Zuschauer während des Lesens/Zuschauens in einen Reflexionsprozeß zu versetzen, der ihn die ganze Zeit in Atem hält. Durch die fremden Begriffe und Zitate wird der Stoff erst einmal enthistorisiert, verfremdet, um das deutlich zu machen, worum es dem Autor geht: um ein Nachdenken darüber, daß jede Revolution ihren Umschlag in sich trägt.

Die Ursachen des Scheiterns sind auf verschiedenen Ebenen angelegt. Die Beteiligten an dem Geschehen sehen die Ursachen – aus ihrer eigenen Interessenlage heraus – jeweils anders:

Cromwell scheiterte, weil aus einem Landlord kein städtischer Revolutionär wird, sagt der Volksmund.

Cromwell macht sich die Geschäftswelt Londons zum Feind und scheitert deshalb, sagen deren Vertreter.

Cromwell scheitert an der Eigentumsfrage, weil er das große Eigentum schützt und das kleine Eigentum preisgibt, behaupten seine Widersacher, die Leveller.

Cromwell scheitert, weil er sich gegen die gottgewollte Hierarchie auf Erden wendet, sagt seine Mutter.

Cromwell scheitert, weil das Volk gegen ihn ist, sagen die Bauern und nehmen ihre Mistgabeln in die Hand.

Gegenüber anderen Autoren hat Hein auf den ersten Blick ein traditionell anmutendes Revolutionskonzept: Die Eigentumsfrage wird als Basisfrage, die Unterstützung durch das Volk als zweitwichtigste Bedingung für das Gelingen einer Revolution benannt. Auf die Psychologisierung historischer Charaktere verzichtet Hein ganz. Fast als Paraphrase wird die Beziehung Cromwells zu seiner Mutter behandelt. Sie erscheint als Vertreterin eines früheren Zeitalters, die den Sohn in gluckenhafter Fürsorge vor der Verletzung althergebrachter Verbote bewahren will. Erst im Haßausbruch gegen eine Marketenderin, die ihm über den Weg läuft, während er vom Tod seiner Mutter erfährt, werden tiefere Dimensionen angesprochen. Schemenhaft taucht hier eine nie gelöste Mutter-Kind-Symbiose auf, die zu einem homoerotischen Frauenbild führt. Frauen sind entweder Jungfrauen (Mutter) oder Huren (normale Frauen). Aber diese Psychologisierung wird nur angeboten und in der Darstellung nicht wirklich durchgehalten.

Statt zu einem psychologischen Erklärungsmodell greift Hein auf ein bewährtes Mittel der vorklassischen Komödie zurück, Charaktere und Handlungen über die Kommentare eines Narren, der zugleich Weiser ist, von außen her zu beleuchten. In der Figur des Ladybird, ein Name, der auf Zweigeschlechtlichkeit und Vogelähnlichkeit verweist und daher grenzgängerisches Denken vermuten läßt, werden der Spott und der Humor des Volkes gefeiert, treten die komischen Züge tragischer Vorgänge heraus. Der Umstand, daß Ladybird des öfteren eine Puppe in der Hand trägt, mag ebenso sehr auf das Kindhafte der Narrenfigur verweisen wie darauf, daß die Puppe letztes Relikt aus Ladybirds Vergangenheit ist, in der er Straßenschauspieler war.

In einer Befragung, die Oberst Monk mit Ladybird veranstaltet, um ihn über seinen Herrn auszufragen, heißt es:

Monk zu Ladybird: Komm her, mein Junge. Wie heißt du?
Ladybird: Ladybird.
Monk: Du bist Cromwells Stiefelputzer?
Ladybird: Dachten Sie, seine Wichsbürste?

(Cr 9)

Ladybird versteht die Kunst des ›Beiseitesprechens‹ und kommentiert auf offener Szene Dialoge. Ladybird interpretiert vollzogene Handlungen (wie den Sieg über Karl I.), verwandelt dramatische Konstellationen in ›lustige Gesänge‹, so als Kommentar zum Boykott des widerspenstigen Parlaments gegen die Armee unter Cromwell (Cr 31 f.), verspottet den Verbalradikalismus der Leveller (Cr 35) und die Inflation der Pamphlete und Wandzeitungen in London (Cr 48). Er hat die Krankheit der Revolution, ihre Unentschiedenheit, die sie mit Verbalradikalität und Gewalttätigkeit übertönt, lange begriffen, ehe die beteiligten Personen darüber nachdenken. (Cr 57 f.)

Gegen Ende des Stückes, als Cromwell von den Ereignissen überholt wird, wird auch die Figur des Ladybird vom Gang der Ereignisse überholt. Er verläßt seine Rolle als ironischer Kommentator und wird selbst zur handelnden Geschichtsperson. Er verwandelt sich in einen Soldaten der Revolution und erschießt den Mann, der Cromwell am gefährlichsten wurde: den Leveller-Führer Lilburne. Das Pikante an der Situation ist, daß dieser

Mord zu einem Zeitpunkt geschieht, als die Revolution längst ihren Höhepunkt überschritten hat und in ihr Gegenteil umgeschlagen ist. In der Szene darauf stirbt Cromwell. Das Stück ist zu Ende. Ladybird erscheint daher eher als Rächer in Vasallentreue zu Cromwell denn als vernünftig denkender Mensch. Seine Handlung nimmt Züge des Wahnsinns an. Hein vermeidet dadurch die peinliche Situation, daß der Narr-Weise am Schluß als einziger *Recht* behält und so in die Rolle einer Vernunft-Institution gedrängt wird.

Insgesamt erscheint diese Revolution nicht als Parabel späterer Revolutionen, sondern als eine bestimmte historische Konstellation, die Linien aufweist, welche in die Zukunft führen:

Da ist zum einen die Eigentumsfrage für Hein nach wie vor Kernfrage jeder Revolution. Da ist zum anderen die Lehre, daß Revolutionen von beschädigten Menschen gemacht werden. Und da ist schließlich die alte Weisheit, daß Revolutionen dann verlorengehen, wenn sich die Führung gegen das Volk wendet. Gerade diese letzte ›Lehre‹ weist über den Rahmen bürgerlicher Revolutionsdynamik hinaus. Auch die Offiziersgruppe, die die portugiesische Revolution leitete, wendete sich gegen das Volk.

Die vorhin benannten Analogien und historischen Versatzstücke haben dabei die Funktion, auf Kontinuitäten aufmerksam zu machen, die über die bürgerliche Revolution hinausweisen und umgekehrt von der sozialistischen Revolution zurückverweisen auf ähnliche Konstellationen in der bürgerlichen Revolution. Dadurch entsteht ein Bild geschichtlicher Dynamik, das die bürgerlichen Revolutionen nicht mehr als *überwundene* Vorgeschichte des Sozialismus erscheinen läßt, sondern sie zum *Erbe* macht, das zu überwinden den sozialistischen Revolutionen bis heute nicht gelungen ist.

Demgegenüber betrachtet der Marxismus-Leninismus in der DDR die bürgerlichen Revolutionen als – im Hegelschen Sinne – aufgehobene Vorgeschichte, deren positive Seiten durch die ›Erbepflege‹ im Sozialismus bewahrt werden und deren negative Seiten durch die sozialistische Revolution überwunden sind. Allenfalls individuelle Schwächen der Menschen soll es noch im Sozialismus geben. In Fällen, wo es zu ernsthaften Kollisionen zwischen Führung und Volk kommt, soll dann eben meist das Volk schuld sein und nicht die Führung. Hein läßt seinen Cromwell im Augenblick des Fehlschlages der Revolution mehrmals Sätze wie folgende zum Ausdruck bringen:

»Das Land war zu schwach. Es taugt nichts. Eine Kanaille, die nur gelauert hat auf das Mißglücken meiner Arbeit. [...] Sie waren nicht reif genug, das ist die Wahrheit. [...] Sie sind undankbar und rachsüchtig.« (Cr 84 f.)

Von derartigen Projektionen eigener Fehler auf das Volk ist nicht nur die Geschichte der bürgerlichen Gesellschaft voll, sondern vor allem die Geschichte der sozialistischen Revolutionen. Das jüngste Beispiel in der DDR ist der 17. Juni 1953, ein Ereignis, auf das Brecht die Zeilen schrieb:

> Nach dem Aufstand des 17. Juni
> Ließ der Sekretär des Schriftstellerverbandes
> In der Stalinallee Flugblätter verteilen,
> Auf denen zu lesen war, daß das Volk
> Das Vertrauen der Regierung verscherzt habe
> Und es nur durch verdoppelte Arbeit
> Zurückerobern könne. Wäre es da
> Nicht einfacher, die Regierung
> Löste das Volk auf und
> Wählte ein anderes?[2]

Rudolf Münz schreibt in seinem Nachwort zu den 1981 erschienenen Theaterstücken von Christoph Hein, dieser erweise sich in der Abkehr vom Brecht-Theater und in der Skepsis gegenüber dem »antizipatorischen Griff in die Geschichte« (gemeint ist Peter Hacks) als Angehöriger der »neuen Generation der DDR-Dramatiker«.[3] Ich habe in Hein (bes. im Autor des *Cromwell*) doch eher einen Schriftsteller des Übergangs getroffen, einen, der eine Mittlerposition einnimmt, die ihn vor radikalem In-Frage-Stellen bewahrt. Geht man nach der Radikalität des Umgangs mit Geschichte und Zukunft, so müßten andere, unter Umständen auch ältere Schriftsteller vor Christoph Hein genannt werden (Müller, Braun, C. Wolf).

Auf der anderen Seite begegnet dem Leser besonders in Heins Prosa sehr wohl das, was man als ›Lebensgefühl‹ der jüngeren und jüngsten Schriftsteller in der DDR bezeichnet: Die Absage an ideologische Erklärungsmodelle und Beziehungsmuster, ein Feingefühl für die Doppelbödigkeit und Gefährdetheit nicht nur schriftstellerischer, sondern menschlicher Existenz schlechthin.

Die Novelle *Der fremde Freund* beziehungsweise *Drachenblut* erzählt um das für eine Novelle typische zentrale Ereignis herum ein Stück Leben und Lebensgefühl einer Ärztin. Das zentrale Ereignis ist der Tod des Freundes, mit dem sie ein Jahr lang eine Liebesbeziehung hatte. Sein Tod – ein Zufall: Ein Jugendlicher erschlug den Freund bei einer Rauferei um dessen Hut. Immerhin ist dieser Tod Anlaß einer Selbstreflexion, eines Berichts zur Person.

Was an äußerlichen Daten berichtet werden muß, ist schnell erzählt. Die Ärztin, beiläufig wird später erwähnt, daß sie Claudia heißt, im Begriff, vierzig Jahre alt zu werden, so alt wie der Autor 1984, arbeitet in einer Klinik, wohnt in einer Wohnzelle eines Betonneubaus, die sich in Berlin-Marzahn (Ost) und Berlin-

Gropiusstadt (West) ähneln wie ein Ei dem anderen. Auch die Wohnsituation, so erfahren wir im Laufe der Novelle, ist Ausdruck der seelischen Situation der Hauptfigur. Eines Tages begegnet die Ärztin im Aufzug dem fremden Mann. Er nähert sich ihr, sie hat nichts einzuwenden; es beginnt eine Liebesbeziehung, die keine Freundschaft ist (daher: der fremde Freund). Beide verständigen sich ganz selbstverständlich darüber, einander nicht zu nahe zu treten. Von ihr heißt es:

»Unsere Distanz gab unserem Verhältnis eine spröde und mir angenehme Vertraulichkeit. Ich hatte kein Bedürfnis, mich nochmals einem Menschen völlig zu offenbaren, mich einem anderen auszuliefern. Mir gefiel es, die andere Haut zu streicheln, ohne den Wunsch zu haben, in sie hineinzukriechen.« (Dr 29)[4]

Er antwortet auf ihre unwillkürliche Frage, wo er denn über mehrere Tage gewesen sei, fast beleidigt:

»Ich dachte, [...] wir hätten eine Vereinbarung. Dann rauchte er und sah mich an. Ich sagte, daß ich auf ihn gewartet hätte, daß ich beunruhigt gewesen sei. Er drehte sich weg und sagte grob, ich solle das bleiben lassen, wir seien nicht verheiratet.« (Dr 44)

Sie fällt also aus der Rolle, und er weist sie wieder hinein.

Beide haben eine ähnliche Vorgeschichte, die den Wunsch nach Distanz mit bestimmt: Claudia war verheiratet, hat zweimal zu verhindern gewußt, ein Kind von dem Mann zu bekommen, mit dem sie nichts verband. Er ist verheiratet. Seine Frau wohnt in einer anderen Stadt, seine Besuche bei ihr sind Pflicht wegen der Kinder, zu denen er keine Beziehung hat. Um diese Begegnung zweier Menschen, die sich fremd bleiben und dies auch wollen, findet Alltag statt, wie diese Beziehung selbst auch einen alltäglichen Eindruck in dem Bericht der Ich-Erzählerin zu wekken sucht. Da ist ihre Klinik mit dem autoritären Chef, der sie auf seine verknitterte Weise mag, obwohl er aus einer anderen Generation stammt, der Generation der Väter–Großväter. Zu allen anderen, ob Kollegen oder Bekannten, hat sie ein eher beiläufiges Verhältnis, nur nichts an sich herankommen lassen. In einer Unterhaltung mit dem Freunde Henry heißt es:

»Heute könnte ich nicht einmal sagen, was das sei, ein Freund. Möglicherweise sei ich nicht mehr bereit oder fähig, mich einem anderen Menschen anzuvertrauen, was doch eine Voraussetzung dieser eigentümlichen Sache Freundschaft wäre. Wahrscheinlich brauche ich keine Freunde. Ich habe Bekannte, gute Bekannte, ich sehe sie gelegentlich und freue mich dann. Eigentlich aber wären sie austauschbar, also nicht zwingend notwendig für mich.« (Dr 62)

Man erfährt des weiteren, daß die Ärztin Angst vorm Händedruck einer Kollegin hat (Dr 38), daß sie Nähe und den Verlust von Fremdheit fürchtet (Dr 54), daß es ein Lebensgesetz für sie ist, Distanz niemals aufzugeben. Und in der Tat sind alle nicht beruflichen Beziehungen der Ärztin auf dem gleichen Niveau eingefroren. Sie ist freundlich, wehrt Annäherungen ab, hört sich gleichmütig den Bericht der Ehefrau von der wöchentlich fälligen Vergewaltigung durch den Ehemann an, wird Mitwisserin von Ehebrüchen und gegenseitiger Verachtung und kann all dies nur ertragen, indem sie die in den vertraulichen Mitteilungen oder den Wutausbrüchen sich andeutenden Näherungsversuche abweist, denn in Szenen wie der mit einem befreundeten Ehepaar – der Mann ist auch Arzt – in dessen Haus an der Ostsee spiegelt sich die reine Verzweiflung (vgl. Dr 59 f.). Die Ärztin ist hier Zuhörerin.

Es ist die Mischung aus Brutalität und Hilflosigkeit, die eine Szene wie diese so bedrückend werden läßt. Die intimste Beziehung ist zugleich die fremdeste.

Die Fremdheit greift über Generationen hinweg. Den Eltern Claudias wird zum Beispiel der Status zufälliger Verwandter zugeordnet, denen gegenüber man eine durch Konvention beschlossene Verpflichtung zu Besuchen hat. Das Verhältnis der Ärztin zu ihrer Mutter ist durch austauschbare Höflichkeit auf seiten der Tochter und peinliche Annäherungsversuche der Mutter gekennzeichnet. Das Verhältnis der Eltern untereinander unterscheidet sich nicht wesentlich vom Verhältnis der Kinder zueinander: Es ist vom Unvermögen zur Kommunikation geprägt.

Der Kontakt zu den Eltern paßt in das Schema, in dem die Hauptperson lebt: Er bleibt äußerlich. Angedeutet werden zwei seelische Verletzungen in der Kindheit, die beide mit den konkreten Verhältnissen in der DDR in den fünfziger Jahren zu tun haben. Die erste Beschädigung erfährt Claudia, als der Onkel, den sie zum Vaterersatz erkoren hatte, vor Gericht gestellt und verurteilt wird, weil er Sozialdemokraten und Kommunisten an die Nazis ausgeliefert hatte. Die Eltern lassen den Onkel fallen und ziehen in eine andere Stadt (Dr 115).

Die Schülerin Claudia ist in ihrer moralischen Integrität verletzt; sie ist beschämt, plötzlich auf Seiten der Täter (über ihr Verwandtschaftsverhältnis zum Onkel) zu stehen (vgl. Dr 115). Aber der für ihre Entwicklung wichtige Vorgang ist nicht die politische Beschämung. Entscheidend ist, daß Claudia den Ersatz-Vater verliert. Der Weg zu den Eltern steht ihr nicht offen. Da hat sich wohl nie etwas entwickeln können. Wieso hat dieses Kind seine Eltern nicht angenommen? Der Erzähler läßt seine Leser hier im dunkeln stehen. Bei der Episode, die zum Verlust der Freundin Katharina führt – dem zweiten traumatischen Ereignis der Kindheit –, wird deutlicher, daß die politisierte Form des Konflikts nur die Oberfläche beschreibt. Anlaß der Verletzung war der Streit mit der Schulfreundin, ein Streit aus verletzter

Liebe, der – in den fünfziger Jahren an den Schulen durchaus üblich – die Form einer pseudopolitischen Auseinandersetzung zwischen Kindern annahm. Die Freundin Katharina will nicht in die FDJ eintreten, sie ist Mitglied der Jungen Gemeinde. Claudia denunziert ihre Freundin vor der Klasse als Feindin des Weltfriedens. – Die Freundin verläßt die DDR, und für Claudia werden Freundschaft und Bruch fortan zum Trauma. Gleichzeitig wird auf der Ebene der Selbstreflexion der Hauptfigur deutlich, daß diese Freundschaft mit den Jahren und der Entfernung immer mehr zur Projektion geworden ist, die sich nicht mehr einholen läßt, nicht bei der Freundin Katharina, nicht bei anderen Menschen. Katharina wird zum Symbol einer dauernden Niederlage und einer nicht endenden Sehnsucht.

Das Erlebnis mit Katharina ist die zweite traumatische Verletzung, die die Hauptfigur in der Kindheit erlitten hat. Katharina ist der zweite Mensch, der ihr viel bedeutete und ihr dann plötzlich ›weggenommen‹ wird. Nun hätte hier eine weitere psychologische Deutung der Folgen, die diese Erlebnisse für die Hauptperson haben, einsetzen können, aber Christoph Hein läßt sich darauf nicht ein. Die Charakterisierung endet damit, daß dieses zweimalige Verlusterlebnis zum vollkommenen Abschotten gegenüber der Umwelt geführt hat – aus Angst, ein weiteres Mal verletzt und verlassen zu werden.

Das Besondere an dieser Novelle ist, daß alle Personen an der gleichen Krankheit leiden. Alle sind mit der Unfähigkeit zur Kommunikation geschlagen. Wen man auch immer nimmt, ob den Freund Henry, die regelmäßig vergewaltigte Bekannte, den Arztkollegen an der Ostsee und seine Freundin Maria, sie alle haben ihre Schäden weg, sie alle sind unfähig zu lieben.

Beim Bericht der Ärztin Claudia über eine nachts eingelieferte Patientin, die unter unerklärlichen Herzstörungen leidet, heißt es:

»Ich sagte, daß diese Fälle in der Mehrzahl keine organischen Ursachen haben, sondern in gestörten Beziehungen zur Umwelt wurzeln.«

Bei der fremden Frau diagnostiziert die Ärztin routinemäßig, woran alle leiden. Doch die Symptombeschreibung »gestörte Beziehungen«, die die Ursache der Störung im Individuum sucht, trägt dann nicht mehr.

Die ganze Gesellschaft scheint unfähig, miteinander zu kommunizieren; die Gesellschaft – ein Geflecht von defekten Beziehungen. Der Schluß liegt nahe, wenn man den ersten Eindruck der hermetischen, konstruiert wirkenden Geschlossenheit, den die Novelle vermittelt, für den ganzen nimmt. Dann wäre die Novelle die diagnostische Beschreibung einer Gesellschaft. Welcher, wäre noch zu klären. Bei mehrmaligem Lesen vermittelte sich mir jedoch eine zweite Mitteilungsebene über den Zustand der Kranken und das Stadium der Krankheit. Und da erweist sich, daß das Bild längst nicht so hermetisch geschlossen ist, wie der erste Eindruck suggeriert. Diese zweite Ebene ist geprägt von der ständigen Suche nach Nähe, von der Furcht vor Verletzungen, von der Sehnsucht nach Geborgenheit. Was für eine tödliche Mischung sich aus diesen beiden, einander ausschließenden und ergänzenden Ebenen ergibt, wird überdeutlich im Schlußmonolog, aus dem das Buch seinen westdeutschen Titel bezog:

»Ich bin auf alles eingerichtet, ich bin gegen alles gewappnet, mich wird nichts mehr verletzen, ich bin unverletzlich geworden. Ich habe in Drachenblut gebadet, und kein Lindenblatt ließ mich irgendwo schutzlos. Aus dieser Haut komme ich nicht mehr heraus. In meiner unverletzbaren Hülle werde ich krepieren müssen an Sehnsucht nach Katharina.« (Dr 154)

Die hier spricht, beschwört sich eher selbst, als daß sie Auskunft über ihre glänzende Verfassung gibt. Unter der dünnen Oberfläche herrscht nackte Verzweiflung. Hilflosigkeit, Sehnsucht nach Nähe. Dieser andere Teil der Persönlichkeit taucht ständig als Torso auf. Sei es, daß die Hauptperson mit ihrer gleichgültigen Unverletzlichkeit aus der Rolle fällt: Ich zitierte den Dialog mit Henry, in dem er sie auf diese Regelverletzung hinweist. Sei es, daß sich ihr fremdes Verhältnis zur Mutter als enttäuschte Kindesliebe herausstellt, als infantile Sehnsucht nach dem Mutterbauch. (Dr 53) Sie wird sichtbar in ihrer Beziehung zur Natur, der Sehnsucht nach dem Wald (Dr 49), der Fotografiersucht, der Freude beim Entstehen von Fotos in der Dunkelkammer, der Enttäuschung über die mißglückten Annäherungsversuche an die Natur, die dann umschlägt in die Angst vor dem toten Material der Fotos. Auch körperlich bricht diese tiefe innere Unruhe immer wieder durch: in der ständigen Schlaflosigkeit, in dem plötzlichen Bewußtsein, daß sich die Kehle zuschnürt und gleich Schluß sei. (Dr 52)

Christoph Hein beschreibt eine gefährliche Gratwanderung, bei der die Hauptperson ständig versucht, ihr gefährdetes Leben mittels Selbstbeschwörung und Routine ›in den Griff zu kriegen‹, wie es so schön heißt. Das Bild von der Gratwanderung zwischen zwei Katastrophen bietet sich an, weil es im Text selber an zwei Stellen aufgenommen wird: in der Situation des Traums, die der Novelle wie ein Motto voransteht, und in einer Situation im Wachzustand beim Fotografieren.

Die Gratwanderung mit ungewissem Ausgang ist das Hauptmotiv des Traums (Dr 5 f.). Die Hauptperson sieht sich gezwungen, eine morsche Brücke zu überqueren, unter Lebensgefahr. Ob sie das andere Ufer je erreichen wird, ist ungewiß. Am Schluß heißt es, das Überquerungsmanöver sei »aussichtsloser« geworden. Dennoch scheint die Hauptperson keine andere Wahl zu haben, als sich weiterhin auf dieser Gratwanderung zu befinden, die eine Situation der extremen Gefährdetheit ist. Sie kann jederzeit abstürzen.

Auch die Nebenmotive geben wichtigen Aufschluß über die Lebenssituation. Da ist zunächst der Mann, mit dem sie die morsche Brücke betritt. Von ihm wird mitgeteilt, er kralle sich an der Hauptfigur fest, erregt also, weil er klammert, zusätzliche Angstgefühle. Er ist außerdem gesichtslos, der Gedanke liegt nahe, daß die Gesichtslosigkeit eine Metapher für Austauschbarkeit ist, der Begleiter steht für andere, die die Hauptfigur in ihrem Lebensweg hemmen, indem sie sich an ihr festklammern. Im Text selbst entspricht dieser gesichtslosen Person nicht etwa Henry, sondern es entsprechen ihr alle Personen, mit denen die Hauptfigur in ihrem Leben zu tun hat. Sie alle klammern. Sie sieht sich immer genötigt, sich aus Umklammerungen freizumachen und von Anforderungen zu distanzieren.

Das Zusammentreffen mit den Läufern, die ihr begegnen, beschreibt ebenfalls ein Stück reale Lebenssituation. Die Läufer, die Dynamik, Kraft, positive Einstellung zum Leben symbolisieren, laufen ihr entgegen. Man könnte daraus schließen, daß sie selbst sich in die falsche Richtung bewegt, noch zusätzlich behindert durch den klammernden Mann. Auf jeden Fall fühlt sie sich von dieser Art Energie bedroht. Aber sie ist unfähig, sich diesen Kräften gegenüber zu Gehör zu bringen. Der Schrei, daß sie in Gefahr ist und man auf sie Rücksicht nehmen möge, bleibt ihr im Hals stecken, kommt nicht über die Lippen. Eine Kommunikation zwischen beiden Gruppen findet nicht statt.

Und schließlich der asynchrone Ton nach Schluß des Traums. Mit den Mitteln der Filmsprache wird auf die Ungleichzeitigkeit zweier Erlebniswelten verwiesen. Der Ton steht nach dem Bild. Seine Ungleichzeitigkeit korrespondiert mit der Sprachlosigkeit während des Traums. Er steht wie ein hinterhergesandter Kommentar neben dem Traum. Zwischen beiden gibt es keine Verbindung.

Wenn man sich diese Motive zusammen vor Augen hält, wird man gewahr, daß es sich hier um einen konstruierten Traum handelt. Denn dieser ›Traum‹ enthält in nuce alle Lebenskonstellationen, in denen uns die Hauptperson in der Novelle selbst vor Augen geführt wird: Die Gratwanderung zwischen dem betonartigen Verhalten gegenüber der Umwelt (nichts an sich herankommen lassen) und den Signalen des Leidens und der Sehnsucht, die zwischendrin immer wieder aufscheinen, sie findet im ›Traum‹ bildhaft statt.

Die Umwelt, ob Mann oder Frau, klammert sich an sie und muß abgewiesen werden, weil sie Angst und Sehnsucht erzeugt. Selbst wenn sie wollte, könnte sie ihrer Umwelt nicht klarmachen, wie es in ihr aussieht, denn es kommt kein Ton von ihren Lippen. Bei der entscheidendsten Sache des Lebens ist sie mit Sprachlosigkeit geschlagen – beziehungsweise meint, daran ersticken zu müssen.

So hat die Traumerzählung eher die Funktion eines Mottos, welches die wesentlichen Züge des Charakters der Hauptperson zusammenrafft, um sie dann in der Novelle selbst zu entwickeln. Die Persönlichkeitsstruktur der Ärztin Claudia, die Hein dann in der Novelle ausbreitet, ist geprägt von Angst und Abwehr, von Sehnsucht und Gleichgültigkeit. Es ist das Gegenbild einer gelungenen Persönlichkeit. Die Hauptfigur besitzt keine stabile Identität, keine ›Mitte‹, aus der heraus sie agieren könnte. Sie leidet an ihrem Leben und der sie umgebenden Gesellschaft. Gleichwohl wird in ihr eher das Abbild eines Opfers vorgeführt als das Opfer selbst. Die Distanz, die der Autor in seine Schreibhaltung legt, läßt den Leser auf diesen Gedanken kommen.

Doch trotz der Distanz, die Hein in der Darstellung immer wieder produziert, trotz der Momente von Gekünsteltheit, die dadurch entstehen, wird deutlich, daß hier das absolute Gegenbild zum ›positiven Helden‹ dargestellt wird. Dagegen könnte eingewandt werden, das freilich sei nichts Neues in der Literatur der DDR. Seit fast zwei Jahrzehnten tummeln sich dort auch die ›Anti-Helden‹. Aber man wird nirgendwo auf diese eigenartige Verbindung zwischen dem ausgeprägten Anti-Typ und der (fast) hermetischen Art seiner Darstellung treffen. Bei Hein gibt es keinen individuellen Ausweg, nur das individuelle Leiden an der Entfremdung. Wenn wir dagegen einen kurzen Blick auf andere ›Anti-Helden‹ der Literatur in der DDR werfen, ob es sich nun um Bücher von Gertie Tetzner, Erich Loest oder Jurek Becker handelt, werden wir einen solchen Typus nicht finden. Alle hier genannten Autoren präsentieren Helden, die aus der Ehe aussteigen, aus der verlogenen Moral, von der Karriereleiter abstürzen, aber sie überwinden die ihnen angetanen Verletzungen oder Zumutungen. Christa Wolfs Heldin in *Nachdenken über Christa T.* endet mit ihrem nur zur Hälfte gelebten Leben im Tod. Sie scheitert an ihrer Umwelt.

Bei Christoph Hein hingegen ist von Scheitern nicht die Rede, im Gegenteil: Hier handelt es sich um den durchschnittlichen Lebenserfolg: Die Hauptperson gibt beruflich keinen Anlaß zur Klage, weder sich selbst noch anderen. Sie funktioniert konfliktlos, aber eben dieses Funktionieren ist ein Korsett, hinter dem sich die nackte Verzweiflung verbirgt. Ein Aussteigen daraus aber hätte keinen Sinn, dann würde das innere Chaos vollends nicht mehr gebändigt werden können. Es handelt sich also nicht um Scheitern, sondern um eine unter den gegenwärtigen Verhältnissen unlösbare Lebensdisposition. – Und die ist freilich ein viel stärkerer Antipode zu den klassischen Helden der Literatur in der DDR, als sie die ›Verweigerer‹ je sein können.

Auch die Schilderung der gesellschaftlichen Situation, in der sich die Hauptfigur bewegt, legt dies nahe. Was ist das für eine Gesellschaft, in der solche Nicht-Persönlichkeiten produziert und reproduziert werden? Es war die Rede von den die Ärztin umgebenden Menschen, die samt und sonders an ähnlichen Verletzungen leiden. Das aber läßt keinen Rückschluß auf die Beschaffenheit einer bestimmten Gesellschaft zu. Hier wird ein konstruierter sozialer Kontext vorgeführt, kein dokumentarischer Fall. Berichtet wird über den Typus einer individuellen seelischen Verfaßtheit, der sich als kollektive Verfassung entpuppt. Die Konstruktion ist so allgemein gehalten, daß sie überall spielen könnte. Das Erschrecken, das einen beim Lesen in Atem hält, ist kein Erschrecken über die ach so schlimmen Verhältnisse in der DDR, vielmehr gründet es darin, daß ähnliche Konstellationen in der Bundesrepublik ebenso gang und gäbe sind wie in der DDR, in der Tschechoslowakei ebenso wie in Frankreich, in den Vereinigten Staaten ebenso wie in Ungarn. Die Leserin/der Leser kann ähnliches schon erlebt haben, daher auch der Erfolg des Buches in der Bundesrepublik. Die seelischen Beschädigungen kennen, so scheint es, den Unterschied zwischen Kapitalismus und Sozialismus nicht.

Christoph Hein hat in der Diskussion, die sich seiner Lesung in der Frankfurter Autorenbuchhandlung im Februar 1984 anschloß, zwei zusätzliche Hinweise zum Verständnis des Textes gegeben. Zum einen wies er auf die Unkosten der Zivilisation hin. Gemeint ist der Preis, den industrielle Gesellschaften in West und Ost für das technologisch ausgerichtete Zivilisationsmodell zu zahlen haben: die Unterentwicklung der menschlichen Beziehungen. Dies betreffe den Sozialismus ebenso wie den Kapitalismus. Damit ist freilich ein Nerv getroffen, der die Aktualität dieses Buches zusätzlich erklärt. Die Infragestellung des Zivilisations- und Zukunftsmodells ist in der Tat ein großes Thema, das Menschen in beiden Gesellschaftssystemen zunehmend beschäftigt. Daß es in letzter Zeit besonders von Schriftstellern aus der DDR aufgegriffen wird, ist kein Zufall. Diese Schriftsteller sind zum großen Teil mit der Hoffnung auf ein Gelingen dieses Zukunftsmodells groß geworden. Um so mehr müssen ihnen die selbstverständlichen Folgewirkungen des technologischen Zivilisationsmodells und die alltägliche Entfremdung zum Thema literarischen Nachdenkens werden.

Der zweite Hinweis Heins besagte, daß seine Novelle ein sehr optimistisches Buch sei. Dies ist freilich eine erstaunliche Bemerkung über eine Novelle, die von Fremdheit und Leiden handelt. Zwei Ansatzpunkte gibt es für diese Behauptung: Der eine liegt in dem Traum begründet, der der Hauptfigur ihre bedrohte Lebenssituation vor Augen führt: Die Botschaft des Traums versteckt sich in dem Vorgang des Gehens, des Überschreitens eines Grates. Immerhin, so könnte man sagen und dies optimistisch nennen: Sie bewegt sich noch. Zwar heißt es, daß die Überquerung der Brücke, die Bewältigung der gefährlichen Situation, aussichtsloser geworden sei. Aber der Weg ist noch nicht gänzlich abgeschnitten, die Möglichkeit des Gehens ist noch offen.

Der zweite Ansatzpunkt liegt im Verhältnis des Lesers zur Lektüre. Es ist eines der Markenzeichen in den Arbeiten von Christoph Hein, daß er sich ständig der Versuchung, Identifikationsfiguren zu schaffen, entzieht. Die heftige Reaktion der Leser in der DDR (und auch in der Bundesrepublik), die zum Teil ablehnenden Reaktionen (etwa der Art, so etwas Schreckliches gebe es gar nicht, so schlimm sei das Leben denn doch nicht) wertet Hein als ein positives Zeichen für den Zustand seiner Leserschaft, der auf die Novelle zurückwirke. Überraschend – und auch wieder nicht. Die Novelle ist ja keine Zustandsbeschreibung, sondern eine modellhafte Konstruktion mit wirklichkeitsnahen Elementen. Sie soll den Leser nicht zur Identifikation – und damit zur Beruhigung – mit den bestehenden Verhältnissen, sondern zur kritischen Auseinandersetzung, zum Bewußtwerden der eigenen Verhältnisse anregen.

Daß das in der DDR, deren Leserschaft trotz Generationenwechsel und literarischen Neuerungen noch immer auf das Niveau der Lebenshilfeliteratur und der positiven Helden eingeschworen ist, als Provokation aufgegriffen wird, versteht sich beinahe von selbst.

Heins Bezug auf die Verhältnisse in der DDR ist doppelbödig und verfremdet. Die Erzählung *Einladung zum Lever Bourgeois* kann als historische Erzählung rezipiert werden, etwa als Pendant zur Gestaltung des Gundling-Stoffs bei Heiner Müller und Martin Stade.[5] Mir scheint aber, daß der historische Stoff eine Folie ist, vor der Hein, ebenso wie Stade und Müller, das ewig aktuelle Thema ›Der Intellektuelle und die Macht‹ gestaltet – durchaus im Blick auf die Gegenwart. *Einladung zum Lever Bourgeois* ist ein doppelsinniger Titel. Zum einen bezieht er sich auf das ›Grand Lever‹, die Zeremonie des königlichen Aufstehens am Hofe Ludwig XIV. Schlafengehen und Aufstehen waren damals, wie man bei Norbert Elias[6] nachlesen kann, unmittelbar ins gesellschaftliche Leben integriert; das Aufstehen, insbesondere der vornehmen Damen und Herren, ein gesellschaftliches Ereignis, zu dem Günstlinge und wichtige Persönlichkeiten geladen waren. ›Lever Bourgeois‹ bezieht sich auch auf den bürgerlichen Aufstand gegen die Herrschaft des Absolutismus – ein Jahrhundert später, der Begriff bezieht sich also auch auf die Vorbereitungen und Vorläufer der Großen Französischen Revolution von 1789. In dieser Zeitenwende lebt Jean Racine, Dramatiker und Autor der *Phädra* und des *Britannicus.*

Die Rahmenhandlung der Erzählung, wenn man sie denn so nennen will, ist die mühselige Prozedur des morgendlichen Darmentleerens und Anziehens, anläßlich derer sich Racine Gedanken macht. Wie in konzentrischen Kreisen bewegen sich seine Gedanken um seinen Körper und dessen Inneres, um dann immer weitere Kreise zu ziehen. Sie erreichen schließlich seine Stellung bei Hofe und seine Existenz als Intellektueller – um dann wieder zum schmerzenden Körper zurückzukehren. Racine kann nicht scheißen, sein Körper wehrt sich dagegen, der Dichter trägt an den Folgen des ungesunden Lebens bei Hofe. Zugleich ist in dieser körperlichen Selbstblockade ein Moment intimen Zusammengehens zwischen Körper und Geist vorhanden. Der hartleibige Körper zwingt den Geist, sich mit ihm zu beschäftigen und bringt den Geist zugleich auf das zurück, was er ursprünglich ist, eine Funktion des Körpers. Ein Vergleich zu dem Monolog des Irrenhausprofessors in Heiner Müllers *Leben Gundlings [...]* drängt sich auf: »Der Mediziner weiß: Die Staaten ruhen auf dem Schweiß ihrer Völker, auf Kotsäulen der Vernunft.«[7] Der Unterschied zu Hein ist nur, daß bei Müller mit »Kotsäulen« der ganze Unrat, den intellektuelles Denken zustande gebracht hat, gemeint ist, während Hein in direkter, fast naiver Weise die intime Beziehung des Denkens zum Stuhlgang reflektiert.

Hein kennt die absolutistischen Sitten, und er ist ein guter Dramaturg, der seine Mittel einzusetzen weiß: Der vergebliche Versuch der Darmentleerung endet mit der Prozedur des Anziehens, das heißt, der Herstellung der Person mittels der Kleiderordnung. Dabei vollzieht Racine im Kleinen und privat, was er später am Morgen an der Gestalt des Königs im Kreise der Hofleute mit ansehen wird: die Herstellung Ihrer Majestät mittels der Kleiderordnung. Dies ist der Rahmen, in dem sich die Racineschen Gedanken vollziehen. Seine Reflexionen kreisen um das Thema: der Intellektuelle und die Macht. Das Ereignis, auf das sie sich beziehen, besser gesagt das Trauma, ist eine Mordtat der französischen Armee bei einem Feldzug in Holland. Eine Bäuerin wurde vergewaltigt und mit ihrem Kind getötet. Eine Untersuchung findet statt. Der Bauer, der die Soldaten anzeigte, begeht Selbstmord – angeblich. Jeder weiß, daß der Bauer auf bestialische Weise von den gleichen Offizieren ermordet wurde, die seine Frau schlachteten. Als Hofgeschichtsschreiber begleitet Racine die Armee auf den Feldzügen und wird indirekt Zeuge des Mordes an dem Bauern. Vielmehr weigert er sich, Zeuge zu werden. Mittels eines kühnen gedanklichen Rationalisierungsverfahrens vollzieht Racine eine Wendung vom Mit- und Schuldgefühl zu der den Intellektuellen eigenen Weisheit:

»Und schließlich, was hätte er ausrichten können. Er, ein kleiner Geschichtsschreiber, gegen die allmächtige, allgegenwärtige Armee. Nein, da sind keine Schuldgefühle, weder damals noch heute. [...] sicher, man hätte ihm letztlich den Blick auf den zerfleischten Kadaver nicht verwehren können. Aber wozu. Was dann. Sollte er in die Scheune gehen, um dann Mord, Mord zu schreien? Die reinen Helden in der Literatur. Auf der Bühne ist es angebracht. Helden. Tat und Tod. Er ist kein Schauspieler.

Das Scheunentor zu öffnen, fehlte es ihm nicht an Mut, ihn hinderte Lebenserfahrung. Und bedenke die Folgen, prudenter agas. [...] Jeder weiß ja einiges, kennt den oder jenen Unglücklichen. Weiß aber auch, hier nachzuforschen wäre Staatsverleumdung.

Und wozu auch. Nur Kinder und Idioten verwundern sich über die Welt. [...] Die Scheunentore zu öffnen, um nie wieder schlafen zu können, um sich vor sich selbst zu ekeln, auszuspeien? Nein, es widerspricht der Vernunft, Kenntnisse zu erlangen, zu erzwingen, die uns unerträglich sind. Mächtigere als er hatten sich Augen und Ohren verstopft, um die Welt für gut befinden zu können.«[8]

Hier wird innerhalb eines Monologs eine ganze Palette von Gefühlen mobilisiert, angefangen von Selbstbetrug, Feigheit, Weisheit, über Opportunismus zur Klugheit.

Die widerstreitenden Gefühle signalisieren die Widersprüchlichkeit intellektueller Existenz im Umgang mit der Macht. Einerseits nimmt der Intellektuelle an ihr teil, indem er Zeuge ist, andererseits verabscheut er sie.

Schauen wir uns an, wie Racine bei Hein mit den Bedingungen seines Lebens umgeht. Da ist der Hofhistoriograph Racine, der bei Empfängen und Levers erscheint, um seine Ergebenheit dem Hofe gegenüber zu bekunden, und da ist der Racine jener volkstümlichen Schrift *Das Elend des Volkes*, in der König und Adel der Ausbeutung beschuldigt werden. Der Hof nahm diese Schrift verärgert zur Kenntnis, ohne daß man den Autor dingfest machen konnte, wenngleich man ihn in Racine vermutete. Racine führt also bei Hein eine doppelte Existenz: jene offene, anerkannte, einsehbare des Hofschreibers – und jene verborgene, geheimgehaltene des Volksschreibers. In welchem Verhältnis stehen beide zueinander? In Heins Erzählung erleben wir einen Racine, der beide Seiten verknüpft, indem er sie säuberlich trennt. Da ist der öffentliche Racine – und der private. Da ist der Beamte – und hier der Umstürzler. Beide Seiten gehen eine Art Symbiose ein, wie sie uns in folgender Episode vorgestellt wird. Nach vollzogener Ankleideprozedur betrachtet Racine sein Spiegelbild:

»Er betrachtet sich, das aufgeschwemmte Gesicht eines Versailler Beamten blickt aus dem Spiegel. Guten Morgen, Sire. Eine vergnügte Verbeugung. Wer will hinter diesem Kerl den Autor der Hetzschrift vermuten.«[9]

Racine also empfindet Vergnügen an dieser Doppelrolle, wenngleich ein sarkastisches. Das läßt den Eindruck entstehen, als könne mit beiden Seiten der Existenz geradezu spielerisch umgegangen werden, als könne die Existenz dieses Intellektuellen wie in einem Theaterstück inszeniert werden: Mal wird ins Publikum gesprochen, mal beiseite. Während Heiner Müllers Lessing unter seiner Büste schreiend erstickt, freut sich Racine über seine Rolle, die er augenscheinlich wie eine Maske handhaben kann. Noch deutlicher wird die Problematik, wenn wir Racine und Gundling einander gegenüberstellen. Sowohl bei Müller wie bei Stade geht der Gelehrte Gundling nicht an der Bösartigkeit Friedrich Wilhelms, sondern an der Unmöglichkeit zugrunde, mit der Macht zu leben und sie gleichzeitig zu verachten.

Bei Hein haben wir es mit dem positiven Gegenentwurf zu dieser Problematik zu tun. Hier wird eine Existenz vorgeführt, in der beides möglich ist: die Teilhabe an der Macht – und ihre Kritik. Dabei wird unterstellt, der Umgang mit der Macht korrumpiere nicht, bleibe äußerlich. Ihr gegenüber erscheint die geheime Existenz des Kritikers als die eigentliche. Die Ohnmacht erweist sich – mit dem Kunstgriff des historischen Vorausblicks – gegenüber der Macht als die eigentlich mächtige. Die bürgerliche Revolution liefert nachträglich die Rechtfertigung für eine derartige Doppelexistenz. Verlängern wir diese Konstellation in die Gegenwart, so wird die ganze Problematik dieser Inszenierung des Intellektuellen als Partisan deutlich. Das hieße nämlich, es gäbe so etwas wie eine autonome Intellektuellenexistenz, die in Machtzusammenhängen lebt, sie kritisiert – ohne an ihnen teilzuhaben. In Anlehnung an Brechts Positionsbeschreibung des Intellektuellen im Faschismus unterstellt Hein seiner Hauptfigur ein völlig äußerliches Verhältnis zur Macht, gleichsam die Möglichkeit, sie zu unterlaufen.[10] In welchem Namen, in wessen Interesse? Gestalten wie Racine und Gundling kritisieren die Macht im Namen einer anderen Macht. Sie kritisieren den Absolutismus im Namen der Bourgeoisie. Ihre Doppelexistenz beruht auf der Koalition mit einer anderen Macht. Brecht und die Seinen kritisierten den Faschismus im Namen des Sozialismus. Was kommt nach dem Sozialismus?

Es wäre zu schön, um wahr zu sein, wenn sich eine Existenz denken ließe, an der Macht teilzuhaben, ohne sich zu beschmutzen. Es muß im Gegenteil gefragt werden, ob es sich hier nicht um eine – etwas veraltete – Selbstrechtfertigung des Intellektuellen handelt.

Die Erzählung *Einladung zum Lever Bourgeois* nimmt sich gegenüber der Novelle *Drachenblut* wie eine Gegenwelt aus. Während sich hier hinter und mit der Verstellung gut leben läßt, ja die menschliche Größe versteckt – kann die Hauptperson dort weder leben noch nicht leben. Ihr Leiden an den Verhältnissen erscheint authentischer als die konstruiert wirkende Integrität eines Jean Racine.

Anmerkungen und Zitatnachweise

1 Vgl. Christoph Hein: Cromwell. Ein Schauspiel. In: C. H.: Cromwell u. a. Stücke. Berlin/Weimar 1981, S. 48 (Zitatnachweise im folgenden im Text).

2 Bertolt Brecht: Die Lösung. In: B. B.: Ges. Werke. Bd. 10. Frankfurt a. M. 1967, S. 1009 f.

3 Rudolf Münz: Nachwort. In: (s. Nachweis 1), S. 313.

4 Christoph Hein: Drachenblut. Neuwied/Darmstadt 1983, S. 29 (Zitatnachweise im folgenden im Text).

5 Jacob Paul Gundling war Gelehrter am Hofe des Preußenkönigs Friedrich Wilhelm I. und verkam dort unter den ständigen Erniedrigungen durch den König und die Offizierskamarilla zum Hofnarren. Es wird überliefert, er sei in einem riesigen Weinfaß begraben worden. Martin Stade schrieb darüber den Roman *Der König und sein Narr* (Berlin 1975); Heiner Müller gestaltete den Stoff in seinem Stück *Leben Gundlings Friedrich von Preußen Lessings Schlaf Traum Schrei* (Berlin 1977).

6 Nobert Elias: Über den Prozeß der Zivilisation. 2 Bde. Frankfurt a. M. 1977; vgl. auch Alain Corbin: Pesthauch und Blütenduft. Eine Geschichte des Geruchs. Berlin 1984.

7 Heiner Müller: Leben Gundlings [...] (s. Nachweis 5); zit. nach: H. M.: Herzstück. Berlin 1983, S. 26.

8 Christoph Hein: Einladung zum Lever Bourgeois. In: C. H.: Nachtfahrt und früher Morgen. Prosa. Hamburg 1982, S. 151 f.

9 Ebd., S. 162.

10 Bertolt Brecht: Fünf Schwierigkeiten beim Schreiben der Wahrheit. In: (s. Nachweis 2). Bd. 18, S. 222 ff.

Lesarten: »Der fremde Freund«

Brigitte Böttcher

»Die gesamte Zivilisation ist eine Verdrängung. Das Zusammenleben von Menschen war nur zu erreichen, indem bestimmte Gefühle und Triebe unterdrückt wurden«,

reflektiert die Ich-Erzählerin der Novelle *Der fremde Freund* von Christoph Hein. Diese Überlegung findet sich in verwandelter Gestalt in seiner Erzählung *Einladung zum Lever Bourgeois:*

»Vielleicht ist die Fähigkeit, ein Verbrechen verschweigen zu können, die Bedingung der menschlichen Rasse, in Gesellschaft zu leben«,

sinniert der sterbende Racine, Rechtfertigung seines fragwürdigen Umgangs mit der Geschichte, der Geschichtsschreibung suchend.

Unterdrückung von Gefühl, Verdrängung, Verschweigen als Bedingungen für Zivilisation? Für Racine und Henry, den »fremden Freund«, sind es Todesursachen, auch wenn Racine an Krebs stirbt, Henry erschlagen wird. In der neuen Novelle geht es um »Leben in der Gesellschaft«: um die Schwierigkeit des Zusammenlebens im intimsten wie im weiter reichenden Sinne. Die Novelle spitzt die Fragestellung zu; in der Zuspitzung liegt die bisweilen didaktische Vereinfachung begründet, aber auch die Herausforderung.

Der äußere Vorgang ist ebenso banal wie dramatisch: Henry ist tot, Opfer eines blinden Zufalls. Oder vielleicht ist es doch kein Zufall, sondern Konsequenz eines Lebens, das in die Vereinzelung führte, zum Tode. Die Ich-Erzählerin, die Ärztin Claudia, denkt über den toten, den fremd gebliebenen Freund nach, über ihr Verhältnis zu ihm, über den gescheiterten Versuch, die Vereinzelung zu überwinden. Das Nachdenken ist zugleich bittere Lebensbilanz einer Vierzigjährigen, Diagnose eines unheilbaren Zustands. Bindungsunfähigkeit, Sprachlosigkeit, Verantwortungslosigkeit, Einsamkeit heißen die Befunde.

Die berufsmäßige Gewohnheit der Ärztin, aus der Anamnese, aus meßbaren Befunden zur Diagnose zu kommen, prägt die Struktur ihrer Selbstanalyse, die Schlüssigkeit, die Kurzschlüssigkeit ihrer Bilanz. Der Autor hebt das fatale Anamnese-Diagnose-Denken Claudias nicht auf, dem Leser bleibt kein Raum, sich in die hermetische Welt der Claudia – relativierend, beruhigend – einzubringen. Er muß sich der Beunruhigung aussetzen, muß das ›Modell‹ akzeptieren oder es verwerfen.

Anfang und Ende der Novelle sind auffällig markiert: »Am Anfang war eine Landschaft ...«, lautet der erste Satz, »Ende« steht unter dem letzten. So wird etwas Abgeschlossenes vorgestellt, etwas Überschaubares. Der formale Zwang der Novelle verstärkt diesen Eindruck ebenso wie die geschlossene Welt der Ich-Figur. Es wird nicht die Illusion von Realität erweckt, die konkrete Erzählsituation spielt keine Rolle; der Erzählanlaß – die Erinnerung Claudias ein halbes Jahr nach Henrys Tod – wird nebenher erwähnt, chronologisch wird vom Kennenlernen bis zum Tode des Freundes Henry erzählt, summiert Claudia schließlich ihre weitere Erfahrung. Zum Vorgefallenen gibt es keinen Abstand, keine Wertung. Der Protokollton der Ich-Erzählerin bricht nur einmal auf in der entscheidenden Mühlenszene – hier gibt es plötzlich erzählende Elemente, die weniger durch die Situation der sich erinnernden Claudia als durch die Bedeutung der Szene für den Ideengehalt der Novelle motiviert sind. Claudia also erscheint mehr als Medium des Autors denn als eigenständige Figur, die Ich-Erzählerin als ein verdeckter auktorialer Erzähler.

Ein Traum ist der Novelle vorangestellt. Es öffnet sich eine südliche Landschaft: Helle und Zypressengrün, Reste von Zivilisation, Reste einer Brücke über einen Abgrund, einen Bach, einst vielleicht ein Fluß, der Lethe hieß; die Überwindung hieß Vergessen, Tod. »Ich oder die Person, die vielleicht ich selbst bin«, und der Freund mit den traumhaft undeutlichen Zügen können einander nicht halten auf dem Weg über das schmale Holz: Jeder für sich, ist die Devise. »Ich oder die Person, die vielleicht ich selbst bin« – die vage Beschreibung der Traumperson deutet nicht nur auf die Identitätsunsicherheit der Claudia, sondern auch auf die Nähe des Autors. Er verbündet sich mit der Figur und schließt in dieses Bündnis den Leser mit ein: »Wir also«, heißt es da, »stehen am Anfang.« Auch durch diesen Zwang zur Identifikation bekommt das Modell seine gleichermaßen suggestive wie provozierende Wirkung.

Der Traum ist nicht nur ›Ouvertüre‹, die wesentliche Motive – die Beziehungs- und Sprachlosigkeit der Figuren, ihre stete Gefährdung – anklingen läßt, sondern auch ein Verweis auf die Schlüsselstelle der Novelle: Der Traum findet seine reale Entsprechung in Kapitel fünf, das den Höhepunkt, den Umschlagspunkt der Novelle markiert. Hier finden sich verdichtet alle sinngebenden Motive, von diesem Kapitel an verändert sich die Selbstdarstellung der Claudia von einer zermürbenden Bestandsaufnahme zur Suche nach den Wurzeln ihrer problematischen Existenz. Sie fährt schließlich in die Stadt ihrer Kindheit.

Und dort findet sie, was sie sucht, allzu rasch, allzu geradewegs in den Verwundungen ihrer Kindheit, in den einst eingeübten Mechanismen der Verdrängung, der Tabuisierung unbequemer Fragestellungen durch die maßgebenden Erwachsenen.

Das fünfte Kapitel erzählt chronologisch von den Geschehnissen eines Tages: Henry ist nach mehrtägiger Abwesenheit plötzlich wieder vor Claudias Tür. Ihre Frage, wo er gewesen sei, verletzt die wortlose Vereinbarung, die ihre Beziehung zu Henry bisher regelte und ermöglichte: sich nicht verantwortlich fühlen, sich nicht verantworten müssen. Henry weist Claudia zurück in die Abmachung. Nähe wird hergestellt allein durch körperliche Nähe.

Sprachlosigkeit bestimmt alle Beziehungen Claudias. Man redet wohl, aber aneinander vorbei, läßt sich ungeheure Begebenheiten – einen Mordfall, eine alltägliche eheliche Vergewaltigung – unberührt erzählen, es sind Konversationsthemen wie Umweltverschmutzung oder ferne Kriegsschauplätze. Konversation statt Kommunikation. Unverbindlichkeit, Unverbundenheit miteinander, mit dem Geschehen außerhalb seiner selbst – Verantwortungslosigkeit.

Die kleine Verantwortungslosigkeit in der Partnerbeziehung findet ihre Entsprechungen: Claudias Vater hat Sorge, daß die Generation der Tochter nicht übernimmt, was ihr übergeben werden soll: die Verantwortung für das weitere »Leben in Gesellschaft«. Den Jugendlichen in ihrer aggressiven Disco-Langeweile haben Claudia und Henry nichts zu geben als die eigene Vereisung. Henrys Tod durch die Hand eines jugendlichen Betrunkenen erscheint so auch als Konsequenz einer nicht wahrgenommenen Verantwortung.

Die Konfrontation wird in diesem fünften Kapitel angekündigt. Die Provokation der jungen Leute, die gegen die Windschutzscheibe geschleuderten Kiesel bekommen Gewicht durch den späteren Todesschlag gegen Henry. Für dieses Mal geht es gut, bis Henry das eben abgewendete Unheil erneut heraufbeschwört durch ein riskantes Überholmanöver. Henry fährt stets riskant, Autofahren bedeutet, er bestimmt über Richtung und Geschwindigkeit, über Leben und Tod.

Dem bedeutungsvollen Requisit Auto steht ein anderes gegenüber: der Fahrstuhl. Fahrstuhlfahren heißt, sich einer fremden Bewegung unbewegt anzuschließen, die Bewegungsmöglichkeit ist im doppelten Sinne eingeschränkt, das Tempo programmiert. Fahrstuhlfahren bedeutet auch unerwünschte Nähe Fremder, die Claudias latente Berührungsangst auslöst.

Das waghalsige Überholmanöver Henrys bleibt ohne Unfallfolgen, jedoch der in Gefahr geratene Traktorfahrer schlägt ihn bewußtlos. Und wieder – ein drittes Mal – geht alles gut. Die magische Dreiheit der Gefährdungen und Prüfungen verweist erneut auf das Parabelhafte des Vorgangs, aber auch auf die Bedeutung des Ziels, das so erreicht wird: die Mühle.

Hier gerät die Traumszenerie ins Bild: geborstene Balken, auf die Claudia zögernd die Schritte setzt, um zu fotografieren (im Traum ist es »fast wie eine Kamerafahrt«), der Fluß mit den toten Weiden, an dem Henry steht, schon fern, schon fremd, Claudia näher denn je in seiner Gefährdung.

Im Umkreis der Mühle geschieht alles Wesentliche, hier sind Verfall und Tod, Natur und Leben nah beieinander. Claudia erlebt sich neu in dieser Naturnähe, lebendig, sie durchbricht erneut die Starre, die Vereinbarung, fordert Rechenschaft, Verantwortung, und sie erfährt erneut und ein für allemal die Zurückweisung: Henry ist verheiratet, die Beziehung zu Claudia ist nicht mehr als unverbindliche, gelegentliche Annäherung. Henrys Versuch, diese Nähe herzustellen durch körperliche Nähe, kann jetzt nur Vergewaltigung sein.

Jeder für sich, heißt die Devise.

Die Mühle – Zeugnis einer Stufe der Zivilisation, die Natur nutzbar machte, ohne sie zu zerstören, Zeugnis einer nicht mehr brauchbaren, weil uneffektiv gewordenen Technologie der Energiegewinnung. Henrys »kleine Kernkraftwerke« sind Zeugnisse einer auf höhere Produktion gerichteten Zivilisation.

Die Mühle – Symbol der Zivilisation, aber auch der Idylle, des Rückzuges: Alphonse Daudet zog sich aus einer ihm fragwürdig gewordenen Zivilisation zurück in die verfallene Mühle in Südfrankreich – eine Landschaft, die Claudia gern noch sehen möchte, die die Traumszene assoziiert –, um, mit »Blick ins Freie«, die Briefe aus seiner Mühle zu schreiben.

Heins Novelle fragt nach dem Preis der Zivilisation und nach dem Fortschritt der menschlichen Beziehungen, der den technischen begleiten muß. Zivilisation, Leben ›in Gesellschaft‹ und Natur, natürlicher Umgang mit Bedürfnissen, Gefühlen erscheinen in Heins ›Modell‹ als Gegenpole. Und so fragwürdig die Polarisierung ist, sie hat wohl so lange ihre Wirkung, ihre widersprüchliche und also mobilisierende Kraft, solange nicht die kommunistische Sozietät entfaltet ist.

Heins Novelle verkürzt in ihrer Zuspitzung den Blickwinkel auf die Problematik, da findet Fatalismus Raum, mit der vereinfachten Sicht Claudias auch undialektisches Betrachten der Entwicklungswidersprüche. Und doch: Die Vereinfachung bedeutet auch Konsequenz. Und die heißt: Tod oder »in Gesellschaft leben«, kommunikativ, verantwortlich.

Allein schon ihre motivische Dichte gibt diese Novelle als ein herausragendes Stück künstlerischer Prosa in der neueren Literatur der DDR zu erkennen: Dieser Text ist aufs konzentrierteste durchgearbeitet und geformt. Kaum ein Detail, das beiläufig bliebe und sich verlöre; kein Faden, der nicht kunstvoll verwoben wäre; keine Sequenz, auf die, ohne daß dem Ganzen Schaden zugefügt würde, verzichtet werden könnte.

Belangvoll bereits die Durchführung des Filzhut-Motivs. Den »fremden Freund«, Henry Sommer, nimmt Claudia, die Ärztin, erstmals als »Mann mit einem Filzhut« wahr. Mit zurückgeschobenem Filzhut sitzt er sodann, regelwidrig-rasantes Fahren als gefährliches Abenteuer genießend, am Steuer. Wiederum mit zurückgeschobenem Filzhut steht er, sich verabschiedend, in der Tür: Claudia, begierig, einen Teil des Wochenendes für ein Zusammensein mit ihm zu retten, bricht den Besuch bei ihren Eltern vorzeitig ab – trifft aber Henry nicht an. Den Filzhut ins Gesicht gezogen, spielt er sich hernach in die Rolle eines steckbrieflich Verfolgten hinein. Jugendliche spotten über den Hut, woraufhin jene Prügelszene sich anbahnt, vor deren eigentlichem Beginn Henry erschlagen wird. Und als einziges Stück seiner Hinterlassenschaft erhält Claudia – eben diesen Filzhut überreicht: Sie wirft ihn in den Müllschlucker.

»Dann fragte ich, ob er so etwas wie einen Traumberuf habe. Ohne nachzudenken antwortete er: Ja. Rennfahrer oder Stuntman. Stuntman für Verfolgungsjagden.«

Claudia ist fasziniert durch diesen Urbanisationsromantiker. Und sucht dennoch Abstand zu wahren. Längst hat sie sich, per rationales Kalkül, auf ein Daseinskonzept verpflichtet: auf einen Lebensstil im Zeichen der Entsagung und Bindungslosigkeit.

Das Foto-Motiv: Fotografieren ist die einzige Leidenschaft, die sie sich gestattet. Eine Pseudo-Leidenschaft, die – wie sie weiß – der Ablenkmechanismus gebietet. Zweimal unterbricht sie die Rückreise vom Besuch der Eltern, um eine zerfallene Scheune sowie die Ruine einer Sägefabrik aufzunehmen. Henry muß sie zu einer halbzerstörten Mühle fahren: »[...] ich hoffte, sie sei ein geeignetes Fotoobjekt.« Beim Entwickeln:

»Das langsame Werden eines Gebildes. Ein Keimen, das ich bewirke, steuere, das ich unterbrechen kann. Zeugung. Eine Chemie von entstehendem Leben, an dem ich beteiligt bin. Anders als bei meinen Kindern, meinen ungeborenen Kindern.«

Fotografier-Touren – später – als Flucht aus der Weihnachtelei. Schließlich, nach Henrys Tod, die Erkenntnis der Fragwürdigkeit ihres Tuns, die Einsicht, daß sie, die einem natürlichen Lebenszusammenhang Entfremdete, die Rest-Natur mißbrauche, zum Objekt einer irren Ablichtungs- und Kompilationssucht degradiere. Und dennoch das Wissen darum, daß sie, aus Gründen der Lebensbalance, nicht aufhören wird, »diese Bilder herzustellen«.

Charakteristisches Komplementärmotiv: Claudias registrierendes Interesse für defekte zwischenmenschliche Beziehungen. Im speziellen ›sammelt‹ sie (hierbei allerdings, ohne sich dies als Leidenschaft einzugestehen) Ehegeschichten, diverse abstoßende Alltagspraktiken eines gewohnheitsmäßigen Zusammenlebens zwischen Mann und Frau. Und was sie sich vor Augen führt, sind dementsprechend nur Varianten eines ihr von Grund auf verdächtigen Verhältnisses: Neun Ehen vergegenwärtigt sie sich während ihres Monologs; und das Motiv der disparaten Ehe durchzieht auf diese Weise die Novelle als eine Art Zentralmotiv. So verfolgt Claudia wachen Verstands die Äußerungsformen von Kommunikationsdefizit in der leer gewordenen Ehe ihrer Eltern, wenig später: die primitive Derbheit der Beziehungen, die ihr beim Besuch von Onkel Paul und Tante Gerda begegnet. Es schließen sich an: Reflexionen über die Ehe und über das Sexualverhalten der »männertollen« Karla (ihrer Sprechstundenhilfe), ein Bericht über den bei Charlotte und Michael Kramer verbrachten Abend (nach außen hin intakt wirkende Familienatmosphäre bei verlorengegangener Partnerschaftsbeziehung), eine Beschreibung des Zusammenlebens von Fred, dem brutalen Zyniker, und Maria, seiner ihm preisgegebenen, von ihm herabgewürdigten, dem Alkohol verfallenen dritten Frau. Und die Reihe setzt sich fort – mit der Vergegenwärtigung des Besuchs beim Chefarzt und dessen Hausmütterchen, mit dem Wachrufen von Indizien, die sie über die nur pro forma aufrechterhalten gebliebene Ehe Henrys kennt, mit Reminiszenzen an ihre lang schon geschiedene eigene Ehe. Und am Ende schließlich sieht sie sich noch veranlaßt, die Ehe ihrer Schwester zu erinnern: der Mann als permanent und demonstrativ in die Versagerrolle gedrängter Pantoffel.

Kein Zweifel: Claudia nimmt wahr, was sie wahrzunehmen sucht. Sie weiß, wie ekelhaft es bei Fred zuzugehen pflegt, und doch fährt sie wieder und wieder hin. Einmal vom Überfremdetsein aller Lebensbeziehungen – vor allem durch fortwirkende Grunderfahrungen – überzeugt, ›verschreibt‹ sie sich gleichsam ein kontinuierliches Erleben, durch das sie auf die Folgerungen, die sie längst schon zog, immer und immer wieder verwiesen wird. Das unentwegte Bemühen, sich zu feien, sich zur Existenz einer den Verhältnissen Rechnung tragenden, souverän beherrschten Bindungslosigkeit ständig neu zu befähigen – dies ist die Triebkraft ihres registrierenden Tuns. Wobei freilich eine derart zweckdienliche Neugier zugleich auch unerwünschte

Nebeneffekte zeitigt. Denn Claudias Weltbesichtigung impliziert stets auch die Verführung, sich an der Welt als empfindendes, mitleidendes, sich ihr zuwendendes Wesen zu beteiligen. Und eben hieraus wiederum entspringen wesentlich die Verbote, die sie über sich verfügt. »Ich hoffe, daß er nicht so rührselig wird, mir von seinen Problemen zu erzählen. Ich will davon nichts wissen.« Solche Sätze, befindlich am Ende des Textes, erweisen sich so auch wiederum einem Leitmotiv zugehörig; und es ist das der Berührungs-, Erregungs- und Verstrickungsfurcht. Die alte, einsame Frau in der Nachbarwohnung, um die sie sich als Medizinerin bemüht: »Sie lud mich zu einer Tasse Kaffee ein, doch ich sagte, daß ich keine Zeit hätte.« Rechtfertigen von Verdrängungsvorgängen:

»Was soll es helfen, Verdrängungen bewußtzumachen. Verdrängungen sind das Ergebnis einer Abwehr, das Sichwehren gegen eine Gefahr. Sie sollen dem Organismus helfen zu existieren. [...] Ein heilsamer, natürlicher Mechanismus.«

Und der Monolog insgesamt bedient dieses Motiv: Sein stilistischer Charakter ist derjenige eines Unisono; ein kühler Berichts- und Reflexionston beherrscht den Text; seine äußere Faktur vermittelt den Eindruck, das Ich stehe neben sich und teile Vorgänge und Erwägungen mit, die es kaum berühren.

So aber ist dieses Sprechen selbst ein ›falsches‹. Und der Autor weiß mit der Maske dieses Sprechens denn auch so umzugehen, daß seine Schutz- und Täuschungsfunktion (in bezug auf die sich mitteilende Figur) kenntlich wird. Vielleicht sogar läßt er diese Funktion mitunter allzu direkt hervortreten, so etwa in den platt geratenen zwanzig Schlußzeilen der Novelle. Leistungsfähiger jedenfalls sind – wiederum – bestimmte Motive, beispielsweise das Briefkasten-Motiv: Immer wieder ist das Öffnen ihres Briefkastens für Claudia ein buchenswerter Vorgang; und immer wieder teilt sich, wenn sie vermerkt, daß nur Zeitungen vorzufinden gewesen seien, leise Enttäuschung mit. Oder das Motiv latenter Hoffnung auf (irgend)eine Veränderung:

»Ich wünschte mir, daß etwas geschehe, daß irgend etwas mit mir passieren würde, aber ich konnte nicht sagen, was es sein sollte.«

Und nicht zuletzt ist die erlebte ›außergewöhnliche Begebenheit‹, sie nötigend zu sprachlicher Fixierung, selbst schon von signalisierender Bedeutung: Was Claudia an sich erfahren hatte, war ihre Anfechtbarkeit, war die Tatsache, daß ein Mann wie der sinnlich vitale, dem geregelten abstrakten Leben das abenteuerliche Spiel abzwingende Henry Sommer sie ernstlich zu affizieren vermochte. Ihr Schreibanlaß ist schließlich der, daß sie sich bewogen fühlt, eine ›Erschütterung‹ ihrer selbst – und zwar in ihrem, ihrem Lebenskonzept entsprechenden Sinne – zu bewältigen.

Freilich, es ist der Prosaautor Hein, der sie, als seine Hauptfigur, die Feder führen läßt. *Er* organisiert ihren Text, sorgt für dessen Wesentlichkeit und dessen bezeichnende Polyphonie, komponiert ihn zu einem bedeutenden Ganzen. Und diese Art des Umgangs mit Empirischem, seine Aufnahme ins Kunstwerk nach Maßgabe streng formenden Willens macht denn auch die übergreifende Nachricht aus, die die Novelle *Der fremde Freund* entläßt: Den tristen Stoff verarbeitete Hein auf eine Weise, daß sich im kunstvoll verfertigten Produkt ein undezimiert gebliebener höchster Anspruch manifestiert. Die Sehnsucht, die schließlich Claudia sich eingesteht, richtet sich auf die Freundin ihrer Kindheit; es ist die – uneinlösbare – Sehnsucht »nach der Kinderliebe«. Der Novellist hingegen bezeugt und vergegenständlicht ein humanes Verlangen, das auf nichts weniger als auf die Gestalt einer befriedigenden Ganzheit zielt. Sein Kunst-Stück ist unverlogen – und idealisch zugleich.

Wolfgang Emmerich

Christoph Heins Novelle *Der fremde Freund* ist die Geschichte eines Subjekts, dessen »Urgeschichte«, mit Horkheimer/Adorno zu sprechen, dessen Modellierung schon längst hinter ihm liegt, wenn es zu sprechen beginnt. Dieses Subjekt ist ›fertig‹, im Zustand seiner (beinahe) perfekten Panzerung. [...] In Claudias abgezirkeltes, erwartungsloses Lebensarrangement bricht die Begegnung mit einem Mann ein, der sich – und das macht seine ›Fremdheit‹ aus – halsstarrig solchen und anderen Arrangements entzieht. [...]

Ein Jahr dauert die Beziehung, dann wird Henry, der Spieler, eher zufällig, aus Versehen erschlagen, und damit endet auch der Einbruch der Spontaneität, der Freiheit ins Leben der Ich-Erzählerin. Das eingeübte Arrangement von vorher erobert das verlorene Terrain zurück. Die schmerzliche Irritation, die der fremde Freund ausgelöst hatte, beruhigt sich zum schmerzlosen, leblosen Zustand von vordem.

Hein hat das Wort »Ende« nicht nur an den Schluß einer Kette trostloser Aussagesätze (DfF 206 f., 211 f.)[1] gesetzt, weil die erzählerische Konvention es so will. Hier ist viel mehr zu Ende gegangen als nur eine Erzählung oder die Geschichte einer ›Partnerbeziehung‹. Die Rede ist vom Zu-Ende-Gehen, vom Absterben einer ganzen Verkehrsform und Lebenshaltung, einer sinnlosen Kette von Vorkehrungen und Verrichtungen, ein in Kauf genommenes Gestorbensein zu Lebzeiten. Es ist, so könnte man sagen, die Weltanschauung des pragmatischen Nihilismus, die sich hier, im Gehäuse des ›realen Sozialismus‹, ausgebildet hat. In den Worten der Erzählung resp. Claudias:

»Wir haben uns auf der Oberfläche eingerichtet. Eine Beschränkung, die uns Vernunft und Zivilisation gebietet.« (DfF 117)

Volker Brauns *Unvollendete Geschichte* hatte noch den schönen, alles offen lassenden Schlußsatz gehabt: »Hier begannen, während die eine nicht zu Ende war, andere Geschichten.«[2] Heins Novelle, ein Endspiel in Prosa, kommt tatsächlich brüsk, ohne Hintertür (oder Zukunftstür) zum Ende, einer schlechten Vollendung der Geschichte. – Damit keine Mißverständnisse entstehen: Natürlich ist das nicht (oder muß es nicht sein) die Geschichtsphilosophie des Autors Christoph Hein, es ist die seiner Ich-Erzählerin, der der Autor als zurückgenommener Chronist ganz bewußt die Erzählperspektive überläßt. Und es ist gerade die scheinbare Widerspruchsfreiheit, die Glätte der kalten Oberflächenschilderung in diesem einsinnigen Erzählen, was unseren, des Lesers, Widerspruch herausfordert, den Widerspruch gegen das »gebremste«[3], ja, vertane Leben dieser begabten Frau als ein Ergebnis unserer paradoxen aufgeklärten und lebenvernichtenden Zivilisation. Das folgende Zitat aus *Dialektik der Aufklärung* könnte präzise auf Claudia gemünzt sein: »Furchtbares hat die Menschheit sich antun müssen, bis das Selbst, der identische, zweckgerichtete, männliche Charakter des Menschen geschaffen war, und etwas davon wird noch in jeder Kindheit wiederholt. Die Anstrengung, das Ich zusammenzuhalten, haftet dem Ich auf allen Stufen an, und stets war die Lockung, es zu verlieren, mit der blinden Entschlossenheit zu seiner Erhaltung gepaart.«[4]

Daß dieser identische, zweckgerichtete, *männliche* Charakter in einer *Frau* dargestellt wird, ist nicht der Bösartigkeit eines chauvinistischen Autors geschuldet, sondern realer Bestandteil dieser unserer Zivilisation.

Zitatnachweise

1 Christoph Hein: Der fremde Freund. Berlin/Weimar 1982, S. 206 f., 211 f. (Zitatnachweise im folgenden im Text).

2 Volker Braun: Unvollendete Geschichte. Frankfurt a. M. 1977, S. 98.

3 Vgl. Volker Braun: Das gebremste Leben. In: V. B.: Langsamer knirschender Morgen. Gedichte. Frankfurt a. M. 1987, S. 45 f.

4 Max Horkheimer/Th. W. Adorno: Dialektik der Aufklärung. Philosophische Fragmente. Frankfurt a. M. 1969, S. 40.

Bernd Fischer

Christoph Heins »Fremde Freundin«

Es mag als Symptom für die Situation des deutschen Theaters gelten, daß Christoph Hein schon mit seiner ersten Prosaveröffentlichung, *Einladung zum Lever Bourgeois* (1980), mehr Aufsehen erregen konnte als in den gesamten zehn Jahren, in denen er als Dramaturg und Dramatiker vor allem an der Berliner Volksbühne wirkte.[1] Erst sein Erfolg als Erzähler verschaffte schließlich auch seinen Dramen etwas mehr Beachtung, obwohl die DDR-Kritik einige seiner Stücke, besonders *Lassalle fragt Herrn Herbert nach Sonja. Die Szene ein Salon* und *Schlötel oder Was solls*, eine kritisch-absurde Posse aus der Geschichte der Arbeiterbewegung, auch heute noch nicht ohne Sorgen betrachtet.[2] Heins literarischer Druchbruch schien völlig geglückt zu sein, als ihm 1982 der angesehene Heinrich-Mann-Preis zugesprochen wurde. Hatte die Kritik doch damit ihren Willen bekundet, ihre formale Begeisterung an Heins Sprache über die eher inhaltlichen Bedenken siegen zu lassen, wie Peter Hacks in seiner Preisrede auch unumwunden zugestand: »Er (Hein) gehört zu jenen wenigen, die mit der Sprache keine Sorgen haben. Christoph Hein hat Gewalt über die Worte. Sein Problem war der Inhalt, der ja jedenfalls das leichtere Problem ist.«[3] Allen, die in diesem jungen Autor noch immer einen gefährlichen Hang zu standpunktlosen, objektivistischen Erzähltechniken zu entdecken glaubten, hielt er in derselben Rede beschwichtigend entgegen, daß Heins »Wirklichkeitsliebe« gerade das »Gegenteil von Objektivismus« sei, und daß gerade in »dieser Hochachtung vor dem Wirklichen [...] seine Nachricht« liege.[4] Selbst *Lassalle* ist nach Hacks »um so viel besser als der *Cromwell* [ein kritisches Stück zur Geschichte der bürgerlichen Revolution, mit dem die DDR-Kritik weit weniger Schwierigkeiten hatte; d. Verf.], wie seine Gattung, der aufgeklärte oder abgefeimte Naturalismus, besser als die epische Geschichtsschreibung ist«. Im übrigen unterscheide sich dieser abgefeimte Naturalismus »vom Hauptmannschen dadurch, daß der Autor nicht dumm« sei.[5] Die kurzen Prosastücke, die Hein in seinem ersten Prosaband *Einladung zum Lever Bourgeois* zusammenstellte, der 1982 unter dem Titel *Nachtfahrt und früher Morgen* (man hat es sich nicht versagen können, eine Fluchtgeschichte in den Titel zu heben) auch bei

Hoffmann und Campe erschien, sind in der Tat in erster Linie unter formalen Gesichtspunkten[6] interessant. Oft noch stark vom Duktus des Dramatikers dominiert, beobachtet Hein zum Beispiel in der Titelgeschichte den inneren Monolog des darmkranken Racine während der schmerzhaften Verrichtung seiner Morgentoilette: Das Dilemma des Hofpoeten, der sich erst gegen die Macht aufzulehnen vermag, als Krankheit und Alter, die schon übererfüllte Karriere, ein längeres Schweigen überflüssig erscheinen lassen. Die Problematik des aufgeklärten Höflings beherrscht auch die Gedanken Alexander von Humboldts, den Hein als weiteren preußischen »Gundling« (in den letzten Jahren ja ein beliebtes Thema der DDR-Literatur) auftreten läßt und dessen Rußlandexpedition in den Briefen seines ihn begleitenden Dieners Johann Seifert aus seiner historischen, proletarisch-kleinbürgerlichen Sicht nacherzählt wird, wobei Hein diese Briefe mit dem Eifer des Dramatikers im für Seiferts Zeit und Stand wahrscheinlichen Berliner Ideolekt abgefaßt hat und im Vorwort als authentische historische Zeugnisse vorstellt. Ähnlich sprachspielerisch gibt sich auch die kurze zeitgeschichtliche Erzählung *Der neue (glücklichere) Kohlhaas,* in der Hein den Leidensweg des gegen Betrieb und Gewerkschaft prozessierenden Buchhalters K., der sich um seine Jahresprämie betrogen fühlt, tragikomisch vor dem Hintergrund der Spielregeln der DDR-Gesellschaft verfolgt. Alle, auch die kurzen Texte der Sammlung *Ein Album Berliner Stadtansichten,* die die leidvolle Geschichte Berliner Frauen, Kinder und Juden erzählen, sind in erster Linie durch Heins Mut zum Experiment interessant. Sei es, daß er seinen elliptischen Erzählstil zu einem aussagekräftigen Höhepunkt treibt *(Friederike, Martha, Hilde),* sei es, daß er kunstvoll triviale Erzählmuster zu einer sentimentalen Filmszene verknüpft *(Lebwohl, mein Freund, es ist schwer zu sterben),* sei es, daß er Kleists Anekdotenstil zu neuem Leben zu erwecken versucht *(Die Witwe eines Maurers).* Man kann diesen kurzen Prosastücken das Experiment nicht zum Vorwurf machen, da sie nicht versuchen, es zu verstecken.

Mit *Der fremde Freund* hat Hein 1982 eine längere »Novelle« vorgelegt, der die experimentellen Züge der kürzeren Texte kaum noch anhaften. Auch die ebenfalls experimentell anmutende Suche nach einem originären Thema, die Hein in *Lever Bourgeois* noch vielfach auf in der zeitgenössischen DDR-Literatur bereits bearbeitete Stoffe zurückgreifen ließ, ist in dem neuen Text schlichter und souveräner gelöst: Claudia, eine Ärztin in der heutigen DDR, geschieden, allein wohnend, erinnert sich als Ich-Erzählerin an ihre Affäre mit dem Architekten Henry, verheiratet, Vater, getrennt lebend. Die Beziehung schafft es einmal durch die vier Jahreszeiten, dann wird Henry in einem absurden Streit von einem Jugendlichen erschlagen. Eine konsequente Zeiterzählung, die in der DDR schon nach wenigen Wochen vergriffen war und auch in der Kritik einigen Staub aufgewirbelt hat. Das Verdikt von Hacks, daß Hein mit der Sprache keine Probleme habe, wird dabei im allgemeinen auch dem neuen Text gegenüber beibehalten, um so mehr schieben sich aber jetzt wieder Sorgen um den Inhalt in den Vordergrund. Um die vielstimmige Diskussion um diese Novelle zu dokumentieren, haben die »Weimarer Beiträge« 1983 sechs Rezensionen unter dem Titel »Für und Wider« zusammengetragen. Im Mittelpunkt dieser Kritik steht, wie der Titel schon andeutet, die Frage nach dem Nutzen beziehungsweise Schaden, den diese sich auf den ersten Blick so destruktiv gebärdende Erzählung für die DDR-Gesellschaft haben könnte. Der vielleicht ablehnendste Beitrag stammt von Rüdiger Bernhardt. Anfangs beeindruckt von der Präzision, mit der Hein »das Schicksal eines einsamen Menschen inmitten einer nicht auf Einsamkeit orientierten Umwelt« porträtiere, beklagt Bernhardt am Ende, daß die »Unruhe«, in die ihn der Text versetzt habe, sich »zur Bedenklichkeit, diesem Buch mit nachdrücklicher Distanz begegnen zu müssen«, gesteigert habe.[7] Klaus Kändler vermißt an der Heldin den Versuch, Widerstand gegen die negativen Qualitäten ihres Lebens zu leisten, und kann das Buch deshalb nur bedingt zur Lektüre empfehlen. Er gibt allerdings zu, »ohne gleich eines unangemessenen Rufes nach dem Positiven sich schuldig zu machen«, dieses Problem mit vielen Autoren aus Heins Generation zu haben.[8] Aufgrund eines differenzierteren Verständnisses der Interaktion von Literatur und Realität kann Bernd Leistner dagegen zeigen, daß die Fragwürdigkeit dieser Negativität in Heins Sprache selbst schon zum Ausdruck kommt, die Leistner entsprechend als stilisierte Negativität begreift. »Und der Autor weiß mit der Maske dieses Sprechens denn auch so umzugehen, daß Schutz- und Täuschungsfunktion (der sich mitteilenden Figur) kenntlich wird.«[9] Deshalb dokumentiert Hein für Leistner gerade in der Negativität der Heldin »ein humanes Verlangen, das auf nichts weniger als auf die Gestalt einer befriedigenden Ganzheit zielt. Sein Kunst-Stück ist unverlogen – und idealistisch zugleich«.[10] Auch Gabriele Lindner bezieht in der alten Positivitätsdebatte der DDR-Kritik eine eher fortschrittliche Position. Sie gibt zu, trotz der Negativität von der Heldin fasziniert zu sein, und hält didaktische Warnungen gegen das Buch für fehl am Platz. Die Lebensweise der Heldin sei in »der Gesellschaft, in der sie lebt, zwar wahrhaftig nicht notwendig – aber sie ist möglich«.[11] Bernd Schick dagegen spricht der Novelle nicht sehr viel Wirklichkeitsgehalt zu und beklagt die sozialen Klischees, mit denen er Heins Prosa durchsetzt glaubt. Ursula Wilke schließlich nimmt in ihrem Urteil noch einmal Hacks' wertende Trennung von Form und Inhalt auf. Einerseits räumt sie ein, »daß eine solche Art von Komposition und Schreibweise in ihrem natürlichen Fluß schon ein Glanzpunkt unserer Literatur ist«[12]. Andererseits nehmen sich ihre Bemerkungen über den Inhalt dann aber geradezu ärgerlich aus: »Das Ganze stimmt nicht. Die Novelle ist unwahr [...]. Der Fatalismus. Das Fatale, nahezu als das Normale ausgewiesen, das stimmt nicht.«[13] Es ist klar, was Heins Novelle ihrer Meinung nach fehlt: »Eben – eine reifere Weltanschauung.«[14] Ein paar Monate vorher hatte Brigitte Böttcher schon eine zwar kurze, aber sensible Rezension der Novelle veröffentlicht, in der sie am Ende zwar ebenfalls den »Fatalismus« und ein »undialektisches Betrachten der Entwicklungswidersprüche« beklagt, aber gleichzeitig zugesteht, daß Heins vereinfachende Polarisierung – »Tod oder ›in Gesellschaft leben‹, kommunikativ, verantwortlich« – wohl so lange »ihre mobilisierende Kraft (habe), solange nicht die kommunistische Sozietät entfaltet«[15] sei.

Welch überragende Bedeutung die Kritik in der DDR für einen Autor auch heute noch hat, kann einmal aus der Tatsache entnommen werden, daß Heins Novelle meines Wissens in der DDR bisher keine Neuauflage erfahren hat, obwohl sie dort seit 1982 vergriffen ist, während die westdeutsche Ausgabe, *Drachenblut* (1983), in nur einem Jahr bereits in der fünften Auflage vorliegt, vor allem aber aus der heftigen und sicher auch mutigen Reaktion, mit der Hein seinen Kritikern entgegengetreten ist. Er nutzte die Gelegenheit einer adäquaten Öffentlichkeit, die ihm die Preisrede (als Preisträger des Vorjahres) zur Verleihung des Heinrich-Mann-Preises 1983 an den Kritiker Friedrich Dieckmann verschaffte, um sich sehr grundsätzlich mit der Funktion der gegenwärtigen Literaturkritik auseinanderzusetzen. Kunstwissenschaft, behauptet Hein, kann nur historisch sein. Eine Wissenschaft, die die Gegenwartskunst zu ihrem Gegenstand erklärt, ist immer in Gefahr, kunstfeindlich zu werden.

»Die Kunstwissenschaft kann die Kunst der Zeitgenossen registrieren, um das fortgesetzte Überschreiten und Umstürzen aller bisherigen Ästhetik wahrzunehmen; wo sie sich unterfängt zu urteilen und zu werten, bricht sie den Stab über sich selbst [...]. Ihre Aussagen – ob kritisch oder billigend, eloquent oder stilistisch erfreulich – werden beliebig und wissenschaftlich enthaltsam, sie werden falsch. Eine solche Wissenschaft kann sich dann noch politisch verstehen, in Wahrheit ist sie bereits Kunst- und Literaturpolitik. Und ihr Urteil ist dieser Funktion untergeordnet: sie kann den ›guten Geschmack‹ vertreten, der sich gewöhnlich von der Ästhetik eines vergangenen Jahrhunderts herleitet; oder den ›herrschenden Geschmack‹, also Polizeiaufgaben übernehmen, die Zensur; oder den ›ästhetischen Geschmack‹, was sie nötigt, Witterung aufzunehmen und auf die eingeschlagene Fährte zu setzen, als sei sie die

Spur des Zeitgeists. In jedem Fall ist sie nicht mehr Wissenschaft, sondern muß mit Glaubenssätzen operieren.«[16]

Hein zitiert darüber hinaus Benjamins »Kompanie von Söldnern«, die in das Haus der Kunst einmarschiert,

»weil es so günstig liegt und sich von ihm aus ein Brückenkopf oder eine Eisenbahnlinie beschießen läßt, deren Verteidigung im Bürgerkriege wichtig ist«.[17]

Sich der politischen Beziehungen zwischen Kunstbedürfnissen, Staat und repräsentativen Künstlern ausgesprochen bewußt, favorisiert er zu einem gewissen Grade die Kunst des Dilettanten, die sich »dem Publikum, dem Zwang zum Erfolg, verweigert«[18]:

»Das ist kein gefahrloses Verweigern, die Kosten sind nicht gering. Jedoch der nach Feierabend malende Zöllner, der nächtlich schreibende Kanzlist geraten, indem sie der Konfrontation mit dem Publikum ausweichen, nicht in Gefahr, das aufzugeben, was sie allein zum Kunstprodukt befähigt, nämlich sich selbst als Zeitgenossen [...]. Der Kunstwissenschaftler, der sich der Kunst seiner Zeitgenossen nähern will, hat nur eine Bedingung zu erfüllen, er selbst muß sich als Zeitgenosse begreifen, muß das Vermögen besitzen, seiner Zeit standzuhalten.«[19]

Eine durchaus ethische Forderung, mit der Hein die Literaturkritik hier konfrontiert. Wir werden auf die dilettantische Kunst zurückkommen können, wenn wir uns mit Claudias Kunst, der Schubladenphotographie, auseinandersetzen.

Claudia interessiert sich nicht für Kunst und versteht nichts davon. Sie ist Ärztin und damit von vornherein jemand, der es im wirklichen Leben geschafft hat. Sie ist auch keine Intellektuelle, kennt sich weder in der Politik noch in der Philosophie aus. Sie ist Realist.

»Ich bin lediglich ungeeignet für jede Art von Mystik. Und jede Überlegung, die da mehr sagen will, als die Biologie es vermag, ist für mich mystisch. Ich benötige es nicht. Ich halte das für eine Stärke von mir.«[20]

Ihre Entfremdung erwächst nicht aus dem Kopf, sondern aus dem Leben; aus dem Leben im allgemeinen und aus dem Leben im Sozialismus, wobei Hein keine Mühe darauf verwendet, da von sich aus politische Trennungslinien zu ziehen. Als Ärztin ist Claudia auch in der DDR sozial und ökonomisch privilegiert, zwar nicht besonders stark, aber immerhin so sehr, daß ihr in diesen Bereichen nichts mehr zu wünschen übrigbleibt. Geld ist kein Thema mehr, sie hat gerade soviel, wie sie braucht. Sie könnte eine größere Wohnung bekommen, wenn sie mit ihren eineinhalb Zimmern eines Tages nicht mehr zufrieden wäre. In vier oder fünf Jahren wird sie Oberarzt sein. Darüber hinaus zeichnet ihr Beruf sich dadurch aus, daß er sich nicht in Frage stellen läßt. Man ist nützlich, selbst bei den Patienten, denen eigentlich nichts fehlt.

»Was mir Spaß macht, kann ich mir leisten. Ich bin gesund. Alles, was ich erreichen konnte, habe ich erreicht. Ich wüßte nichts, was mir fehlt. Ich habe es geschafft. Mir geht es gut.« (Dr 156)

So endet die Novelle. Was also bewegt Hein, so möchte man mit den DDR-Kritikern fragen, diese übererfüllte Biographie mit so grundsätzlichen Fragezeichen zu versehen? Ist es ein willkürlich philosophisch behaupteter Fatalismus, fehlt Hein die »reifere Weltanschauung der sozialistischen Gesellschaft«, wie Wilke argumentiert, oder will er gar behaupten, daß diese Frau die Inkarnation der »allseitig entwickelten sozialistischen Persönlichkeit« sei – in dem Sinne, daß der Kampf um Geld und Macht einem sinnvollen Leben eben doch notwendig wäre?

Die oben zitierte Kritik hat zunächst einmal darin recht, daß Heins Erzähltechnik (wie eigentlich die gesamte Prosa der Moderne) den Blick auf die Welt bewußt und künstlich verengt. Zu fragen bleibt aber, ob diese Verengung des Blicks auch die Welt nur verkleinert, oder ob sie nicht im Gegenteil eine Intensitätssteigerung des Blicks und damit letztlich eine Erweiterung von Welt erreicht. Heins Technik scheint dabei kaum von den großen Traditionen der europäischen Moderne beeinflußt, sondern läßt sich eher in eine rein deutschsprachige Entwicklungslinie einordnen. Mir fielen beim Lesen sofort die Namen Kleist, Kafka, Bobrowski, Handke ein. Auch Heins Bilder versuchen eine Verschmelzung von Innen und Außen, Konkretem und Allgemeinem oder genauer von Sozialem, Psychologischem und Philosophischem, benötigen dazu aber weit mehr realpsychische Reflexionen als etwa die oben genannten Vorbilder. Besonders Claudias psychoanalytische Reflexionen dürften zumindest dem westlichen, mit Psychoanalyse übersättigten Leser oft eher trivial und flach erscheinen. Die metaphysische Dimension der alltäglichen Erfahrung von Perspektivelosigkeit, die gerade in Claudias Weigerung zur philosophischen Reflexion der Sinn-Frage immer wieder anklingt, mag zwar keine tiefgreifenden geistesgeschichtlichen Interpretationen stimulieren, hat hier aber ohne Zweifel ihren legitimen Platz. Am glaubwürdigsten, obwohl auch hier nicht immer sonderlich originell, sind Heins Bilder auf der sozialen Ebene. Das Thema sozialistischer Staat bleibt dabei immer – besonders hier erweist sich meines Erachtens das hohe Niveau von Heins literarischem Realismus – in das umgreifendere Thema Industriegesellschaft eingebettet. Wohnsilos, alte Menschen auf dem Abstellgleis, Polizeistaatatmosphäre, der unterdrückte Haß der Kollegen, der vorgestanzte Urlaub an der See, Ehe und Scheidung, Kinder und Abtreibung, entfremdete Eltern, strukturelle und konkrete männliche Gewalt, die brutal-stupide Hardrock-Einöde der Jugend, das Versagen von Liebe und Freundschaft, lustlose Apathie und Orientierungslosigkeit, mangelnde Zivilcourage, all das sind Themen, die von der politischen Ausrichtung einer modernen Industriegesellschaft offenbar nur zum geringen Teil modifiziert sind. Ja, den westlichen Leser müssen Heins Bilder bisweilen gar wie Erinnerungen an eine bessere, verlorene Welt anrühren. Wie behaglich der Konsumstandard da noch ist, wieviel da noch zusammen gegessen und getrunken wird, wie oft sich die Menschen da noch anfassen, ja streicheln. Als stellvertretend mag hier der engagierte Bochumer Professor für Pluromediale Ästhetik und Kommunikation stehen, hinter dessen beständigem, überzeugend vorgetragenem Lächeln, das Claudia an einen Vertreter erinnert – »als wolle er mich zu einem günstigen Kauf überreden« (Dr 64) –, sich ein verzweifeltes Ringen nach dem Dazugehören verbirgt.

»Übergangslos sprach er dann von Sprachverschluderung und Amerikanismen. Er konnte offenbar über alles reden. Auf mich wirkte er wie eine Comicfigur, die beständig kleine runde Blasen vollspricht und sie dann irgendwohin segeln läßt. Henry sagte, Horst rede, um nicht einen Augenblick mit sich allein sein zu müssen. Der Westdeutsche lachte nervös. Dann meinte er, hier sei alles wie im 19. Jahrhundert, wundervoll intakt wie ein vergessenes Dorf. Ein Land, als habe es sich Adalbert Stifter ausgedacht [...]. Ich glaube, er war sehr allein.« (Dr 66 f.)

Und doch hat auch in diesem Land die Überflußgesellschaft bereits einen emotionalen Mangel zutage gefördert, den Heins Figuren nicht mehr ausfüllen können. Während Claudia im Verlauf der Erzählung immer besser lernt, den Mangel, das Begehren nicht mehr an sich heranzulassen, vermag Henry sein Leben zum Beispiel nur noch in wahnwitzigen Autofahrten zu spüren, wenn er es bewußt aufs Spiel setzt. Andere Figuren haben ihr emotionales Potential bereits verschleudert, können die neuen Beziehungsregeln nicht mehr erlernen und ringen störend und vergeblich um das, was vor dem Tod doch eigentlich noch kommen müßte; zum Beispiel die Eltern, denen die Liebe zu ihren Kindern versagt wird, da sie doch nur wieder als ein Besitzen-Wollen Gestalt annehmen könnte, der unbeholfene Chef, der zum Ekel geworden ist, um seine Führungsrolle besser ausfüllen zu können, und eigentlich lieber der gütige Vorgesetzte und Kollege wäre; die Alten, die nach einem der Disziplin gewidmeten Leben nur ihre Haustiere und den Friedhof haben. Das Begehren macht schwach, die Vernunft macht stark, »unabhängig und einsam« (Dr 154). Claudias gesamte Biographie seit der Schulzeit ist auf dieses Ziel gerichtet:

»In meiner unverletzbaren Hülle werde ich krepieren an Sehnsucht nach Katharina. Ich will wieder mit Katharina befreundet sein. Ich möchte aus diesem dicken Fell meiner Ängste und meines Mißtrauens heraus. Ich will sie sehen. Ich will Katharina wiederhaben.« (Dr 154)

Katharina ist eine Schulfreundin, die erste und einzige Liebe. Es ist der Verrat, den die noch nicht vierzehnjährige Schülerin an dieser Freundin begeht, als deren Familie ihrer Religiosität wegen vom Staat während der Atheismuskampagnen der fünfziger Jahre ins soziale Abseits gedrängt wird, von dem sich Claudia nicht mehr erholen wird. Ein psychologischer und gesellschaftlicher Schlüssel ihres Lebens.

»Es handelte sich um eine erneute Aussprache über unseren Eintritt in den sozialistischen Jugendverband. Katharina war die einzige Schülerin, die sich weigerte, einen Aufnahmeantrag zu stellen. Nur ihretwegen mußten wir länger in der Schule bleiben, und nur ihretwegen wiederholte die Lehrerin die uns bekannten Argumente und Losungen [...]. An jenem Tag meldete ich mich, wobei ich mich nach Katharina umwandte. Dann stand ich auf und belustigte mich über die christlich-abergläubischen Ansichten einer gewissen Mitschülerin.« (Dr 112)

Auch später noch sind es die momentanen Attraktionen zu anderen Frauen, die am ehesten eine tiefere Beziehung zu versprechen scheinen.

»Ich hatte das Bedürfnis, sie zu berühren, und streichelte ihr Gesicht. Sie küßte leicht meine Hand und lehnte sich an meinen Arm. Und dann steckten wir die Köpfe zusammen und kicherten wie zwei kleine Mädchen. Maria sagte, sie wäre müde und wolle ins Bett.« (Dr 66)

Dann ist da noch »das schöne Mädchen«, zu dem Claudia sich hingezogen fühlt und das ihr einen »großen hellgrünen Klarapfel« schenkt (Dr 69). Diese Beziehungen bleiben Claudia aber unter anderem durch die systematischen Beschädigungen der kindlichen Sexualität in der Turnstunde verwehrt.

»Ich glaube jetzt, meine Generation ging in den Turnhallen ihrer Schulen so nachhaltig auf die Matte, daß es uns noch immer in allen Gliedern steckt (auch in der Matschpflaume und dem Saftsack).« (Dr 101)

Claudia weiß, daß diese Erinnerungen, die ihr auf einer Reise in die Kindheitsstadt kommen, die auch den 17. Juni 1953 und den Lieblingsonkel, der als Nazikollaborateur verurteilt wird, weil er seine sozialdemokratischen Genossen aus Feigheit an die Nazis verraten hatte, mit einschließen, eigentlich gar keine Erinnerungen sind.

»Die Vergangenheit ist nicht mehr auffindbar. Es bleiben nur die ungenauen Reste und Vorstellungen in uns. Verzerrt, verschönt, falsch. [...] Es war, wie ich es bewahrt habe, wie ich es bewahre. Meine Träume können nicht mehr beschädigt werden, meine Ängste nicht mehr gelöscht.« (Dr 103)

Ein solcher Traum aber wird Hein zum Medium, das Potential des in frühen Beschädigungen erzeugten und gleichzeitig verhinderten Begehrens in einem poetischen Bild zu fassen, das Claudias reflektierende Beschreibung, in der sie sich selbst so sehr zum anzweifelbaren historischen Beobachtungsobjekt wird, daß sie zum Beispiel vorzugsweise in der indirekten Rede auf ihre Konversationsbeiträge rekurriert, durchbricht. Dieser Traum ist Claudias Erzählung als unmittelbares poetisches Zeugnis vorangestellt, wie ihr die rationalen, in direkter Rede gefaßten Überlegungen über den weiteren Verlauf ihres Lebens ein halbes Jahr nach Henrys Tod nachgestellt sind. Auch der Traum ist natürlich kein Traum, sondern

»später, viel später, der Versuch einer Rekonstruktion. Wiederherstellung eines Vorgangs. Erhoffte Annäherung. Um zu greifen, um zu begreifen. Ungewiß bleibt seine Beschaffenheit. Ein Traum. Oder ein fernes Erinnern. Ein Bild, mir unerreichbar, letztlich unverständlich.« (Dr 6) Eine verfallene Brücke über einer tiefen Schlucht, im Hintergrund »Zypressengrün, ein schmaler Streifen vor kristallen-leuchtender Leere« (Dr 5).

Nietzsche und Kafka kommen in den Sinn, vielleicht Celan. Heins Bild ist ein poetisches Wagnis, literarische Versatzstücke, Tiefenpsychologie und Photographie, »fast wie eine Kamerafahrt« (ebd.), sind ineinander verwoben. Die Sprache vermittelt bisweilen den Eindruck des literarhistorischen déjà-vu, doch dann gibt es wieder Überraschungen. Die Traumidentität, »ich oder die Person, die vielleicht ich bin«, und der zensierte andere, »mein Begleiter, sein Gesicht bleibt verschwommen« (ebd.), bei dem psychoanalytisch und literarhistorisch bekanntermaßen hoffnungslosen Versuch, die baufällige Brücke zu überqueren. Doch dann eine Bewegung im Hintergrund:

»Fünf Läufer kommen aus dem Wald, einer hinter dem anderen. Sie tragen kurze weiße Hosen, und ihre Sporthemden sind mit einem runenartigen Zeichen versehen. [...] Sie laufen gleichmäßig, mit den eleganten, regelmäßigen Bewegungen von Maschinen. Es sind junge, muskulöse Männer mit offenen, strahlenden Gesichtern, keuchend und doch nicht angestrengt. Erstaunt entdecke ich ihre Ähnlichkeit, es könnten Geschwister sein. [...] Auf dem zweiten Balken stürmen sie uns entgegen, an uns vorüber, auf das andere Ufer zu. [...] Dann verschwinden die Bilder. Ein Nebel oder Grau oder Nichts. Und jetzt kommt der Ton. Die regelmäßigen Tritte der Läufer, wie ein gleichmäßig hämmerndes Uhrwerk. Der wippende Balken, das leise Pfeifen einer Amplitude. Schließlich ein nachhallender, hoher Ton. Bildlos. Asynchron.« (Dr 5 f.)

Der deutsche Idealismus, das unbewußte Begehren, beide werden von der Realität der DDR überrannt. Die sprachliche Intensität, mit der Hein diese fünf feschen Wirklichkeits-Läufer (der DDR, der Geschichte: ›runenartige Zeichen‹) den auch in der

Negation noch idealistischen Traum vom Menschen als Brücke überrennen läßt, ist grotesk-komisch und brutal-erschreckend zugleich. Die reale Utopie, die dem ängstlich vorwärtstastenden Ich, es außer acht lassend, entgegenstürmt, ist die der Maschine. Und auch die Wahrnehmung selbst, die unmenschliche Asynchronität von Bild und Ton, gehört zum gespenstigen Erfahrungspotential der Technik. Darin versucht Hein über Kafka, der hier sicherlich Pate gestanden hat, hinauszugehen. Gehen wir zum ersten Satz des Traums zurück: »Am Anfang war eine Landschaft«. (Dr 5) Für Claudia bleiben es Landschaften, die sie fast zwanghaft mit Photoapparat, Entwickler und Vergrößerungsgerät zu rekreieren versucht und dann in ihren Schubladen stapelt, ohne sie je wieder anzusehen:

»Linien, Horizonte, Fluchten, die einfachen Gegebenheiten von Natur und dem, was wieder von der Natur aufgenommen wurde.« (Dr 76).

Claudias Kunst ist darum Kunst, weil sie dilettantisch ist, privat bleibt und deshalb Therapie sein kann. In der oben angesprochenen Rede zur Verleihung des Heinrich-Mann-Preises 1983 ersetzt die Kunst für Hein Religion und Metaphysik, zu denen Claudia ja keinerlei Beziehung unterhält. Ja, sie ist sogar überrascht, wenn sie beim Nachdenken über Photographien entdeckt, daß ihre Haltungen anderswo mit »religiösen Motivationen wiederzufinden« sind. »Dabei spielten Glaubensdinge und Transzendenz bei mir nie eine Rolle.« (Dr 75) Dem Menschen, der »sich zu für ihn Unfaßbarem verhalten muß« und der ohne Religion auskommen will, verbleibt nach Hein allein, »den ihn bedrängenden Zustand künstlerisch auszudrücken«.[21] Natürlich könnte er sein Bedürfnis zur Kunst noch in einem fremden, professionellen Kunstwerk konsumptiv befriedigen, aber Claudia läßt sich auf den Kunstbetrieb nicht ein. In ihrem Ferienort begegnet Claudia einmal einem Maler, der theatralisch weinend klagt, daß er die Kunst, daß er sich selbst verraten habe (Dr 67). Darum ihre anarchische Photographie, die als Moment selbstherrlicher, ganzheitlicher Zeugung von Welt erscheint.

»Ich mag jene Sekunden in der Dunkelkammer, wenn auf dem weißlichen Papier im Entwickler langsam das Bild hervorkommt. [...] Die Übergänge von dem weißen Nichts zu einem noch unbestimmbaren Etwas sind fließend und überraschen in ihren sich stetig ändernden Strukturen. Das langsame Werden eines Gebildes. Ein Keimen, das ich bewirke, steuere, das ich unterbrechen kann.«

Doch die Kunst ist nicht nur Therapie, sondern wird für die fanatisch-rational abgeschottete Diesseitigkeit Claudias auf den letzten Seiten des Buches auch zur störenden Erinnerung an den Schrecken des Mangels, wie zu Beginn des Buches der Traum.

»Die überwirkliche Realität, meine alltäglichen Abziehbilder schieben sich darüber, bunt, laut, vergeßlich. Heilsam. Und nur der Schrecken, die ausgestandene Hilflosigkeit bleibt in mir, unfaßbar, unauslöschlich«,

heißt es auf Seite 6 über die Erinnerung an den Traum. Und am Ende auf Seite 155 f.:

»Neuerdings beginne ich, mich vor meinen Fotos zu fürchten. [...] Von überallher quellen mir Bäume, Landschaften, Gräser, Feldwege, totes, abgestorbenes Holz entgegen. Eine entseelte Natur, die ich erschuf und die mich nun zu überfluten droht. [...] Trotzdem werde ich nicht aufhören, diese Bilder herzustellen. Ich fürchte mich davor, es aufzugeben. Es ersetzt mir viel, es hilft mir über meine Probleme hinweg. Ich werde weiter Kisten und Schränke mit den Fotos füllen.«

Kunst ist hier bloßer, toter Ersatz, fast eine Neurose. Aber dann gibt es in Claudias Leben ja überhaupt nur noch Ersatz, und die Kunst ist einer der harmlosesten.

»Ich habe wieder einen Freund. Ich kann mich zusammennehmen, es fällt mir nicht schwer.« (Dr 156) »Jetzt überfällt mich gelegentlich der Wunsch, ein elternloses Mädchen anzunehmen. [...] Ich benötige es für meine Hoffnungen, für meinen fehlenden Lebensinhalt.« (Dr 153) »Meine verlorengegangene Fähigkeit, einen anderen bedingungslos zu lieben. Es ist die Sehnsucht nach Katharina, nach der Kinderliebe, nach der Freundschaft, zu der nur Kinder fähig sind« (ebd.). »Ich hoffte, das schöne Mädchen zu sehen, das ich mit Henry im vergangenen Sommer getroffen hatte. [...] In diesem Jahr war sie nicht da. [...] Ich bedauerte, das Mädchen nicht anzutreffen, aber irgendwo war es mir auch gleichgültig. Sie war Katharina überhaupt nicht ähnlich.« (Dr 155 f.)

Um zum Schluß noch einmal auf die Diskussion des Buches in der DDR-Kritik zurückzukommen. Die Novelle ist ohne Zweifel Heins bisher faszinierendstes Werk. Die Welt dieser erfolgreichen Ärztin ist wahr, um auf die Begrifflichkeit der oben zitierten Kritiker zurückzugreifen. Die Versuche, den Inhalt der ›Negativität‹ wegen abzuwerten, weisen die Kritiker, um Heins Begriff zu verwenden, nicht als Zeitgenossen aus. Aber Hein begnügt sich nicht mit der einfachen Gestaltung dieser Welt, vielleicht müßte man sagen, er schafft sie nicht ganz. Trotz aller behaupteten reflexiven Enthaltsamkeit drängen Claudias Monologe zur Interpretation, genauer: zu einer ganz bestimmten psychologischen Interpretation. Die Probleme liegen nicht in der Darstellung einer der Realität adäquaten Welt, sondern in den schematisch deutenden Reflexionen. Denn diese Reflexionen bleiben nicht allein handlungsimmanente Deutungen der Heldin. Trotz aller Mühe, mit der Hein über Strecken versucht, sie dort festzunageln, werden sie zu Kernaussagen des ganzen Buches. Der Wirklichkeitsanspruch der Ich-Erzählung erweist sich hier gewissermaßen als stärker als die Intention des Autors. Kein inhaltliches, sondern doch ein formales Problem. Denn wenn wir Claudias Monolog, dem Metaphysik, Religion und Literatur zuwider sind, ausgerechnet die psychologischen Klischees – nicht die sozialen Situationen sind Klischees, wie Schick oben beklagte, sondern deren Interpretationen – sozusagen als intellektuelle Schwäche zugestehen, verliert diese Figur viel von ihrem Identifikationspotential. Nehmen wir ihr Denken ernst, müssen wir auch ihre Deutungsklischees ernst nehmen. Wie man es dreht, Hein hätte (um für mein Rezeptionsbedürfnis zu sprechen) gut daran getan, seine Psychologie noch konsequenter aus den Reflexionen der Heldin heraus in die Welt der Erzählung selbst zu verlegen.

Anmerkungen und Zitatnachweise

[1] Vgl. die Analyse der Situation der Gegenwartsdramatik in der DDR von Peter Reichel: Anmerkungen zur DDR-Dramatik seit 1980. In: Weimarer Beiträge 29 (1983) H. 8, S. 1403–1426, und ebd., H. 10, S. 1709–1728; auch Frank Hörnigk: Christoph Hein: Cromwell. In: Weimarer Beiträge 29 (1981) H. 1, S. 33–39.

[2] Vgl. z. B. Christoph Funkes Rezension zu Lassalle: Spiel mit Geschichte. In: Rezensionen zur DDR-Literatur. Kritik 81. Halle/Leipzig 1982, S. 30-34.

[3] Peter Hacks: Heinrich-Mann-Preis 1982. In: Neue deutsche Literatur, 1982, H. 6, S. 162.

[4] Ebd., S. 160.

[5] Ebd., S. 161.

[6] Ursula Heukenkamp fühlt sich in ihrer Rezension formal an westliche Literatur erinnert, z. B. an Handke und Walser. Vgl. U. H.: Die fremde Form. In: Sinn und Form, 1983, H. 3, S. 632.

[7] Für und Wider: »Der fremde Freund« von Christoph Hein. In: Weimarer Beiträge 29 (1983) H. 9, S. 1638.

[8] Ebd., S. 1641.

[9] Ebd., S. 1644.

[10] Ebd., S. 1645.

[11] Ebd., S. 1648.

[12] Ebd., S. 1652.

[13] Ebd., S. 1653.

[14] Ebd., S. 1655.

[15] Brigitte Böttcher: Diagnose eines unheilbaren Zustands. In: Neue deutsche Literatur, 1983, H. 6, S. 149.

[16] Christoph Hein: Heinrich-Mann-Preis 1983. In: Neue deutsche Literatur, 1983, H. 7, S. 160.

[17] Ebd., S. 161.

[18] Ebd., S. 162.

[19] Ebd., S. 162.

[20] Christoph Hein: Drachenblut. Darmstadt/Neuwied ^{5}1984, S. 76, (Zitatnachweise im folgenden im Text).

[21] Christoph Hein (s. Nachweis 16), S. 161.

Fabrizio Cambi

Jetztzeit und Vergangenheit
Ästhetische und ideologische Auseinandersetzung im Werk Christoph Heins

In den kurzen *Anmerkungen zu »Cromwell«*, in denen das Schauspiel anläßlich seiner Uraufführung im Jahr 1980 eingeordnet und kommentiert wird, erläutert Christoph Hein mit großer Einfachheit die Grundzüge seiner Geschichtsauffassung, die in der »Übereinstimmung von Bewegung und Privatschicksal« zum Ausdruck kommen. Hein erklärt die Bedeutung und das Interesse für die Vergangenheit, für historische Figuren wie Cromwell oder – wie es sich später herausstellen wird – für Lassalle, mit Hilfe der Überzeugung, daß zwischen der Welt von Gestern und der »Jetztzeit« ein sehr viel engeres und tiefgreifenderes Verhältnis bestehen kann, als dies bisher sogar in den Prinzipien des historischen Materialismus geltend gemacht wurde:

»Unser Interesse an der englischen Revolution ist das Interesse an uns. Geschichtsbewußtsein ist egozentrisch: Man will seine Väter kennen, um sich zu erfahren. Für das Vorübergegangene, wie Hegel sagt, haben wir nur Aufmerksamkeit, sofern es das Unsrige ist, insoweit unsere Gegenwart ausmacht und wir darin verstrickt sind.«[1]

Sofort anschließend gibt Hein einen langen Absatz von Walter Benjamin wieder, in dem eine mögliche, doch fälschliche Weise, die Geschichte zu interpretieren, mit einer Schachpartie verglichen wird, in der der Spieler sich einen automatischen Mechanismus zum Gegner sucht, der auf das Ziel hin programmiert ist, immer den Sieg zu gewährleisten.

»Ein uns nicht unbekannter Vorgang: die Wirklichkeit nachträglich so weit zu verändern, daß man sie vorteilhaft interpretieren kann«,[2]

ergänzt Hein und umreißt eine Sichtweise der Geschichte, die »Gegenstand einer Konstruktion« ist, deren Aufstellung sich nicht in einer leeren zeitlichen Dimension bewahrheiten wird, sondern in der gegenwärtigen, angefüllten Dimension der »Jetztzeit«.

Die ideologischen Voraussetzungen und Grundlagen des dramatischen und erzählerischen Werks von Christoph Hein werden durch eine Projektion historischer Themen und individueller Schicksale in die Gegenwart als »Zeitpsychogramme« entfaltet. Auf diese Weise wird der vereinfachende und traditionelle historische Rahmen erweitert und zugleich der Gefahr einer undialektischen Aktualisierung begegnet, die bedenkenlos und verschleiernd vorgeht.

In den kritischen Beiträgen wird wiederholt behauptet, daß »Fortschritt als Fortschreiten, Geschichte als Jetztzeit« zu verstehen ist.

»Geschichte findet in der Jetztzeit statt, das Vergangene ist unsere – uns befremdliche oder vertraute – Gegenwart und Zukunft.«[3]

Dies ist der Beweis einer Strategie, die Wirklichkeit zu verstehen, die nicht eine Wahrheit über die Geschichte, sondern in der Geschichte selber nachweist. Eine Wahrheit, die in den jeweils verschiedenen historischen Prozeß in Form von Paradigmen eingelassen und verflochten wurde. Die Dialektik ist für Hein die Methode, um die Geschichte zu verstehen; sie kann sich jedoch nicht mit der Konkretion und der Erklärung des Gegenstandes begnügen, sondern muß Prozesse der Vergangenheit, die noch nicht problematisiert wurden, vergegenwärtigen.

Wenn Benjamin zitiert wurde, um einen oft stagnierenden Historismus in Frage zu stellen, der sich nur auf sich selbst zurückbezieht, erinnert man sich beinah spontan an eine andere Stelle Benjamins, die sich mit der ideologischen Konzeption Heins verbinden könnte:

»Man sagt, daß die dialektische Methode darum geht, der jeweiligen konkret-geschichtlichen Situation ihres Gegenstandes gerecht zu werden. Aber das genügt nicht. [...] Wieso dies Jetztsein (das nicht Jetztsein der ›Jetztzeit‹ – sondern ein stoßweises, intermittierendes – ist) an sich schon eine höhere Konkretion bedeutet – diese Frage kann die dialektische Methode freilich nicht innerhalb der Ideologie des Fortschritts, sondern nur in einer, in allen Teilen diese überwindenden Geschichtsanschauung erfassen.«[4]

Die Rezeption Benjamins und deren Einfluß auf Hein, die noch zu überprüfen aussteht, werden auf die historische Ebene übertragen, indem in der Praxis das Prinzip entwickelt wird, anhand dessen die Geschichte mit dem Maß der »Jetztzeit« gemessen wird, da sich diese die Vergangenheit dialektisch aneignet.

Aus der Perspektive dieser egozentrischen Aneignung der Geschichte, um die Gegenwart »aufzuklären«, kann die Literatur für Hein keine andere als eine reaktive Funktion in bezug auf die Geschichte haben. Diese findet darin ihren Ausdruck, daß, dank der zeitlichen Distanz und aus ihr heraus, die Widersprüche und Konflikte von gestern mitunter sogar provokativ auf die Gegenwart anspielen. Die Vergangenheit zu verstehen heißt letzten Endes, sie in die Jetztzeit einzuordnen und in ihr zu überprüfen, indem man auf ein Gewebe von emblematischen und andeutenden Verweisen und Bezügen zurückgreift. Das dramatische und erzählerische Werk Heins trägt als durchgehendes Motiv einen Anachronismus seiner Figuren in sich: ihr verlangsamter und zerfahrener Schritt im Vergleich mit dem Rhythmus der Geschichte.

Versuchen wir nun, die ideologischen Voraussetzungen in ihrer Umwandlung auf einer ästhetischen und erzählerischen Ebene zu untersuchen, indem wir näher auf den Roman *Horns Ende* (1985) eingehen, der zweifellos das Werk ist, das sich als das schwierigste in bezug auf die Verflechtung von Vergangenheit und Gegenwart erweist und sich in beispielhafte individuelle Schicksale vertieft.

Das dem gesamten Roman zugrunde liegende Thema wird bereits an seinem Anfang aufgeschlüsselt, gemäß einem erzähltechnischen Modell, das inzwischen besonders in der Literatur der DDR relativ häufig Anwendung findet und das sich auf der Grundlage einer Ästhetik der Erinnerung entwickelt. Wir erfahren sofort von dem Ende des Protagonisten und seinem Selbstmord, der sich in den fünfziger Jahren in dem Städtchen Bad Guldenberg ereignete. Dorthin hatte sich der Historiker Horn wegen eines ›Parteiverfahrens‹ zurückgezogen, in dessen Folge er sowohl aus der Partei als auch der Leipziger Universität ausgeschlossen worden war und worüber ihn eben der Funktionär Kruschkatz unterrichtet hatte, den er nun unerwarteterweise im Bürgermeister der Kleinstadt wiedererkennt. Auf die Frage nach dem Tod Horns können die vier Stimmen der Einwohner Bad Guldenbergs nicht antworten. Sie wurden nach vielen Jahren berufen, die letzten Phasen seines Lebens zu rekonstruieren; in Wirklichkeit ist dies Gelegenheit und Vorwand, ein In-Frage-Stellen der eigenen Existenz vorzunehmen. Wie Henry Sommer in *Der fremde Freund,* dessen Freundin Claudia mit Hilfe des Leims einer aseptischen Erinnerung die Bruchstücke seines letzten Lebensjahres wieder anordnet, bleibt auch Horn »der Fremde« in Bad Guldenberg. Seine politische und existentielle Identität kann nicht geklärt werden; Einordnung und Einbeziehung in ein neues Randgebiet werden durch die Rätselhaftigkeit und Exzentrizität Horns beeinträchtigt sowie durch die grundsätzliche Kurzsichtigkeit derer, die ihn umgeben.

Horns Ende führt in die fünfziger Jahre zurück, die Zeit des Wiederaufbaus, in der Abweichungen, Zweifel und kritische Öffnungen nicht toleriert wurden. Die Geschichte muß sich an die Tatsachen halten, und der Selbstmord Horns ist und bleibt eine Tatsache, deren Auswirkungen sich immer noch in der Gegenwart widerspiegeln, in den Anstrengungen und Spannungen derjenigen, die noch leben und eine nicht dazugehörige Person zu verstehen suchen, ohne sich jedoch darüber Rechenschaft abzulegen, vergeblich eine andere Wahrheit zu verfolgen: die der eigenen Identität. Die Erinnerung stellt die Brücke dar, mittels welcher die Vorurteile, Erwartungen, Enttäuschungen und die Trägheit der Menschen eines weit entfernten und rätselhaften Dorfes übertragen werden. Die moralische und traditionelle Undurchlässigkeit ruht in den Bruchstücken der Geschichte. Ja, die Gegenwart wird sogar der geometrische Ort von Widersprüchen und ›Ausbrüchen‹, die in der unmittelbaren Nachkriegszeit verborgen lagen. In *Horns Ende* wird das Verhältnis zwischen Vergangenheit und Gegenwart in das Gewebe der persönlichen Angelegenheiten hineinfiltriert. Diese zwanzig Nachkriegsjahre sind ein Spiegel der komplexen geschichtlichen Entwicklung, in denen die Freiräume des Ichs häufig eingeschränkt, wenn nicht gar annulliert wurden. Die mögliche Ermittlung der Wahrheit über Horn bleibt im Roman unvollendet, weil sie von einem anachronistischen Relativismus von Positionen erstickt wird, der auch die Wahrheit des historischen Prozesses beeinträchtigt. Der existentiellen Fremdheit Henry Sommers in *Der fremde Freund* entspricht die ideologisch-politische Fremdheit Horns, der sich bereits der Gegenwart verweigert und einer aufnehmenden, ja häufig feindlichen Gemeinschaft. Die Angelegenheit Horns zu rekonstruieren und zu verstehen, schließt die Problematisierung der Gegenwart mit ein sowie die polyphone ›Auseinandersetzung‹, die sich auch mit Hilfe einer kritischen Reflexion auf den Ablauf der Geschichte entwickelt.

»Ich bin heute dreiundsiebzig Jahre alt, und wenn ich die Erfahrungen meines Lebens für eine daran uninteressierte Nachwelt in einem Satz formulieren müßte, würde ich sagen: Es gibt keine Geschichte. Geschichte ist hilfreiche Metaphysik, um mit der eigenen Sterblichkeit auszukommen, der schöne Schleier um den leeren Schädel des Todes. [...] Der Mensch schuf sich die Götter, um mit der Unerträglichkeit des Todes leben zu können, und er schuf sich die Fiktion der Geschichte, um dem Verlust der Zeit einen Sinn zu geben, der ihm das Sinnlose verstehbar und erträglich macht. Hinter uns die Geschichte und vor uns Gott, das ist das Korsett, das uns den aufrechten Gang erlaubt.« (HE 24)[5]

Kruschkatz zieht die verheerende und nihilistische Bilanz seines Lebens. Der physische und moralische Verfall und die Krankheit der Einsamkeit und der Isolation führen zu seinem Verzicht, an die Geschichte und den Fortschritt zu glauben, an einen Mann, der in der Vergangenheit sein ganzes Leben der politischen Tätigkeit und den Erfordernissen des historischen Augenblicks untergeordnet hatte:

»Da wir nun einmal genötigt sind, in menschlicher Gemeinschaft zu leben, ist ein gewisses Maß an Bereitschaft für dieses Leben, ob zu leben oder nicht, erforderlich und somit eine Tugend. Eine Tugend, die Horn nicht besaß. [...] Das schrecklichste Opfer, das der Gang der Geschichte fordert, ist der Tod von Schuldlosen. Er ist der Blutzoll, den der Fortschritt kostet.« (HE 72 f.)

Der Rückschritt Kruschkatz' wird durch eine innere Schwäche verursacht, die es ihm nicht erlaubt, eine endgültige Position in der Sache Horn einzunehmen, was dazu führt, daß er auch die Zuneigung seiner Frau verliert. Seine ideologische Ausrichtung erweist sich als vergänglich, eine Maske, die am Ende die Züge der zynischen und kalten Maske Spodecks annimmt, des Dorfarztes und unsensiblen Chronisten anderer Leben. Der Solipsismus und die Gleichgültigkeit Spodecks, der im Namen eines erbitterten und amoralischen ›Biologismus‹ die Geschichte als Produkt der Gemeinschaft verneint, trifft sich mit der parabolischen Negativität des Parteifunktionärs. Dieser jedoch reduziert angesichts der Niederlagen und Desillusionierungen im Privatleben, die vielleicht nicht vollkommen gerechtfertigt sind, das Bewußtsein der Geschichte auf eine zweckdienliche phantastische Erfindung.

In der Charakterisierung der Personen unterstreicht Hein die Widersprüche und den mangelnden Einklang zwischen ihren Überzeugungen und ihrem Handeln in bezug auf den lebendigeren und unkontinuierlicheren Ablauf des historischen Prozesses. Die Berichte der Einwohner Bad Guldenbergs rekonstruieren in klarer und dichter Reihenfolge von Erinnerungen und Bildern das Leben einer kleinen Gemeinschaft, in der scheinbar nichts geschieht. Denn die Zeit scheint stehengeblieben zu sein; sie wurde von den Vorurteilen und dem Mangel an wirklichen Motivationen und Idealen gebremst. Die individuellen Geschichten und Verhaltensweisen werden durch das Sieb der Wahrheit filtriert; zurück bleiben die Schlacken, die Negativität der Geschichte. Die kleinbürgerliche Moral spiegelt sich im schwachen und unentschiedenen Horn wider, und – durch den Willen, sich selbst aufzulösen – ebenfalls wieder in Horn. Horn, dessen menschliche und politische Würde verletzt wurde, verschließt sich den Menschen; er bleibt dadurch in einer nicht mehr veränderbaren Opferrolle und flieht als Anthropologe in die Entdekkung ferner Welten, die zu alt sind, »um noch zu lügen. [...] Ein paar Steine, ein paar Scherben, aber die Wahrheit.« (HE 66 f.)

In der verzweifelten Einsamkeit Horns wird die längst entfernte Vergangenheit – ein Beispiel für die Überwältigung des Schwächeren durch den Stärkeren – auf unwillkürliche Weise anspielend in die Gegenwart übertragen. Doch der Zusammenprall mit der Jetztzeit wird durch die exzentrische Perspektive Horns abgemildert. Der Roman stellt also das Scheitern der Haltung und Einstellung derer in den Mittelpunkt, die ihr eigenes Ich nicht mit den existentiellen und/oder politischen Komponenten der sozialen Entwicklung verbinden, oder wenigstens dazu neigen, sie nicht zu verbinden. Die negative Bilanz in *Horns Ende* nähert sich der in *Der fremde Freund*: Hier reduziert die Protagonistin Claudia jede Handlung auf ein aseptisches und unbeteiligtes Ritual, weil sie das Zerbrechen der Schale aus Fremdheit und Autonomie befürchtet, die ihr das Überleben ermöglicht, unter Verzicht auf das Risiko und das Abenteuer zu leben. In *Horns Ende* werden die widersprüchlichen Versuche, Licht auf das Leben und den Tod Horns zu werfen, durch die Unbeweglichkeit und einen Relativismus beherrscht, der jedes Erfassen der Wahrheit beeinträchtigt. Die Figur Horns bleibt rätselhaft und entfernt, doch besitzt seine beunruhigende Präsenz noch nach Jahren die Kraft, die Überlebenden zum Nach-Denken zu veranlassen, mit nüchterner Erinnerung noch einmal einen schwierigen historischen und politischen Augenblick zu erleben. Die Anregung geht von Horn aus, der den jungen Thomas zur Therapie der Erinnerung zwingt; aber im gleichen Moment wird gezeigt, daß Horn als Bewußtsein überlebt hat:

»– Ich habe alles gesagt.
– Es ist nicht genug.
– Ich will jetzt schlafen, toter Mann. Schlafen und vergessen.
– Vergessen? Wie willst du das vergessen?
– Warum gebt ihr keine Ruhe?
– Wie könnten wir das? Warum sollten wir es?
– Weil wir nicht mit den Toten leben können. Weil es nicht nur eine Wahrheit der Toten gibt. Es gibt auch eine Wahrheit der Lebenden. [...]
– Weiter, Junge. Weiter. Weiter. Du mußt dich erinnern.« (HE 249)

Die Ästhetik der Erinnerung verstärkt eine ideologische Voraussetzung: Sie zeigt auf literarischer Ebene eine Komponente jener Übertragung der Vergangenheit in die gegenwärtige Zeit, auf der Hein auf der theoretischen Ebene besteht. Der Aufbau des Romans als eine Ermittlung mit einander abwechselnden Zeugen, die aufgefordert sind, einen hypothetischen Ich-Erzähler (die historische Wahrheit) darzustellen, ruft eine synchrone Konfrontation der Ereignisse der Vergangenheit hervor, aber auch eine diachrone Konfrontation mit der Gegenwart, die die Vergangenheit erklären will. Die Erinnerung ist Element und Instrument der Kontinuität, eine Gelegenheit, die Vergangenheit in die Gegenwart miteinzubeziehen und eine wechselseitige Problematisierung zu bewirken. Die trockene und kristalline Sprache Heins ›erschließt uns die Welt‹. Eine gegenwärtige Welt, die auch das Negative der Vergangenheit geerbt hat. Aber sie reinigt sie durch eine Erzählung, die sich nicht damit begnügt, sie zu beschreiben, sondern versucht, die strittigen und widersprüchlichen Beziehungen aufzudecken und zu benennen. Die Dialektik wird nicht nur als Methode herangezogen, die Gegenwart zu verstehen, sie wird vielmehr als die innere Dynamik des historischen Prozesses angesehen. Zwar liegt die Aufhebung der

Widersprüche noch in weiter Ferne, und die Projektion in eine negative Utopie beeinträchtigt die immer stärkere und antidogmatischere Strukturierung der Wirklichkeit noch nicht. Doch entwickelt und vertieft sich diese in einem Spektrum der Erzählkunst, das in einer problematischen Osmose von subjektiver und objektiver Authentizität wurzelt. Die nüchterne Anpassung an die Wirklichkeit, die Darstellung der Tatsachen und der ihnen entsprechende Bericht streben eine neue Sachlichkeit an, die reich an Nuancen ist und in der die fotografische Wahrnehmung, die räumliche Einordnung des Objekts und die Aufmerksamkeit für das Detail die Bedingungen einer inneren Spannung ausmachen, die nur schwer zu durchleuchten ist. Die Schreibweise Heins übersetzt die Sprache der Sinne, insbesondere die des Auges – geführt vom Ich und verwirrt –, das sich auf die Beziehungen in einer vertrauten, aber feindlichen Umgebung richtet.

In der Orientierung und der Entdeckung der Situationsgebundenheit, durch die Linearität der Alltagsgeschichte, taucht die Negativität auf, in der sich der Leser zurechtfinden muß; es wird ihm eine direkte und unbequeme Rezeption abverlangt. In die hermeneutische Beziehung fügt sich eine zweite Phase des dialektischen Prozesses zwischen literarischem Werk und Leser, die in der Reaktion auf das Erzählte, und somit auf die Geschichte, zum Ausdruck kommt. Für Hein geht es um eine noch zu entdeckende Geschichte, weil ihre Konturen vielleicht noch nicht gezogen wurden, auch wenn sie vor aller Augen liegen. Die Funktion der Literatur, zu beschreiben, um dazu beizutragen, daß das Bestehende veränderbar bleibt, entspringt der Überzeugung, ihr Objekt sei ›der Mensch und die menschliche Gemeinschaft‹. Noch einmal und nach kurzer Frist finden wir eine weitere Aktualisierung des Satzes 7 aus dem *Tractatus logico-philosophicus* von Ludwig Wittgenstein: »Wovon man nicht sprechen kann, darüber muß man schweigen«; in *Kindheitsmuster* forderte Christa Wolf: »Wovon man nicht sprechen kann, darüber muß man allmählich zu schweigen aufhören«; Christoph Hein hingegen nimmt die Botschaft Anna Seghers' auf und bezieht sie auf die heutige Gegenwart, er behauptet 1985: »Worüber man (noch) nicht reden kann, davon kann die Kunst ein Lied singen.«[6] Es ist das Lied der »merkwürdigen Sonden der Fantasie und der Seismographen der Sprache«, dessen die Literatur bedarf, auch und gerade wenn sie Entfremdung und vereiste Kommunikation beschreibt.

Zitatnachweise

1 Christoph Hein: Anmerkungen zu »Cromwell«. In: C.H.: Schlötel oder Was solls. Stücke und Essays. Darmstadt/Neuwied 1986, S. 173.

2 Ebd., S. 175.

3 Christoph Hein: Hamlet und der Parteisekretär. In: Ebd., S. 179.

4 Walter Benjamin: Das Passagen-Werk. Frankfurt a.M. 1983. Bd. 1, S. 494 f.

5 Christoph Hein: Horns Ende. Darmstadt/Neuwied 1985, S. 24 (Zitatnachweis im folgenden im Text).

6 Christoph Hein: Worüber man nicht reden kann, davon kann die Kunst ein Lied singen. In: (s. Nachweis 1), S. 18 f.

Thomas Neumann

»Horns Ende« – Im Schüfftan-Spiegel gebrochene Hermunduren

»›Thomas, mein Sohn, sei mal so gut!‹, sprach Johann Buddenbrook und zog sein großes Schlüsselbund aus der Beinkleidtasche. ›Im zweiten Keller rechts, das zweite Fach, hinter dem roten Bordeaux, zwei Bouteillen, du?‹ Und Thomas, der Sohn, wird sich erheben und die Treppen hinabsteigen, in den Keller des Senatorenhauses, in die Tiefen des deutschen Bürgertums, alle Schlüssel in der Hand – aber er wird mehr heraufbringen als zwei Flaschen ›goldgelben, traubensüßen Malvasiers‹, der in die kleinen Dessertweingläser fließt, damit Pastor Wunderlich ›in angenehmen Wendungen‹ toasten kann. Nein, was da ins Licht gehoben wird, bietet nicht durchaus Anlaß zu heiteren Anmerkungen, Causerien einer Tafelrunde, Trinksprüchen.« Mit diesen Sätzen beginnt Alfred Andersch seine Betrachtungen über Thomas Mann als Politiker; »mit den Augen des Westens«, nannte er sie.[1]

Zu einem ähnlich schweren Abstieg, wenn auch nicht in den väterlichen Weinkeller, der die Zeiten nicht überdauerte, jedoch in die von Trümmern unter-, aber nicht abgebrochene Geschichte schickt Christoph Hein den Apothekersohn Thomas Puls aus Guldenberg. Auch seine Funde, widerwillig ins Licht gebracht, bieten wenig Anlaß zu heiteren Anmerkungen. Mit den Augen des Ostens, das wäre zuviel behauptet, aber die des Westens sind es nicht.

In einem kleinen Aufsatz hat Hein vor Jahren bemerkt:

»Schreiben heißt für uns deutsch schreiben, also in einem geteilten Land, nach zwei von Deutschland ausgehenden Weltkriegen, mit einer untilgbaren Schuld, vor der auch meine und weitere Generationen gerade zu stehen haben oder krumm. Es heißt, in einem Land schreiben, dessen Grenze weiter reicht als eine Staatsgrenze anderswo, nämlich bis an den Nerv der Gesellschaft und seiner Kultur. Eine neue arme Kultur ist zu setzen, die fast erdrückt wird von der reichen alten.«[2]

Horns Ende, genauer, was in Erinnerung daran an widersprüchlichen Lebensplänen zutage gefördert wird, sind Setzungen dieser neuen Kultur.

Dem Standpunkt der Kritik, die sich im Spektrum einer Gesellschaft mitzuteilen hat, die noch immer in Erwartung ist, aus der Asche der reichen alten Kultur würde der Phönix ungerupft aufsteigen, ist dieser Vorgang fast unerreichbar. Altklugheit oder Neugier, die einander ausschließenden und sich doch fordernden Geisteshaltungen – Kindern nachgesagt, gelten sie als Untugenden –, bestimmt die Bewußtseinslage, wenn die DDR in den Blick genommen wird, rechts wie links, bei lediglich wechselnden Vorzeichen. Handelt es sich um Literatur, so kann kein Schriftsteller der DDR sich dem hiesigen Vorurteil der Kritik entziehen, daß sie besser wisse, welchen Entwicklungsschritt dieser fernen Gesellschaft er mit seinem Werk kommentiert. Kein anderer Ausländer hat diese Gewohnheit der Betrachtung zu fürchten. Daß ein Autor in der DDR lebt, dieser Satz, dem richtiger eine völkerrechtliche Bedeutung beizumessen wäre, leitet nicht selten literaturkritische Urteile ein, so als sei damit der Schlüssel zum Verständnis alles Nachfolgenden in die Hand gelegt. Eine Fatalität, die den Kritiker blind und den Autor einfältig macht. Wenn von der DDR die Rede ist, wird der Stoff, das literarische Material, das sie ihren Autoren auch dann ist, wenn ausschließlich uralte Fabeln sie anregen, regelmäßig mit dem Thema verwechselt. Andererseits wäre es eine Verstellung, so zu tun, als ließe sich diese Gewohnheit mühelos abstreifen. Für Teilnehmer der Bundesrepublik, einer in Unfertigkeit festgehaltenen Gesellschaft, trennen sich die Geister bei jeder Ortsbestimmung.

In Christoph Heins Roman *Horns Ende* ist es Leipzig, das ohne Umschweife Vertraute, mit Hilfe dessen wir lokalisieren könnten. Aus Leipzig wurde Horn nach Guldenberg versetzt, ebenso der Bürgermeister Kruschkatz. Nach Leipzig schickte Spodecks Vater den Sohn zum Studium der Medizin. Nach Leipzig zurück sehnt sich Kruschkatz' Frau Irene. Sie erreicht ihr Ziel, um dort zu sterben. Doch was in Leipzig geschah, was es so anziehend oder abstoßend macht, wissen wir nicht, erfahren wir nicht. Durch Längen- und Breitengrad läßt sich der Ort zwar bestimmen; in Heins Roman aber bleibt er Fiktion, Literatur: »A! tara lara da! A! tara lara da! Die Kehlen sind gestimmt.« Gehen wir nach Guldenberg.

»Ich erzählte, wie ich in diese Stadt kam, ich sprach über Schneeberger und Bachofen, über Martens und Brongel, ich erzählte von Horn und den Zigeunern. Und ich erzählte ihnen von Irene. Plötzlich bemerkte ich, daß die um mich entstandene Stille nicht der Aufmerksamkeit, sondern der Langeweile geschuldet war. Ich verstummte. Ich sah die jungen Leute der Reihe nach an. Mitleid und nachsichtige Gleichgültigkeit las ich auf ihren Gesichtern. ›Ich fürchte, ich habe euch sehr gelangweilt‹, sagte ich lächelnd, ›alte Männer reden gern, aber leider wenig Kluges.‹ Das Schweigen bestätigte meine Worte. Ein junger Dummkopf wollte sich vor mir hervortun und widersprach: ›Ganz im Gegenteil, Herr Bürgermeister, es war sehr interessant für uns. Ich erinnere mich auch noch.

Hatte nicht dieser Mann, der sich im Wald aufhängte, eine Schwachsinnige als Tochter?‹« (HE 259)[3]

Der junge Mann erinnert sich falsch, er bringt alles durcheinander. Der sich im Wald aufhängte, Horn, hatte keine Schwachsinnige zur Tochter, ob er Kinder hatte, Familie, ist unbekannt. Wir wissen nichts über seine Kindheit und Jugend, erfahren kaum, was er dachte. Er war Historiker, soviel scheint gewiß. Er muß in Leipzig auch eine höhere Position in der Politik eingenommen haben. Es gab dann offenbar Mißhelligkeiten mit den ihm vorgesetzten Stellen, so daß er schließlich nach Guldenberg in die Leitung des dortigen Museums versetzt wurde. Auch hier gelang es ihm nicht, das Vertrauen der die Richtlinien bestimmenden Politiker zu gewinnen, er empfing erneut ihr Mißtrauen und entzog sich weiteren Drangsalen, indem er sich an einer Buche im stadtnahen Wald erhängte; oder hatte er noch andere Gründe? Dort fand ihn der vierzehnjährige Paul Fischlinger und zeigte zuerst seinem Freund Thomas, dem um zwei Jahre Jüngeren, voll Stolz seinen Fund. Das war im September 1957. Ein Vierteljahrhundert später verlangt der tote Horn von Thomas, sich zu erinnern, was damals geschah. »Denk nicht nach. Erinnere dich.«

Warum gerade Thomas, der Apothekersohn, der unwillig in Guldenberg seine Jugend vertrödelt hat, der lieber wie die »Schulkinder aus der Siedlung, die Kinder von Arbeitern und Angestellten« in einer »beneideten Namenlosigkeit« aufgewachsen wäre; der in jener Zeit, als es geschah, wenn er dachte und fühlte, sich zu Elske, seiner kindlichen Liebe, hingezogen sah; dem Horn »unangenehm« war?

»Seine kühlen grauen Augen ängstigten mich. Er war wohl so alt wie mein Vater, dreiundvierzig Jahre, aber er wirkte viel älter, zerbrechlicher. Heute würde ich sagen,« – und heute ist Thomas nicht mehr viel jünger als sein Vater und Horn damals waren, etwa im Alter des Autors ist er – »daß er verzagt und mutlos war, daß er seinem Leben nie die Kränkungen verzieh, die es ihm bereitete. Aber damals spürte ich nur die abwehrende Einsamkeit eines vergrämten Mannes. [...] seine kalten Augen und das zu keiner Freundlichkeit zu bewegende Gesicht signalisierten mir, wie fern er uns war.« (HE 223)

Warum hat Horn sich gerade Thomas ausgesucht, sich wie ein Alptraum auf ihn eingerichtet mit der immer drängenden Forderung, sich zu erinnern?

Horn und dieser in die Vergangenheit getriebene Junge haben einen Pakt miteinander geschlossen, unfreiwillig vielleicht und unbewußt, aber haltbar. Von zu Hause fortgelaufen, allein auf der Burg, die das städtische Museum beheimatet, begegnet dem Jungen der Museumsleiter in dem Augenblick, in dem er, vom Türmer herab auf die Stadt blickend, sie und seine noch unabgeschlossene Kindheit darin zu verabscheuen beginnt:

»Ich wollte erwachsen sein, um allein über mich verfügen zu können. Etwas zu tun oder zu sagen, ohne Begründungen oder Entschuldigungen geben zu müssen, ohne sofort zur Rechenschaft gezogen zu werden. Ich war überzeugt, daß mein späteres, wirkliches Leben wunderbar werden, daß ich selber über mich erstaunt sein würde. Ich würde diese Stadt verlassen, verlassen und vergessen, und mit ihr alle mir angetanen Kränkungen und Demütigungen. Ich würde gehen, um endlich zu leben.«

In diesem Augenblick also betritt Herr Horn den Türmer und teilt dem Jungen, ohne Überraschung über dessen Anwesenheit zu zeigen, beiläufig mit, daß die hinter den Vitrinen des Museums lagernden Tonscherben und anderen Utensilien »die Wahrheit« seien, sehr alt, aber zu alt, »um noch zu lügen«. Der verwirrte Junge nickt den Phrasen zu und bemerkt:

»Wenn ich mit der Schule fertig bin, will ich auch hier arbeiten.« – »Warum willst du dich in einem Museum verkriechen, Junge? Was hast du mit den Toten zu schaffen?« fragt Horn zurück. »Ich wußte nicht, was ich ihm antworten sollte. Ich hatte erwartet, daß meine Lüge ihn freundlich stimmen würde.« (HE 67)

Leben wollen, ohne sich erinnern zu müssen, mit der Lüge, der vermeintlichen Zustimmung zur vermeintlichen Wahrheit der anderen, sich Bequemlichkeit zu verschaffen, so hatte Thomas es als Kind sich zurecht-, so hat seine Erziehung es ihm nahegelegt, so ließe der Tod von Horn sich verschmerzen. Doch Jahre später drängt der konturlose Horn sich in seine Erinnerung, um ihm die Tour zu vermasseln.

Den acht Kapiteln des Romans ist jeweils ein knapper, etwa eine Druckseite umfassender Dialog vorangestellt, in dem der Tote den inzwischen erwachsenen Thomas – »Sehen Sie mich an, ich habe graue Haare« – bedrängt, sich an die Zeit zu erinnern, die Horn unglücklich in sich verschlossen bis zu seinem Selbstmord in Guldenberg verbrachte. Die Erinnerung ruft fünf erzählende Personen auf den Plan, die von sich und jenen Jahren berichten, ausholend gelegentlich in ihre individuelle Vergangenheit weit vor jenem Ereignis, abschweifend und meist gänzlich mit sich selbst beschäftigt. Zwei von ihnen, der kommunistische Bürgermeister und der bürgerliche Arzt, dehnen die Erinnerung bis in die Gegenwart des Romans.

Die fünf sind Dr. Spodeck, dem sein Vater in den dreißiger Jahren eine Praxis in Guldenberg einrichtete, in der er ohne nachhaltige Erschütterungen sein Leben verbringt. Kruschkatz, der, in den Fünfzigern zuerst als Stadtrat, dann als Bürgermeister eingesetzt, nach neunzehn Dienstjahren zurück nach Leipzig in ein Altersheim entflieht; Gertrude Fischlinger, bei der Horn seine Guldenberger Jahre als Untermieter wohnte, sie betreibt einen kleinen Lebensmittelhandel – in den ersten Jahren stand über dem Türschild noch Colonialwaren –, Thomas und Marlene,

Tochter von Herrn Gohl, schwachsinnig. Sie überlebte die faschistische Euthanasie. Ihre Mutter, sich für die versteckt gehaltene Tochter ausgebend, wurde an ihrer Stelle ermordet. Mit ihrem Vater verwechselte der ›junge Dummkopf‹, der sich beim Bürgermeister hervortun wollte, Horn, indem er sagte: »Hatte nicht dieser Mann, der sich im Wald aufhängte, eine Schwachsinnige als Tochter?« Aber Gohl hat sich nicht aufgehängt. Er hat die Urne seiner Frau beerdigt und nach Kriegsende auf dem bis dahin namenlosen weißen Stein eintragen lassen: »Gudrun Gohl, geborene Stephanski, und die mit einem Gedankenstrich verbundenen Jahreszahlen 1901 und 1943«. Gertrude Fischlinger, die einzige, die über Gohl Genaueres zu berichten weiß, erzählt noch, daß er keine Freunde oder Bekannte in der Stadt hatte. »Niemand besuchte ihn, und er redete mit keinem.« In Horns Heimatmuseum arbeitete er als Kunstmaler. Thomas gegenüber, der dort gelegentlich aushalf, hat er einmal gesagt: »Ich bin so entsetzlich müde, mein Junge. Ich fürchte, der Tod hat mich vergessen.« Marlenes Berichte sind spärlich. Sie als einzige ist Horn mit Bewußtsein nie begegnet.

Die Personen sprechen, einander angeglichen, die strenge, logische, klare und deutliche Sprache des Autors, der sie nicht im Idiom ihrer unterschiedlichen Lebensweisen, sondern nach den Feldern ihrer Wahrnehmung, ihrer Assoziationen und Kombinationen voneinander verschieden hält. Dr. Spodeck einzig fällt gelegentlich in die Literatursprache des neunzehnten Jahrhunderts zurück, in die Kulturwelt, die er sich spät und unter dem Zwang seines banausisch reich gewordenen Vaters aneignete. Mit Ironie versucht er seine Sentimentalität zu betrügen, seinen durch die Geschichte nicht eigentlich irritierten, aber von ihr auch nicht mehr begünstigten Lebensplan in Distanz zu sich zu bringen.

Das Buch ist ein Irrgarten. Der schnelle Perspektivewechsel in der Folge immer neu ansetzender Erinnerungen der sich im Erzählen ablösenden, unterbrechenden, widersprechenden Personen ist dem Leben und Tod des Museumsdirektors Horn gewidmet, die beide, Tod und Leben, für Guldenberg kein Ereignis waren, jedenfalls nicht aufregender als die der Stadt lästigen, allsommerlich wiederkehrenden Niederlassungen der Zigeuner auf der Bleicherwiese; und jedenfalls nicht länger als einige Wochen.

Die Horn kannten, erinnern sich nicht mit besonderer Freundlichkeit, doch geben sie bisweilen an, ihn gemocht zu haben. Bereits nach einer Woche wußte Gertrude Fischlinger, daß sie mehr Herzlichkeit hätte erwarten können, hätte sie, statt Herrn Horn in Untermiete zu nehmen, »einen Sack Holz in das Zimmer gestellt«. In den Augen ihrer Freundin Jule war es ein »vom bösen Geist besessener Mensch«. Kruschkatz sagt: »Horn war für diesen Tod bestimmt wie ein Ochse für den Schlachthof.« Tapfer und uneinsichtig nennt er ihn, er verweigerte sich »dem Lauf der Zeit«. Mit nervös zitternden Händen zog er »die wehleidige Flagge des Humanismus auf«. Dr. Spodeck, der im Tod Horns ausreichenden Grund sieht, um Guldenberg »wie ein biblisches Gomorrha auszutilgen«, nennt ihn einen Feigling.

»Er hat unwürdig gelebt, und ich würde, wenn ich nicht fürchten müßte, mißverstanden zu werden, sogar sagen, es war ein im buchstäblichen Sinne ehrloses Leben.«

Aber warum müßte Dr. Spodeck, wenn er sagen würde, was er dachte, mißverstanden werden? Warum erwartet auch Kruschkatz nicht, »daß mich irgend jemand verstehen kann, wenn ich sage, diese Stadt war eine Siedlung von Verrückten« (HE 28)?

Man kann in diesem Buch, von Hein ständig aufs neue irritiert, ständig der Gewißheiten beraubt, die der Autor Seiten vorher dem Leser anvertraute, umherrennen, immer atemloser von der Frage belästigt, an was in aller Welt soll denn der arme Apothekersohn Thomas sich erinnern, an »die Bilder der Bilder der Bilder«?

Im elterlichen Frisierspiegel, der wie ein Triptychon sich verstellen läßt, erkennt er sich als Fratze, »mein Ebenbild«. Mit der neuesten Technik gebrochener Spiegel, »einer Abwandlung der Schüfftan-Variante«, macht Dr. Spodeck Horn vertraut:

»Da haben ein paar Filmtechniker ein Verfahren ausgeklügelt, das es ihnen ermöglicht, dem Film jeden Wert eines Dokuments zu nehmen. Das ursprüngliche Bild wird auf einen in der Mitte gebrochenen Spiegel geworfen und erneut aufgenommen. Und je nachdem, in welchem Winkel die Spiegel zueinander stehen, kann man nun Teile des Bildes verschwinden lassen, oder neue, nicht dazugehörige Bilder einspiegeln. Man kann somit nach Gutdünken Filmdokumente verändern und Mißliebiges gegen Beliebiges austauschen. Dem Betrachter bietet sich stets ein unverletzt scheinendes, originales Bild. Ihre Wissenschaft, Herr Horn, die Geschichtsschreibung, hat wieder einen Kronzeugen verloren. Ihnen stehen neue Fälschungen ins Haus.« (HE 230)

Aber Horn ist es gerade, der über die Rekonstruktion der Geschichte Guldenbergs, über einen geschichtsphilosophischen Aufsatz zur Chronik der Burg, die sein Museum beheimatet, und »die Vertreibung der Hermunduren, Warnen und Düringer durch die Wenden« ein zweites Mal zu Fall kommt. Revisionismus und Sektierertum, heißt das Urteil.

»Er will uns Diskussionen zu einer überwundenen Epoche aufnötigen. Eine rückwärtsgewandte Fehlerdiskussion unter dem Mäntelchen unvoreingenommener Wissenschaft.« (HE 102)

Wollte Horn das?

Thomas, von Horn getrieben, steigt nicht, alle Schlüssel in der Hand, in die Tiefen des deutschen Bürgertums, aber in die noch tieferen Tiefen der deutschen Geschichte steigt er doch hinab. Zuerst, um zu klären, was das ist, Geschichte. Für den Apothekersohn ist es die Phantasie einer der Spießigkeit entrückten Kindheit, für Kruschkatz eine Fiktion, »um dem Verlust der Zeit einen Sinn zu geben«, für Dr. Spodeck die Chronik der Gemeinheiten von Guldenberg, die er wie die Geschichte von Kranken notiert, in der Gewißheit, daß beides nach ihm keine Leser findet, zu seinem persönlichen boshaften Vergnügen. Für Marlene ist es die Verkehrung der Wirklichkeit, der ihr vorenthaltene Tod, für Horn

»ein Teig von Überliefertem, von willkürlich oder absichtsvoll Erhaltenem, aus dem sich nachfolgende Generationen ein Bild nach ihrem Bilde kneten« (HE 230).

Nur für Gertrude Fischlinger, der der Alltag einen kaum zu durchbrechenden Rhythmus abzwingt, der sie plagt, solange die ihr nächsten Menschen sie daran zusätzlich erpressen, deutet sich ein Zusammenhang von Geschichte und Selbstbewußtsein an:

»In jenem Jahr, in dem Horn beerdigt wurde und ich meinen Mann ein letztes Mal wiedersehen mußte, in jenem Jahr, in dem mein Sohn auszog und mich verließ, um niemals wieder nach Guldenberg zu kommen, fühlte ich hinter aller Trauer und den dummen Tränen eines alten Weibes, wie mein Herz zu atmen begann. Die eisernen Ringe, die es ein Leben lang zusammengepreßt hatten, lösten sich langsam und unmerklich und eröffneten mir einen nie gekannten, unendlich freien Raum.« (HE 203 f.)

Die reale Geschichte, die Hein in den Erinnerungen andeutet, Weimarer Republik, Faschismus, Nachkrieg und die strengen Gebräuche der DDR, den Sozialismus wie aus heiterem Himmel zu gestalten, läßt er für vielerlei Interpretationen offen. Wenn ein Vergleich von Gesellschaft zu Gesellschaft unternommen werden sollte, fände sich Vergleichbares allein in der Tatsache, daß die neuen Gesellschaften zu eilig die Vergangenheit glaubten ablösen zu können, mittels Verdrängung in der einen, mittels Entgegensetzung in der anderen. Mehr ist aber vergleichend nicht herauszuholen. Die Fehler sind einander nicht kritikfähig. Horn sagt, ohne Erinnerung kann man nicht leben. Hein maßt sich nicht an, seinen Lesern vorzuschreiben, was sie zu erinnern haben. Er erinnert höchst vorsichtig daran, daß eine neue arme Kultur zu setzen ist, die fast erdrückt wird von der reichen alten und sich nur setzen kann, wenn sie ihre Geschichte mit Bewußtsein verbindet. Er entzieht seinen Gegenstand den Vorurteilen in eine zu entdeckende Ferne.

Zitatnachweise

1 Alfred Andersch: Thomas Mann als Politiker [e. 1946/47]. Erstpublikation in: Texte und Zeichen (Berlin-Frohnau/Neuwied) 1 (1955), H. 1, S. 98; wiederh. in: A. A.: Norden Süden rechts und links. Zürich 1972.

2 Christoph Hein: Öffentlich arbeiten. In: C. H.: Öffentlich arbeiten. Berlin/Weimar 1987, S. 35.

3 Christoph Hein: Horns Ende. Roman. Darmstadt/Neuwied 1985, S. 259 (Zitatnachweise im folgenden im Text).

Klaus Hammer

»Horns Ende«

Versuch einer Interpretation

Erzählte Lebensgeschichten bestimmen die DDR-Literatur seit den siebziger Jahren in zunehmendem Maße – als ›Interview‹, ›Protokoll‹, (dokumentarischer) ›Lebensbericht‹, ›Feature‹ und ›Reportage‹ ebenso wie als scheinbar sich spontan, unaufgefordert gebende Ich-Erzählung; sie legen sich fest auf psycho-soziale ›Ablaufmuster‹ durchschnittlicher biographischer Verlaufsketten.

In den vorangegangenen Prosabänden Christoph Heins, *Einladung zum Lever Bourgeois* (1980) und *Der fremde Freund* (1982), sind die Erzählerfiguren und gleichermaßen die erzählten Figuren nicht Subjekt ihres Lebens. Sie erzählen aus dem Blickwinkel realer Ohnmacht. Dieser Figurentypus ist am schärfsten anvisiert in jener vierzigjährigen Frau, die sich ebenso von den privaten Neurosen und kleinbürgerlichen Miseren im Familien- und Bekanntenkreis abschirmt wie sie ihre Beziehung zum »fremden Freund« in ein unverbindliches Rollenspiel verwandelt. Aus Furcht vor dem Verlust der Fremdheit, in die sie geflüchtet ist, werden ihre Tätigkeiten zu peniblen Zwangsritualen. So lebt sie dahin, ohne Erwartung, ohne Glücksanspruch, voll scheinbarer Zufriedenheit; es bleibt die tödliche Wiederkehr des Gleichen. Das Stück Prosa endet in einer Art Kreisform. Im Material eines erlebnislosen Lebens spielt Hein sein Thema durch, stellt er die Frage nach dem Zustand menschlicher Beziehungen. Er schreibt im eigentlichen Sinne Rollenprosa.

»Es ist so, daß da die Person etwas behauptet, und daß der Leser etwas anderes auch liest, also das, was Tschechow einmal als den Untertext bezeichnete. Wenn die Person sagt, sie sei zufrieden und ihr gehe es gut, wird eigentlich immer etwas anderes, nicht das Gegenteil, aber etwas anderes noch erzählt [...]. Und es hat offenbar funktioniert, daß dieser Untertext deutlich wird und diese Defizite deutlich werden; daß, wann immer diese Frau sich abschottet, immer wieder der Schrei deutlich wird. Daß sie aus all dem, was sie für sich als notwendig behauptet und richtig, dieses dicke Fell usw., im Grunde nur herauskommen will, daß sie eigentlich immerfort nur nach etwas schreit, was man als wirkliches Leben bezeichnen könnte, das, so wie sie sich eingekapselt hat, natürlich kaum noch vorhanden ist.«[1]

Der kritische wie selbstkritische Appell in Hermann Kants Erzählungsbänden *Der dritte Nagel* (1981) und *Bronzezeit* (1986) als Teilstück einer ›Eingabe an die Gesellschaft‹ und diese ›Abstandstheorie‹, die keine Übereinkunft mehr mit dem Leser anstrebt, die nicht mehr den kommunikativen Helden vorzeigt, sondern die Figuren dem kritischen Blick des Lesers unterbreitet, sind in der Tat grundverschiedene methodische Konzepte. Aber gerade Heins Prosa will als ein Stück eingreifender Literatur verstanden werden. Tenor der Diskussionen, die der Autor führte, oder der Leserpost, die er erhielt, »der fast immer, zu 98 Prozent kam«, war

»ein Betroffensein und ein Sichwehren. Ein Betroffensein, so etwas bei sich selbst zu finden [...]; und ein heftiges Sichwehren, so zu werden, da hineinzurutschen«.[2]

Eine Lebens-›Geschichte‹, in der ›Plan-Brüche‹ ausbleiben, ist als Stoff zwar beschreibbar, aber kaum erzählenswert. Erfahrungen von Veränderungen, in die der einzelne handelnd und leidend selber verstrickt ist, können narrativ artikuliert werden. Im Erzählen der eigenen Erfahrungen entsteht historisches Bewußtsein als Bewußtsein eigener Biographie. Diese Ambivalenz, die womöglich Inkonsistenzen in den erzählten Lebensgeschichten aufdeckt – ausgesprochene Widersprüche zwischen erzählten Erfahrungen und den trans-narrativen Einschätzungen –, verweist auf ein spezifisches Dilemma, das dem Alltag anhaftet: ›Alltag‹ ist einerseits der authentische Ort gesellschaftlicher Reproduktion, und zwar der materiellen wie geistig-kulturellen; andererseits erscheint er aber als das Triviale, Banale, als der Ort der Gewöhnung und Langeweile, der Wiederholung und Festschreibung. Der ›konkrete Alltag‹ als die Mannigfaltigkeit subjektiv-gesellschaftlicher Handlungsformen und der ›abstrakte Alltag‹ als das verachtete und verdrängte Restphänomen jenseits der ›Haupt- und Staatsaktionen‹ können sich widerspiegeln in jener Ambivalenz des Narrativen und Transnarrativen in erzählten Lebensgeschichten. Damit würde sich über die Analyse biographischer ›Erzählungen‹ ein aussichtsreicher psycho-soziologischer Zugang zum ›Alltag‹ überhaupt eröffnen.

Nun bilden die »Betroffenheits-Geschichten« Christoph Heins in ihrer Summe eine negative Verlaufskurve (›Fallkurve‹) der Biographie ab. Der Autor läßt die Zwanghaftigkeit seiner Lebensläufe auch nicht durch Variationsversuche oder Chancen überprüfen. Niemand aber kann sein Leben nur aus der Sicht eingeschränkter Alltagswelten bewältigen. Er braucht eine ›Außenperspektive‹, die alltagsweltliche Erfahrungen in lebenszeitliche beziehungsweise zeitgeschichtliche Prozesse übersetzt. Die Figuren müssen letztlich die alltägliche Realität als schöpferische Individuen bestehen, sie müssen gegenüber den Erwartungen und Zwängen der Gesellschaft um ihre persönliche Identität und Integrität ringen. Gerade weil der Leser ständig an sich selbst erfährt, daß die Schwierigkeiten, den Alltag ›identisch‹ zu überstehen, zunehmend größer werden, erwartet er auch vom Autor ein praktikables Angebot in Richtung auf »Meisterung der Realität« (Brecht). Extremsituationen solcher ›einseitigen‹ Lebenswelten als ›Labors‹ zum Studium psychosozialer Überlebenstechniken vorzuführen – damit kann und will Hein seine Rolle als Autor nicht erschöpft wissen. So ist sein neues Angebot – *Horns Ende* – auf dessen erweiterte Erzähl- und Wirkungsstrategie hin gründlich zu prüfen.

Auf den ersten Blick scheint dieser Roman die kunstvoll erweiterte, auf die Vielperspektivität mehrerer Figurensichten übertragene Struktur von *Der fremde Freund* zu geben. Diese perspektivische Erweiterung einer Point-of-view-Technik hat Hein anscheinend konsequent praktiziert. Der Leser erlebt das Erzählte in der Novelle ganz aus der Sicht einer Figur, die aber nicht als Erzähler auftritt, sondern als während des Erzählvorganges (nicht-)handelnde, erlebende und denkende Person. Ihr Bewußtsein bildet gleichsam die Linse, die der unsichtbare Erzähler auf die Vorgänge richtet. Indem er aber die Optik seines ›personalen Mediums‹ dirigiert und bereits durch dessen Auswahl gewisse Vorentscheidungen trifft, hat er im Grunde die gleiche Distanz zum erzählten Vorgang wie der auktoriale Erzähler oder der aus der Rückschau berichtende Ich-Erzähler. Das ist die entscheidende Voraussetzung für den bewußten und ausgiebigen Gebrauch der erlebten Rede als Form der Selbstdarstellung des personalen Mediums wie auch dessen Diagnose der erfahrenen Außenwelt, die damit als Bewußtseinsspiegelung erscheint.

Die Story von *Horns Ende* entwickelt Hein zunächst chronologisch, vom Frühjahr 1957, als die Zigeuner ihr Lager inmitten der Kleinstadt Guldenberg aufschlugen, bis zum Freitod Horns und schließlich bis zum frühen Herbst, als die Zigeuner die Stadt für immer verließen. Beide Ereignisse haben kausal scheinbar nichts miteinander zu tun, aber in der Erinnerung der Guldenberger bleiben sie eng miteinander verbunden. Der Autor erforscht den Jahrzehnte zurückliegenden ›Fall‹ und beschreibt den Weg Horns in zweifacher Richtung: vom stattgefundenen Tod zurück in die erinnerte Vergangenheit, und von der Vergangenheit bis zum Tod Horns. Aber eigentlich erfahren wir durch die Lebenszeugen weniger über Horn als vielmehr über die Figuren selbst. Die Aussagen des Arztes Dr. Spodeck, des Apothekersohnes Thomas, der Krämersfrau Fischlinger, des Bürgermeisters Kruschkatz und des geistesgestörten Mädchens Marlene Gohl gleichen Erinnerungsprotokollen, die untereinander wieder nach dem Prinzip der Spiegelung und Rückspiegelung arrangiert sind. Das sokratische »Erinnere Dich«[3], jedem Kapitel vorangestellt, löst mehr ein Erinnern an eigene unbewältigte Lebenswirklichkeit aus. Horn ist auch am Schluß des Romans eine fremde Figur; die Motive seines Selbstmordes bleiben letztlich ungeklärt.

Der Autor tritt in seinem Buch selbst nicht auf, weder als ›Ich‹ noch als ›Verfasser‹. Er bemüht sich um äußerste Objektivierung und Impassibilität. Schon bei Flaubert wurde ›impassibilité‹ zur Bedingung einer höchst reflektierten Prosa, die jede Spur kommentierender Anteilnahme des Erzählers an seiner dargestellten Welt vermeiden wollte. Dagegen sucht Hein die nicht nachlassende Präzision eines Chronisten zu erreichen und die maximale Annäherung eines Rechercheurs an den ›Fall‹. Dieses Verfahren könnte die kombinatorischen Fähigkeiten reizen, aber es wird eben zur Aufklärung auch nicht annähernd ausgeschöpft. So trägt die Story ihren Anlaß in sich selbst, und sie geschieht auch aus sich selbst heraus. Sie bleibt der Zwischenfall in der Kleinstadtgesellschaft, der ›Fall ohne Folgen‹. Unbeeindruckt geht das Leben weiter wie bisher. Diese totale Festschreibung der Welt und die Verinselung des Katastrophalen sind ein methodisches Konzept Heins.

Der Roman läuft stetig auf den Fluchtpunkt zu, den Tod Horns, während die ›Protokolle‹ zurückweisen. Zwischen beiden Ebenen besteht keine Vereinbarkeit, sie nähern sich nicht an, sondern können sich nur schneiden. Trotz Schnitt und schroffem Wechsel zwischen fortschreitender Epik und zurückgreifendem Protokoll sind die Lebenszeugen und ihr Opfer wie über einen dritten Punkt miteinander verbunden. Diese Schneide- und Überbrückungspraktiken stiften hier ›Erzählen‹. Gleichzeitige und vergleichbare Haltungen und Verhaltensweisen sind gegeneinandergestellt, als verbände sie gar nichts. Sie stehen zugleich gemeinsam für psychologische und soziologische Festschreibungen und Regelhaftigkeiten der Lebensabläufe ein. Obwohl das überbrückende Stichwort im neuen Kontext anderen Sinn, mitunter anderes Aussehen bekommt, gewinnen die mit seiner Hilfe überbrückten Schnittstellen genetische Funktion: Die Figuren zitieren sich unaufhörlich selbst.

Der Tod Horns lastet auf der Seele der Kleinstädter wie ein Alpdruck. Er spült Vergangenes, Unbewältigtes hoch, weckt gegen alle subjektiven wie objektiven Widerstände die Erinnerung, das Ringen um Gedächtnis, um Seele und Vernunft, Bewußtheit und Mündigkeit. Das Plädoyer für das Erinnern ist zugleich auch ein Plädoyer für die Notwendigkeit, der Widersprüchlichkeit der Geschichtsprozesse innezuwerden. Für Hein ist Geschichtsbewußtsein Bedingung des Menschseins, des menschlichen Fortschritts überhaupt, und er bekräftigt – von ganz anderen Aspekten her – Aitmatows Gedanken, daß der Verlust der Erinnerung das schwerste aller denkbaren Verbrechen ist. So steht Wahrheit oder Lüge als eine entsetzliche Verantwortung vor allen. Der Tod Horns soll diese Stadt wie ein biblisches Gomorrha austilgen, wünscht Dr. Spodeck. Wenn er von der Feigheit spricht, mit der die Stadt fortwährend neues Unrecht geschehen läßt, dann muß auch er in die Feigheit der Bürger einbezogen werden. Er hat die erbärmlichen Verpflichtungen des von ihm gehaßten Vaters angenommen und ist der gleiche eigensüchtige, hochmütige Heuchler und Ignorant wie dieser geworden. Kruschkatz hat an mancher »schäbigen Inszenierung« (HE 59)[4], so auch gegen Horn, zweifellos wesentlichen Anteil, aber er muß dafür auch am meisten büßen, weil ihn seine Frau Irene als den Mörder Horns ansieht: »Ich hatte meine Frau an den toten Horn verloren« (HE 137). Sie wird zur Fremden für ihn, die gefühllos seine Liebe erduldet. Der Junge Thomas ist überzeugt, daß sein »späteres, wirkliches Leben wunderbar werden« (HE 78) wird, doch ahnt er zugleich, daß er die Stadt genausowenig wird verlassen können wie einst Spodeck. Dem schwachsinnigen Mädchen Marlene, das die Euthanasie der Nazis durch den Opfertod der Mutter Gudrun Gohl überlebt hat, sind Träume »die Schatten, die im voraus auf die Erde fallen und mir die Dinge ankündigen, die guten und die schlechten« (HE 57). Aber aus dem Traum, mit dem jungen Zigeuner Carlos Hochzeit zu halten, erwacht sie jäh durch fremde Gewalt, die ihr angetan wird.

Für Spodeck endete Horn, »wie er gelebt hatte, als ein Feigling. Er hat unwürdig gelebt, es war ein ehrloses Leben« (HE 272). Auch nach Kruschkatz' Auffassung war Horn nicht lebenstüchtig: »Ein gewisses Maß an Bereitschaft für dieses Leben ist erforderlich und somit eine Tugend« (HE 87). Thomas war Horn schon damals

»unangenehm, von zurückweisender Verschlossenheit«: »Heute würde ich sagen, daß er seinem Leben nie die Kränkungen verzieh, die es ihm bereitete« (HE 269).

Für die von männlicher Brutalität gedemütigte Gertrud Fischlinger blieb auch ihr Untermieter Horn

»der zufällig in mein Leben geratene Fremde, der mich unbeteiligt beobachtete, mir aus dem Wege ging und gelassen abwartete, um zu bekommen, was ihm zustand« (HE 25).

Nach der Beerdigung Horns fühlt sie sich zwar als »Waise ihres Sohnes und die Witwe ihres Untermieters«, aber zugleich erwacht in ihr – als einziger Figur des Romans – »die Kraft und unbezähmbare Lust zu leben« (HE 248). Der Leser wird mit einem mechanisch ablaufenden Uhrwerk von Niederträchtigkeiten und Schäbigkeiten konfrontiert; die Figuren sind Werkzeug eines unaufhaltsam abrollenden Geschehens, das nur durch wenige Lichtpunkte von Menschlichkeit durchbrochen wird. Durch ihre bloße Präsenz in der Stadt stellen die Zigeuner die vorgebliche Rechtschaffenheit ihrer Bürger in Frage. Sie bringen »unbegreifliche Ferne« und »Fremdheit« in die kleinbürgerliche Enge und Bedrücktheit und stören als vom Nationalsozialismus verfolgte ethnische Menschengruppe den »unveränderbaren, wohlbehüteten Ablauf der Zeit« (HE 10).

Der Autor zwingt die Zeugen, die selbst als Opfer verstanden werden wollen, sich in den bezeugten Szenen als Akteure zu offenbaren, agierend unter anderen Akteuren (der Kunstmaler Gohl und seine Frau Gudrun, Kruschkatz' Frau Irene, Kruschkatz' Stellvertreter Bachofen, Frau Fischlingers Sohn Paul, Spodecks Hausmädchen Christine u. a.), die wieder nur in ihrer Schilderung vorhanden sind. In der Re-Produktion dieser Aussagen, die mit Handlungsfakten abgestützt sind, steht Aussage gegen Aussage, Person gegen Person, Wahrheit gegen Wahrheit, Lüge gegen Lüge. Hein zerstört ständig die Figurenperspektive, kontert die eine durch die andere; jede Figur setzt eine andere Perspektive und verlangt sie zugleich auch für sich. Es ergeben sich Momente, die simultan und nebeneinanderher gesehen und – quasi als Meta-Begebnisse – um den Tod Horns und seine direkten Folgen beziehungsweise Nicht-Folgen gruppiert sind. Ein Zustand ergänzt, beleuchtet oder verneint den anderen. Der Tod Horns wiederum bezieht seine Wertigkeit von den Schattierungen her, die sich aus Beziehung oder Beziehungslosigkeit der Figuren ergeben. Der Kunstgriff besteht in der stilistischen Schockierung, im unvermittelten Tonwechsel des Erzählungsprotokolls, das einen Aspekt durchhält, um- und abbricht und an anderer Stelle wieder aufnimmt.

Dennoch ergeben eben die Recherchen, die Erinnerungsbefragung letztendlich nichts. Die Genauigkeit der beabsichtigten Nachfrage erzielt eigentlich nur Ungenauigkeit. Der Zeugenbericht als methodisches Verfahren scheitert an der versuchten Aufklärung des Motivs. Sollte er wirklich Einhelligkeit gewinnen, so hätte sich der Erzähler der Fiktion zu bedienen. Aber gerade der verweigert er sich, er ersetzt sie nicht einmal durch eine Hypothese. Die authentische, ›wahrheitsgemäße‹ Beschreibung, die sich scheinbar jeder Manipulation und Täuschung versagt, stellt sich gerade als eine Methode des Verhüllens und Verschweigens dar. Hein referiert den ›Fall‹ in den subjektiven Spiegelungen, Brechungen und Verzerrungen der Zeugenaussagen, er referiert auch und vor allem die ›Leerstellen‹, das Unaufgeklärte und scheinbar Unaufklärbare, und reißt damit immanente Widersprüche auf. Wenn die Nonfiction-Schreibweise auch das anvisierte singuläre Tatmotiv nicht einbringen kann oder gar nicht will, so soll sie im Sinne der Negation eine mögliche Aufhebung oder Verallgemeinerung des Einzelfalls im Bewußtsein des Lesers leisten, indem sie dessen Kritik herausfordert.

Die noch an ein festes Erzähler-Ich gebundene Erzählperspektive in *Der fremde Freund* hat Hein hier preisgegeben; an ihre Stelle ist der reduzierte Erzähler getreten, dessen Position und Erzählperspektive in eine Vielzahl von gegensätzlichen Zeugenprotokollen aufgelöst beziehungsweise montiert ist. Diese Auflösung des Erzählerberichts führt dann doch zur Preisgabe der festen Handlung, das heißt der Handlungskontinuität. Die Technik der Nonfiction-Montage gibt dem Autor die Möglichkeit, mit der Chronologie der Handlung, der Hierarchie der Ereignisse und der Montage der Protokolle beliebig und rein ökonomisch zu verfahren. Innerhalb der Einzelaussage und -situation prägt der Verzicht auf schlüssige, kontinuierliche Geschehensdarstellung zugunsten punktueller, nicht einer Entwicklung folgenden, sondern Bruchstücke reihenden Erzählweise die Erzählstruktur. Dabei bezeichnen die Montage-Einzelstücke immer statische Grundverhältnisse: Wirklichkeit im Zustand der Ruhe, Zeit im Moment des fixierten Augenblicks. Nicht Handlung, sondern Zustände, nicht Entwicklungen, sondern Festschreibungen, nicht gesellschaftliche Dimensionalität, sondern Spiegelung der Bewußtseinswelt als subjektive Realität sind das Erzählthema. Alle vermeintliche Weit- und Umschweifigkeit enthüllt sich, aufs Ganze gesehen, als penibler Längsschnitt durch die Realität. Die Figuren werden präpariert für die mikroskopische Betrachtung.

Hein hat den *Fremden Freund* als Novelle im klassischen Sinne bezeichnet: »Es kann kein unerhörteres Ereignis geben als diese Mitteilung über ein Leben, das gar kein Leben mehr ist.«[5] In *Horns Ende* geht es nicht mehr um die insulare Situation eines bestimmten individuellen Lebens, sondern um die Befindlichkeit einer Kleinstadtgesellschaft in einem sozialpolitisch sensiblen Abschnitt der gesellschaftlichen Entwicklung, in dem der Aufbau des Sozialismus mit stalinistischem Dogmatismus zusammenfällt; das bloße ›Negativbild‹ in seinen offenen Widersprüchen scheint hier nicht mehr ausreichend. Das »Nötigende, Zwingende«, das nach Hein den gegenläufigen Bewegungsprozeß beim Leser auslösen soll, schlägt um in lähmende Bewegungslosigkeit, Widerspruchsbewußtsein erstarrt in der Fatalität der Ereignisse, gesellschaftliche Zwänge werden weder in ihren vorwärtstreibenden noch hemmenden, sondern allein in ihren destruktiven Zügen relevant. Der Sozialroman, der intendiert, die Wirklichkeit kritisch zu durchleuchten, die Banalität und Schäbigkeit von Haltungen zu entlarven, bleibt doch an die Banalität und Schäbigkeit in einer Weise gebunden und ausgeliefert, die jede Kritik erschwert und fast unmöglich macht. Andererseits bestimmt *Horns Ende* den psychologischen Roman soziologisch genau und liefert Beschreibungen von Zuständen, die die einzelne Figur gleichsam überfallen, also nicht mehr aus dieser abgeleitet werden können. Der ganze Roman ist von Repetitionsstrukturen durchzogen, von immer wiederkehrenden Figuren-Aussagen, und zwar solchen, die das Kleinstadtleben und darüber hinaus das Leben in dieser Zeit als ödes Sich-Reproduzieren der immer gleichen Vergeblichkeit und Langeweile erscheinen lassen. Die ›dialogischen‹ Anforderungen sind für den Leser schon enorm.

Aber es wäre falsch, den vorliegenden Text als pure, unverstellte Wirklichkeit zu verstehen oder gar als Abbild eines »allgemeinen Zustandes«[6], er muß paradigmatisch gelesen werden. Von der veränderten Vorstellung vom ›Ich‹ strebt Hein eine besondere Figurengestaltung an: die montierte – und zugleich demontierte – Figur, den Aufbau beziehungsweise Abbau, die Montage beziehungsweise Demontage vom Erzählgestus her. Der Heinsche Antiheld als gestisch montierte, von gestischen Reihen, vom antinomischen Gestus her aufgebaute und gesprengte Figur wird als statische Mitte der traditionellen Wirklichkeitskohärenz entthront. Ihre Auflösung hängt so ursächlich mit der modernen Wirklichkeitsauflösung zusammen. Obwohl die Zeitzeugen scheinbar in der gleichen Sprache über die gleiche Sache reden, vermögen sie unter dem einen signifikanten Tatbestand doch nicht das gleiche Signifikat zu verstehen, da es weder die Einheit der Dinge noch die personale Einheit des Ich mehr gibt.

Damit erweist sich der Text als Modell einer verfremdeten Wirklichkeit, die dem Ich prinzipiell unerschließbar, ja unveränderbar geworden ist und die daher letztlich nur noch parodistisch – als Donquichotterie – gezeigt werden kann. Heins Figuren sind in der Mehrzahl »Ritter von der traurigen Gestalt«, die durch ihren (Nicht-)Zusammenstoß mit der veränderten Wirklichkeit zu anachronistischen Figuren werden. Dr. Spodeck verfehlt ebenso todsicher die Chance eines von ihm immer wieder neu beschworenen Lebensbeginns und vergräbt sich verbittert in seine Fallstudien, die »eine Geschichte menschlicher Gemeinheit« (HE 160) sind, wie die Stadt Guldenberg Kruschkatz alles nehmen konnte, was ihm im Leben wichtig war: »Tatenlos und sehenden Auges ist er in seinen Ruin gegangen« (HE 188). Was deutet darauf hin, daß auch Thomas einen anderen Weg gehen könnte als den des Aufgebens?

Jeder versteht unter Geschichte das, was ihm in seiner angenommenen Opferrolle am besten zu Gesicht steht. Für Horn ist Geschichte

»ein Teig von Überliefertem, von willkürlich oder absichtsvoll Erhaltenem, aus dem nachfolgende Generationen ein Bild nach ihrem Bilde kneten« (HE 279).

Ist sein Opfertod als Protest gegen einen dogmatischen Geschichtsdeterminismus nicht auch von subjektiver Tragik? Enthüllt sich aber andererseits der Satz Kruschkatz' von »einer höheren Moral, einem höheren Recht im Namen der Geschichte«, mit dem Horn Unrecht zugefügt werden kann, nicht als üble Demagogie? Der Tod von Schuldlosen kann unmöglich der »Blutzoll« sein, »den der Fortschritt kostet«, wenn als sein Vollstrecker der üble Denunziant Bachofen fungiert. Oder ist die Geschichte lediglich »hilfreiche Metaphysik, um mit der Sterblichkeit auszukommen«, wie für den lebensüberdrüssigen alten Mann Kruschkatz, eine »Fiktion«, »um dem Verlust der Zeit einen Sinn zu geben«? (HE 28)

Ein derartig verfremdeter Text zwingt uns, nicht mehr nach Sinnbildern zu fragen, sondern nach Zeichenprozessen: nach der Veränderung der Figuren durch die antinomischen Kräftefelder Macht und Ohnmacht, Bewußtheit und Bewußtlosigkeit, Lethargie und Veränderungswillen, Reflexion und Handlungsbewußtheit, Stillstand und Bewegung, Rolle und Identität.

Die ›Abstandstheorie‹ Heins hat ihre Reibungsflächen in einer als ungenügend angesehenen Art, wie in den verschiedenen Sphären gesellschaftlichen Bewußtseins Geschichte, der Umgang mit Geschichte organisiert ist. Nach Hein wirkt der »Lagebericht« schrecklicher und aktivierender als die bestehende, unreflektierte Lage; die Erklärung fand er in Marx' *Kritik der Hegelschen Rechtsphilosophie*: »Man muß den wirklichen Druck noch drückender machen, indem man ihm das Bewußtsein des Drucks hinzufügt, die Schmach noch schmachvoller, indem man sie publiziert [...], man muß diese versteinerten Verhältnisse dadurch zum Tanzen zwingen, daß man ihnen ihre eigene Melodie vorsingt!«[7] Den Beispielen dieses ›bewußtgemachten Drukkes‹ dürfte auch Heins Geschichte von Horns Ende zuzuordnen sein – der Verfestigung die Verunsicherung, die sich gestisch artikuliert, die Spannung zwischen Erfahrung und Notation der Erfahrung, zwischen Lage und Lagebericht. – Unter poetologischem Aspekt sollten die Figuren des Romans ja nur Vehikel sein: Der Autor gibt vor, mit ihrer Hilfe die Geschichte der Gegenfigur – Horn – zu erzählen, aber er erzählt sie nicht. Unter pragmatischem Aspekt dagegen sind die Figuren Handlungsträger in vollem Sinn: Aus Defiziten wird ihre Erfahrungsgeschichte erzählt, die nur aus verpaßten Möglichkeiten besteht. Im Erzählen kommen gerade grundlegende Verhaltensweisen zum Ausdruck, und zwar nicht nur mit Hilfe der Sprache, sondern auch des Nichtsprechens, des Verdeckens oder Aussparens der eigentlichen Sachverhalte, des Beteuerns und Verschweigens, des Sich-selbst-Bezichtigens oder Sich-Reinwaschens, des Sich-Verweigerns oder Sich-gänzlich-Anpassens. In *Horns Ende* gehört die Schauspielerei, die Selbstinszenierung der Gefühle und Denkhaltungen, das Spiel der Verstellung und Täuschung, des Versteckens und Verdeckens wie des Eingestehens und Bekennens zum Rollenspiel der Figuren. Hein führt uns ein Labyrinth von Unauflösbarkeit vor, das nach Auflösung drängt.

Die Korrelation zwischen Text und Situation, in der der Text gesprochen wird, rückt in den Vordergrund. Das Erzählen, das durch das Bedürfnis des Menschen nach Sinngebung und von seinem Formwillen geprägte Sagen, muß ständig durch den Leser ›hinterfragt‹ werden, der »Untertext« zu dem ständigen Behaupten und Beteuern des Figurenerzählens mitgelesen werden. Der normative Konsens des Erzählers mit dem Leser ist von Anfang an gebrochen. Die Lebenswelt der Heinschen Figuren ist ein Restphänomen, ein Raum von auch nicht annähernd ausgeschöpften Möglichkeiten. Das Kontinuum zwischen Erzähler und erzählter Welt ist aufgelöst. Damit entfällt die Attitüde auktorialer Interpretation notwendig zugunsten einer Beschreibungstechnik, die bis zur Simulation eines alternativen Handelns reicht. Der irritierte Leser wird provoziert, aus der Rolle der Figuren herauszutreten und zum exemplarischen (Gegen-)Handeln überzugehen. In der Lektüre der Stagnation, der Täuschung und des Verschweigens, wie sie sich im Rollenspiel der Figuren niederschlägt, soll der Leser die eigene Mobilität erproben. Die Erinnerungsprotokolle der Figuren stehen stellvertretend für das nicht mehr funktionierende Gespräch miteinander, das angesichts der Isolation der Figuren ständig fehlläuft, versiegt oder abrupt abbricht. Dialogische Vergegenwärtigung im Protokoll fingiert den Dialog von Abwesenden; dramatische Vergegenwärtigung im Protokollroman inszeniert diese Fiktion vor Anwesenden, ›Dritten‹, dem Lesepublikum nämlich. Heins Texte wollen als Provokationsmaterial zur kritischen ›Hinterfragung‹ festgeschriebener Haltungen und Verhaltensweisen verstanden werden, sie fordern per negationem das Individuum zur Selbstveränderung wie zur Verständigung über eine unverwandelte wie unwandelbare Wirklichkeit auf.

Bei Hein wird die Erzählerauktorialität von Sprachhaltungen des Erinnerns, der Montage, der Dokumentation und des (Selbst-)Zitierens abgelöst. Zitierung und Erinnerung der Gleichzeitigkeit von Bewußtseinsvorgängen delegieren den Widerspruch als Modus einer veränderlich erfahrbaren sozialen Auseinandersetzung ganz an den Leser. Die Produktivität der

Fiktion, die in der Möglichkeit der dialektischen Auffächerung von Bewußtseinsverfestigungen und der ihnen zugehörigen gesellschaftlichen Rollen liegen könnte, wird vom Autor nicht erprobt. So erscheint die fehlende Dialektik zwischen literarischer Fiktion und ideologischer Determiniertheit bei Hein als totale Verfestigung von Bewußtseinshaltungen, als Abbild einer gottverlassenen Epopöe. Seine Figuren stellen sich als Leidende, als Opfer einer Außenwelt und als Personen dar, die einer Strindbergschen Hölle ausgesetzt sind und in Abhängigkeit gegenüber den gesellschaftlichen Zwängen verharren. Ihre Bedrückung gibt Gelegenheit, menschlich emotionale Reaktionen vorzuführen, die in seelisch geistigen Verdrängungen und Rollenspielen hervortreten. Dabei besitzt Hein die Fähigkeit, Psychologie auf Rollen zu konkretisieren und jeder Rolle – in der Selbstbeschreibung wie in den Dialogen - die angemessene Prosa beizugeben. Der wiederholt artikulierte Wunsch der Figuren, sich von der vorgegebenen Rolle zu befreien, wird stets von neuem mit menschlichem Versagen konfrontiert, mit dem Zwang, Konventionen entsprechen zu müssen und zu wollen. Die Rollen spielenden Figuren bewegen sich auf der Ebene des Nichtbewußtseins, heben sich nicht von den sie bedingenden soziologischen Prozessen ab. Ihre Charaktere sind auswechselbar und ihre Gefühle zum Rollenspiel umfunktionalisiert, reizbar durch sich wiederholende Lebenszwänge. Besondere, die Alltagsroutine durchbrechende Ereignisse wie der Opfertod Gudrun Gohls oder der Selbstmord Horns verursachen kein individuelles Handeln, rütteln die Figuren nicht auf aus Lethargie und Lähmung. Sie bewirken nur verhaltenstypische Reaktionsweisen, deren Mechanismus niemandem bewußt wird. Die Figuren erlegen sich die illusionistisch verkennende Rolle der Donquichotterie wie in einem absurden Spiel auf und liefern sich dem Selbstopfer aus. Sie sind alle in ähnlicher Weise Selbstopfer wie Horn selbst. Die Austauschbarkeit des einzelnen Rollenspielers verdeutlicht die Ohnmacht ihres Rollensystems. Die scheinbare Tragödie des Ich entdeckt sich als tragikomische Selbstinszenierung. Diese zerstört die illusionäre Aufhebung widersprüchlicher Sozialinteressen und die Synthese des ästhetischen Täuschungsgeschäftes, wie es von den Figuren betrieben wird.

Bei Hein ist das Subjekt dazu verurteilt, in Doppelrollen zu existieren, sich selbst zu beschreiben, zu reproduzieren, zu vervielfältigen. Wie Thomas sich vor dem dreiteiligen Frisierspiegel der Mutter »verhundertfacht, in fremde Ferne gerückt, mir unerreichbar« (NE 139) erblickt, so dient Spodeck »der gebrochene Spiegel, eine Abwandlung der Schüfftan-Variante«, zu der fatalen Erkenntnis:

»all unser Erinnern [liefert] kein Bild der Welt, sondern ein durch das Spiegelkabinett unseres Kopfes entworfenes Puzzle jenes Bildes mit unseren individuellen Verspiegelungen, Auslassungen und Einfügungen«. (HE 280)

Zwar entgegnet ihm Horn:

»Solange es ein menschliches Gedächtnis gibt, wird nichts umsonst gewesen sein, ist nichts vergänglich« (HE 281),

aber diese Maxime wird selbst nicht durch dessen eigenes Verhalten gestützt, sondern als Botschaft des Autors dem Leser überantwortet. Doch als Sprecher seiner Mitfiguren behält Spodeck recht:

»Unsere Erfahrungen sind unvollständig. Unsere Erinnerungen haben die Lücken und Risse des gebrochenen Spiegels. Das Fehlende ergänzen wir unbewußt nach unserer beschränkten Einsicht und laufen Gefahr, uns zu verirren.« (HE 281)

Der Autor konfrontiert den Leser mit Figuren, die in ihrer Erkenntnisunfähigkeit reaktiv agierende Opfer von Gesellschaftszwängen sind. Die Leerläufe der inhaltlichen und erzählerischen Rollenspiele sollen gerade die Bewußtheit des Lesers, die Überprüfung der eigenen Lebenshaltung auf die Lebensdefizite hin und sein Bedürfnis nach Veränderung herausfordern. Die betonte Einseitigkeit der erzählten Welt soll durch die Sinngebung des Lesers aufgehoben werden. Aber dieses Konzept geht nur teilweise auf: Die Fortschreibung der Erzählstrategie führt nicht – noch nicht – zum Umschlag in die Qualität einer neuen Wirkungsstrategie. Was an vorgeführter Festschreibung eines individuellen Lebens in *Der fremde Freund* als Schock und aktivierender Gegenimpuls beim Leser erreicht werden konnte, funktioniert bei der kritischen Reflexion eines ganzen Figurenensembles, einer ganzen Kleinstadtgesellschaft nur partiell. Da der Täuschungscharakter der von den Figuren eingeschlagenen Rollenspiele nirgendwo durchbrochen wird, müssen die ihnen immanenten Widersprüche ›hinterfragt‹ und aufgespürt werden. Der Autor kommt dem Leser nicht durch textbedingte Steuerungsmechanismen oder Auflösungsprozesse zu Hilfe. Die ganze Arbeit einer dialektischen Aufschlüsselung der Bewußtseinsverfestigung der Figuren, der von ihnen beanspruchten Einheit von subjektiven und objektiven Spielbereichen muß vom Leser selbst geleistet werden. Kann dieser detaillierten Darstellung einer durchgehend unmöglichen Identität der Personen und ihres ›intellektuellen Versagens‹ eine sozialanalytische Einsicht zukommen? Diese Frage wird letztendlich der Leser für sich und damit ganz unterschiedlich beantworten.

In Paraphrase auf den bekannten Satz von Anna Seghers: »Denn wir schreiben ja nicht, um zu beschreiben, sondern um beschreibend zu verändern«, hat Christoph Hein so geantwortet:

»Schreiben, um zu beschreiben, um weiterarbeiten zu können, um hoffen zu können. Auch um auf Änderungen, Veränderungen hoffen zu können. Denn alles Bestehende hat Wert, wenn es änderbar ist. Das Benennen, das Schreiben ist noch nicht der verändernde Zugriff auf die Welt, aber es ist die erste Voraussetzung aller Veränderungen.«[8]

Mit einer solchen Schreibhaltung haben wir künftig zu rechnen.

Anmerkungen und Zitatnachweise

1 Die Intelligenz hat angefangen zu verwalten und aufgehört zu arbeiten. Mit Christoph Hein sprachen Hans Brender und Agnes Hüfner. In: Deutsche Volkszeitung/die tat (Frankfurt a.M.) Nr. 10, 9. März 1984, S. 9.

2 Ebd.

3 »Erkenne dich selbst. Erkenne auch den anderen« (Sokrates in Platons Dialog *Hipparchos*).

4 Christoph Hein: Horns Ende. Roman. Berlin/Weimar 1985, S. 59 (Zitatnachweis im folgenden im Text).

5 Siehe Nachweis 1.

6 Hans Kaufmann: Christoph Hein in der Debatte. In: DDR-Literatur '83 im Gespräch. Berlin/Weimar 1984, S. 47: Hein beschreibt in *Der fremde Freund* »etwas in Wirklichkeit Mögliches. Ein Warnbild liefert er insofern, als sich der Leser einen Zustand, in dem Beziehungen wie die geschilderten vorherrschend sind, mit Schrecken vorstellt«.

7 Christoph Hein: Zu einem Satz von Anna Seghers. In: Düsseldorfer Debatte, 1986, Nr. 1, S. 47.

8 Ebd., S. 50.

Heinz-Peter Preußer

Hoffnung im Zerfall

Das Negative und das Andere in »Horns Ende«

Mit einigem Recht kann man Christoph Heins ersten Roman in Verbindung bringen mit seinem moderneren Racine und mit dem neueren Kohlhaas.[1] Das emphatisch politische Buch *Horns Ende* ist auch und nicht zuletzt eine Chronik der Trennungen, der stets verpaßten Chance. Die Beziehung der Geschlechter zueinander wird definiert aus ihrem Mißlingen, aus den endlosen Demütigungen und Erniedrigungen, die sie begleiten.

Dr. Spodeck, der zynisch-sarkastische Arzt, lebt in unermeßlicher innerer Ferne mit Frau und Tochter zusammen (HE 9)[2], versagt sich die nur einmal beglückende Liebe mit der jungen Gehilfin Christine (HE 265 f.), begehrt Irene, die Frau des Bürgermeisters Kruschkatz (HE 211). Der wiederum spürt die zunehmende Entfernung der über alles geliebten Frau (HE 197), ohne zu Veränderungen bereit zu sein. Horn, von seiner Frau getrennt (HE 98), von der wir im übrigen nichts erfahren, unterhält während eines halben Jahres sexuelle Beziehungen zur Vermieterin, Frau Fischlinger, ohne je den Zug des Fremden[3] zu verlieren (HE 94, 151, 247). Getrude Fischlinger selbst, erniedrigt schon in der Hochzeitsnacht – Objekt der Begierde, nicht Subjekt der Lust –, wurde sehr bald von ihrem Gatten verlassen (HE 55, 131); Horn wiederum verläßt sie noch vor seinem Selbstmord. Auch in die Nebenfiguren und in die in Rückwendungen eingeholte Erinnerung vor der hauptsächlichen Erzählzeit dringt der patriarchale Machtgestus.

Selbst in die kindlich unschuldige Imagination bricht der Verlust ein, noch ehe sich eine unbeholfen ungenaue Begierde realisieren kann. Thomas, erst zwölfjährig, der sich zur vier Jahre älteren Elske hingezogen fühlt (HE 205), wird von dieser schließlich zum Boten ihrer tatsächlichen Jugendliebe Klemens instrumentalisiert (HE 254–256). Ihr Brief an Klemens, den Thomas zu überbringen hat, besiegelt in seiner Demütigung die Differenz der Jahre, die in der kindlichen Phantasie immer wieder geleugnet wird.

Nicht einmal Marlene, die geistig behinderte Tochter des Museumsmalers Gohl, entgeht der radikalen Enttäuschung ihrer gleichwohl abwegigen Imagination, nämlich die Braut jenes

Zigeuners Carlos zu werden, der sie einmal Prinzessin nannte. Von einem Betrunkenen vergewaltigt, glaubt sie sich seiner nicht mehr würdig, kann selbst das Bild ihrer Phantasie, die Ehe mit Carlos, nicht aufrechterhalten (HE 234–236).

In dieser Summation erscheinen der Zerfall, die Trennung, die sie begleitenden Demütigungen in grotesker Überspitzung und Ausweglosigkeit. Trennungen sind Bewegungen zur Starrheit, nicht die Starrheit selbst. Im Zerfall des lebensvollen Lebens zeigt sich nicht nur sein Ende an, sondern zuallererst die Bewegung auf ein Ende zu, die noch den Abglanz des Lebendigen trägt. Dergestalt bürgt Zerfall für Hoffnung. Indem die Negation von Entwicklung hin auf ein sinnerfülltes Ganzes als ein Zerfallsprozeß vorgeführt wird, bleibt der Gedanke an eine solche gelungene Entwicklung noch denkbar. Das Gegenbild des Negierten steckt noch in der Negation selbst.

Im Nichtauthentischen, in der Entfremdung und in der Hoffnung im Zerfall fließen die typologischen Biographien des Romans ineinander. Obgleich Hein die Erzählperspektive aufteilt auf fünf Figuren, die von sich und über andere in Form der Ich-Aussage berichten, werden sie nicht über eine differenzierte Sprachmodulation gegeneinander abgesetzt.[4] Was sie unterscheidet, ist nicht ihre Sprache – Marlene bildet hier einen nicht eben gelungenen Kontrast –, sondern das aus unentwegter Demütigung resultierende Ausmaß ihres sarkastischen Zynismus oder ihrer unerhörten Trauer.

Im – wie auch immer artikulierten – Schmerz aber, der von fast allen Figuren ausgeht, auch denen, die – wie die Frau des Bürgermeisters, Irene Kruschkatz – nicht selbst Bericht erstatten, liegt die Hoffnung begründet, es möge anders möglich gewesen sein. Der Kairos liegt im Nichtauthentischen, in der permanenten Katastrophe selbst. Die Konstruktion, die solchem Radikalismus zugrunde liegt, ist ein Konglomerat aus lebensphilosophischen und religiösen Elementen; im Moment des Schmerzes erst bricht das Organisch-Lebendige auf, das zuvor in Erstarrung gehalten wurde.

Der Autor spricht einen solchen Umschlag an wenigen Stellen ganz wortwörtlich, in aller Oberfläche des manifesten Textes aus. Der Text selbst muß nur wiedergegeben, nicht interpretiert werden. Hein spielt den Gedanken der Befreiung Gertrude Fischlinger zu, jener Figur, deren Leidensfähigkeit immens, aber noch nicht in Zynismus umgeschlagen ist:

»Und während ich mir unter Tränen sagte, daß ich nun die Waise meines Sohnes und die Witwe meines Untermieters sei, verspürte ich trotz meiner schmerzenden Beine in mir die Kraft und unbezähmbare Lust zu leben, und mir war, als schwebe ich in eine lichtlose und dennoch sehr helle Ferne.« (HE 204)

Das Organische opponiert gegen und siegt über das Starre: Das atmende Herz, die gedoppelte Lebensfunktion, löst die »eisernen Ringe« (ebd.). Auffällig ist die Kongruenz dieser Metaphorik mit einem Bild des ritualisierten Sonntagsspaziergangs, den Thomas als eine tödliche Normalität erlebt:

»Ich haßte diese Sonntage, ihre pomadige Schläfrigkeit. Sie lagen wie ein eiserner Ring um all meine Tagträume und nahmen mir die Luft.« (HE 36)

Wieder ist es ein eiserner Ring, der die organischen Funktionen hemmt, zu denen sich in dieser Variante der Traum gesellt. – Dagegen scheint es kaum zufällig, daß Horn selbst seinen Körper als defekte Maschine, nicht mehr als Organismus beschreibt (HE 227); die Maschine kann bereits als das bewegte Leblose gelten. In diesem Zusammenhang ist der Ausspruch Dr. Spodecks, Horn könne, wenn er nur auf sich aufpasse, so alt werden wie seine Burg (HE 228), recht geschmacklos. Die Anspielung auf die eigene Versteinerung, die feste Burg, kontert Horn: »Ich fühle mich bereits heute wie eins von meinen Fossilien.« (HE 228)

Die Erstarrung hat viele Bilder; ein durchgängiges ist eben die Guldenburg selbst, in der das Heimatmuseum der Stadt untergebracht ist, und zwar in mehrfacher Hinsicht. Sie steht auf dem Guldenberg, das heißt auf dem Gehorteten, dem der Zirkulation Entzogenen. Die Burg ummauert, das Museum umschließt das gewesene Leben: die Tiere zerstörter oder bedrohter heimatlicher Naturräume, die als ausgestopfte Exemplare an eine gewesene Lebensfülle erinnern; aber auch Horn selbst und Gohl, den Museumsmaler, deren Zurückgezogenheit, ja Menschenscheue der Roman motiviert und vielfältig zeigt. »Die Burg ist eine alte Festung«, bekräftigt der Text fast tautologisch.

In den leuchtenden Glasaugen der ausgestopften Tiere schließen sich für den seinen ersten Museumsbesuch erinnernden Thomas alle diese Verhärtungen (quasi allegorisch) zum Bild des Todes zusammen (HE 63 f.). Zwischen diesen Bildern – Vorausdeutungen auch des Selbstmordes von Horn[5] – und jener zaghaften Befreiung der Gertrude Fischlinger spannt sich das Spektrum der Bewegungsmöglichkeiten für die Bewohner Guldenbergs. In aller Äußerlichkeit bilden ein Gegengewicht nur die nomadisierenden, im Jahreszyklus wiederkehrenden Zigeunergruppen, die während des Sommers in der Stadt ihren Lagerplatz und das Geschäft mit den ortsansässigen Bauern suchen. Ihre Fremdartigkeit, diese andere, wildere und chaotische Welt stößt ab und fasziniert zugleich. In den Zigeunern erleben die Einwohner Guldenbergs jene kleinen Entgrenzungen, denen sie sich nicht hingeben würden. Ihre erlernten Selbstzwänge, Resultat des allgemeinen Zivilisationsprozesses, untersagen ihnen etwa das Ausspucken (HE 13) oder lautes Reden (HE 76) und lassen sie dieses als Normmißachtung erst am anderen feststellen. In den Wohnwagen riecht es »nach Essen, Schweiß und Alkohol« (HE 77), eine Beleidigung für den Geruchssinn selbst des erst zwölfjährigen Thomas. Die Gerüche vermischen sich mit den lauten Stimmen, dem Lachen. Die Affekte der Zigeuner scheinen weniger gebrochen, werden keiner Langzeit-Perspektive untergeordnet. Der Blick auf sie gerinnt zum Sinnbild des zyklischen Lebens (HE 12).

In vielem sind die Zigeuner aufs Typologische reduziert, verstehbar als beschränkte Projektion derer, die sie beschreiben, aber auch als notwendiges Konstrukt des Romans. Die zahnlosen alten und lippenbärtigen Zigeunerinnen (HE 77); die Zigeunermädchen, die entweder dreckig sein sollen (HE 85) oder an die kindlich-verwegene Phantasmagorie einer Dirne erinnern (HE 126). Den in offensichtlicher Promiskuität lebenden Zigeunerfrauen fehlt das Familial-Mütterliche. Das führt zu erstaunlichen Anschuldigungen[6], aber auch zu einem freundlich-distanzierten Unverständnis:

»›Was für seltsame Menschen‹«, referiert Dr. Spodeck Irene Kruschkatz, »›ich würde sie gern verstehen, aber ich begreife sie nicht. Sie sind wie Kinder, die nicht erwachsen werden wollen.‹ ›Als ob das so erstrebenswert wäre‹, murmelte Horn.« (HE 212)

Die Zigeuner werden als das Andere gedacht, als Negation des Statischen oder der sich verfestigenden Gesellschaftsformation.[7] Die eigene starke Normintegration, die Sittenstrenge der Zigeunerverbände oder gar ihre eigene Gerichtsbarkeit werden aus der äußerlichen Sicht der Seßhaften erst gar nicht registriert.[8]

Am Rand der Zivilisiertheit werden die Zigeuner verortet, und sie korrelieren mit den Rändern der kleinstädtischen Zivilisation: mit den Frauenfiguren, mit den Kindern und mit der Verrückten. In ihrer Verletzbarkeit kontrastieren diese drei Gruppen in unterschiedlichem Ausmaß zu den in der patriarchal-hegemonialen Ordnung hervorgerufenen Entfremdungserscheinungen.[9] Im Verlust, im sukzessiven Zerfall tragen sie das Bild eines authentischen, nicht restringierten Individuums in sich; sie sind das zerfallende Andere, ohne eine direkte Verwandtschaft zum imaginierten Anderen der Zigeunergruppe. Allein Marlene, der Behinderten, bleibt es vorbehalten, den Bezug unmittelbar herzustellen:

»Es ist schön, wenn die Zigeuner in der Stadt sind. Es sind alles meine Freunde und Diener. [...] Sie werden Prinzessin zu mir sagen [...]. Und Carlos wird mein Bräutigam«. (HE 46)

Spekulativ stützt Gertrude Fischlinger diese phantasierte Identität: »vielleicht sind die Verrückten für die Zigeuner heilige Leute« (HE 180).

Marlene, die geistesgestörte Tochter des Museumsmalers, wird gerade durch ihre Beschränkung zur überlegenen Figur: Blindness and insight. In ihrer – gemessen an einem analytisch-rationalen Verstand – verschobenen, ihrer verrückten Wahrnehmung gelangt sie zu Einsichten, die weit über sie selbst hinaus Gültigkeit beanspruchen können. Allein ihr wird die Sprache gegeben, das Wahnsinnige der normsetzenden Normalität zu durchbrechen, in kindlich-naiver Weise, ohne den Vorgang ihrer eigenen Vergewaltigung als solchen begriffen zu haben, die sexuelle Erniedrigung zu benennen und auf der Wahrhaftigkeit der Aussage zu insistieren. Im imaginären Monolog mit ihrer ermordeten Mutter fragt sie:

»Warum ist man einsam, wenn man geheiratet hat? [...] Erklär mir, Mama, wieso sind so viele Schmerzen und so viel Blut schön, wenn ich nicht einmal gestreichelt werde? Und warum darf man es nicht erzählen, warum darf man nicht die Wahrheit sagen, sondern soll lügen und behaupten, daß es schön sei? Oder heißt schön bei euch Verrückten, daß es fürchterlich ist? Habt ihr denn auch die Worte verrückt gemacht?« (HE 234)

Bedarf es noch der Betonung, daß diese Stelle, ja die gesamten Marlene-Passagen zutiefst problematisch, in sich nicht haltbar sind? Marlene artikuliert mit dem emphatischen Impetus der kindlich Verrückten, der einsichtig Beschränkten, den Anspruch auf Wahrhaftigkeit gerade vor sich selbst, aber sie äußert ihn in einer grundsätzlichen Diskursivität, die durch das Naive ihrer Rede nur unwesentlich in Frage gestellt wird.

Die Sprache der Marlene ist so unstimmig wie keine andere in *Horns Ende*. Sie äußert sich nicht nur in komplexen, grammatisch stimmigen Sätzen, sondern kann sich sogar im Konjunktiv verwundern. Das eingeschränkte Bewußtsein wird nicht noch in seiner Sprachlichkeit reflektiert. An der Figur Marlene wird am deutlichsten, wie weit sich die Fiktion vom Protokoll einer Selbstaussage entfernt, obgleich sie sich deren Gestaltungsvorgaben bedient. Der Erzähler, der ja gar nicht als selbständige Größe in Erscheinung tritt, beschränkt sich dennoch nicht auf die naheliegende Objektivität der Tonbandaufzeichnung, sondern greift massiv gestaltend ein. Seine Montage stützt die Diskursivität des Ausgesagten eher als die Individualität der Aussagenden. Marlene hat teil an dieser Diskursivität: Sie bringt Vernunftgründe bei, das Andere zu denken, das unter dem Banner der Verrücktheit[10] luzide paradiert.

In der problematischen Konzeption der Figur Marlene läßt sich Zivilisationskritik nicht nur mit literarischer Öffentlichkeit engführen, sondern beides wird als zueinander gehörig und unmittelbar ineinandergreifend dargestellt. Marlene ist das Andere, das sich selbst aussprechen kann. Sie füllt die fremden, kehligen Laute der Zigeuner mit Sinn. Nicht zufällig reklamiert sie in ihrer gestelzten Naivität auch den Traum für sich; der Traum macht sie sehen. Es ist dies ein Anklang an die ekstatische Seherin, abgeschwächt nur, rationalisiert.

»Die Träume kommen von allein in meinen Kopf. [...] Ich denke, sie kommen aus dem Wald. Wenn es dunkel wird, fliegen sie los und versuchen, in meinen Kopf einzudringen. Und dann muß ich die Träume träumen, und es passiert, wie sie es mir gezeigt haben. Meine Träume sind die Schatten, die im voraus auf die Erde fallen und mir die Dinge ankünden. Die guten und die schlechten.« (HE 45)

Was Marlene weiß, was sie denkt, geht, so sagt sie, über das Sagbare hinaus, beruht auf einem Einvernehmen mit den Dingen: schauen und schweigen, während die Dinge zu ihr sprechen (HE 46). Es ist eine spezifische Unmittelbarkeit, die an Marlene vorgeführt werden soll. Sie steht außer aller Zeit. Was sie erlebt hat, ist fast noch präsent, kaum vergangen, muß nicht, wie bei den anderen vier befragten Personen, erinnert, ja geradezu beschworen werden, wie in den Dialog-Passagen zwischen dem verstorbenen Horn und dem längst erwachsenen Thomas. Marlene spricht noch in der Gegenwart jener Zeit, auf die sich alle anderen retrospektiv beziehen. Horn ist noch nicht gestorben, die Zigeuner sind noch nicht fort.

Doch was sie am Körper erlebt, ertragen hat an Erniedrigung, scheint ihr unauslöschlich eingeschrieben; nicht zu vergessen und nicht zu beschönigen, auch: nicht zu verschweigen (HE 234). Marlene, zeitlos, hält das Skandalon wach, gemahnt daran, sich nicht abzufinden. Sie bildet die entzeitlichte Folie, vor deren Hintergrund der Zerfall von Persönlichkeit sich entwikkelt: der Sturz ins Bodenlose, Nichtauthentische, gerade in den Frauenfiguren, gerade in der Figur der Irene, die nicht einmal selbst zu Wort kommt.

Genaugenommen reicht eine Aufteilung der Erzählperspektive nicht aus, um das narrative Konzept des Romans zu fassen. Die scheinbar so vielfältigen Spiegelungen, deren poetologischer Reflex selbst in die Narration eingefügt scheint[11] als die Spiegelungen von Spiegelungen von Spiegelungen, die sich wechselseitig im dreigeteilten Spiegel des elterlichen Schlafzimmers, vor dem Thomas sitzt, verhundertfachen – diese prismatische Vielfalt[12], so scheint mir, folgt doch zwingender Stringenz, die nur ab und an zum Episodischen hin sich weitet, ohne gänzlich den Zusammenhang zum Hauptstrang der Erzählung zu verlieren.

Die Recherche nach dem Abwesenden der Narration, nach Horn, scheint die Klammer der vielen Untergeschichten zu bilden, die die Rekonstruktion seines Falles so vielfach durchkreuzen. Deutlich zeigt sich das am Ende des Romans, vor allem in den beiden letzten Kapiteln 7 und 8. Hier verdichten sich die konkreteren Zeitangaben, nämlich vorwiegend September und Oktober 1957, die Monate, in denen Horns Leiche aufgefunden und beigesetzt wurde. Die Figurenberichte kreisen hier so unmittelbar um ein Ereignis und enthalten sich der rück- oder vorausgreifenden Abschweifungen wie nur am Anfang von *Horns Ende*, als der Einzug der Zigeuner die ganze Stadt beschäftigt. Auch zu Beginn der Narration geht es um Horn; zeitgleich mit dem Auftauchen der Zigeuner wird seine Person verhandelt. Es ist Ende Mai in nicht wenigen Passagen der Kapitel 1 und 3, die aber weit deutlicher, größtenteils zur Einführung des Figureninventars des Romans, von einer nur vage zu etablierenden Chronologie der Narration abweichen, um den erinnerten und vorgestellten Personen im zeitlichen Rückgriff Plastizität zu verleihen. Nur dem Bürgermeister Guldenbergs, Kruschkatz, wird es möglich, an privilegierter Stelle, im ersten und letzten Kapitel des Romans, aus seinem gegenwärtigen Elend, das heißt aus der fiktionalen Konstruktion seiner Erzähl- oder Erinnerungssituation heraus, sich selbst zu beschreiben, so als gehöre sein Niedergang unmittelbar zu jener Geschichte, die vom Ende Horns erzählt.

Alle anderen sehen ab von dem Punkt, von dem aus sie selbst Erinnerungs- und Trauerarbeit leisten. Marlene nur bleibt ganz gefangen in der Jetztzeit der Monate Mai bis Oktober 1957 und tritt heraus aus jener zeitlichen Distanz, von der aus alle Figuren sprechen, und die nur für Kruschkatz benannt wird.

Im Mittelteil des Romans, in den Kapiteln 4 bis 6, die vorwiegend im Hochsommer, in den Monaten Juli und August, angesiedelt sind, treten die Nebenfiguren vor die Ereignisse um Horn. Christine, Irene, Elske, die drei so unterschiedlichen weiblichen Figuren, deren Gemeinsamkeit allein darin liegt, unerreichbares Objekt des männlichen Begehrens zu sein, werden zu eigenständigen Geschichten entwickelt, deren auffälligen Kontrast die beiden Studien zum autoritären Vaterbild darstellen. Wenn die Ereignisse um Horn jene Nebenhandlungen so rahmen, wie die Dialogpassagen intermittierend den Roman in Kapitel zerschneiden, wenn von der vagen Folie der Chronologie, die im Rezeptionsvorgang sich dennoch zu einer Abfolge zusammenfügt, quasi nur abgeschweift wird, wenn, anders gewendet, die Erinnerung an Horn und – als Sekundärleistung – die Erinnerung an die Zigeuner und an Gudrun Gohl erst Anlaß wird für die Selbstbefragung, die Selbstanklage und die Trauer über ein versäumtes Lebensganzes, dann fließen Privates und Politisches nun lediglich unmerklicher zusammen als in der so typologischen Erzählung Heins vom neueren Kohlhaas.

Das Verfahren ist untergründiger, nicht unbedingt subtiler. Es gestattet, die politisch-gesellschaftlichen Repressionen, den alltäglichen ›stalinistischen‹ Terror und die Wahrheitsverfälschungen infolge einer Zieldominanz über die konkreten Mittel im gleichen Material zu kritisieren wie die persönlichen Entfremdungserfahrungen gegenüber der eigenen und der äußeren Natur, sowie gegenüber den anderen.

Im Auszug der Zigeuner aus Guldenberg treten beide Motivketten zusammen. Die Ausgrenzung des Anderen steht in Verbindung mit jenen politischen Repressionen, jenem Gefüge von Intrigen und Denunziationen[13], denen Horn selbst unterliegt. Wie um den direkten Zusammenschluß zu unterstreichen, läßt *Horns Ende* diesen Fakt durch Kruschkatz gleich mehrfach dementieren (z. B. HE 25 f.). Die Wahrheit wird erst in der Leugnung wahr.

Die Vorgänge mögen getrennt verlaufen sein, im Charakter der Säuberung allerdings sind sie nahezu deckungsgleich. Gesäubert wird zunächst die Partei, dann die Kommune vom politisch Andersartigen, die Stadt von der Fremdartigkeit der Zigeuner, und in diese gedoppelte Anstrengung der Reinigung fällt nochmals der Verzicht auf die Genußmöglichkeiten des Lebens, die Affirmation des Leids durch den resignierten Spodeck, noch in den letzten Zeilen des Romans. Zugleich binden sich die Ereignisse des Sommers 1957 zurück an die längst nicht bewältigte Vergangenheit, die mißlungene Säuberung der Stadt von ›unwertem Leben‹. Ausgerechnet in der Mißbilligung der Beziehungen Gohls zu den Zigeunern glaubt die Stadt, ihre Mitschuld an der Ermordung der Gudrun Gohl verdrängen zu können. Für Marlene aber ist jene Vergangenheit immer noch gegenwärtig, noch nicht abgeschlossen und auch nicht abschließbar. In einer ganz ungewohnten Perspektive gilt für sie der Satz, mit dem Christa Wolf *Kindheitsmuster* einleitet: »Das Vergangene ist nicht tot; es ist nicht einmal vergangen.«

Im Wachhalten des Skandalons, im Offenhalten der Wunde, trifft sich das zeitlos Unmittelbare der Figur Marlene mit dem Kampf der aufgeklärten Ratio um Erinnerung[14], den sie mit nicht unbeträchtlichem Pathos unternimmt. Erinnern, vergessen: in beiden Vokabeln zeigt sich der Antagonismus des Historikers Horn und des Bürgermeisters Kruschkatz. Letzterer mißtraut seinen eigenen Erinnerungen, empfindet sie als Belastung (HE 23, 24). Die Nacht, der Traum, wird ihm – in direkter Opposition zu Marlene[15] – zum Alp. Wiederum verwendet Hein das Bild der Penetration. Von außen dringen die Träume in den Körper ein.

»Schweigend sitze ich in meinem Zimmer und bemühe mich, die Erinnerungen zu verscheuchen, die sich Nacht für Nacht auf meine Brust hocken, um in mich einzudringen. Träume um Träume, ein ganzes Leben, das sich in Ewigkeit wiederholt.« (HE 260)

Für den toten Horn dagegen wird die persönliche Erinnerung zum einzig möglichen Weiterleben nach dem Tod.

»Wenn du mich vergißt«, sagt er zu Thomas, »erst dann sterbe ich wirklich.« (HE 59) »Solange es ein menschliches Gedächtnis gibt, wird nichts umsonst gewesen sein, ist nichts vergänglich.« (HE 145) »Sterben versöhnt nicht. Nicht, wenn die Erinnerungen unversöhnlich geblieben sind.« (HE 99)

Beharren auf dem, was unversöhnt geblieben ist, heißt in *Horns Ende* auch Beharren auf dem Individuellen, aus dem sich die Historie zu allererst konstituiert. Dagegen ist Kruschkatz, der die Erinnerung verabscheut, ja sogar einmal formuliert, es gebe keine Geschichte (HE 24), nur für die Rechtfertigung des Allgemeinen zu gewinnen:

»Das schrecklichste Opfer, das der Gang der Geschichte fordert, ist der Tod von Schuldlosen. Er ist der Blutzoll, den der Forschritt kostet.« (HE 73)[16]

Erinnern, vergessen: beide Fähigkeiten polarisieren nicht nur die Antagonisten in *Horns Ende*. In *Triebstruktur und Gesellschaft* beschreibt Herbert Marcuse diese Ambivalenz mit Nachdruck und moralischer Emphase, ganz verwandt der Figur Horn, aber auch ihrem Autor Hein: Die »Fähigkeit, zu vergessen – selbst das Ergebnis einer langen und furchtbaren Erziehung durch die Erfahrung –, ist ein unerläßliches Erfordernis der seelischen und körperlichen Hygiene, ohne die das Leben in der Kultur unerträglich wäre; aber sie ist auch das seelische Vermögen, das die Unterwürfigkeit und den Verzicht unterstützt. Vergessen heißt auch, all das vergessen, was nicht vergeben werden dürfte, wenn Gerechtigkeit und Freiheit gelten sollen. Solch ein Vergessen bringt immer von neuem die Bedingungen hervor, die immer von neuem Ungerechtigkeit und Knechtschaft hervorbringen: vergangene Leiden vergessen, heißt den Kräften vergeben, die diese Leiden verursachten – ohne diese Kräfte zu überwinden. [...] Gegenüber dieser Ergebung in die Zeit ist die Wiedereinsetzung der Erinnerung in ihr Recht als Mittel der Befreiung eine der edelsten Aufgaben des Denkens. [...] Die Zeit verliert ihre Macht, wenn die Erinnerung die Vergangenheit wieder zurückbringt.«[17]

Die wiedergefundene Zeit erscheint als der noch denkbare Sieg über den Zerfall. Im Erinnern der Figuren kann – zumindest für den Rezipienten – die andere Biographie aufleuchten, die verpaßte Chance, sich dem Zerfall zu entziehen. Christoph Hein erscheint hier wie im gesamten Werk als ein Moralist des Widerspruchs, und er läßt anklingen, in welchen Bildern der Widerspruch zu denken sei.

Deutlicher als in sonstigen Texten ist das Andere ausgelagert, bestenfalls qua Projektion beziehbar auf die handelnden Figuren des Romans. Das selbstbestimmte, authentische und unmittelbare Leben, der umfassende Eros, wie Marcuse ihn als Utopie in den Archetypen von Orpheus und Narziß entwickelt, wird nicht realisiert, aber angespielt in den Zigeunern, der geistig behinderten Marlene, erinnert im kindlichen Spiel. Schließlich taucht es auf im möglich gewesenen Glücksmoment der reinen körperlichen Liebe. Wie in *Drachenblut*[18] steht der Liebesakt in der Natur an zentraler Stelle im Roman. In beiden Fällen handelt es sich um Übertretungen[19] einer Tabuisierung, um verbotene und gerade dadurch befreiend lustvolle Liebe. In beiden Fällen ist die erzählende Figur die ausgelieferte, passive. Sie verliert sich an die Natur und an die begehrende andere Person. Der Körper diffundiert in seine Umgebung.[20] An Dr. Spodeck wird das vorgeführt; prototypisch schon im Wandel seiner Wahrnehmungen. Er sieht die abgegraste Weide, er hört das leise Knistern von Christines Kleid, er spürt das Gras, die Hand Christines, den Schatten ihres Körpers (HE 171 f.). Vom Visuellen über das Auditive zum Taktilen: die Rezeptoren verlieren mit ihrer Spezifität das Distanzierende (HE 173).

Die sexuelle Plethora, die Überfülle des Blutes, von der Bataille spricht[21], bewirkt die Entgrenzung, das punktuelle Überwechseln von der diskontinuierlichen Vereinzelung zur Kontinuität, zur Verschmelzung. Hein aber verbindet die entgrenzende Funktion der Plethora mit einem Erkenntnisprozeß des Körpers, des jagenden Blutes, der geöffneten Haut. Der wiederkehrende Körper hebt die jahrelange Verdrängung in aller Plötzlichkeit auf, lüftet den ›barmherzigen Schleier‹ der Selbstzwänge, und er macht diese Aufhebung gleichzeitig erfahrbar und bewußt. Nicht erst in der Erinnerung, schon im ich-auflösenden sexuellen Rausch liegt die Einsicht, sich von der Unmittelbarkeit des körperlichen Lebens in die ›blutleere‹ Konvention, den gesellschaftlich obligaten Selbstzwang geflüchtet zu haben.

Wo immer er kann, integriert der Autor in solche Momente einer individuenbezogenen zivilisationskritischen Perspektive ein genuin aufklärerisches Moment. Die Diskursivität Marlenes, die aufblitzende Erkenntnis im sexuellen Rausch sind Eckpunkte auch seines aufklärerischen Literaturverständnisses, ausgerichtet auf literarische Öffentlichkeit. Hein betreibt nicht allein die Ausstellung des bestehenden Negativen, er zeigt auch in Ansätzen Momente des Anderen, die einer zu sich selbst kommenden, nicht rein instrumentellen Vernunft integrierbar sein müßten. Und er läßt das Andere sich partiell aussprechen, gibt Vorgaben somit für den Diskussionsprozeß einer umfassenderen Vernunft.

Heins Texte entziehen sich zudem nicht unmittelbarem Verstehen. Sie sind in summa schon diskursiv; das Mitgeteilte rangiert vor der Art der Mitteilung, dem Inhalt kommt ein Primat vor der Form zu. Die Vorgaben einer Autonomie-Ästhetik, die sich am innovativen Material ausrichtet, werden in Heins Texten ignoriert. Sie stehen statt dessen in der Tradition aufklärerischer Literaturpraxen, indem sie sich abwenden von der Befriedigung von Partikularinteressen und auf Allgemeinheit hin orientieren. Sie sind auf Wirkung gerichtet; ein Verfahren, das unter dem immer noch herrschenden Dominanzanspruch der Autonomie-Ästhetik problematisch wird. Künstlerischer Wert und direkte Wirkung auf den Rezipienten, die wiederum in einen Diskurs über das Formulierte zu überführen wäre, stehen sich, trotz einer allgemeinen Entdifferenzierung, die als Postmodernität beschreibbar geworden ist, unversöhnlich gegenüber.

Hein bringt die Themen manifest zur Sprache, denen Adorno etwa in der Formwerdung aus soziologischer Perspektive nachspürt. So sind es gerade die Elemente einer allgemeinen Zivilisationskritik, die Hein – qua vorausgesetzter Negation des Rezipienten – implizit, an manchen Stellen sogar betont explizit artikuliert. Verhandelt wird, was der Frankfurter Schule Ergebnis der Analyse war: »das Selbst, der identische, zweckgerichtete, männliche Charakter des Menschen«[22] und seine Konstituenten.

Anmerkungen und Zitatnachweise

[1] Christoph Hein: Nachtfahrt und früher Morgen. Prosa. Hamburg 1982. Darin: Einladung zum Lever Bourgeois, S. 145–165; Der neuere (glücklichere) Kohlhaas, S. 125–144.

[2] Christoph Hein: Horns Ende. Roman. Berlin/Weimar 1985 (im folgenden Zitatnachweis im Text).

[3] Man könnte, gewissermaßen als die Kehrseite der Trennungserlebnisse, *Horns Ende* auch am Paradigma der Fremdheit und Einsamkeit entwickeln. Von beiden Empfindungen wird innerhalb des Romans ungewöhnlich oft und direkt gesprochen, sie lassen sich für fast alle Figuren anführen. Beispiele: Dr. Spodeck (HE 9, 172), Horn (21, 74, 203, 215, 223), Kruschkatz (51, 154), Gertrude Fischlinger (112), Marlene (234).

[4] Vgl. Reiner Flügge: Christoph Hein. Horns Ende. In: L'80, 1987, H. 41, S. 178. Dagegen: Klaus Hammer: Christoph Hein: Horns Ende. In: Weimarer Beiträge 33 (1987), H. 8, S. 1358–1369; Frank Hörnigk: Christoph Hein. In: Literatur der Deutschen Demokratischen Republik. Einzeldarstellungen. Berlin 1987, S. 101–116, bes. S. 114 f.

[5] Mit diesem Museumsbesuch verbindet sich für den Jungen auch die erste Bekanntschaft mit Horn, die Passage liest sich also als Vorausdeutung seines Selbstmordes (HE 64).

[6] »Zigeunerfrauen kriegen keine Kinder, sondern stehlen sie«, sagt Tante Hedel der ungläubigen Marlene (HE 118).

[7] Vgl. Klaus Hammer (s. Nachweis 4), S. 1362; Sibylle Cramer: Kampf um Erinnerung. In: Frankfurter Rundschau, 9. 10. 1985.

[8] Dieses ambivalente Faszinosum spricht der konservative Soziologe und Kulturphilosoph Hans Freyer an, verlängert es allerdings in die Vergangenheit, an den Beginn der menschlichen Kultur. Die Seßhaftigkeit siedele von jeher in der Entfremdung, das Nomadentum changiere zwischen Lust und Gefahr. – H. F.: Theorie des gegenwärtigen Zeitalters. Stuttgart 1955, S. 222.

[9] Tatsächlich tritt bei Hein die psychologische Komponente einer allgemeinen Entfremdungstheorie gegenüber einer ökonomischen – um die Dichotomie bei Israel aufzunehmen – in den Vordergrund. Die Kategorie Arbeit, vor allem verstanden als Produktion, hat nur noch sehr vermittelt, und zwar meist personenbezogen (wie insbesondere bei Horn), Einfluß auf die Entfremdungsphänomene, unter denen die Subjekte zu leiden haben. Vgl. zu oben: Joachim Israel: Der Begriff Entfremdung. Reinbek 1972.

[10] Es geht Hein offenbar überhaupt nicht um eine Spezifikation der Geistesstörungen Marlenes. Das Verrückte kann allgemein bleiben, eben weil es nur für das Andere einsteht.

[11] Diese Meinung vertritt Antje Janssen-Zimmermann: Gegenwürfe. Frankfurt a. M./Bern/New York 1988, S. 13.

[12] So Wolfgang Emmerich: Kleine Literaturgeschichte der DDR. 1945–1988. Erw. Ausgabe. Frankfurt a. M. ^{5}1989, S. 338. Auch Hammer spricht von »Vielperspektivität mehrerer Figurenschichten« und von »Spiegelungen« (s. Nachweis 4), S. 1360. Behn wertet die einzelnen Erzählhaltungen als »Fragmente eines zerbrochenen Spiegels«. Manfred Behn: Christoph Hein. In: Kritisches Lexikon zur deutschsprachigen Gegenwartsliteratur. Hg. H. L. Arnold. 34. Nlg., München 1990, S. 8.

[13] Vgl. Phil McKnight: Ein Mosaik. In: Sinn und Form 39 (1987), S. 415–425.

[14] Kampf um Erinnerung. Die Formulierung, bekannt aus Alexander und Margarete Mitscherlichs Buch *Die Unfähigkeit zu trauern*, steht leitmotivisch vor der Rezension Sibylle Cramers (s. Nachweis 7).

[15] Vgl. die oben angeführte Passage, HE 45.

[16] Vgl. auch folgende Formulierung Kruschkatz' über Horn: »Es war ihm ein geschichtlich notwendiges Unrecht angetan worden im Namen eines höheren Rechts, im Namen der Geschichte. Ich war nur das ausführende Organ, die kleine Stimme dieses ehernen Gesetzes.« (HE 69)

[17] Herbert Marcuse: Triebstruktur und Gesellschaft. Frankfurt a. M. 1971, S. 228, 230.

[18] Christoph Hein: Drachenblut. Novelle. Darmstadt/Neuwied 1983, S. 51–53.

[19] Bataille bindet die Übertretung in der Sexualität an das Wesen des arbeitenden Menschen: »In der menschlichen Sphäre löst sich die sexuelle Aktivität von der tierischen Einfachheit. Sie wird ihrem

Wesen nach zur Übertretung. Nach Aufstellung des Verbotes setzt nicht einfach eine Rückkehr zur usprünglichen Freiheit ein. Die Übertretung gehört zu einer Menschheit, die von der Arbeit organisiert wird. Auch die Übertretung wird organisiert. Die Erotik ist im ganzen eine organisierte Aktivität; insofern sie organisiert ist, verändert sie sich im Laufe der Zeiten.« Georges Bataille: Der heilige Eros. Frankfurt a. M./Berlin/Wien 1984, S. 104. Foucaults Kommentar zu Bataille treibt diese Einschränkung der Wirkung von Übertretungen, wie mir scheint, noch weiter. Er formuliert damit eine deutlich andere Position der Sexualität als Hein; in dessen erzählerischem Werk wird die sexuelle Übertretung – wie das Andere generell – als ein dialektisches Außen gedacht. Foucault dagegen unternimmt einige Anstrengungen, den Begriff der Übertretung bei Bataille ohne dialektisches Gegenbild zu denken. Michel Foucault: Zum Begriff der Übertretung. In: M. F.: Schriften zur Literatur. Frankfurt a. M. 1988, S. 74 f.

20 Vgl. Christoph Hein: Drachenblut (s. Nachweis 18), S. 50–53; HE 170–174.

21 Georges Bataille (s. Nachweis 19), S. 90–105.

22 Max Horkheimer/Theodor W. Adorno: Dialektik der Aufklärung. Frankfurt a. M. 1986, S. 40.

Karin Hirdina

Das Normale der Provinz – »Der Tangospieler«

Frau Doktor aus dem *Fremden Freund* hat einen Zwilling bekommen. Auf den ersten Blick erscheint der »Tangospieler« allerdings kaum als so naher Verwandter: Er ist männlich, hat Namen, Adresse und eine ungewöhnliche Geschichte hinter sich. Hans-Peter Dallow ist promovierter Historiker, sechsunddreißig Jahre alt, war bis vor zwei Jahren Oberassistent an der Leipziger Universität und kann Klavier spielen. Das Ungewöhnliche: Er hat gerade einundzwanzig Monate im Strafvollzug verbracht.

Die Erzählung setzt mit seiner Haftentlassung ein, sie endet sieben Monate später am Vorabend von Dallows Rückkehr an die Universität. Christoph Hein erzählt über diese sieben Monate in dem Ton, den wir schon aus *Der fremde Freund* kennen: unterkühlt, protokollartig, mit einer sehr indirekten Ironie. Und er erzeugt dieselbe Wirkung: Abwehrhaltung. Es gibt einen Unterschied in der Erzählweise: *Der Tangospieler* ist keine Ich-Erzählung. Nun verstärkte gerade die Ich-Erzählung den Schock, den *Der fremde Freund* auslöste. Denn es war eine Frau, die da scheinbar fühllos über sich berichtete, Unabhängigkeit als Bindungslosigkeit vorführte, Berührungsangst zum Lebensprogramm erhob. Eine tüchtige Ärztin, eine normale Frau, gleichzeitig eine ›unnatürliche‹ Frau, kalt, ein weibliches Monster – und das in der Form der Ich-Erzählung, die Identifikation nahelegt. Keine Distanz zwischen Autor und Ich-Erzählerin kam dem Leser zu Hilfe für eine beruhigend distanzierte Lektüreweise. Dallow hat mit der namenlosen Ärztin vieles gemeinsam: Auch er will keine Bindungen, interessiert sich nicht für Politik, hält sich heraus und ist durchaus kein unsympathischer Mensch.

Diesen Zwillingsbruder erzählt nun Hein nicht in der Ich-Form. Das wird wohl daran liegen, daß schnoddrig-kühle Männer uns aus Büchern und Filmen seit langem vetraut sind; Männer, die sich gefühllos bis zynisch geben und schließlich doch ein warm schlagend Herz offenbaren – Humphrey Bogart hat in *Casablanca* diesen Typ zum Idol gemacht. Raymond Chandlers Philip Marlowe gehört zu dieser Familie, aber sie hat Angehörige auch in der DDR-Literatur, Manfred zum Beispiel in Christa Wolfs *Geteilter Himmel.* Der Ton, in dem solche Männer über sich selbst erzählen, ist uns vertraut, wir wissen um ihren hinter Lässigkeit und Ruppigkeit verborgenen Charme. Humphrey Bogart blickt Dallow über die Schulter. Schockiert aber wird der Leser hier auch – nur mit etwas anderen Mitteln. Zunächst und scheinbar vor allem durch die Geschichte selbst, die Gefängnisstrafe. Aber erst auf Seite 68 erfährt der Leser, warum Dallow damals verurteilt wurde, und da weiß er schon: Es gibt Beunruhigenderes an Dallow als seine Haft und die Gründe für sie.

Beunruhigend ist Dallow selbst. Er begründet die Unlust, seine Geschichte zu erzählen, im Gespräch mit Schwester und Schwager:

»Vergiß bitte nicht [...], ich habe diese Geschichte schon ein paarmal erzählen müssen. Und bevor ich sie das erstemal jemandem erzählte, habe ich sie erlebt. Und auch da hat sie mich schon gelangweilt.«

Gelangweilt und desinteressiert ist er vor allem, das ist nicht nur Schale, sondern Kern. Und langweilig, gar sinnlos sind dann auch die Deutungen seiner Verhaftung und Verurteilung, die angeboten werden. Zum Beispiel: Er wurde verurteilt, weil er auf dem Klavier einen Tango spielte. Weil der Richter es so wollte. Weil es hysterische Zeiten waren (1966) und wir heute (1968) weiter sind. Oder: Da wurde einer verurteilt wegen »Verächtlichmachung führender Persönlichkeiten des Staates« – so lautete die Anklage, sie bezog sich auf den Text des Tangos. Den Text aber hatte Dallow gar nicht zur Kenntnis genommen, er war nur eingesprungen zur Premiere des Studentenkabaretts. Offenbar hat ihn nicht die Haft zu dem gemacht, der er nun ist, er hatte sich schon damals für nichts als seine eigenen Angelegenheiten interessiert. Er spielte eben Klavier. Recht geschah dir, sagt sein Schwager, Tango spielt man nicht auf dem Klavier, nur auf dem Bandoneon, wahrscheinlich hat der Richter dich deshalb verurteilt. Ich war nur der Tangospieler, sagt Dallow, deshalb geschah

Buchpremiere von »Der Tangospieler«, 18.5.1989 im »Internationalen Buch«, Berlin, Spandauer Straße

mir Unrecht. Die Zeiten haben sich geändert, sagt der Richter, aber Sie haben deshalb nicht recht (auch wenn heute der Tango mit Text gespielt werden kann).

Unrecht ist Dallow geschehen, daran zweifeln nicht einmal die Herren mit den vertrauten Namen Schulze und Müller, die Dallow nach seiner Entlassung bestellen, besuchen, ihm helfen wollen, die gut informiert sind. Aber selbst, daß ihm Unrecht geschehen war, erscheint eher gleichgültig, langweilig als aufregend. Dallow besteht darauf, daß der Richter eingesteht, ihm sei Unrecht geschehen – aber er tut dies im angetrunkenen Zustand, und es macht ihn eher zur komischen Figur. Trotz der Fakten, die die Geschichte bilden, ist *Der Tangospieler* keine Abrechnung mit politischen Fehlern der Vergangenheit. Diese kommen eben vor, wie manches andere auch vorkommt. Die Erzählung ist sowenig ein Buch über die sechziger Jahre wie *Horns Ende* eines über die fünfziger war. Was und wie erzählt wird, erscheint – und dies ist das Beunruhigende – als »stino«, wie es im jugendlichen Jargon heißt: stinknormal. Es ist ein Buch über Banalität; es ist kein banales Buch. Was im *Fremden Freund* das weibliche Geschlecht der Hauptfigur war, das ist hier der Beruf der Hauptfigur in Verbindung mit den Eigenschaften, die Dallow und Frau Doktor gemeinsam haben. Dallow ist Historiker, und er ist zutiefst unpolitisch. »Mich interessieren nur tote Politiker.« Unpolitisch zu sein wird als stinknormal erzählt: Man ist aufgeklärt (sexuell wie politisch), deshalb ohne Illusionen, unfähig zu Bindungen, immer etwas gelangweilt, angeödet, gleichgültig. Unsympathisch ist dieser Dallow nicht, es gibt sogar Beziehungen, die funktionieren: zu Schwester und Schwager. Aber da ist etwas Unstimmiges in der Art, wie Dallows Beziehungen zur Familie erzählt werden. Die Sprache wird ein wenig anders, fast verkitscht, erhält einen anderen Rhythmus. Im Dorf, in dem seine Eltern noch heute leben, liegen seine Ursprünge.

»Hier hatte alles seinen Anfang genommen, waren seine Sehnsüchte und unaussprechbaren Wünsche entstanden, die ihn auf den Flügeln seiner Tagträumereien, angeregt von den aus der Gemeindebibliothek entliehenen Büchern, immer wieder aus dem kleinen Nest trugen in versunkene Zeiten und reiche glücklichere Welten, bis sie ihn eines Tages tatsächlich aus dem Dorf führten und zu einer anderen Natur des Lebens.«

Hier liegt die Andeutung von etwas Unklarem unter der Oberfläche, ausgedrückt durch gehäufte Adjektive, klischeehafte Formulierungen einer ›unstillbaren Sehnsucht‹. Im *Fremden Freund* hatte Hein ähnliches noch direkter erzählt: als Geschichte einer zerbrochenen Kinderfreundschaft, als Fotomarotte der Ärztin – sie fotografierte nur Landschaften mit Ruinen.

Dallow versucht sieben Monate lang, sein Leben neu zu beginnen. Und er weiß doch:

»Er war erst sechsunddreißig Jahre alt und doch schon ein alter Mann, jedenfalls so alt, daß er den ganzen Tag darauf wartete, wieder ins Bett zu kommen.«

Im Grunde ist alles gelaufen, nichts wird mehr kommen – ab und zu die Angst vor dem Altwerden, vor der Einsamkeit dabei, vor Krankheit, sonst nichts. Und das gibt sich als belanglose Erfahrung. Durch die Art des Erzählens. Da werden eher Filmbilder lakonisch beschrieben als Vorgänge episch erzählt. Satz wird an Satz gereiht wie Filmsequenz an Filmsequenz. Beispiel:

»Er öffnete die Kühlerhaube, füllte die Batterie nach und schloß sie an das Ladegerät. Er achtete darauf, daß er seinen Anzug nicht beschmutzte. Dann schloß er die Garage ab und ging in die Wohnung zurück. Er wusch sich gründlich die Hände. Danach zog er den Wintermantel an, setzte die Wollmütze auf und verließ die Wohnung.«

Kurze Sätze, Protokollton. Dann der Wechsel, der Beunruhigung schafft: lange, längste Sätze, wenn Dallows Reflexionen erzählt werden. Ganz selten ein interpretierendes Adjektiv, selten ein Wechsel der Perspektive. So wird zwar nicht Distanz zur Figur, aber deutlicher wohl als im *Fremden Freund* ein Minimum an ironischer Brechung erzeugt.

Dem entspricht, was erzählt wird. Dallow will nach seiner Entlassung die Freiheit genießen: die Abwesenheit von Nötigung – seine Definition von Freiheit. Er lebt vom Ersparten, besucht Nachtbars, schläft jede Nacht mit einer anderen Frau. Natürlich wird diese Freiheit langweilig, für das Nichtstun hat er kein Talent, Barbesuche und anschließende Nächte ekeln ihn schließlich an. Die Moral von der Geschicht: Bindungslosigkeit verschafft nicht Genuß, sondern Langeweile. Leider ist dies noch nicht Heins Pointe. Sie *scheint* es nur lange zu sein. Zunehmend wird nämlich die anfänglich noch mögliche Identifikation mit dem zu Unrecht Verurteilten abgelöst durch Befremden, dann Verstimmung. Befremdend ist sein Ausweichen – vor den Eltern, vor Elke, vor der Institutssekretärin, vor ehemaligen Freunden, vor Festlegungen. Verstimmung aber kommt auf ob seiner Gleichgültigkeit gegenüber dem, was 1968 in der ČSSR geschieht. Dallow arbeitet schließlich doch – genötigt durch richterliche Auflage –, er ist Saisonkellner auf Hiddensee. Das ist eine Art Arbeit, die er gleichgültig machen kann und die viel Geld einbringt. – Mitglieder der Hiddenseegemeinde werden hier ein zusätzliches Vergnügen haben, alles ist so schön authentisch. – Quartiere auf Hiddensee sind knapp, so ist Dallows Bett sehr begehrt. Die kleine Studentin, die im August ob der Nachrichten »von dem Einmarsch der Truppen in Prag« in Tränen ausbricht, wird von Dallow ins Bett gezogen. Er schläft mit ihr, während sie weinend die Nachrichten hört. – Die männliche und politisierte Ausführung der Kälte, die im *Fremden Freund* so erschreckte. Und dann folgt die Pointe der Erzählung. Der Mann, der statt Dallow Dozent am Institut geworden war, ist abberufen. Er ging sieben Uhr morgens in die Vorlesung, ohne Nachrichten gehört zu haben. Deshalb erklärte er den Einmarsch zur Feindpropaganda. Nun wird Dallow die Dozentur angeboten. Er nimmt sofort an – wenige Wochen zuvor hatte er ein Angebot, am Institut wieder als Oberassistent zu arbeiten, brüsk abgelehnt. Die Dozentur und die Bestrafung des anderen sind ihm Rehabilitierung. »Jetzt braucht ihr mich« – kleinliches Recht-behalten-Wollen. Er fährt zurück nach Leipzig, spielt das erste Mal wieder Klavier, stellt den Wecker. Der kurze Satz: »Er wollte am nächsten Morgen pünktlich im Institut sein.« Da ist er nun wieder dort, wo er auch ohne die Zwischengeschichte gewesen wäre: in der ordentlichen Laufbahn. Es geht alles seinen *stinknormalen* Gang.

Was auch geschieht, in Wahrheit ist nichts geschehen, wird nichts geschehen. Im *Fremden Freund* hieß das so:

»Es läuft alles in seiner gewohnten Ordnung, alles normal. Kein Anlaß für einen Schrei. Nur nicht hysterisch werden. Ich will bleiben, was ich bin, eine nette, sehr normale Frau. Es ist nichts geschehen.«

Nur das Geschlecht ist im *Tangospieler* anders.

Christoph Heins Thema ist die Normalität. In der Provinz. Hier wird sie akzentuiert als eine im Innersten unpolitische. Wo kommt das her? Hein tut uns nicht den Gefallen, darauf eine Antwort zu geben. Einiges könnte einem da schon einfallen. Bekenntnisse, politische Sätze und Losungen sichern noch nicht politisches Verhalten – die Sätze beherrscht Dallow als Hochschullehrer natürlich perfekt. Ein ›Unfall‹ wie seinem Kollegen wird ihm nicht geschehen, er stellt die Bedingung: Keine Vorlesung früh um sieben.

Normalität und Banalität haben Dallow eingeholt, sie sind stärker als die unerhörte Begebenheit seiner Haft. Aber die Normalität hat ihren gefährdeten und gefährlichen Untergrund. Da pulsiert etwas, der Rhythmus der Sätze gibt es wieder – durch die scheinbar unkünstlerischen und banalen Wortfolgen hindurch. Frau Doktor hatte dies in einem Bild gefaßt. Hinter den Gesichtern auf ihrem Hochzeitsfoto sieht sie die unterdrückte Anarchie:

»Es sind ratlose, verschüchterte Umstürzler, aber in ihren Augen schimmert unübersehbar etwas vom Glück und der Hoffnung aller Anarchie.«

In *Horns Ende* erzählte Hein von Borniertheit, Denunziantentum und Perversion unter der wohlanständigen Oberfläche der Kleinstadt. Die Ärztin hatte die Gefahr des Verrücktwerdens reflektiert, kühles Unbeteiligtsein war ihr Versuch, den Deckel auf dem Topf zu halten. Dallow hat seine Defekte wie Frau Doktor. Äußeres Zeichen, Pendant zu ihrer Geruchsempfindlichkeit: In bestimmten Situationen stirbt ihm die rechte Hand ab.

Beide halten sich heraus. Und beide haben eine Erfahrung gemeinsam, sie gehört zu dem beunruhigenden Untergrund der Normalität. Es ist die Erfahrung mit der bestürzenden Aggressivität von Jugendlichen. Der fremde Freund Henry wurde von einem Siebzehnjährigen erschlagen. Einfach so.

Dallow beobachtet Jugendliche in der Straßenbahn, ihre mehr als ungenierte und rüde Weise, einander näher zu kommen. Sie fühlen sich von ihm beobachtet:

»Er spürte, wie die jungen Leute durch den Wagen liefen und auf ihn zukamen. Er sah weiterhin angestrengt aus dem Fenster und achtete gespannt auf die Geräusche hinter seinem Rücken. Plötzlich wurde sein Kopf gegen die Fensterscheibe gestoßen [...]. Es sind Kinder, sagte er sich, ich kann mich nicht von Kindern zusammenschlagen lassen.«

Unter der Oberfläche der Normalität sitzen Aggression, Brutalität, Verunsicherung.

Stärker noch als die Frau Doktor ist der Mann Dallow von der Normalität bestimmt. Er hatte gemeint, ihr entkommen zu können, und nicht gewußt: Sie saß in ihm.

Friedrich Dieckmann

Christoph Hein, Thomas Mann und der Tangospieler

»Wenn eine Wohnung prangt, in hoher Luft gebauet,
So hat der Mensch das Feld geräumiger und Wege
Sind weit hinaus, daß Einer um sich schauet,
Und über einen Bach gehen wohlgebaute Stege.«
(*Hölderlin, um 1830*)

Als Christoph Hein – im September 1985 – das letzte Mal im Theater im Palast las, war Thomas Mann sein Thema. In der Aufsatzsammlung *Öffentlich arbeiten* kann man diesen Vortrag nachlesen, er ist von großer Merkwürdigkeit. Heins Abstoßungsbedürfnis geht so weit, daß er sein Diktum im Namen einer ganzen Epoche fällt:

»Aus einem der geliebtesten und gelesensten Schriftsteller seiner Zeit schuf sich unsre Zeit einen zwar schätzenswerten, aber kaum lesenswerten Autoren.«

Thomas Mann ist der Autor, der hier, schwach gebeugt, in den Orkus des Nichtinteresses gestoßen wird. Die Kehrseite des Verdikts ist eine Faszination, die den derart Verstoßenen einen Abschnitt weiter zum Paradigma des Schriftstellers schlechthin erhebt, ihm, als einzigartige, Werkeigenschaften zuschreibend, die spätestens seit Shakespeare, seit Grimmelshausen jedes erhebliche literarische Œuvre kennzeichnen: Kohärenz der poetischen Konfession, die Geschlossenheit der ästhetischen Bildung. Hein scheint das eine Besonderheit des Thomas Mannschen Werkes, und er empfindet sie als anachronistisch; zuletzt erhebt er den Dichter gar ins Zeusische und stellt ihm Prometheus, den Titanen, als das annäherungsfähige Muster gegenüber:

»Wo Prometheus uns Sterblichen ein Beispiel sein kann, wir ihn uns identisch zu machen vermögen, muß Zeus beispiellos bleiben.«

Die Emphase, mit der hier weit über das Rationale hinaus argumentiert wird, zeugt von Betroffenheit; offenbar ist sie die Signatur eines schmerzhaften Ablösungsprozesses. Das Unerreichbare wird bewältigt, indem es als das Unzeitgemäße festgestellt wird; im zweiten Schritt wird dann das Unzeitgemäße als das Unerreichbare – ein Wünschbares, aber Versagtes – bestimmt. Just auf dem Wege der Ablösung ist Hein dem nahegekommen, was er dem einen Autor vorbehalten möchte und was doch für einen jeden gilt, der sich original und umfassend über seine Welt, seine Zeit äußert: Dichte, Zusammenhang, Personalität einer sich in mannigfachen Werken entäußernden poetischen Hervorbringung. Die Mittel freilich sind immer neue, immer andere, und nicht nur um der besonderen Person des Autors willen; auch seine Umstände, sein Lebenskreis, die gesellschaftliche Konstellation, in der er sich findet, sind jeweils neu und spezifisch. Je genauer er ihrer inne wird, um so eher kann er universell werden.

Lebenskreis und Erfahrungsfeld Thomas Manns war das Deutsche Reich in seinen durch Bismarcks Kriege abgesteckten Grenzen, die tatsächlich von der Memel bis knapp an die Maas und vom Kleinen Belt nicht bis zur Etsch, aber immerhin bis zur Loisach reichten, ein politisches Gebilde von einer Prosperität und Fortgeschrittenheit, die den Griff nach der Weltmacht, die andere schon waren, auch vielen Scharfblickenden als ganz selbstverständlich erscheinen ließ. Noch die Dichtergeneration derer, die Ende der zwanziger Jahre geboren wurden, trägt diese Ausdehnung, den Reichshorizont, in sich, und wie verschieden sich die einzelnen auf das Land, in dem sie wohnen, dichterisch auch einlassen: der Rock, den sie ihm anmessen, neigt zur Überweite. Falten werfend auf sehr verschiedene Weise, fügt er sich um einen deutlich eingeschnurrten Körper.

Das Phänomen ist noch bei denen anzutreffen, die, Achtklöppler der Endzeit, gerade erst zur Schule gekommen waren, als das Reich sich auf jenes Gelände links vom Brandenburger Tor zusammenzog, das erst kürzlich mit einer Hingabe umgepflügt wurde, als meine man, baggernd der eigenen Geschichte ledig zu werden. Auch diese jüngsten Kriegsteilnehmer übertreffen heute noch zuweilen die Wirklichkeit, die sie umgibt, wenn sie den Versuch machen, ihr schreibend standzuhalten. Christoph Hein schrie erst aus der Wiege, als das Reich versank, und er war siebzehn, ein Schüler, als sich der Staat, in dem er ansässig war, definitiv auf jenen Rand zurückzog, den er seit seiner Gründung zugleich zu halten und zu übersteigen versucht hatte: Aufbau des Sozialismus in einem Viertelland. Wie schwer es diesem Autor dennoch wurde, der eingeschränkten Wirklichkeit, die ihm als Lebens-, als Kunstraum zufiel, gerecht zu werden, bezeichnen die in der Distanzierung wie in der Erhöhung übermäßigen Sätze über Thomas Mann, der im vierten Jahr jenes Reiches zur Welt kam, dessen Untergang Hein in die Wiege gelegt war.

Was er Thomas Mann vorwirft, liegt hinter der Rede, die es umschreibt. Ein Reichtum ist es, den man als Reichstum bestimmen könnte: nationale Repräsentanz aus dem Geist bürgerlicher Autonomie; dies eben war es, was den Dichter im Schweizer Exil lange zögern ließ, seine Staats-, eine Reichsbürgerschaft, aufs Spiel zu setzen. Ernst Bloch attackierte ihn damals als einen Bildner bürgerlichen Scheinlebens und nahm den Vorwurf später zurück, nicht nur aus Volksfrontfolgsamkeit, sondern begreifend, wie auch er selbst ein Reicher war in einer Welt um sich greifender Armut; mehr als einmal sollte er es erfahren. Mit enragierter Klarsicht hatte dies (in einem Brief vom 6. Februar 1935) sein Freund-Feind Walter Benjamin empfunden, der, im Gleichschritt mit Brecht, in der Armut die mystische Chance zu erkennen glaubte, den Geist zu behaupten. Die Erfahrung der Zeit hat Hein über diesen Trug von sich lassen wollenden Reichtums hinausgetragen. Sein eindringlicher Aufsatz *Das Verschwinden des künstlerischen Produzenten im Zeitalter der technischen Reproduzierbarkeit* bezeugt dies auch theoretisch-explizit.

Die Empfindlichkeit, mit der dieser Autor auf den uneinholbaren Reichtum des patrizischen Romanciers blickt, zeugt davon, wie schwer er sich seine Armut hat erarbeiten müssen. Es ist die der mystischen Chance, der geistigen Hoffnung bare. Sie ist gewonnen schon in seiner ersten Romanerzählung, die einenteils *Drachenblut,* andernteils *Der fremde Freund* hieß, und sie bestimmt seine neueste, die *Der Tangospieler* heißt. Es ist jene Armut, die der Wirklichkeit standhält, indem sie sie annimmt, Sorge tragend, ihr ein Kleid anzumessen, das die Falten weder des Pathos noch der Ironie noch gar des Modernismus, der beide überbietet, wirft, ein knapp und deutlich sitzendes Kleid, den Körper nicht verhüllend, sondern abbildend. Im *Tangospieler* suspendiert diese schwer errungene Armut noch die Katastrophe, die in der Luft liegt; noch sie wäre ein Ausdruck unangemessener Opulenz. Die Geschichte erhält ihre Armut in dieser letzten Verweigerung aufrecht. Die Zelle, in die der Held zurückfindet, ist nicht die des Gefängnisses, von dem er nicht loskommt, sondern die seines alten, komfortablen Lebenslaufs.

Ein Gerücht geht um über das schwer erhältliche Buch; dieses beschreibe, so hört man, das Schicksal eines, der wegen des Prager Frühlings ins Gefängnis gekommen sei. Das Bedürfnis bildet sich hier den Plot, der der Geschichte fernliegt. Nicht wegen einer wie immer aufrührerischen oder bloß witzigen Handlung oder Haltung, sondern einer Lappalie wegen ist der Tangospieler ins Gefängnis gekommen; das Urteil, schon den Beteiligten gegenüber eine Albernheit, ist es diesem Halbbeteiligten gegenüber, der tangospielend den Text kaum vernommen hatte, der doch nicht genehmigt war, um so mehr. Just der Prager Frühling gibt, als Winter über ihn hereinbricht, Gelegenheit, den Helden, der es sich und andern nicht vergeben kann, völlig unschuldig zu sein, wieder auf das Geleise zu setzen, von dem ihn der Zwischenfall abhob. Ein Mann, der über dem unbehebbaren Zusammenprall von Unschuld und Strafe (denn das Volk, in dessen Namen hier Recht nicht gesprochen wurde, ist unfehlbar noch im Irrtum) sein Selbst- wie sein Weltbewußtsein verlor, setzt auf dem Höhepunkt einer Krise, die ihn umbrandet, ohne daß er sie wahrnimmt, wieder auf der alten Schiene auf. So erklimmt seine Geschichte den Gipfel einer Armut, die aus den Dingen selbst hervorgeht.

Diese Armut ist nicht, wie noch bei Rilke, ein großer Glanz von innen. Und sie ist nicht, wie noch bei Brecht, jene Lossagung von den Dingen, aus der die Freiheit des Einverständnisses wächst. Der Tangospieler läßt sich in den Weltverlust fallen, da er zu keinem Einverständnis bereit ist und kein anderes Mittel sieht, dies zu bekunden. Was Rilke und Brecht, die Sänger der Armut, sich mit der Gebärde reicher Leute auferlegen, die eine Bürde von sich tun, wird Hein von den Umständen vorgegeben; seine Leistung, eine Widerstandsleistung, ist, daß er ihnen nachgibt. So erreicht er auf ganz anderem Wege eben jene Werkbestimmung, die er Autoren wie Goethe oder Thomas Mann vorbehalten möchte: Geschlossenheit, Dichte, Zusammenhang. Denn auch das Aussparende, das in den Verhältnissen selbst liegt, stiftet diesen, und ihn besonders; es ist nur kein subjekthafter Zusammenhang mehr. Die Hand fährt von der Gurgel des Richters, da sie begreift: nicht dieser ist schuld, und der Richter straft den Angriff nicht, da auch er weiß: es lag nicht an ihm. Sind die Handelnden Unpersonen, wird dies auch ihr Opfer.

Die Geschichte des Tangospielers gleicht von weitem der des Michael Kohlhaas: Selbstzerstörung eines, der das Unrecht, das ihm geschah, nicht leiden will. Kohlhaas freilich trägt seinen Zorn nach außen; er steckt die Welt an, die ihm mitspielt. Der Tangospieler verzehrt nur sich selbst. Aber nicht einmal dies erfüllt sich. Sondern das Exzentrische, das das Zufällige war, schlägt auf dem Höhepunkt gesellschaftlicher Exzentrizität wieder in das Zentrierte um. Wie der Panzer, den der Rehabilitierte auf seiner Heimfahrt mörderisch außer Tritt kommen sieht, in Reih und Glied bleibt, so tritt er, bei abgewendetem Gesichtsverlust, wieder in diese ein. Die Geschichte von dem schwer gekränkten, jäh aus der Bahn geworfenen Mann, der die Hand derer, die ihn mißhandelten, nicht ergreifen mag und sich selbst ausgrenzt, nachdem dies ihm geschehen war, kommt zum guten Ende, das die Chiffre der Ausweglosigkeit ist. Hölderlins späte Strophe beschreibt diesen Gang auf ihre Weise.

Bei Heins literarischen Altersgenossen finden sich Versuche, die Armut einer Subjektlosigkeit, die in den Verhältnissen nistet, als epische (oder theatralische) Unförmigkeit, als ein Aus-den-

Fugen-Gehen der Rede wie der Komposition zu konstituieren. Was dabei herauskommt, ist oft nur die Negativform der Thomas Mannschen (oder Max Reinhardtschen) Werkbildung – luxurierende Rohigkeit aus derselben, und verschärften, Egomanie, wie sie das Werk der Meister bürgerlicher Spätzeit zentrierte. Hein macht mit der Armut ernst; sein Land erlaubt es ihm. Seinen Figuren bleibt die Aura des Anarchischen wie der Gestus des Scheiterns versagt. Sie empfangen Schläge, die wie aus dem Nichts kommen, und kriechen wortlos in sich selbst zurück, sich einer Leere übergebend, die schon vorher da war; nun erst werden sie ihrer inne. Es ist die Leere des Subjektverlusts. Da sie ich zu sagen nicht gelernt haben, können sie auch nicht du sagen. Die Armut an Liebe ist jener besondere Mangel, an dem der allgemeine sich am faßlichsten zeigt.

Berlin, 25. April 1989

ÖFFENTLICHES ARBEITEN

Reinhard Andress

Christoph Heins Weg durch den Herbst 1989

Die Prosawerke und Dramen dieses Autors finden Leser in vielen Teilen der Welt[1], doch wurzeln sie in der Ex-DDR. Es waren auch vor allem die Leser dort, mit denen er den Dialog suchte und die er zur kritischen Selbstbefragung und Auseinandersetzung mit dem real existierenden Sozialismus anregen wollte.[2] Dieser Aufforderung blieb er selber treu. Mit einer beachtlichen Kontinuität des Aufbegehrens im Auftreten als Schriftsteller und Bürger der DDR wurde Christoph Hein einer der schärfsten öffentlichen Kritiker in seinem Land. Das dokumentieren seine als Essays gedruckten Reden deutlich.

Beispielsweise der Diskussionsbeitrag, den der Autor 1982 auf einer Tagung des Berliner Schriftstellerverbandes hielt und der dem Essayband *Öffentlich arbeiten* (1987) den Titel gab. In dieser Rede bemängelte Hein die fehlende Öffentlichkeit in seinem Land und wandte sich vor allem gegen die selektierende Weise, wie mit Kultur umgegangen wurde:

»Kultur ist umfänglicher als das, was uns nützlich, bequem, angenehm scheint, und sie stirbt mit jeder Beschränkung.«[3]

Als Beispiel für ein Medium, das besonders augenfällig unter den Zensurmaßnahmen litt, nannte er das Fernsehen. Noch eindeutiger sprach Hein das Tabu-Thema Zensur dann 1987 in seiner Diskussionsgrundlage für die Arbeitsgruppe »Literatur und Wirkung« auf dem DDR-Schriftstellerkongreß an und begründete seine Kritik im einzelnen:

»Das Genehmigungsverfahren, die staatliche Aufsicht, kürzer und nicht weniger klar gesagt: die Zensur der Verlage und Autoren ist überlebt, nutzlos, paradox, menschenfeindlich, volksfeindlich, ungesetzlich und strafbar.«[4]

Angesichts dieser kritischen Konsequenz überrascht es nicht, daß sich Hein – wie auch andere DDR-Schriftsteller – aktiv an den Herbst-Ereignissen 1989 in seinem Land beteiligte und diese beförderte und kommentierte. Sein persönlicher Einsatz, sein Mut und seine Hoffnungen für die damalige DDR werden dabei sichtbar, aber auch seine Täuschungen, Enttäuschungen und Irrtümer.

Hein war einer der ersten DDR-Schriftsteller, die sich zu einem Zeitpunkt, als Erich Honecker noch der mächtigste Mann

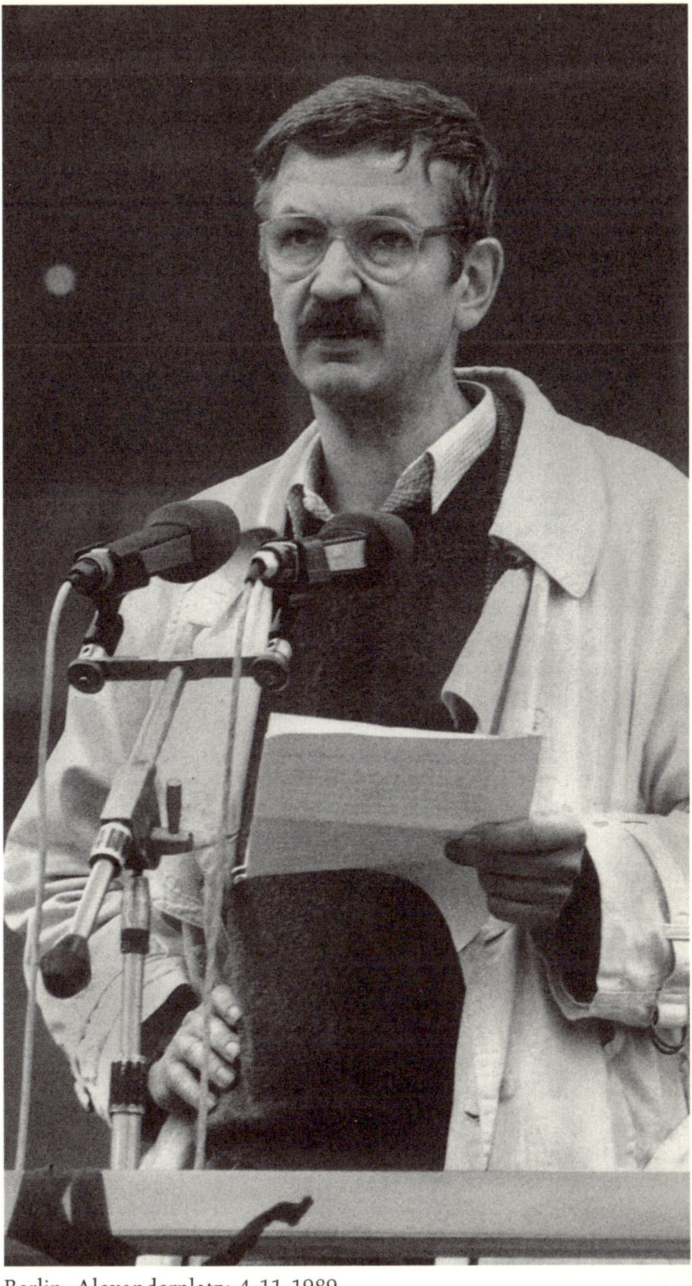

Berlin, Alexanderplatz: 4. 11. 1989

im Staat war, zur ernsten Lage in der DDR äußerten. In der Rede *Die fünfte Grundrechenart,* die er bei einem Treffen des Berliner Schriftstellerverbandes am 14. September 1989 hielt und die am 29. Oktober unter dem Titel *Gutgemeint ist das Gegenteil von wahr* im »Sonntag« erschien, blieb Hein beim Thema der fehlenden Öffentlichkeit für Kultur und sprach von einem mangelhaften Geschichtsselbstverständnis seines Landes. Für Hein besteht die »fünfte Grundrechenart« darin, daß

»zuerst der Schlußstrich gezogen und das erforderliche und gewünschte Ergebnis daruntergeschrieben wird«. Das gebe dann den Ausgangspunkt »für die waghalsigen Operationen, die anschließend und über dem Schlußstrich erfolgen«.

In der auf die antifaschistische Grundhaltung des Staates zurückzuführenden DDR-Geschichtsschreibung habe unter dem Schlußstrich »das kräftige Wort vom ›Sieger der Geschichte‹« gestanden:

»In einer Geschichtsbetrachtung, die dieser Grundrechenart huldigt, wird mit Auslassungen, Vernachlässigungen und scholastischen Rösselsprüngen gearbeitet, es wird verschwiegen und geglättet, um aus dem Labyrinth der Geschichte möglichst fleckenlos und schnell zu jenem Ausgang in die Gegenwart zu gelangen, der dem gewünschen Selbstverständnis am nächsten kommt.«

So seien die Lasten in der Geschichte der DDR und des Sozialismus – und damit meinte Hein auch den Stalinismus – nur ungenügend aufgearbeitet worden: »Und nicht ausreichend geschrieben heißt: nicht geschrieben, das sollten Literaten wie Geschichtsschreiber wissen.« Um der Geschichtsfälschung in der DDR entgegenzuwirken, ging er in seiner Rede mit zum erstenmal in der DDR veröffentlichtem Zahlenmaterial auf Stalins Terrorherrschaft ein. Heins Essay ist auch Gustav Just gewidmet, der 1957 zusammen mit Walter Janka, Wolfgang Harich und anderen unter falschen Anschuldigungen in Verbindung mit den Ungarn-Ereignissen im Jahre 1956 zu einer mehrjährigen Freiheitsstrafe verurteilt wurde. Das mangelhafte Verhältnis zur Geschichte seines Landes widerspiegelte sich für Hein dann auch in der »stattfindende[n] Geschichte«, nämlich in der offiziellen, die Massenflucht von DDR-Bürgern gen Westen banalisierenden Haltung, die der Weigerung entsprang, nach deren geschichtlichem Warum zu fragen:

»Es macht mich krank, in einer Stadt zu wohnen, aus der sich immer wieder Mitbürger mit einem Lebewohl statt mit einem Aufwiedersehen verabschieden. Und ich bin darüber verzweifelt, daß der Staat offensichtlich diese Verluste für bedeutungslos hält, jedenfalls für so bedeutungslos, daß er es nicht für notwendig erachtet, die Ursachen für diesen ständigen Verlust zu bekämpfen. Es macht mich krank, weil die Gesellschaft irgendwo krank ist.«[5]

Die Forderung nach einer ehrlichen Auseinandersetzung mit der DDR-Geschichte formulierte Hein immer wieder. Es wird nötig sein, noch einmal darauf zurückzukommen.[6]

Als sich die Ereignisse von Oktober bis Dezember 1989 immer mehr überschlugen, als die Fluchtwelle nicht abebbte, als das Ausmaß der amtlichen Korruption und die wirtschaftliche Misere immer deutlicher wurden, immer mehr DDR-Bürger auf die Straße gingen, und als die Grenze zur Bundesrepublik am 9. November geöffnet wurde, blieb Christoph Hein und anderen Schriftstellern in der DDR kaum Zeit und Ruhe, wohldurchdachte publizistische Texte zu schreiben, geschweige denn rein literarisch tätig zu sein. Die öffentlichen Äußerungen von Schriftstellern nahmen immer mehr den Ton der Eindringlichkeit an. Mit ihren Resolutionen, Erklärungen und Appellen traten viele von ihnen auf den überall stattfindenden Massenkundgebungen auf, wo sie im Sinne der Ersatzfunktion der Literatur in der DDR weiterhin die Rolle als Sprachrohr ihrer Leser wahrnahmen. Auch Hein genügte die Chronistenpflicht nicht mehr, die er als eigentliche Aufgabe des Schriftstellers empfindet, und er sah sich pausenlos im Einsatz.[7] In einem Tagebuch, das er während dieser Zeit führte, fing Hein das hektische Tempo der Ereignisse ein:

»Das Telefon klingelt ununterbrochen, Radio, Zeitung und TV rund um die Welt. Da ich jeden Tag mehrere Termine habe, muß ich überall absagen. [...] Ich lasse seit Tagen den automatischen Anrufbeantworter eingeschaltet. Es klickt fortwährend, zweimal am Tag muß ich das Aufnahmeband auswechseln.«[8]

Prägend war im Oktober der Schock der polizeilichen Übergriffe, die sich bei den Feierlichkeiten zum 40. Jahrestag der DDR ereigneten und den Konflikt zwischen der SED-Führung und der Bevölkerung schlagartig zuspitzten. Bei einer Lesung am 15. Oktober im Berliner Ensemble trug Hein eine »Öffentliche Erklärung« vor, in der er von einem negativen Weltanschluß der DDR sprach:

»Denn es ist wohl Weltläufigkeit, wenn wir Bilder, die wir bisher aus Chile und China zu sehen bekamen, nun auf unseren Straßen erblicken können.« Es könne nicht mehr geschwiegen werden: »Wenn ein Teil der Jugend das Land verläßt und der andere Teil der Jugend – der auf der Straße mitteilte: ›Wir bleiben hier‹ und den staatlichen Sicherheitskräften zurief: ›Das Volk sind wir. Wen beschützt ihr?‹ –, wenn diese Jugend zusammengeknüppelt wird, dann sind wir alle gefordert, dann gibt es für keinen von uns eine Entschuldigung, wenn wir weiter schweigen. Denn es kann keiner mehr sagen, das haben wir nicht gewußt.« Und er forderte eine »unabhängige Kommission [...], um den durchaus nicht vereinzelten, sondern offenbar gelenkten Exzeß der staatlichen Sicherheitskräfte zu untersuchen«.[9]

Diese Forderung wiederholte der Autor auf anderen Veranstaltungen. Als Ende Oktober in Berlin eine Untersuchungskommission gebildet wurde, arbeitete er mit und leistete während der turbulenten Ereignisse so auch wichtige praktische Arbeit.[10]

Weitere brennende Themen der Zeit waren die (wenig später auch von der Parteibasis nunmehr massiv öffentlich geforderten) personellen Veränderungen in der SED-Spitze, die Reform und das Verhältnis zum westdeutschen Nachbarn. In einem »Spiegel«-Interview[11], das am 3. November als Nachdruck in »Junge Welt« erschien, äußerte Hein einen »skeptischen Optimismus« Egon Krenz gegenüber; denn auch in der Sowjetunion habe es gereicht, »wenige Leute auszutauschen, und nun dreht sich langsam die ganze Bürokratie«. Zum Zeitpunkt des Interviews gab es für ihn »noch einen Konsens, daß man den Sozialismus in der DDR verändern will«. Er sprach davon, daß es auch dem Volk »um einen Sozialismus (geht), der wirklich den Namen verdient«. Zur freien Fahrt durchs Brandenburger Tor befragt, antwortete Hein:

»Ich denke, die DDR-Bürger, mich eingeschlossen, fahren vielleicht lieber mal durch Rom oder Paris. Der Wunsch, durchs Brandenburger Tor zu fahren, ist, glaube ich, sekundär. Es ist also nicht die Wiedervereinigung.«[12]

Seinen Traum von einem reformierten Sozialismus brachte Hein während einer Podiumsdiskussion »DDR – wie ich sie träume« um dieselbe Zeit des Interviews, ein Brecht-Wort abwandelnd, auf die naive Formel: »Stell dir vor, die DDR wäre sozialistisch und keiner geht mehr weg.«[13] Hier ging er offenbar noch davon aus, für alle sprechen zu können. Wie sehr er sich irrte, zeichnete sich schon wenige Tage später ab.

Zuerst kam es aber noch zum Höhepunkt des scheinbaren Bündnisses zwischen DDR-Schriftstellern und großen Teilen der Bevölkerung, in einem größeren Rahmen zwischen Intellektuellen und Arbeitern in der DDR. Diesen Höhepunkt bildete die Protestdemonstration vom 4. November auf dem Alexanderplatz, zu der Vertrauensleute der Gewerkschaften Berliner Theater aufgerufen hatten. Mit ihren über 500 000 Teilnehmern stellte sie eine der größten Menschenansammlungen in der deutschen Geschichte dar, und zusammen mit den von der Nikolaikirche ausgehenden und tonangebenden Montagsdemonstrationen in Leipzig gehörte sie zu den beeindruckendsten der Herbst-Ereignisse. Auf der Abschlußkundgebung gab es Wortmeldungen von Stefan Heym, Heiner Müller und Christa Wolf, und auch Hein hielt eine kurze Ansprache:

»Liebe mündig gewordene Mitbürger!
Es gibt für uns alle viel zu tun, und wir haben wenig Zeit für diese Arbeit. Die Strukturen dieser Gesellschaft müssen verändert werden, wenn sie

demokratisch und sozialistisch werden soll. Und dazu gibt es keine Alternative.«

Als einem Mann, der einen Traum hatte und bereit war, während der Nazi-Zeit für diesen Traum ins Zuchthaus zu gehen, brachte er Erich Honecker Sympathie entgegen, machte ihn aber auch für die »Fehler, Versäumnisse und Verbrechen besonders verantwortlich« und warnte insbesondere davor, wieder gesellschaftliche und staatliche Strukturen zu schaffen, »denen wir eines Tages hilflos ausgeliefert sind«. Schließlich lobte er »die Vernunft der Straße, die Demonstrationen des Volkes«, denn:

»Ohne diese Demonstrationen wäre die Regierung nicht verändert worden, könnte die Arbeit, die gerade erst beginnt, nicht erfolgen.« In diesem Zusammenhang schlug er vor, Leipzig zur »Heldenstadt der DDR« zu ernennen: »Der Titel wird unseren Dank bekunden. Er wird uns helfen, die Reform unumkehrbar zu machen. Er wird uns an unsere Versäumnisse und Fehler in der Vergangenheit erinnern. Und er wird die Regierung an die Vernunft der Straße mahnen, die stets wach blieb und sich, wenn es notwendig ist, wieder zu Wort meldet.«[14]

Trotz des Potentials der sozialistischen Erneuerung, das sich auf dieser Protestdemonstration in der begeisterten Aufnahme der Autorenworte zu manifestieren schien,[15] ließ die Fluchtwelle nicht nach. So war Hein wenige Tage später unter den DDR-Persönlichkeiten, die einen Appell unterzeichneten, den Christa Wolf am 8. November in der Nachrichtensendung des DDR-Fernsehens, »Aktuelle Kamera«, verlas und der am 9. November unter der Überschrift *Fassen Sie Vertrauen!* im »Neuen Deutschland« erschien:

»Was können wir Ihnen versprechen? Kein leichtes, aber ein nützliches und interessantes Leben. [...] Helfen Sie uns, eine wahrhaft demokratische Gesellschaft zu gestalten, die auch die Vision eines demokratischen Sozialismus bewahrt. Kein Traum, wenn Sie mit uns verhindern, daß er wieder im Keim erstickt wird. Wir brauchen Sie. Fassen Sie zu sich und zu uns, die wir hierbleiben wollen, Vertrauen.«[16]

Die Mauer fiel am Abend des Tages, an dem der Appell erschien. Er wird in dem Trubel untergegangen und ohnehin auf taube Ohren gestoßen sein. Denn es war auch die Zeit, wo aus dem Leipziger »Wir sind *das* Volk« rapide zunehmend in der ganzen DDR »Wir sind *ein* Volk« mit dem damit verbundenen Ruf nach »Deutschland, einig Vaterland« wurde. Teilweise waren es andere, die nun auf die Straße gingen, teilweise lernten viele, die von Anfang an auf die Straße gegangen waren, sich selbst in der Öffentlichkeit zu artikulieren, eine neue oder wieder erworbene Fähigkeit, die sich sehr deutlich in den Transparenten der Zeit zeigte.[17] Das Recht, für sich selbst zu sprechen, hatten die Menschen in der DDR zurückerobert, und sie brauchten ihre Schriftsteller nicht mehr. Statt dessen forderten sie das ein, was viele

DDR-Schriftsteller ohnehin an Privilegien genossen hatten. Auf der Seite der DDR-Bevölkerung setzte ein ›Nachholbedürfnis‹ ein: Vierzig Jahre Mangel, Reiseunfreiheit, politische Willkür und das Ausmaß der allgemeinen desolaten Wirtschaftssituation, der Umweltzerstörung und des Amtsmißbrauchs ließen die Demokratie und den Wohlstand der Bundesrepublik als Erfüllung aller eigenen Wünsche erscheinen. Der Weg aus der Misere der DDR war zusammen mit den Schriftstellern zunächst einmal ein gemeinsamer gewesen. Das Bündnis bestand jedoch nur für einen ersten Schritt, danach trennten sich die Wege. Die »Vision eines demokratischen Sozialismus«, die sich Hein und die anderen Unterzeichner des zitierten Appells noch erhalten wollten, war für weite Teile der Bevölkerung nicht mehr aktuell.[18]

Obwohl viele DDR-Schriftsteller unterschätzt hatten, wie sehr ihre Hoffnungen auf einen wirklichen und entstalinisierten Sozialismus über das idealistische Potential hinausgingen, das der real existierende Sozialismus der SED im DDR-Alltag zurückgelassen hatte, sprachen sie aus innerer Überzeugung weiterhin von diesen Hoffnungen. Hein war in diesem Zusammenhang keine Ausnahme, wie einem am 2./3. Dezember im »Neuen Deutschland« abgedruckten Interview zu entnehmen ist:

»Es ist uns jetzt die große Chance gegeben, auf deutschem Boden erstmals wirklich Sozialismus aufzubauen.«

Allerdings gab er zu, daß wohl nur wenige Menschen in der DDR weiterhin die Objekte eines sozialistischen Versuchs sein wollten:

»Dabei ist bei einem großen Teil der Bevölkerung schon eine gewisse Unlust zu beobachten. Man fühlte sich in den letzten vier Jahrzehnten hintergangen und findet wenige Gründe, sich noch einmal aufzuraffen für ein solches Experiment. [...] Unser Hauptproblem sehe ich darin, daß der Konsens für eine sozialistische Gesellschaft auf dem Spiel steht und daß er bald schon verloren sein könnte. Wir haben jetzt die letzte Chance.«[19]

Einige Tage später sprach er dann in »Junge Welt« wieder von der Chance des Sozialismus und somit von seiner Hoffnung:

»[...] wenn wir unsere kleine Chance nutzen, wäre es auch eine große Chance für die Menschen in der westlichen Welt.«

Doch die Chance für die »Zweistaatlichkeit« sah er bereits als »sehr klein«. Den Bruch der Bevölkerung mit den Vertretern der Hoffnung auf einen neuen Sozialismus brachte er sogar mit der Protestdemonstration vom 4. November in Verbindung:

»Ich glaube, der Konsens ist genau an diesem Tage zerbrochen. Das war der Höhepunkt, und Gemeinschaften pflegen immer dann zu zerbrechen.«[20]

Der Prozeß des Bruches läßt sich anhand eines denkwürdigen Appells verdeutlichen, der in seiner Endfassung von Christa Wolf überarbeitet, auch von Volker Braun unterschrieben und am 28. November von Stefan Heym im Internationalen Pressezentrum in- und ausländischer Journalisten in Ostberlin verlesen wurde. Der Aufruf *Für unser Land,* am 29. November im »Neuen Deutschland« erschienen, stellte die DDR radikal vor die (scheinbare) Alternative, *entweder* auf ihrer »Eigenständigkeit« zu »bestehen« *oder* einen »Ausverkauf« ihrer »materiellen und moralischen Werte« zu erdulden und durch die Bundesrepublik »vereinnahmt« zu werden.[21] So aufrichtig die Sorge der Unterzeichner um die moralische Unabhängigkeit der DDR auch gewesen sein mag, die Sprache des Appells war pathetisch und unterlag einem links/rechts vereinfachten Weltbild. Daß es dazu noch speziell in Deutschland ein gesamtdeutsches Denken gibt, wurde ignoriert und einfach nach rechts abgedrängt. Aus heutiger Sicht läuft es vielleicht sogar auf die von den Verfassern des Appells heraufbeschworene moralische, wirtschaftliche und politische Vereinnahmung der DDR durch die Bundesrepublik hinaus. Doch so einseitig einen reformierten Sozialismus als wirklich einzige Alternative für den Fortbestand des Landes darzustellen war gar nicht im Sinne einer demokratischen Erneuerung der DDR. Die Unlust unter der Bevölkerung, wieder das Objekt eines sozialistischen Experiments zu sein, wird der Appell nur mitprovoziert haben. Diesen eklatanten Widerspruch haben die ersten freien Wahlen in der DDR am 18. März 1990 dann deutlich dokumentiert.[22]

Augenfällig ist, daß Heins Name unter diesem Appell fehlt. Immerhin hatte er am 4. November auf dem Alexanderplatz noch die Haltung eingenommen, es gäbe »keine Alternative« zu einer sozialistischen Gesellschaft.[23] Daß Hein Ende November wußte, wie prekär es um einen Konsens für den Sozialismus stand, geht aus den bereits zitierten Interviews in »Neues Deutschland« vom 2./3. Dezember und »Junge Welt« vom 12. Dezember hervor. Blickt man aber auf das am 3. November ebenfalls in »Junge Welt« abgedruckte »Spiegel«-Interview zurück, wird deutlich, daß Hein bereits damals die weitere Entwicklung in der DDR zumindest ahnte: »In anderen Ländern, wie Polen und Ungarn, wo ich gerade war, ist dieser Konsens anscheinend vorbei.«[24] Daß er sich vielleicht weniger als manche seiner Schriftstellerkollegen der Illusion hingab, ein vom Stalinismus befreiter Sozialismus wäre in der DDR noch zu verwirklichen, mag zum Teil wenigstens erklären, warum er sich dann nicht mehr an dem »Für unser Land«-Appell beteiligte. Das bedeutete aber keineswegs, daß Hein die Entwicklung in seinem Land nun begrüßte:

»Wenn wir es nicht schaffen mit dem Sozialismus, wird der Kapitalismus einige seiner freundlichen Farben ablegen, die er angenommen hat, weil so eine merkwürdige Alternative aus dem Osten drohte. [...] Aber wenn es überhaupt keine mehr gäbe, brauchte er sich wirklich nur noch nach den eigenen Gesetzen zu richten.«[25]

Angesichts der gegenwärtigen Situation in der Ex-DDR mutet das wiederum fast prophetisch an. Aber es ist in diesem Zusammenhang wohl zu früh, ein endgültiges Urteil zu fällen.

Daß sich Hein dem erwähnten Appell entzog, kann seiner Weitsicht zugute gehalten werden. Dennoch kommt man nicht daran vorbei, manche der Erklärungen während der umwälzenden Herbst-Ereignisse kritisch zu sehen. Im »Spiegel«-Interview vom 3. November scheint Hein – wenn auch skeptisch – in Egon Krenz das Potential eines Gorbatschow gesehen zu haben. Auf dem Alexanderplatz machte er Honecker für die schweren Mißstände in der DDR zwar besonders verantwortlich, doch indem er auch zum Ausdruck brachte, daß dieser »den verkrusteten Strukturen gegenüber fast ohnmächtig« gewesen sei, schien er sich selbst zu widersprechen und den ehemaligen SED-Generalsekretär fast entschuldigen zu wollen. Für Honecker sei die DDR »keineswegs die Erfüllung seines Traumes«[26] gewesen. Diese scheinbare Sympathie steht weiterhin im Widerspruch zu Heins Forderung am selben Tag, es müsse mit den stalinistischen Strukturen gebrochen werden; denn genau diese repräsentierten die SED-Führer. So hätte man von Hein eher Distanz und einen eindeutigen Bruch mit der SED-Herrschaft erwartet. Die Äußerungen über Krenz und Honecker mögen auf seine Erneuerungshoffnungen für den Sozialismus zurückzuführen sein, den er zunächst einmal immer noch mit der alten Führung in Verbindung brachte. Meine Kritik wird allerdings aus heutiger Sicht geübt; denn auch Hein konnte damals nicht das wirkliche Ausmaß der Perversion der sozialistischen Idee durch die SED-Herrschaft ahnen.

Zu erinnern wäre auch noch an Heins Vorschlag auf dem Alexanderplatz, Leipzig mit dem Zusatz »Heldenstadt der DDR« zu versehen. Der Vorschlag mutet wie ein pathetischer und anachronistischer Rückfall in eine Zeit an, wo zum Beispiel Leningrad und Stalingrad und in der DDR Karl-Marx-Stadt ältere Städtenamen ersetzten. Immerhin wollte Heins Zusatz nicht so radikal den Namen der traditionsreichen Messestadt auslöschen, und mit »Helden« meinte er nicht einzelne, inzwischen diskreditierte Wortführer der kommunistischen Bewegung. Ihm ging es um die vielen Leipziger Bürger, die im Herbst 1989 den Mut hatten, Montag für Montag auf die Straße zu gehen, und in denen er seine Hoffnungen auf einen wirklichen Sozialismus erblickte. Im nachhinein, angesichts der heutigen politischen Entwicklung in der ehemaligen DDR, allerdings wirkt der Vorschlag eher peinlich.

Wesentlich wichtiger als die enttäuschten Hoffnungen und die Irrtümer Heins im Herbst 1989 scheint mir aber seine wiederholte Aufforderung zur ehrlichen Auseinandersetzung mit der DDR-Geschichte, die bei jedem einzelnen mit einer kritischen Selbstbefragung anfangen müsse. Ich komme damit auf seine Rede *Die fünfte Grundrechenart* vor dem Berliner Schriftstellerverband zurück. Dort ging es um das antifaschistische Selbstverständnis der DDR, das sich in der Parole vom »Sieger der Geschichte« artikulierte und nur eine beschönigende Version der sozialistischen Geschichte in der DDR und somit auch des dortigen Stalinismus zugelassen hatte. Als Hein im Gespräch mit »Junge Welt« vom 12. Dezember auf den Wahlbetrug vom Mai 1989 in der DDR zu sprechen kam, machte er klar, wie es zu stalinistischen Praktiken auch in seinem Land kommen konnte:

»Ziehe ich mal von den 99 Prozent Ja-Stimmen den Wahlbetrug von maximal zehn Prozent ab und setze dies ins Verhältnis zu den etwa 20 Prozent, die die SED (oder ihre Nachfolgepartei) bei freien Wahlen erhielte, bleibt ja eine merkwürdige Spanne dazwischen.«[27]

Die Parallele zum Nationalsozialismus ist offensichtlich, dessen Terror von Millionen Deutschen mitgetragen wurde. Nun sollen Nationalsozialismus und Stalinismus in der DDR keineswegs gleichgesetzt werden, doch eine Kontinuität autoritärer Strukturen kann andererseits nicht in Abrede gestellt werden, eine Kontinuität, die sich wiederum aus einer mangelhaften Aufarbeitung der NS-Zeit ergeben haben mag. Ein Mitläufer des Faschismus konnte leicht zu einem Mitläufer des Stalinismus werden. Auf diesen besorgniserregenden Kreislauf der Geschichte zielte Hein auch in seiner Festrede vom 7. Januar zum 100. Geburtstag von Kurt Tucholsky:

»Um den Faschismus und seine Untaten abzuwaschen, stürzte man sich in den Stalinismus und fiel in dessen Untaten, und ein Verbrechen wurde schnell durch ein anderes ersetzt und verdrängt.«[28]

Indem Hein zur ehrlichen Auseinandersetzung mit der eigenen Geschichte in der DDR auffordert, geht es ihm aber nicht darum, von Feigheit oder dem Gedanken zu sprechen, die Menschen in der DDR für ihr Mitläufertum bestrafen zu wollen. Vielmehr setzt er sich für »eine politische Hygiene«[29] der Gesellschaft ein.

Zur Korrektur der DDR-Geschichte und zur erwähnten politischen Hygiene könnte ein Buch wie Gustav Justs *Zeuge in eigener Sache*[30] beitragen, in dem der Autor seine Erinnerungen an die Stalin-Zeit in der DDR und seine eigene Aburteilung 1957 unter falschen Anschuldigungen aufzeichnete. Zu diesem Buch schrieb Hein das Vorwort, das am 30. Dezember 1990 als Vorab-

Hein während seiner Rede »›... und andere‹. Für Gustav Just« auf dem Gedenkkonzert für die Opfer stalinistischer Verfolgung, 5.12.1989 Schauspielhaus Berlin

druck unter der Überschrift ... *und andere* in der »Thüringer Landeszeitung« erschien. Der Prozeß gegen Just lief unter dem Stichwort »Janka und andere«, und es ist die darin enthaltene Anonymität, der Hein Just mit dem Vorwort entreißen will, um vor allem die DDR-Leser an sein Schicksal zu erinnern:

»Justs Buch hilft uns, eine Weltsicht zu zerstören, die viele, die wir alle hingenommen haben, mehr oder weniger wissend, daß sie verlogen ist, daß sie sich gegen uns richtete, da sie uns zu disziplinieren suchte. Sie wollte unser Gedächtnis und unsere Erinnerungen töten, um unsere Seele zu gewinnen.«[31]

Dieses Buch leistet einen Beitrag, jene stalinistischen Strukturen zu erkennen, vor deren Neu-Schaffung Hein bereits am 4. November auf dem Alexanderplatz gewarnt hatte, weil man ihnen eines Tages wieder »hilflos ausgeliefert« sein könnte.[32]

Hein glaubt offensichtlich an die Wirkung von Literatur, den Menschen in der DDR beim Erkennen der stalinistischen Strukturen und bei der Aufarbeitung eigener Verstrickung zu helfen. In diesem Sinne ist auch die kurze Erzählung *Die Vergewaltigung* zu verstehen, die am 2./3. Dezember 1989 im »Neuen Deutschland« erschien.[33] Auf nüchterne Weise, die auf die von Hein empfundene Chronistenpflicht des Schriftstellers zurückzuführen ist, schildert er, wie die Protagonistin Ilona R. während einer Jugendweiherede im Jahre 1983 in einer beschönigenden Darstellung deutsch-sowjetischer Freundschaft die Vergewaltigung ihrer Großmutter von sowjetischen Besatzungssoldaten am Kriegsende verdrängt. Von diesem Widerspruch wird sie eingeholt und mit ihm nicht mehr fertig. Die Vergewaltigung ist zwar nicht dem Stalinismus gleichzusetzen, doch machte deren Verdrängung andere Verdrängungen möglich, die den Stalinismus beförderten. Da Hein auf Dialog mit seinem Leser aus ist, soll die Erzählung dazu anregen, sich mit den eigenen Verdrängungen während der vierzig Jahre SED-Herrschaft auseinanderzusetzen.

Indem nicht nur Hein, sondern auch viele seiner Schriftstellerkollegen sich nicht davor scheuten, das Mitläufertum unter der SED-Herrschaft anzusprechen, legten sie den Finger auf einen wunden Punkt in der DDR-Gesellschaft.[34] Indirekt mögen sie auf diese Weise zum Bruch mit der Bevölkerung beigetragen haben. Der psychische Vorgang ist denkbar, daß viele DDR-Bürger unter ihrem Mitläufertum leiden: Es tut weh, darum zu wissen.[35] Statt sich ihrem schweigenden Einverständnis mit der SED-Herrschaft zu stellen, wandten sie sich aus psychischer Bequemlichkeit oder unter dem Anpassungsdruck der neuen Gesellschaft gegen die Stimme der Schriftsteller, die in aller Offenheit das Bekenntnis nicht nur zur Opfer-, sondern auch zur Täterhaltung, zu Schuld und Gewissen einforderten. Das äußerte sich in einer Intellektuellenfeindlichkeit, die für Hein Anlaß zur Sorge war. In der erwähnten Festrede zum 100. Geburtstag von Kurt Tucholsky hoffte er, ihm dessen Weisheit nicht neiden zu müssen: Tucholsky war bereits 1929 ins schwedische Exil gegangen.[36] Doch wird es zum moralischen Selbstverständnis eines Schriftstellers wie Hein gehören, ein gesellschaftliches Übel wie Mitläufertum anzuprangern und zur kritischen Selbstbefragung aufzufordern. In bezug auf Justs Buch und natürlich auch in einem allgemeinen Sinne ist das folgendermaßen zu verstehen:

»Um unserer selbst willen sollten wir sein Zeugnis für unsere Zukunft nutzen, daß wir künftig mehr Mut und Kraft und Rückgrat aufbringen, um nie wieder eine Deformation der Gesellschaft zuzulassen, um nie wieder zuzulassen, daß wir selbst deformiert werden.«[37]

Der Stalinismus ist für Hein der Inbegriff des Übels auch in der DDR gewesen. In einem Aufsatz mit dem Titel *I saw Stalin once,* den Hein in der Reihe »Zeit-Museum der 100 Bilder« im August 1987 für »Die Zeit« schrieb, ist ein freundliches Stalin-Gemälde von Komar und Melamid, das zum eigentlichen Wissen um Stalin in krassem Widerspruch steht, für ihn Anlaß, sich die Frage zu stellen: »Wie müßte ein Stalin-Bild sein, das wir akzeptieren?« Auf paradoxe Weise nötigen die Maler des Gemäldes, »an diesem Bild weiterzuarbeiten, [...] an dem Bild von unserem Jahrhundert«.[38] Hein wird für sich und als Schriftsteller an diesem Bild weiterarbeiten.

[1] Bis auf Albanien wurde Hein in allen Staaten Europas und in Übersee verlegt.

[2] Vgl. »Ich bin ein Schreiber von Chroniken ...«. In: Neues Deutschland (Berlin), 2./3. 12. 1989, S. 11; »Wer heute so laut schreit, soll sagen, was er früher tat«. In: Junge Welt (Berlin), 12. 12. 1989, S. 5.

[3] Christoph Hein: Öffentlich arbeiten. In: C. H.: Öffentlich arbeiten. Essais und Gespräche. Berlin/Weimar 1987, S. 36.

[4] X. Schriftstellerkongreß der DDR. Bd. 2: Arbeitsgruppen. Berlin/Weimar 1988, S. 228.

[5] Christoph Hein: Gutgemeint ist das Gegenteil von wahr. In: Sonntag (Berlin), 29. 10. 1989, S. 3 f.

[6] Die Auseinandersetzung mit Geschichtsschreibung ist für Hein kein neues Thema. Racines Versagen beim Beschreiben der historischen Wahrheit, so wie Hein es interpretiert, bildet zum Beispiel den Kern einer seiner ersten Erzählungen *Einladung zum Lever Bourgeois* (in: C. H.: Einladung zum Lever Bourgeois. Berlin/Weimar 1980, S. 5–24). In bezug auf Deutschland im allgemeinen vgl. auch: C. H.: Die Zeit, die nicht vergehen kann oder Das Dilemma des Chronisten. In: C. H.: Die fünfte Grundrechenart. Aufsätze und Reden. Frankfurt a. M. 1990, S. 128–154.

[7] Vgl. Christoph Hein: »Ich bin ein Schreiber von Chroniken ...« (s. Nachweis 2).

[8] Christoph Hein: Brief an Sara, New York. In: C. H.: Die fünfte Grundrechenart (s. Nachweis 6), S. 201, 204; erstmalig in: The New York Magazine, 17. 12. 1989, u. d. T.: East Berlin Diary. Dieses Tagebuch ist an die Cheflektorin des New Yorker Pantheon-Verlages adressiert, die die Bücher Heins in den USA herausgibt.

[9] Christoph Hein: Öffentliche Erklärung. In: C. H.: Die fünfte Grundrechenart (s. Nachweis 6), S. 173 f.; vgl. auch: C. H.: Ansprache in der Erlöser-Kirche in Berlin am 28. Oktober 1989. Ebd., S. 184 bis 188.

[10] Christoph Hein: Brief an den Rowohlt-Verlag, Reinbek. In: C. H.: Die fünfte Grundrechenart (s. Nachweis 6), S. 210. Die Arbeit im Untersuchungsausschuß beschreibt Hein eingehender in: Brief an Sara, New York (s. Nachweis 8), S. 202 f., 206.

[11] »Die DDR ist nicht China«. »Spiegel«-Gespräch mit dem DDR-Schriftsteller C. H. In: Der Spiegel (Hamburg), 23. 10. 1989, S. 29–31.

[12] Christoph Hein: Ein Wunsch, der sich erfüllen läßt. In: Junge Welt, 3. 11. 1989, S. 7.

[13] Christoph Hein: Ein Berliner Traum im Oktober 1989, der bereits im August 1968 von deutschen Panzern auf dem Wenzelsplatz überrollt wurde. In: C. H.: Die fünfte Grundrechenart (s. Nachweis 6), S. 183.

[14] Christoph Hein: Der alte Mann und die Straße. In: Ebd., S. 194–196.

[15] Vgl. auch: 4. November 1989. Protestdemonstration Berlin-Alexanderplatz: Tonbandprotokolle der Reden von Stefan Heym, Christoph Hein, Friedrich Schorlemmer und Christa Wolf. In: Wir sind das Volk. Hg. Charles Schüddekopf. Reinbek 1990, S. 207–215.

[16] Fassen Sie Vertrauen! Erklärung von Künstlern und Vertretern von fünf Bürgerinitiativen im DDR-Fernsehen. In: Neues Deutschland, 9.11.1989, S.1.

[17] Vgl. Leo Hoppert: »Egon reiß die Mauer ein ...«. Leipziger DEMO-Sprüche. Münster 1990; Arn Strohmeyer: »Visafrei bis Hawaii«. Neue DDR-Witze & Demo-Sprüche. Frankfurt a.M. 1990.

[18] Vgl. Christoph Hein (s. Nachweis 8), S.206.

[19] Christoph Hein: Ich bin ein Schreiber von Chroniken [...] (s. Nachweis 2), S.11.

[20] Christoph Hein: Wer heute so laut schreit, soll sagen, was er früher tat (s. Nachweis 2), S.5.

[21] Für unser Land. In: Neues Deutschland, 29.11.1989, S.2.

[22] Die aus CDU, DSU und DA [Demokratischer Aufbruch] zusammengesetzte »Allianz für Deutschland« erhielt 50,1% der abgegebenen Stimmen, die SPD 21,1%, die PDS 15,6% und der »Bund freier Demokraten« LDP, FDP und DFP [Deutsche Forum Partei] 5,2%.

[23] Christoph Hein: Der alte Mann und die Straße (s. Nachweis 14), S.194.

[24] Christoph Hein: Ein Wunsch, der sich erfüllen läßt (s. Nachweis 12), S.7.

[25] Christoph Hein: Wer heute so laut schreit, soll sagen, was er früher tat (s. Nachweis 2), S.5; vgl. auch C.H.: Achtung, Abgründe. In: C.H.: Die fünfte Grundrechenart (s. Nachweis 6), S.229.

[26] Christoph Hein: Der alte Mann und die Straße. In: Ebd., S.195.

[27] Christoph Hein: Wer heute so laut schreit, soll sagen, was er früher tat (s. Nachweis 2), S.5.

[28] Christoph Hein: Ein bißchen laut. In: C.H.: Die fünfte Grundrechenart (s. Nachweis 6), S.237f.; vgl. auch Christa Wolf: Das haben wir nicht gelernt. In: Angepaßt oder mündig? Briefe an Christa Wolf im Herbst 1989. Hg. Petra Gruner. Nachw. Jan Hoffmann. Berlin 1990. S.9–12, bes. S.11f.

[29] Christoph Hein: Ich bin ein Schreiber von Chroniken [...] (s. Nachweis 2), S.11.

[30] Gustav Just: Zeuge in eigener Sache. Berlin 1990.

[31] Christoph Hein: ... und andere. In: Thüringer Landeszeitung (treff), 30.12.1989, S.2.

[32] Christoph Hein: Der alte Mann und die Straße (s. Nachweis 26), S.195.

[33] Christoph Hein: Die Vergewaltigung. In: Neues Deutschland, 2./3.12.1989, S.11.

[34] Vgl. Christa Wolf: Das haben wir nicht gelernt (s. Nachweis 28), S.11f.

[35] So auch der Tenor der Erwiderung Christa Wolfs auf die vielen Leserbriefe, die sie auf ihren »Wochenpost«-Artikel erhielt (vgl. C.W.: Es tut weh zu wissen. In: Angepaßt oder mündig?, s. Nachweis 28, S.12–16; zuerst in: Wochenpost, 24.11.1989).

[36] Als Beispiel der Intellektuellenfeindlichkeit zitierte Hein in seiner Festrede einen Leserbrief: »Lassen Sie sich sagen, [...] daß es bei uns Bürgern ein tief eingewurzeltes Mißtrauen gegen alle linken Intellek-

tuellen gibt. Sie waren die Steigbügelhalter für verbrecherische Regimes. [...] Die linken Intellektuellen haben Deutschland stets Unglück gebracht.« (Christoph Hein: Ein bißchen laut. In: Die fünfte Grundrechenart, s. Nachweis 6, S. 230). Daß das größte Unglück Deutschlands, der Nationalsozialismus, von linken Intellektuellen wohl kaum befördert wurde, offenbart die Geschichtsunkenntnis des Lesers.

37 Christoph Hein: ... und andere (s. Nachweis 31), S. 2.

38 Christoph Hein: I saw Stalin once. In: C. H.: Die fünfte Grundrechenart (s. Nachweis 6), S.155–159.

Frauke Meyer-Gosau

Christoph Hein, Politiker

1

I Saw Stalin Once When I Was A Child [Ich habe Stalin einmal gesehen, als ich ein Kind war] – dies ist der Titel eines Bildes von Komar und Melamid, das Christoph Hein für das »ZEIT-Museum der 100 Bilder« ausgewählt und dort im August 1989 vorgestellt hat.

»Ich nenne das Bild [...] aus einem naiven, fast analphabetischen Grund, ich benenne es um seines Sujets willen. Das Bild, eine Abbildung Stalins, ist für mich ein Bild meiner Zeit, meines Jahrhunderts.« (Sta 156)[1]

Damit ist das für Hein zu dieser Zeit zentrale Thema angeschlagen: Die Traumatisierung sozialistischen Bewußtseins durch den Stalinismus, die Notwendigkeit der Aufarbeitung.

»Es ist das Bild eines Mannes, der die Hoffnung unseres Jahrhunderts prägte und seine Verbrechen, einen grenzenlos scheinenden Aufbruch und ein mörderisches Ende und verzweifeltes Erwachen. Ein Mann, der wohl wie keine andere Person für unsere Zeit stehen kann.« (Ebd.)

Noch mit der Auswahl und Besprechung eines Bildes, gewiß einer kleinen Nebenarbeit, macht der Autor Politik: Indem er thematisiert, was verschwiegen, indem er auspricht, was nicht gehört werden soll – den Stalinismus und sein Fortdauern.

Das wird zu diesem Zeitpunkt niemanden mehr verwundert haben, hatte Hein sich doch längst nicht nur als Schriftsteller, sondern ebenso als politisch-moralische Instanz seines Landes einen Namen gemacht. Bemerkenswert jedoch wird der Vorgang in dem Augenblick, da der Autor das Bild zu beschreiben beginnt:

»Ich vermute, das Bild ist eine Erinnerung an einen winterlichen Spätnachmittag in Moskau, ein Rest von Tageslicht oder eine Straßenlaterne läßt die Farben leuchten und den Mann im heute altertümlich wirkenden Auto erkennen. Ein freundlicher älterer Herr wirft einen aufmunternden Blick auf das Kind, der neben der Herzensgüte auch ein mildes Verständnis der für das Kind bedeutenden Begegnung ausstrahlt. Ein Staatsmann, ein Vater der Nation lächelt das Kind (und die späteren Betrachter des Bildes) an, ein gütiges Väterchen. Das Auto, für uns ein Oldtimer-Gefährt, unterstreicht die herzliche Wärme, die großväterliche Güte, die Bratapfel-bruzzelnde Geborgenheit.« (Ebd.)

Betrachten wir unsererseits das Bild genauer, so werden wir feststellen, daß Hein Details benennt, die dort überhaupt nicht zu sehen sind.

Der abgebildete »ältere Herr« lächelt keineswegs, der Blick unter der hochgezogenen Augenbraue hervor kann als »aufmunternd« wohl kaum bezeichnet werden. Dies um so weniger, als auch andere, vom Autor ›nicht gesehene‹ Details einer solchen Interpretation widersprechen. Die linke Hand des Uniformierten zum Beispiel, mit der dieser den Vorhang beiseitegeschoben hat, zeigt einen mahnend, womöglich aber auch drohend erhobenen Zeigefinger. Der Oberkörper wirkt starr in der halben Umdrehung zum offenbar doch als störend empfundenen Betrachter hin, auf die vorgeschobene Schulter, deren militärische Rangabzeichen fällt das Licht, ebenso auf die seltsam verkrampfte Drohhand – die wesentlichen, ›sprechenden‹ Partien des Gesichts hingegen bleiben im Halbschatten. »Herzensgüte«, »mildes Verständnis«, das »gütige Väterchen«, schließlich die »Bratapfel-bruzzelnde Geborgenheit«, von denen Hein spricht – auf dem Bild sind sie nicht auszumachen. – Und doch sind sie anwesend: in dem warmen Licht nämlich, das auf den strengen Uniformierten fällt. Das aber ist der dargestellten Person, auch deren üblicherweise durch den Vorhang doppelt abgeschlossenem, anonymem Gefährt *äußerlich*. Im Auge des Betrachters Hein also, der anscheinend zu dem Kind wird, dessen Eindrücke er hier beschreibt, ruft die rötlich erwärmende Beleuchtung all die Etikettierungen des Diktators herauf, mit denen er selbst aufgewachsen ist und die er nun auf dem Bild zu erkennen meint.

So ist der im übrigen scharfsichtige und kenntnisreiche Stalinismus-Kritiker hier selbst noch einmal ein Opfer der »maßlose(n) und getäuschte(n) Hoffnung« (Sta 156) geworden, auf die sein Beitrag hinlenkt. – Opfer einer anhaltenden Täuschung, fügen wir hinzu, die Hoffnung – »Freundlichkeit«, »Güte«, »Wärme« – immer noch dort sieht, wo ein anders disponierter Blick nur deren quälende Abwesenheit (Äußerlichkeit und Scheinhaftigkeit) registrieren würde.

Die langfristige Blend-Wirkung ideologischer Bilder, die Verblendung auch durch allzu große Hoffnungen – im kurzen Wirken des Politikers Hein werden sie noch einmal sichtbar werden.

2

»Ich denke«, heißt es 1987 in einer Vorlesung Christoph Heins in Essen, »die Intelligenz eines jeden Landes ist für dessen geistiges Klima, eingeschlossen das geschichtliche Bewußtsein des Volkes, mitverantwortlich, auch dann und besonders dann, wenn in der Breite bereits ein falsches Bewußtsein zu registrieren ist. Und die Intelligenz in beiden deutschen

Staaten ist, aus der geschichtlichen Verantwortung für die finsterste Zeit Deutschlands heraus, in der auch der größte Teil der deutschen Intelligenz versagte, besonders gefordert.«[2]

In dieser Passage sind die wesentlichen Stichworte, die Heins Arbeit insgesamt charakterisieren, bereits gegeben: Geschichte und Bewußtseinsarbeit, die Rolle der Intellektuellen, deren Verantwortung. Der Autor Hein sieht sich als »Chronist«, der die »gesellschaftliche Autobiografie«[3] verzeichnet, der seinem Schreiben ebenso einen individuellen wie einen gesellschaftlichen Sinn unterlegt:

»Schreiben, um zu beschreiben«, notiert er 1985 in einem Aufsatz, »beschreiben, um weiterarbeiten zu können, um hoffen zu können. Auch um auf Änderungen, Veränderungen hoffen zu können. Denn alles Bestehende hat Wert, wenn es änderbar ist. Das Benennen, das Schreiben ist noch nicht der verändernde Zugriff auf die Welt, aber es ist die erste Voraussetzung aller Veränderungen.«[4]

Damit ist der Bogen geschlagen von der deutschen Vergangenheit zu deren Zukunft, von der moralischen Funktion des Intellektuellen zu seinem speziellen Handwerk, dem Schreiben, zu seiner konkreten Aufgabe schließlich, die hier als verantwortliche Mitwirkung an der gesellschaftlichen Veränderung gekennzeichnet wird. Seine spezifische Anwesenheit in der unmittelbaren Gegenwart faßt Hein unter dem Stichwort »Zeitgenosse« zusammen:

Auf dem Außerordentlichen Schriftsteller-kongreß, 2. 3. 1990 in Berlin

»Sich seiner Zeit stellen mit all ihren Beschränkungen, Bedrängungen, Verunsicherungen, Unzulänglichkeiten, das macht den Zeitgenossen aus, das macht ihn fähig, die Ambivalenz seines eigenen Lebens zu ertragen und zu bestehen. Erst dieser Zeitgenosse ist zu einer wirklich künstlerischen Äußerung befähigt wie auch zu einer adäquaten Betrachtung eines Kunstprodukts.«[5]

Es liegt auf der Hand, daß all dies mehr umreißt als eine Programmatik literarischer Arbeit. Recht eigentlich handelt es sich um ein Lebens-Programm, und zwar dasjenige eines hochmoralischen Menschen, dessen leitende Werte mit den von Hein häufig gebrauchten Vokabeln »Würde«, »Verantwortung« und »Hoffnung« so allgemein wie treffend beschrieben sind, dessen Ziel nichts weniger als die ›Wahrheit‹ ist und dessen Haltung von ihm selbst durch die Forderung nach »Gelassenheit« und »Zurückhaltung« am besten charakterisiert wird. Dieser Mensch muß altmodisch erscheinen, vergegenwärtigen wir uns im Kontrast die angeblich höchsten Werte des westlichen Individuums: Schnelligkeit, Effizienz, Erfolg – und ich möchte bei dieser Gelegenheit zu bedenken geben, ob nicht genau dies für viele von uns einen dauerhaften Reiz der DDR-Literatur ausgemacht hat: die lebendige Bewahrung, durchaus auch ›Konservierung‹ einer Moralität, die der hiesige Zeitgeist mit einem höhnischen Grinsen vor mindestens zehn Jahren verabschiedet hat.

Die zitierten Positionen haben in Heins literarischem Werk von Anfang an Ausdruck gefunden, haben sich jedoch auch dort nicht als moralisierende Appelle niedergeschlagen, sondern in Form aktuell-politischen Zugriffs auf das historische Material – der Gesellschaft, der Literatur. Immer enthält Geschichte dabei an das Individuum die Aufforderung, sich selbst als Teil einer historischen Kontinuität auch des Schreckens, des Mißlingens und der Verbrechen zu sehen. Daraus folgt schließlich Heins *Plädoyer für Engagement* (1983) –

»aber für eins, das man nicht wie eine Schiffspassage bucht und kündigt, sondern das man kritisch und selbstkritisch prüft, um es als seine Wirklichkeit, als sein eigenes Leben zu begreifen«.[6]

Man kann aus solchen Äußerungen förmlich hören, wie wenig den Autor damals schon vom ›Politiker‹, dem öffentlich politisch Eingreifenden, trennt.

3

Es ist mittlerweile eine Binsenweisheit, daß jeder Schriftsteller, ob er es intendiert oder ablehnt, mit dem, was er schreibt, Stellung zur politischen und gesellschaftlichen Situation seiner Zeit nimmt. Es ist weiterhin ein Gemeinplatz, daß Literatur in die gesellschaftliche Entwicklung eingreifen kann, indem sie in der ihr eigenen Bildersprache eine historische Situation auf den

Begriff bringt und den Rezipienten zum Handeln herauszufordern versucht. Auch der Essayist Hein hat sich mit diesem subversiv-aktivierenden Potential der Literatur befaßt und doch kategorisch einschränkend befunden:

»Nein, Literatur ist wohl ein Reagieren auf Geschichte, aber kein Urheber derselben.«[7]

Es mag daher, angesichts des hohen moralischen Selbst-Anspruchs des Autors auf aktive Zeitgenossenschaft, nicht verwundern, wenn er sich in Zeiten faktisch zugespitzter, jedoch ideologisch tabuisierter gesellschaftlicher Widersprüche mit den genuin begrenzten Wirkungsmöglichkeiten seiner literarischen Produktion nicht mehr bescheiden mag – zumal dann nicht, wenn die gewaltsame Niederhaltung des gesellschaftlichen Grundkonflikts zunehmend auch zur Reglementierung der ohnehin begrenzten Wirkung seiner schriftstellerischen Arbeit führt.

Der eine Ausweg aus dieser Lage ist der Essay, ein weiterer der öffentliche Vortrag, die Rede. Beides bahnt sich seit Anfang der achtziger Jahre an und kulminiert dann in konkreten politischen Forderungen in den letzten Monaten des Jahres 1989.

Es ist naheliegend, daß der Autor als Essayist sich zunächst vorwiegend mit den Themen Kultur, Literatur und Sprache auseinandersetzt. Doch sind auch diese Einlassungen zu seiner ureigenen Sache stets programmatisch ›politisch‹, so wenn Hein 1981 in einem Vortrag vor Germanistikstudenten der Universität Jena am Ende nur noch Fragen gelten läßt:

»Haben wir eine gerechtere Gesellschaft auf dem Grabe der Kunst errichtet? Ist Gerechtigkeit nur zu diesem Preis zu haben? Verbleiben uns nur noch die Kunstleistungen der Alten, das Erbe, und taumeln wir ansonsten in zeitgenössischen Kunstsurrogaten umher? [...] Gebrauchskunst, weil eine Gesellschaft, in der alle zu essen haben, Kunst nicht verkraften, verstehen will?«[8]

Aus dem hier aufgerissenen Spannungsverhältnis von ›Kunst‹ – von deren Wesen der Autor eine altertümlich anmutend hohe Meinung hat – und ›Gesellschaft‹ – die er im Hinblick auf ihr Verhältnis zu freier künstlerischer Betätigung und Öffentlichkeit immer heftiger attackiert –, aus dieser besonderen Beziehung zwischen Literatur und Herrschaft in der DDR entfaltet Hein in den folgenden Jahren seine Gesellschaftskritik.

Aus dem Essayisten und Vortragsredner zu besonderen – nämlich im weitesten Sinne literarischen – Gelegenheiten tritt so Ende der achtziger Jahre der Politiker Christoph Hein hervor, eine Entwicklung, die, gemessen an seinem moralisch-politischen Selbstverständnis, nur konsequent erscheint, die jedoch auch im Rahmen der DDR durchaus etwas Besonderes darstellt:

Außer Hein ist nur Christa Wolf über Jahre hin so konsequent ihren eigenen moralischen Prinzipien gefolgt.

4

Der Stalinismus im »real existierenden Sozialismus« wird für Christoph Hein zum beherrschenden Thema. Das macht er öffentlich in seiner Rede auf dem X. Schriftstellerkongreß im November 1987: *Die Zensur ist überlebt, nutzlos, paradox [...]* ist dieser Beitrag überschrieben, aber es geht um weit mehr als das Phänomen »Zensur« – um die Situation der Literatur in der stalinistischen Gesellschaft nämlich, um die Charakterisierung der Wirkungen des Stalinismus *am Beispiel* der Literatur. Nur scheinbar bewegt Hein damit wiederum sein altes Thema: der Ausschluß, die Beschränkung von Öffentlichkeit in der DDR. Vielmehr zeigt der Autor, wie die von den Herrschenden massiv betriebene Domestizierung des ideologiebildenden Sektors in dessen einzelnen Abteilungen ›funktioniert‹; so spricht er von der erbärmlichen Rolle der Verlage, der Presse, der Literaturwissenschaft und -kritik. Alle diese mittlerweile bekannten Themen Heins stehen aber hier nur als Teile für das Ganze, legen dessen Funktionsmechanismus offen – beschreiben also stalinistische Kulturapparatur und -praxis. Zu deren Elementen gehört auch, daß die Autoren – den Herrschenden gleichsam gegenüber – auf einem »Sockel« (Zensur 123)[9] postiert werden.

»Auf einem Sockel aber läßt sich nicht arbeiten, weil auf ihm keine Erfahrungen zu machen sind«,

bemerkt Hein und kritisiert damit indirekt auch die trügerisch sichere Position der machthabenden Greise und ihrer Nomenklatura, die sich aller Realitätserfahrung längst enthoben haben.

Doch auch

»der unaufgeklärte Leser, der es sich in seiner selbstverschuldeten Unmündigkeit behaglich einrichtete und den Autor benötigt als Chorführer und Mentor, als Unterschlupf und Obdach«, kommt nicht ungeschoren davon: »[...] wenn wir eine öffentliche Kultur haben wollen, eine Kultur der Öffentlichkeit, müssen wir auf Lebensweisheiten wie ›Hannemann, geh du voran, du hast die größern Stiefel an‹ verzichten lernen.« (Ebd.)

Hier spricht einer, der zweifellos persönlich an Macht nicht interessiert ist, im Gegenteil: einer, der Hierarchien ablehnt, in denen den einen zugunsten weniger anderer das Denken, letztlich aber das Leben abgenommen wird. Der ist längst von der Literatur- und Kulturanalyse zur öffentlichen Gesellschaftskritik übergegangen, und er will – darin wiederum Heiner Müller sehr viel näher als Christa Wolf – die Funktion nicht haben, die ihm da zugeschoben wird im stalinistischen Herrschaftszusammenhang.

Da sind es noch zwei Jahre bis zur sogenannten friedlichen Revolution der Deutschen, die den Autor endlich doch auf dem »Sockel« sieht. Den aber versucht er als Barrikade zu gebrauchen.

5

Wer erinnerte sich nicht des Schriftstellers Christoph Hein auf jener Tribüne am Alexanderplatz, es ist der 4. November 1989, der mit zurückhaltendem Pathos fordert,

»die Stadt Leipzig zur ›Heldenstadt der DDR‹ zu ernennen. Wir haben uns an den langen Namen ›Berlin – Hauptstadt der DDR‹ gewöhnen müssen. Ich denke, es wird leichter sein, uns an ein Straßenschild ›Leipzig – Heldenstadt der DDR‹ zu gewöhnen«.[10]

Mit seiner kurzen Rede exponierte sich Hein doppelt. Christa Wolf, politisch-moralische Combattantin aus der älteren Generation, hatte die »unglaubliche(n) Wandlung(en)« an der witzigen, anti-autoritären »Sprache der Wende«[11] festgemacht; Heiner Müller gleich nur einen Fremd-Text einer »Initiative für Unabhängige Gewerkschaften« verlesen[12]. Christoph Hein aber erinnerte bei dieser Gelegenheit »an einen alten [...] und wahrscheinlich jetzt sehr einsamen Mann«, dessen einstiger Traum vom Sozialismus mit diesem 4. November, nach »Bürokratie, Demagogie, Bespitzelung, Machtmißbrauch, Entmündigung und auch Verbrechen«[13], definitiv unterging – Erich Honecker.

Nur ein jeglicher Kooperation mit dem alten Regime so gänzlich Unverdächtiger wie Hein konnte sich eine solche Mahnung gestatten, die den auch christlich motivierten Sozialisten hervortreten ließ. Die Forderung nach der Auszeichnung der Stadt Leipzig mit dem Ehrennamen »Heldenstadt« indes thematisierte politische, stalinistische Vergangenheit, und dies wohl nicht in der glücklichsten Weise. Oder war es glücklich zu nennen, wenn eine Bewegung, die das gesellschaftlich Neue wollte, auf die Etikettierungen des Alten zurückgreifen sollte? – Ein Effekt, der auch zuvor schon in engagierten Reden Heins unmittelbar vor der Massenbewegung im Land wirksam geworden war.

In der Rede *Die fünfte Grundrechenart,* welche die Technik des Betrugs und Selbstbetrugs im spätstalinistischen System der DDR offen benennt und anklagt, gelangt Hein zu der Frage, die üblicherweise den Zeitgenossen des Nationalsozialismus gestellt wird, der Frage »Wo wart ihr eigentlich damals?« Er versteht sie als eine Aufforderung zu politischem Handeln, zur engagierten Veränderung. Doch fällt er, im Versuch, diese dringlich zu machen, in eine Sprache zurück, die sich der Vokabeln »Hygiene« und »Gesundheit« der Gesellschaft wie selbstverständlich, unbedenklich nämlich, bedient. Wenn derartiges dem Historiographen und kritischen Stilisten Hein widerfährt, so ist wohl mehr dahinter zu vermuten als eine zeitweilige Wortunsicherheit. Vielmehr spricht alles für eine Überwältigung der Gefühle – dann auch der Sprache – im Augenblick der unmittelbaren Gefahr, später dann der überbordenden Freude. Das mag noch ein drittes Beispiel belegen, in dem Hein nicht nur einmal, sondern, wie es heißt, »in der Folgezeit bei allen öffentlichen Lesungen«[14] sagt:

»Ich verbeuge mich vor jenen Männern, die am 9. Oktober in Leipzig durch ihr besonnenes und wahrhaft staatsmännisches Auftreten einen weiteren und möglicherweise noch schlimmeren Exzeß verhinderten. Und ich erinnere an jene, die nun im Militärgefängnis sitzen, weil sie sich weigerten, auf friedliche Demonstranten einzuschlagen. Diese jungen Männer haben sich um ihr Vaterland verdient gemacht.«[15]

Dieses bemerkend – ein Pathos, das um Zeitalter zurückfällt –, meine ich nicht kleinliche Sprachkrittelei, dümmliche Nachweise von Preußen-, Hitler- und Stalinsprache im Wortschatz des ausgewiesenen Antifaschisten und Anti-Stalinisten Christoph Hein. Was ich vielmehr für bemerkenswert halte, ist zweierlei. Zum einen: Der so spricht, ist kein Politiker nach der üblichen Paßform, der, wohl ab- und ausgewogen, seine moderaten Vorschläge möglichst aller Welt schmackhaft zu machen sucht: kein Mensch auf Stimmenfang, sondern ein sich persönlich politisch äußerndes Individuum. Zum zweiten aber: Zu denken gibt, wie im – durch die objektive Lage – pathetischen Augenblick gerade die alten Bilder und Sprachregelungen sich wieder einstellen, sich dann auch bei einem im übrigen bis zur Verhaltenheit kontrollierten Wort-Arbeiter wie Hein durchsetzen. Die Vergangenheit in ihren ideologischen Prägungen – von der »Heldenstadt« bis zu den ›ums Vaterland verdienten‹ jungen Männern – scheint besonders dann präsent, wenn die Ereignisse das Gefühl überrennen – ihr Speicher in dem von jedem Pathos sich sonst wohlbedacht entfernt haltenden Redner: die Emotion, der scheinbar unmittelbare Ausdruck.

6

Dieses überschießende, von keiner Ratio mehr im Zaum gehaltene Element zeigt sich auch in den ganz im Anfang schon berufenen »Hoffnungen«, die Hein selbst noch, als die Rufe nach »Deutschland, einig Vaterland« längst keine Minderheitenparole mehr sind, von dem »unerhörte(n), noch nie dagewesene(n) Experiment« sprechen lassen, »eine wirklich sozialistische Gesellschaft auf deutschem Boden zu errichten«[16], von einer »Chance«, die »erst jetzt, nach dreizehn Jahren Faschismus und vierzig Jahren Stalinismus«, vorhanden sei[17].

So scheint es einerseits, als prägten der Blick, auch die ideologisch vorgestanzte Sprache jenes Kindes, das Hein in seiner

Betrachtung des Stalin-Bildes zum Leben erweckt – jenes Wesen, das sieht, was nicht ist, weil es *gehört* hat, wie es ist –, schließlich auch die Reden und gesellschaftlichen Gesichte des Autors auf dem »Sockel«.

Andererseits aber, da er ja eben jenes Kind zugleich nicht ist, führt er selbst die Gegenrede gegen die überkommene, bewahrte Sprache der Hoffnung. An eben dem Wochenende, da der Volkstribun auf dem Alexanderplatz die Würdigung der »Heldenstadt« Leipzig verlangt, sagt Hein in einem Interview mit der »Berliner Zeitung«:

»Wir leben derzeit in einer großen Euphorie, die ja ganz schön ist, aber auch gefährlich. Euphorie bringt kurzzeitig ein paar Glücksgefühle, aber damit sind überhaupt keine Änderungen zu erreichen.«[18]

Hier ist Hein der Politiker, der konkrete Forderungen zur sowohl kleinschrittigen wie auch umfassenden politischen Veränderung erhebt – ein »Pressegesetz«, das »Einklagerecht gegenüber Übergriffen staatlicher Organe« sowie die öffentliche Rechenschaftslegung »alle(r) Verantwortlichen«[19] –, und der die ersten Zeichen eines »neue(n) Opportunismus«[20] illusionslos registriert.

Dieser Politiker, so läßt sich festhalten, ist ein gedoppeltes Wesen: In der ›Kommunikation mit den Massen‹ offenbar seinen Emotionen ausgeliefert, noch im Drängen auf Veränderung auf die Figurationen überkommener Sprache angewiesen. Im Zwiegespräch für eine anonyme Öffentlichkeit wiederum nüchtern, analysierend – und immer dabei, das wollen wir nicht vergessen, »auf dem Sockel«, den er nicht lange zuvor noch als ein Erfahrungshindernis gekennzeichnet hat.

7

»Man kann für eine Majorität kämpfen, die von einer tyrannischen Minderheit unterdrückt wird. Man kann aber einem Volke nicht das Gegenteil von dem predigen, was es in seiner Mehrheit will.«[21]

Das ist im Januar 1990. Hein spricht im Deutschen Theater zum 100. Geburtstag Tucholskys. Lange vor den ersten »freien Wahlen in der DDR« hat auch bei ihm die Desillusionierung gegriffen.

»Was wird werden? Einen Tucholsky werden wir nicht mehr haben, aber einen Ossietzky, den man internieren kann, werden wir schon finden.«[22]

Er spricht von den »ersten Opfern der Entstalinisierung«[23], sieht sich sichtlich in der Defensive – ist in seiner alten Position, seiner angestammten Sprache wieder angekommen.

Die historische »Chance«, die ›Karriere‹ des Politikers Hein, sie haben nur kurz gedauert.

Nun entfernt sich das düstere Fahrzeug des Generalissimus, nun will auch nicht mehr alle Welt von der öffentlichen Person

Christoph Hein wissen, wie sie die Weltlage, wie sie die Zukunft des Sozialismus in der DDR sieht. Mit den nachhaltigen Wirkungen des Diktators werden auch die Podeste der Schriftsteller abgeräumt – der Autor Hein hat diesen Vorgang schon während der Umwälzungen ausdrücklich begrüßt[24].
Es ist eine Geschichte aus der Vor-Moderne, aus der Zeit der direkten Unterdrückung. Eine solche Funktion, wie sie Christoph Hein, Politiker wider Willen, für kurze Zeit in seinem Land hat wahrnehmen können, wird nicht wieder kommen – das wollen wir wenigstens hoffen.

Im eigenen Land galt der ›Prophet‹ nur solange etwas, wie die alten Bedingungen intakt waren, und selbst dann, das läßt sich rückblickend sagen, ging der eigentliche Antrieb – der Wunsch nach einer ›wirklich‹ sozialistischen Gesellschaft – an den Bedürfnissen der Massen offenkundig vorbei.

So war auch der Politiker Hein letztlich nur eine Figur auf dem Schachbrett des ›Großen Diktators‹, in den Himmeln der sozialistischen Utopie auch noch als Kritiker von deren Realisierung, und mindestens einen Himmel weit entfernt von den Bedürfnissen der Mehrheit der Bevölkerung, in deren Namen er sich engagiert hat.

In *Die russischen Briefe des Jägers Johann Seifert* schrieb Hein:

»Es ist bekannte Erfahrung der Geschichtswissenschaft, daß nur die vollständige Dissolution eines umfänglichen Gebildes, wie es ein Staat darstellt, uns zu unbestreitbaren Aussagen über seine Struktur berechtigt und den Begriff seiner Funktion offenbart.«[25]

Zu wünschen ist, daß nach der Dissolution des Staatsgebildes DDR der Autor Hein über die Funktion des Politikers darin eines Tages zu erzählen beginnt. Das nämlich wäre keine »persönliche«, es wäre wiederum eine analytische »Autobiographie« dieser Gesellschaft. – Über den Blick des Kindes, das »Wärme« sieht, wo Kälte und Drohung vorherrschen, wäre darin auch zu berichten – damit über eine ›unverschuldete‹, weil dauerhaft hoffnungsvolle ›Unmündigkeit‹.

Zitatnachweise

1 Christoph Hein: I Saw Stalin Once. ZEIT-Museum der 100 Bilder. In: C. H.: Die fünfte Grundrechenart. Aufsätze und Reden. Frankfurt a. M. 1990. S. 156 (Zitatnachweis im folgenden im Text).
2 Christoph Hein: Die Zeit, die nicht vergehen kann. Gedanken zum Historiker-Streit anläßlich zweier deutscher 40-Jahrestage. In: (s. Nachweis 1), S. 149.
3 Christoph Hein: Öffentlich arbeiten. In: C. H.: Öffentlich arbeiten. Essais und Gespräche. Berlin/Weimar 1987, S. 34.

4 Christoph Hein: Worüber man nicht reden kann, davon kann die Kunst ein Lied singen. Zu einem Satz von Anna Seghers. In: Ebd., S. 56.

5 Christoph Hein: Über Friedrich Dieckmann. In: Ebd., S. 62.

6 Christoph Hein: Linker Kolonialismus oder der Wille zum Feuilleton. In: C. H.: Schlötel oder Was solls. Stücke und Essays. Darmstadt/Neuwied 1986, S. 200.

7 Christoph Hein (s. Nachweis 4), S. 44.

8 Christoph Hein: Lorbeerwald und Kartoffelacker. Vorlesung über einen Satz Heinrich Heines. In: (s. Nachweis 3), S. 28.

9 Christoph Hein: Die Zensur ist überlebt, nutzlos, paradox... Rede auf dem X. Schriftstellerkongreß der DDR. In: (s. Nachweis 1), S. 123 (Zitatnachweis im folgenden im Text).

10 Christoph Hein: Der alte Mann und die Straße. Ansprache auf dem Alexanderplatz, 4. November 1989. In: (s. Nachweis 1), S. 195 f.

11 Christa Wolf: Sprache der Wende. Rede auf dem Alexanderplatz (4. November 1989). In: C. W.: Im Dialog. Aktuelle Texte. Frankfurt a. M. 1990, S. 119 ff.

12 Text in: Charles Schüddekopf (Hg.): »Wir sind das Volk!« Flugschriften, Aufrufe und Texte einer deutschen Revolution. Reinbek b. Hamburg 1990, S. 203 f.

13 Christoph Hein (s. Nachweis 10), S. 196.

14 Quellenangabe zu »Öffentliche Erklärung«. In: Christoph Hein: Die fünfte Grundrechenart (s. Nachweis 1), S. 244.

15 Christoph Hein: Öffentliche Erklärung. Vorgetragen bei einer Lesung im »Berliner Ensemble«, 15. Oktober 1989. In: Ebd., S. 174.

16 Christoph Hein: Achtung, Abgründe. Laudatio für Max Frisch anläßlich der Verleihung des Heinrich-Heine-Preises. In: Ebd., S. 229.

17 Christoph Hein: »... und andere« [Vorwort]. In: Gustav Just: Zeuge in eigener Sache. Die fünfziger Jahre in der DDR. Frankfurt a. M. 1990, S. 13.

18 Christoph Hein: Weder das Verbot noch die Genehmigung als Geschenk. Gespräch mit der »Berliner Zeitung«. In: (s. Nachweis 1), S. 191.

19 Ebd.

20 Ebd., S. 192.

21 Kurt Tucholsky an Walter Hasenclever. Zit. in Christoph Heins Vortrag »Ein bißchen zu laut. Zum 100. Geburtstag von Kurt Tucholsky«. In: Ebd., S. 238.

22 Ebd.

23 Ebd.

24 Christoph Hein (s. Nachweis 18), S. 193.

25 Christoph Hein: Die russischen Briefe des Jägers Johann Seifert. In: C. H.: Nachtfahrt und früher Morgen. Prosa. München 1987, S. 9.

DER DRAMATIKER

Antje Janssen-Zimmermann

»Subjektive Objektivität«

Drei Theatertexte Christoph Heins – eine »Trilogie des Sozialismus«?

Heins inzwischen hinlänglich tradierte Aussage, »Stücke, die in der Gegenwart geschrieben werden, sind Gegenwartsstücke«[1], begründet nicht nur eine Interpretation seiner Dramen jenseits der Kategorien von »Historie« und allgemeingültiger »Parabel«. Sie rechtfertigt, verlangt sogar einen aktualisierenden Umgang in dem Sinne, daß die Geschichte des Lesers als Koproduzent Bestandteil der Rezeption ist. Aber nicht eine tagespolitische Brisanz ist hier gemeint (sie weist Hein für den Vorgang der Produktion seiner Arbeiten zurück), sondern Gegenwart als historische Größe.

Die Frage nach der Aktualität von Texten sollte also nicht verwechselt werden mit der Suche nach Anspielungen und Seitenhieben und der Entschlüsselung (vermeintlicher) konkreter aktueller Bezüge. Es scheint jedoch durchaus im Sinne des Autors Christoph Hein, den jeweiligen Bewußtseinsstand des Lesers als Moment der Analyse heranzuziehen. Das heißt dann aber auch, die Erfahrungen der Jahre 1989, 1990 und 1991 kreativ für den Umgang mit DDR-Literatur zu nutzen. DDR-Literatur: Die hier zur Debatte stehenden Theaterstücke Heins (*Schlötel oder Was Solls* [1974] – *Lassalle fragt Herrn Herbert nach Sonja. Die Szene ein Salon* [1979] – *Die Ritter der Tafelrunde* [1989]) sind wohl schon aufgrund der Daten ihrer Entstehung dieser Sparte deutscher Literatur zuzurechnen und vor deren Hintergrund zu betrachten. Auf die auch journalistische Funktion fiktionaler Texte in einem System verweigerter Öffentlichkeit ist in den kritischen Rückblicken der letzten Monate zur Genüge hingewiesen worden, ebenso auf die Wirkungen der Zensur über den Bereich der Distribution hinaus. Notwendig wurde nun, nach dem Ende der DDR (das viele auch für das Ende der DDR-Literatur halten, wenn nicht für deren Auslöschung im Nachhinein), die Situierung eines Analyseprozesses unter veränderten Bedingungen. Nicht nur die Stellung eines Textes im (literar-)historischen Prozeß gilt es als Grundlage seiner Interpretation zu bedenken: wenn Produktion und Rezeption gleichermaßen wesentlich eingestuft werden sollen, gehören genauso die Hintergründe der Rezeption zu den Grundfragen.

Bereits unmittelbar im Anschluß an die sogenannte »Revolution« und die »Wende« stellte sich die Frage nach der Haltbarkeit der literarischen Vorlagen angesichts der besonderen Bedingungen, unter denen sie entstanden waren. Gleichzeitig ergab sich die Notwendigkeit einer Lektüre unter ausschließlich literarischen Gesichtspunkten, wo die Kenntnisnahme der Werke bislang – in Ost wie West – eher unter dem Aspekt der Information erfolgte, beziehungsweise die Texte nicht beim Wort nahm (Stichwort: »Sklavensprache«).

Inzwischen ist die Diskussion weitergegangen; ob sie allerdings qualitativ vorangeschritten ist, mag bezweifelt werden. Einerseits werden mit der allenthalben geübten Autorenschelte auch literarische Arbeiten schnell abgeurteilt; andererseits ergibt sich eine rasch zunehmende Distanz zur Realität einer sozialistischen Utopie, während der »real existierende Sozialismus« zum tagtäglich sich erneuernden Alptraum gerät (man denke nur an den Fundus der Stasi-Akten). Eine erneute Sichtung der genannten Dramen mag angesichts einer sich beschleunigenden Bewußtseinsänderung da durchaus interessante Ergebnisse hervorbringen.

Christoph Hein definiert sein Selbstverständnis mit der Rolle des Chronisten. Sie ist weder zu verwechseln mit der Haltung des Aufklärers, noch mit der Position des Historikers. Von der ersten unterscheidet sie der Verzicht auf den pädagogischen Anspruch; von der zweiten die Freiheit in der Wahl des Gegenstandes, der sich ausschließlich aus eigener Erfahrung ergibt. Das Ziel ist Genauigkeit der Beobachtung, »subjektive Objektivität«. Veränderung wird da nicht nur angestrebt, sondern durchaus als Möglichkeit von Literatur begriffen:

»Wenn man den versteinerten Verhältnissen die eigene Melodie vorspielt [...], dann zwingt man sie halt zum Tanzen; sagt Marx. [...] Ich kann nicht ungestraft Gegebenheiten benennen. [...] Und insofern ist der Chronist immer ein bißchen gefährdet [...], er hat halt immer mit dem zu tun, was da an Neuem passieren kann. Ich denke schon, daß man zunächst einmal genau betrachten muß, was da ist, bevor man zu etwas Neuem kommen kann. Dabei sollte diese Arbeit mittun: diese genaue Beschreibung dessen, was vorhanden ist.«[2]

Die oben vorgenommene Reihenfolge der Dramen um Schlötel, Lassalle und König Artus gibt die Abfolge der Entstehung wieder. Eine andere Anordnung erscheint sinnvoll, ausgehend von inhaltlichen Sachverhalten. Gemeinsam ist den genannten Texten eine bestimmte Konstellation von Person und Idee. Die Hauptfigur beziehungsweise die nominelle Zentralgestalt (König Artus) verpflichtet sich einer Idee, einer Ideologie. Während im Drama um *Die Ritter der Tafelrunde* niemals vom Sozialismus die Rede ist, wird Ferdinand Lassalle sowohl als in private

Komplikationen Verstrickter wie eben als Führer des »Allgemeinen Deutschen Arbeitervereins« vorgestellt – in der höchst problematischen Verbindung beider Sphären, privater und öffentlicher Existenz, begründet sich das Thema des Stückes. Bernd Schlötel, der aus der Universität in die Produktion »strafversetzte« Soziologe, orientiert seine Haltung an einem Ideal des Sozialismus, dem die real existierenden Verhältnisse nicht standhalten. Hier geht es also um einen status quo, der mit der Gegenwart des Staates und des Gesellschaftssystems DDR gleichzusetzen ist. Der Lassallsche Verein dagegen datiert in die Anfänge der Arbeiterbewegung und der kommunistischen Utopie. Trotz der ausbleibenden Festlegung des Artus-Dramas in ideologischer oder historischer Hinsicht hat sich in der Rezeption des Textes bereits nach seiner ersten Realisation auf der Bühne eine Interpretation (in West wie Ost) durchgesetzt (eine Ausnahme bilden da nur die ersten Rezensionen in der DDR-Presse). Das Schauspiel vom zerbröckelnden Regime, von der Sinnentleerung des »Grals«, vom Verlust der eigenen und gemeinsamen, Gemeinschaft stiftenden Überzeugung wird verstanden als Parabel auf den Zustand der DDR unmittelbar vor ihrem Verschwinden. Ein Endspiel also. Die thematische Anordnung müßte demnach lauten: Anfänge, Realisation, das Ende – *Lassalle fragt Herrn Herbert nach Sonja. Die Szene ein Salon*; *Schlötel oder Was solls*; *Die Ritter der Tafelrunde.* Es handelt sich dann tatsächlich um eine »Trilogie des Sozialismus«. Bemerkenswert erscheint bei all dem die Stringenz des Scheiterns. Alle eben als Ideenträger charakterisierten Figuren unterliegen am Ende; nicht nur Artus und das ihm von der Figurenkonstellation her gleichberechtigt zur Seite stehende Personal der Tafelrunde. Lassalle geht zugrunde, physisch an den Folgen eines schon im Text selbst als »sinnlos« klassifizierten Duells; der eigentliche Grund seines Untergangs liegt aber in der komplexen psychischen Struktur dieser Figur.

»Du spielst in einem mondänen Salon den Chef einer proletarischen Partei. Die nicht existiert. [...] Die Wirklichkeit nicht wahrhaben zu wollen, ist das ein ausreichendes Parteiprogramm? Ihr nennt euch Allgemeiner Arbeiterverein, aber wo sind die Arbeiter?«[3]

Der Vorwurf Wilhelm Rüstows (laut Verzeichnis der handelnden Personen »ein Freund«) formuliert nicht nur das (deutsche) Dilemma einer ausbleibenden wirklichen Arbeiterbewegung mit revolutionären Möglichkeiten, sondern verweist zugleich auf den Konflikt der Figur und des Stücks. Der Heinsche Lassalle wollte nach eigenen Worten »mit der Revolution identisch werden«[4]: »die proletarische Befreiung sollte meine eigene sein.«[5] Er mißbraucht seine (wenigen) Anhänger nicht etwa zur Etablierung einer Ideologie, nicht zu deren politischer Realisierung. Beide, Ideologie und Gefolgsleute, dienen zur Durchsetzung einer egozentrischen Projektion. Nicht nur Ignoranz und Dünkel kennzeichnen seine Haltung, eine unerträgliche Borniertheit denjenigen gegenüber, für die zu arbeiten er vorgibt, sondern ebenso eine vergebliche persönliche (nicht eine politische) Hoffnung. Identität durch Vereinigung – die Reflexionen Lassalles legen die erotische Natur seines vermeintlichen und vermeintlich politischen Engagements schon offen. An späterer Stelle wird er unumwunden zugeben, daß sein Versuch einer Karriere die Sublimierung ausbleibender sexueller Erfolge bei Frauen aus dem Adelsstand (!) darstellte. Die unterschiedliche Bedeutung, die der »Revolutionär« den Objekten seiner Begierde zumißt, gründet in deren Schichtzugehörigkeit. Offensichtlich sind also auch der Wunsch und das Bemühen, der eigenen kleinbürgerlichen Herkunft (auf der Bühne durch die Mutter, Frau Lassal, repräsentiert) zu entkommen.

Auch Bernd Schlötel, der Agitator für einen idealtypischen, wahren Sozialismus im Zeitalter der »Verwaltungshochhäuser«, scheitert: privat, eben weil er sich ausschließlich gesellschaftlich engagiert; in seiner »öffentlichen Existenz«, weil er die Deplazierung seines Heldentums nicht wahrhaben will. Seine menschlichen Defizite, die ihn als Ehemann und Vater völlig versagen lassen, machen ihn teilweise ununterscheidbar von seinen Gegnern. Die Niederlage, die in der Tragödie des Selbstmordes eskaliert, gründet bei aller Unzulänglichkeit der Person aber vorrangig in den Verhältnissen, in denen einer wie er sich gefangen und zum Scheitern verurteilt sehen muß.

Peinlichkeit und Lächerlichkeit sind die »Abgründe«, in die zu stürzen Lassalle[6] beziehungsweise Schlötel drohen. In beiden Fällen tendiert die Komödie zur Tragödie. Gemeinsam ist den beiden Figuren, die sich mit einer Idee des Sozialismus verbinden, ihre paternalistische Haltung. Die Arbeiter und die proletarische Klasse werden von ihnen weniger als Subjekte der Geschichte angesehen (für die sie sie stets, rhetorisch wirksam, ausgeben), denn als Objekte ihrer je eigenen Agitation. Entgegnet der »Arbeiterführer« Lassalle auf den oben angesprochenen Vorwurf Wilhelm Rüstows, dem Verein fehlten ja wohl die Arbeiter: »Sie werden aufwachen und zu uns stoßen«[7], so agiert Schlötel über die Köpfe der »Kollegen« hinweg zu deren Nutzen, vielmehr zum Zwecke dessen, was er, Schlötel, für den Nutzen der Arbeiter und ihrer Klasse hält. Daß er dabei dem Worte nach parteikonform argumentiert, liefert ihn aus: eben jenem System, das »anarchische Selbsthelfer« zugunsten seiner zentralistischen Eigendynamik ausstößt, und bestimmt die tragische Pointe des Stücks. Die These, *Schlötel oder Was Solls* könne nicht als Produktionsdrama klassifiziert werden, denn »wäre es dies, bliebe sein ›Schluß‹ unbefriedigend, sinnlos, ja absurd«[8], offenbart ihrerseits ein Bedürfnis nach humanem Fortschritt, das eben keine Entsprechung in der vorgeführten Wirklichkeit findet. In seinem Nachwort zum Band *Cromwell und andere Stücke,* 1981 im Aufbau-Verlag erschienen, setzt Rudolf Münz denn auch auf die »Geschichte« und erkennt im Stück Christoph Heins ein Drama des »langen Vorgriffs«[9]. Aber nicht das »Ideal«, wie es Bernd Schlötel in unangemessener und unzulänglicher Weise vertritt, wird durch den Autor des Dramas als »verfrüht«[10] kritisiert, »ohne es in Frage zu stellen oder aufzugeben«[11]. Gegenstand der Kritik sind vielmehr die Produktions- und Lebensverhältnisse im sogenannten »real existierenden Sozialismus« und zugleich die Qualität des Versuchs, diese Verhältnisse zu ändern. Bevormundung wird in beiden Theaterstücken (in den Dramen um Lassalle und Schlötel) als ein Symptom für die Herrschaft althergebrachter Strukturen diagnostiziert.

Die Sinnfrage, zugespitzt als Frage nach dem Sinn des eigenen Lebens, stellt sich nicht nur den Hauptfiguren dieser Texte (und ist Antriebsfeder ihres Handelns); sie ist expliziter Gegenstand des hier an dritter Stelle genannten – *Die Ritter der Tafelrunde.* Der Vorwurf, das jüngste der drei Dramen setze, obwohl durch nichts auf eine Bilanz des »ersten sozialistischen Staates auf deutschem Boden« festgelegt, einer solchen Festlegung (die sich in der Zeit seiner Entstehung und bühnenwirksamen Realisierung geradezu anbot) auch nichts entgegen, kann aufrecht erhalten werden. Das heißt, es gibt keinen Grund – außer einem solchen Interesse des Rezipienten –, den Text als Parabel auf das ZK um Erich Honecker in der Endphase der DDR aufzufassen, aber es gibt auch textimmanent keinen Grund, das nicht zu tun. Nicht nur Theaterbesucher haben das Theaterspiel so gesehen, und nicht nur Kritiker haben es so rezensiert. Auch Versuche einer literaturwissenschaftlichen Kenntnisnahme reduzieren den Begriff »Aktualität«:

> »Mag die unmittelbare Tagespolitik auch einem Trauerspiel gleichen, literarisch gestaltet sie sich nahezu zwangsläufig als Komödie. So ist denn auch Christoph Heins aktuellstes Drama der psychologischen und ideologischen Krise an der Spitze der politischen Struktur der DDR, im März 1989 am Dresdner Staatsschauspiel uraufgeführt, eine dreiaktige Komödie geworden. Die Idee ist bestechend: Das Politbüro als gealterte Restbesetzung der einst glorreichen Artusrunde, die kurz vor der Auflösung steht.«[12]

Diese Idee ist jedoch nicht die des Stücks (über die »Idee« des Autors kann nur gemutmaßt werden), sondern jene, die der Leser/Zuschauer mit dem Vorgeführten verbindet beziehungsweise angesichts der Bühnenhandlung entwickelt. Nicht die Tatsache, daß Hein Literaturproduktion qua Tagespolitik (so formuliert Bernd Fischer!) in seinen theoretischen Äußerungen stets ablehnt, sollte zur Zurückweisung einer so vereinfachenden und vereinnahmenden These führen, sondern die Verhinderung anderer, im Text durchaus angelegter Interpretationen.

Es geht im Stück nie um den Sozialismus; es geht aber auch nicht eigentlich um den Gral, der als Platzhalter fungiert, als Stellvertreter für all jene Glaubensbekenntnisse, durch die Gemeinschaften und Gesellschaften zusammengehalten werden. Gegenstand in den Auseinandersetzungen dieses Konversationsstücks ist vielmehr die jeweilige Einstellung zum »Gral« und die Suche nach der richtigen, der sinnvollen, der nützlichen, der wahrhaftigen Haltung zu demselben. Natürlich finden sich beim Personal Figuren, die als »Stalinisten« oder »Betonköpfe« identifiziert werden können. Aber da sind neben den gewaltsam-doktrinären und den (scheinbar) unbeirrbaren Ideologen auch die Idealisten und die verzweifelt Gläubigen, schließlich die Abtrünnigen, die – wie etwa Parzival – doch nicht in der Lage sind, sich ganz von der Idee mit Namen Gral zu verabschieden. Das Spektrum der Möglichkeiten verweist wiederum auf alle Glaubensgemeinschaften. Es handelt sich bei den Bühnenexistenzen um Typen. Sie vertreten exemplarische Haltungen, repräsentieren auch lebensgeschichtliche wie ideengeschichtliche Entwicklungsmuster. Wesentlicher als ein Hinweis auf jene Textstelle, die auf eine künftige Menschheitskatastrophe hinweist, erscheint das Motiv der Sinnsuche. Die genannte Passage war von den Rezensenten kaum beachtet worden, obwohl hier die Problematik des stückinternen Diskurses nicht nur erweitert, sondern relativiert wurde. Ein Schriftstück (nähere Angaben bietet der Text nicht) vermittelt Informationen über das Phänomen des Waldsterbens und dessen mittelfristige Perspektiven (auch für den Fortbestand der Gattung Mensch). »[...] in vierzig Jahren werden die Leute sich fragen, warum wir nicht aufgeschrien haben vor Entsetzen.«[13] Die Diskussion ideologischer Fragen erscheint vor dem Hintergrund des drohenden Unterganges grotesk und mehr noch: naiv und verantwortungslos. Da geht es nicht mehr um Peinlichkeit und Lächerlichkeit.

Die dargestellte dramaturgische Relativierung betrifft die Form des vorgeführten Dialoges, die Qualität der Argumente und die zugrundeliegenden Intentionen. Aber nicht ad absurdum geführt werden können die existentiellen Grundlagen der Suche nach dem »Gral«. Die Tatsache, daß niemand der um den Tisch Versammelten in der Lage ist, eine endgültige und für alle verbindliche Definition des Gegenstandes ihrer Sehnsucht zu liefern, ist Indiz für die Endzeit dieser Ideologie, insofern sich die Notwendigkeit einer solchen Definition jetzt überhaupt ergibt. Offenbar hat man nicht etwa die Bestimmung dessen, was der Gral sei, vergessen; es gab nie eine eindeutige Beschreibung.

Orilus: [...] Den Gral haben sehr viele Menschen gesehen. Es ist lange her, aber es gab eine Zeit, da gehörte der Gral den Menschen.

[...]

Kunneware: Und wie sah er aus der Gral? Was haben die Leute, die ihn gesehen haben, über ihn gesagt?

Orilus: Die Berichte sind sehr widersprüchlich. Es sei ein riesiger Edelstein, sagen die einen, von dem ein wundersames Leuchten ausgehe. Andere sagen, es sei der Sonnentisch der Äthioper, der sich jede Nacht erneut mit Speisen bedecke. Wieder andere nennen als Gral den Ort, wo früher das irdische Paradies war. Und wieder andere nennen ihn einen Ort großer Sünde, den Venusberg, wo man in Tänzen und Lüsten lebt. Einig sind sich alle nur darin, daß er das Höchste und Geheimste dieser Welt sei. Daraus erklärt sich wohl, daß die einen den Gral Gott nennen, andere die Mutter Maria oder noch einfacher: die Geliebte.[14]

Orilus leistet einen kulturhistorischen Exkurs, der sich wohl auf literarische Zeugnisse bezieht. Gemeinsam ist nach des Orilus' Worten den Beschreibungen des Grals dessen herausragende Qualität und die Schuld »der Menschen«, die ihn einst besaßen und verloren. Die Erläuterungen des erfahrenen Ritters befriedigen ein Informationsbedürfnis. Eine Reflexion des geglaubten Inhalts war bislang offensichtlich nicht unbedingt notwendig. Die von Orilus angesprochene Einigkeit in der Wertschätzung des Grals stiftete nicht nur in der literarisch überlieferten Vergangenheit Gemeinschaft, unbeachtet der berichteten Widersprüche. Für die gesamte Zeit bis zum Zerfall der Artusrunde gilt dieses Prinzip. Jetzt aber zweifeln viele nicht nur die Stellung des Grals an, sondern seine Existenz. Im Streit um diese Probleme werden die unterschiedlichen, zum Teil einander widersprechenden Definitionen wichtig. Allerdings finden sich die Umschreibungen der Tradition nicht mehr in den Diskussionen der auf der Bühne präsenten Tafelrunde. Ihre Reflexionen und Auseinandersetzungen haben ein wesentlich höheres Abstraktionsniveau erreicht, geht es hier doch um Konflikte, die existenziell sind.

Der Glaube an den Gral stiftet nicht nur Sinn, er steht auch in einem – nicht konkret beschriebenen – Zusammenhang zur sozialen Wirklichkeit des Artusreiches. Im Rückblick auf die Geschichte formuliert der nachdenkliche Artus:

»Ja, es waren große Jahre. Und viel erreichten wir von dem, was wir uns vorgenommen hatten. Wir haben Recht und Gesetze in die Welt gebracht, wir haben eine gerechte Ordnung errichtet. Die Menschen wurden wohlhabend, die Straßen und Häuser sicher. Wer weiß denn heute noch, was Hunger ist! [...] Wir haben unser Bestes getan, wir haben unser Leben eingesetzt, um den Gral zu finden. Wie viele Ritter haben dabei ihr Leben verloren. Und jetzt soll alles umsonst gewesen sein?«[15]

Der in der Wiedergabe der Textpassage ausgelassene Abschnitt bietet nicht etwa eine Erklärung für die sachliche Verknüpfung von Gralssuche und Wohlfahrt. Es handelt sich um den Befund einer Niederlage, die sich sowohl auf das Lebensgefühl der Bevölkerung wie, folgerichtig, auf das Ansehen der Artusrunde bezieht: »Aber sind die Menschen glücklich geworden? Wir haben es erwartet. Doch jetzt sehe ich nur noch unzufriedene Gesichter um mich.«[16] – »Aber wir sind einsam geworden. Keiner kommt zu uns, man meidet die Tafelrunde. Wir haben nur noch wenige Freunde.«[17] Entgegnungen, die nach den Ursachen der Entfremdung fragen lassen. Lancelot, zurückgekehrt von seiner langen vergeblichen Gralssuche, benennt später die Phänomene aus intensiver konkreter Anschauung und deutet die Gründe an:

Lancelot: Ach, Artus, weißt du denn, daß die Leute da draußen nichts mehr vom Gral und der Tafelrunde wissen wollen? Früher haben sie uns geachtet, sie haben nach unserem Rat gefragt, und jeder Bürger war stolz, wenn wir ihn um Quartier baten. Heute lachen sie nur noch, wenn sie einen Ritter der Tafelrunde sehen. Wenn ich ihnen vom Gral erzählen wollte, spuckten sie aus. Wenn ich vom Artusreich sprach, beschimpften sie mich und warfen mit Steinen nach mir. Sie glauben nicht mehr an unsere Gerechtigkeit und unseren Traum. Verschwinde, riefen sie nur, wir wollen nichts mehr davon hören, das Leben ist schwer genug. Für das Volk sind die Ritter der Tafelrunde ein Haufen von Narren, Idioten und Verbrechern. Weißt du das, Artus?

Artus: Ich weiß es, Lancelot.[18]

Die »geschlossene Szene«, wie sie nicht nur für dieses Drama Christoph Heins charakteristisch ist (besonders auch für *Lassalle fragt Herrn Herbert nach Sonja. Die Szene ein Salon* und für das »Kammerspiel« *Passage*), repräsentiert auf der Ebene des Inhaltes eine eingegrenzte Bewegung (resp. Bewegungsmöglichkeit) der Figuren. Daher erscheint ein Zweifel an der tatsächlichen Kenntnis des »Tischherrn« von der Welt außerhalb seiner Burg legitim, wirkt die Frage Lancelots angebracht. Die bejahende Antwort des so zur Rede gestellten Artus mag vielleicht verwundern, wichtiger ist das Thema seiner folgenden längeren Ausführungen. Alle Argumente für und wider das gesellschaftliche Engagement der Ritter ignorierend spricht er von der Notwendigkeit einer weiteren und nicht endenden Suche nach dem Gral. War bislang die logische Verbindung zwischen sozialer Leistung und Ideologie nur in einer aus dem Glaubensbekenntnis resultierenden Haltung zu vermuten, so wird jetzt diese Verbindung – wie es scheint, endgültig – aufgegeben. Keies Befürchtung, mit einer Verabschiedung der Utopie gingen der Wohlstand des Volkes und natürlich das »Reich« zugrunde[19], wird schließlich entgegnet mit einer Verteidigung der Utopie, ohne daß ihr eine gesellschaftliche Wirksamkeit oder ein politischer Machtanspruch zukünftig zukämen. Artus' Argumentation benennt die Notwendigkeit des Glaubens und der Suche als psychologische Struktur (und genau so lautet die These des Stücks, betrachtet man die vorgeführten Haltungen und Konflikte):

»Aber wenn wir den Gral aufgeben, geben wir uns selbst auf. Und was uns dann quält und verstört, ist ein Hunger auf Hoffnung.«[20]

Diesen »Hunger« zu stillen, also Hoffnung zu haben, ist Zweck der Gralssuche. Artus propagiert einen Glauben wider besseres Wissen beziehungsweise wider alle Zweifel und die Tätigkeit des Glaubens ungeachtet der Frage ihrer Wahrhaftigkeit. Damit wird das Festhalten am nebulösen Objekt des Grals zum Kennzeichen eines elitären Zirkels; die Verbindung zum »Volk«, dessen Leben – unverständlicherweise – noch immer »hart« zu sein scheint und das sich andererseits so anarchisch wie autonom zeigt (man denke nur an die faulen, schnapsbrennenden Tischler des Artushofes), wird vollkommen aufgegeben. Die Trennung, die Entfremdung zeigen sich also auch hier: zwischen Ideologie und Leben, Theorie und Praxis, »Revolutionär« und Arbeiter, zwischen den Intellektuellen und dem Volk. Die Haltung des Besserwissens und Bevormundens beinhaltet auch die Ratlosigkeit den eigenen Belangen gegenüber. Heins Stücke sind – insgesamt betrachtet – Dramen um Intellektuelle (Lassalle, Schlötel und die Ritter der Tafelrunde, aber auch Cromwell, Ah Q und Frankfurther), es sind Dramen der Sinnsuche und der problematischen Sinnfindung. Das »Volk« bleibt außen vor, wobei sein Ausschluß stets explizit als Aktion der Hauptfiguren vorgeführt wird. Wenn Repräsentanten des »Proletariats« die Bühne betreten oder erwähnt werden, dann beschäftigen sie stets andere Sorgen. Ob diese Unterscheidung als soziologischer Befund haltbar ist, mag bezweifelt werden. Die Eingrenzung des Themas auf die Problematik des Intellektuellen schließt allerdings die Wirkung seines Verhaltens (so gehören doch die fatale Enttäuschung jener Arbeiter, die auf Lassalle setzten, und die verzweifelte Liebe des Ladenmädchens mit zu den Inhalten des Stückes) ein.

Eine »Trilogie des Sozialismus«? Die Zuordnung der angesprochenen Dramen zu einer solchen Einheit erfordert eine Interpretation der Texte, die nicht nur im Falle des Artus-Stücks dem Verfahren nicht gerecht wird – wobei die Unangemessenheit der Ein-deutigkeit hier besonders deutlich zutage tritt. Diese Theaterstücke, vor allem die beiden ersten, sind mit Sicherheit auch Beiträge zu einer Geschichtsschreibung und Wertung des sozialistischen Versuchs. Aber sie gehen darüber hinaus. So unzulänglich der Versuch einer historischen Festlegung ist, so falsch wäre das Unterfangen einer Interpretation im Hinblick auf das »Allgemeinmenschliche«. Da greifen Heins Analysen entschieden genauer, benennen sie doch einen existenziellen Konflikt in seiner je individuellen Formulierung, ohne die historische und gesellschaftliche Dimension der jeweiligen problematischen Sinnsuche von der personalen Bedeutung des Konflikts zu trennen. Eben die Offenlegung dieser Verknüpfung macht das kritische Potential der Texte aus.

Zitatnachweise

1 Christoph Hein: Hamlet und der Parteisekretär. In: C. H.: Schlötel oder Was solls. Stücke und Essays. Darmstadt/Neuwied 1986, S. 177.
2 Christoph Hein: »Ich bin der Leser, für den ich schreibe«. Ein Gespräch mit Frauke Meyer-Gosau. In: Text + Kritik. Heft 111. Christoph Hein. München 1991, S. 89.
3 Christoph Hein: Lassalle fragt Herrn Herbert nach Sonja. Die Szene ein Salon. In: C. H.: Cromwell und andere Stücke. Berlin/Weimar 1981, S. 115.
4 Ebd., S. 120.
5 Ebd.
6 Auf die Bedeutung des Motivs »Peinlichkeit« für das Lassalle-Drama hat Bernd Fischer hingewiesen: Bernd Fischer: Christoph Hein. Drama und Prosa im letzten Jahrzehnt der DDR. Heidelberg 1990, vgl. S. 35 f.
7 Christoph Hein (s. Nachweis 3), S. 115.
8 Rudolf Münz: Nachwort. In: (s. Nachweis 3), S. 310.
9 Ebd., S. 312.
10 Ebd.
11 Ebd.
12 Bernd Fischer (s. Nachweis 6), S. 142.
13 Christoph Hein: Die Ritter der Tafelrunde. In: C. H.: Die Ritter der Tafelrunde und andere Stücke. Berlin/Weimar 1990, S. 165.
14 Ebd., S. 166.
15 Ebd., S. 144 f.

[16] Ebd., S. 145.
[17] Ebd., S. 144.
[18] Ebd., S. 188.
[19] Ebd., vgl. S. 146.
[20] Ebd., S. 188.

Frank Hörnigk

»Die wahre Geschichte des Ah Q« – ein Clownsspiel mit Phantasie

Christoph Hein erklärt sein Interesse am Stoff, an der Novelle Lu Xuns, vor allem mit »Interesse an der Ah-Q-Figur selbst«.[1] Sie erscheine ihm wichtig als Symptom einer

»isolierten Schicht, die Tendenzen zur revolutionären Entwicklung hat, ohne sich je tatsächlich zu engagieren und zu gefährden. Es sei denn [...] aus unglücklichen Umständen«.[2]

Das Stück zeigt sie: Ah Q und sein Freund Krätzebart Wang sitzen in einem zugigen Raum, in den es hineinregnet – aber sie bleiben untätig, »der Moment sinnerfüllten Lebens« (Ah Q 58)[3] durch Arbeit, er kommt nicht. Das Dach, das sie reparieren sollen, bleibt defekt, das Essen wird ihnen einmal in der Woche von der kleinen Nonne gebracht, aus Barmherzigkeit. Sie verdienen es nicht. Gleichzeitig erleben sie alle Demütigungen der Unterdrückung und Verachtung. Von Maske, dem Polizisten des gnädigen Herrn, werden sie zusammengeschlagen, von einem Tempelwächter, der sie nachts einschließt, ständig provoziert mit seinen Weisheiten über ein gesundes Leben, über die Vorzüge der Körperertüchtigung bis ins Alter und das Glück der Selbstdisziplin. Aber auch diesen Zustand ertragen sie, er hat für sie, in ihrer Lage, sogar Vorzüge:

»Danken wir dem Schicksal, daß es uns in dieser Stunde eingeschlossen hat. Wir sind in Sicherheit« (ebd.),

läßt Hein Wang erklären.

Als ›Philosoph‹ hat Krätzebart Wang längst resigniert, an das Leben hat er Erinnerungen nur dann, wenn er Alkohol trinkt. Ah Q dagegen ist noch aktiver, einmal probt er den Ausbruch, geht in die Stadt, »zu den Revolutionären« (Ah Q 59). Als er zurückkommt, bringt er Geld und Waren mit und für Maria, die Nonne, ein Geschenk, ein Negligé. Sie soll es für ihn tragen. Doch auch die Revolution hat er gesehen. »Sie macht Lärm. Man schlägt jetzt den Anarchisten die Köpfe ab« (ebd.), beschreibt er seine Erfahrungen. Sie werden zum Störfall der eigenen ›Theorie‹ und damit zum Sicherheitsproblem für Ah Q und Wang als »Intelligenzarbeiter« – denn wenn der Schmerz am größten ist, flüstern sie sich das Zauberwort »Anarchismus« selbst zu. Es ist Ausdruck ihrer Sehnsucht. »Wahre« Revolutionäre, »Anarchisten« wollen sie sein, die gegen alles kämpfen und alle Verhältnisse, die sie erniedrigen, eines Tages umstülpen werden. Darauf arbeiten sie hin, mit »Kopf-Arbeit«, standhaft, die Praxis verdrängend. Doch als das Ereignis, von dem es heißt, es sei die Revolution, tatsächlich über Nacht hereinbricht, verschlafen sie es. Niemand weckt sie. Man hat sie vergessen. Aber es war nicht die »richtige« Revolution, aus dem »gnädigen Herrn« ist lediglich ein »revolutionärer Herr« geworden. Das mildert zwar die Enttäuschung, das Bewußtsein allerdings, »eine unerwartete Wendung der Geschichte« (Ah Q 69) miterlebt zu haben, bleibt. Sie können sie gerade noch nachträglich analysieren, kritisieren für die nächste Runde.

»*Wang:* Man hätte den gnädigen Herrn beizeiten – und wenn ich beizeiten sage, meine ich auch beizeiten – in seiner eigenen Scheiße ersticken sollen.« (Ebd.)

Doch die »Erkenntnis kommt nach dem Fall« (ebd.) und damit als kollektive Erfahrung zu spät. Ah Q wird exekutiert. Allerdings bestraft ihn der nun »revolutionäre Herr« nicht wegen der von ihm wirklich begangenen Tat, der versehentlichen Tötung der kleinen Nonne, die sich wehrte, als er sie lieben wollte, sondern wegen eines nicht begangenen Diebstahls.

Das ist das Ende, äußerlich gesehen eine einfache Geschichte. Es werden Gewohnheiten, Gespräche, Gelüste gezeigt, wie sie für Personen in bestimmten Situationen charakteristisch sein können. Die Form, in der das alles vom Autor in Szene gesetzt wird, ist übersichtlich, vermittelt ein Bild großer Geschlossenheit, einer direkt politischen Ansprache. Was die Figuren sagen, erscheint konkret, betont Verbindlichkeiten: sie sprechen von »Revolution«, von »Anarchie«, von sich selbst in ihren Verhältnissen. Am Ende werden sie durch diese Verhältnisse abgeschafft. Auf den ersten Blick eine ästhetisch eher bescheidene, dabei weltanschaulich herausfordernde Angelegenheit, gemessen an den Sehgewohnheiten und allgemeinen Maßstäben der theoretischen Auseinandersetzung mit anderen poetischen Modellen, auch in unserer Literatur. Bei genauerem Hinsehen allerdings ein Entwurf, der sich auf diese eine Ebene der Rezeption nicht reduzieren läßt, der diesen ersten Blick nicht bestätigt.

Christoph Hein täuscht. Sein Kriterium für den Realismus in *Ah Q* liegt nicht in der direkten Entsprechung und Widerspiegelung der Wirklichkeit, sondern in ihrer radikalen ›Nachahmung‹ durch Clownerie. Zu ihr gehört als Formbestimmtheit des poetischen Verfahrens eine bewußt wahrzunehmende Distanz zu den Wertkategorien einer traditionellen Ästhetik. Wird das übersehen und versucht man den Text dennoch in sie einzuordnen, sind seine Chiffren nicht zu entziffern und Mißverständnisse unausbleiblich.

Die wahre Geschichte des Ah Q ist kein Revolutionsstück, in einer besonderen Hinsicht teilt es in der aktuellen Diskussion die anfänglichen Kommunikationsschwierigkeiten mit thematisch ganz anders gelagerten Stücken wie etwa *Der Bau* von Heiner Müller oder *Die Kipper* von Volker Braun, die auch keine Industriestücke sind, obwohl ihre Stoffe doch genau darauf hinzuweisen scheinen. Liest man Heins Text aber in einem solchen Verständnis des direkten Bezuges, dann muß sein Schluß tatsächlich absurd erscheinen: Revolutionen werden gemacht, sie sind keine Umwälzungen, sondern nur Wiederholungen der alten Machtstruktur mit anderen Vorzeichen. Die Menschen, die auf sie warten, werden von ihnen überrascht, im besonderen Fall sogar im Schlaf, aber auch das ist egal, denn das Warten war umsonst, es hört nicht auf.

Doch der Dialog in *Ah Q* reproduziert mehr als den Text. Als anhaltender Witz transportiert er den permanenten Ernst der Lage. Genau hier liegt das Angebot seiner Komik, seiner Ironie, einer beabsichtigten Verzerrung.

Die wahre Geschichte des Ah Q ist für Christoph Hein ein Beispielfall, in einer Hinsicht ist sie auch eine traurige Geschichte: Das Unglück mußte eintreten, es blieb ihm kein Ausweg. Aber es ist nicht nur der zuerst ins Auge fallende Bruch mit der Wirklichkeit, der in den Gesprächen zwischen Ah Q und Wang schokkiert, sondern die vollständige Abtrennung des ganzen Dialogs gegenüber jedem realen Gegenstand des Gesprächs. Ah Q und Wang werden als Existenzen gezeigt, die außerhalb ihrer Welt des reflektierenden Scheins nichts zu sagen haben oder nichts zu sagen wagen, die aber dennoch ihre persönlichen Verhältnisse, das heißt ihre Privatverhältnisse, als Öffentlichkeitsdefekte problematisieren, anders gesagt, die im Privaten sinnieren, worüber ihre materielle Existenz verkümmert. In diesem Sinne weist die satirische Konzentration auf einen Kommunikationsverlust, der jede Erfahrbarkeit in der Wirklichkeit übertrifft – und zudem auch noch die vorhandenen Alternativen, möglichen Gegenbewegungen ausspart. Das allerdings ist eine Eigenart der Satire von jeher, daß sie auf Einseitigkeiten und Überbelichtungen angewiesen bleibt. Als Satire würde sie ihren Charakter und ihren Wert verlieren, wenn sie darauf verzichten wollte, das schwer Erkennbare oder Verdeckte des Vorgangs, auf den sie zielt, bis zur Kenntlichkeit zu entstellen. Überpointierung und Vergröberung sind also bewußt eingesetzte Mittel und Verfahren, durch Übertreibung Wahrheit über die Geschichte selbst zu gewinnen.

Für die Lebenswirklichkeit von Lesern, Zuschauern und Kritikern, wenn sie sich über das Theater, die Literatur allein die Erkenntnis ihrer wirklichen Mitbetroffenheit erlauben, bleibt solcherart »ungebührlicher«[4] Blick allerdings mit Notwendigkeit fremd, die Chance zur Rückübersetzung der satirischen Negativität in die eigene Lebenswirklichkeit geht verloren. Dennoch wird man den Text ohne Zweifel auch so lesen können.[5]

Seine Vieldeutigkeit ist nicht aufhebbar – und das kann auch gar nicht das Ziel sein. Genauigkeit aber, Wahrnehmung und Bewertung der im Stück vorhandenen und künstlerisch bewußt eingesetzten Mittel ist erreichbar. Folgt man diesen Vorgaben innerhalb des Textes, dann wird die fremde Figur des Ah Q durchaus durchlässig auch für Symptome der eigenen Wirklichkeit, ohne sie allgemein zu denunzieren. Das Versagen der Figur wird dabei nicht zurückgenommen, andererseits aber auch in dieser Eigenschaft nicht als von der eigenen Lebenspraxis beruhigend fern aufgezeigt. Die von Christoph Hein ja durchaus kritisch bewertete Haltung der Figuren Ah Q und Wang, ihre Situation nur zu interpretieren und nicht zu verändern, muß den Blick doch nicht verstellen für die Schwierigkeiten, sich als Individuum vernehmbar zu machen, eingreifen zu können in den geschichtlichen Prozeß, dessen objektiv determinierende Notwendigkeiten die authentische Erfahrung, wirklich zum Subjekt der geschichtlichen Bewegung zu werden, häufig genug – auch noch in unserer Praxis – nur schwer erkennbar machen.

Natürlich ist auch das nur eine Lesart. Indem sie sich dem Text mit Kommunikationsbereitschaft öffnet, ihn, um mit Brecht zu sprechen, als ein Angebot für Realisten versteht und nicht allein als ein Stück, in dem nur »Realität vorkommt«[6], bleibt die besondere Erfahrung von Mitbetroffenheit, Beteiligung innerhalb des Rezeptionsprozesses nicht ausgeschlossen. Sie wird erhalten wie die Wahrnehmbarkeit des Theatergleichnisses als Kunstprodukt, das sich nicht darin erschöpft, das System der Sitten, der Moral, der wissenschaftlichen Erkenntnis einer Gesellschaft lediglich mit anderen Mitteln noch einmal vorzustellen oder zu illustrieren, sondern vielmehr seinen Beitrag bereithalten muß in Richtung einer kollektiven Selbstverständigung zwischen Theater und Publikum, mittels Phantasie Möglichkeiten zur Erstellung gesellschaftlich relevanter Sachverhalte und Widersprüche zu erkunden. In *Die wahre Geschichte des Ah Q* wird das dramaturgisch dadurch versucht, daß die beiden Figuren Ah Q und Wang in die Umstände einer einzigartigen Situation eingebunden gezeigt werden. Solch ein Vorgehen wird für Christoph Hein wichtig – er sagt das im Gespräch mit Gregor Edelmann –, weil eine dadurch geschaffene Distanz zur Wirklichkeit hergestellt ist, die Illustration verhindert und damit zugleich die direkte Mitteilung ihres Inhalts. Andererseits wird der Bezug zu dieser Wirklichkeit aber nicht beliebig. Im Gegenteil, er ist im Text bewußt angelegt, vermittelt in der Aufforderung an die Zuschauer, das Spiel auf der Bühne stets als Kunstspiel zu durchschauen, sich anregen zu lassen zu eigener Phantasie.

Brüche, Sprünge, Assoziationsangebote des Textes, das Heraustreten der Spieler aus der Spielszene sind auf diese Weise nicht im Interesse einer dramaturgischen Strategie organisiert, die den Zuschauer mit Wahrnehmungen überschwemmt wie bei Heiner Müller, sondern sie funktionieren in Richtung der genaueren Erklärung *eines* Bildes.

Dem entspricht die geschlossene Form des Stückes, die – als Kunstmittel verwendet – verhindern soll, daß die Szene ausschweifend wird, episch. So wird der Rahmen geschaffen, der zur Hervorhebung der Figuren benötigt wird und damit zu ihrer Freisetzung als Provokateure, Narren einer komödischen Szene.

Im Ansatz formuliert sich damit ein poetisches Modell, das sich auf bedeutende Traditionen auch der sozialistischen Literatur berufen kann. Ilja Ehrenburgs *Lasik Roitschwantz* ist hier ebenso zu nennen wie Majakowskis *Schwitzbad.* Für Christoph Heins Selbstverständnis als Schriftsteller bleibt dieser Bezug wichtig und ist eine immer neue künstlerische Herausforderung. Er wird sich ihr stellen.

Anmerkungen und Zitatnachweise

1 Gregor Edelmann: Interview mit C. H. In: Theater der Zeit (Berlin) 38 (1983), H. 10, S. 54.
2 Ebd.
3 Christoph Hein: Die wahre Geschichte des Ah Q. In: (s. Nachweis 1), S. 58 (Zitatnachweis im folgenden im Text).
4 Vgl. Rudolf Münz: Das »andere« Theater. Studien über ein deutschsprachiges Teatro dell'arte der Lessingzeit. Berlin 1979, S. 19 ff.
5 Die meisten der bisher vorliegenden Besprechungen zu Alexander Langs Inszenierung des *Ah Q* am Deutschen Theater haben diese Tendenz, nur die Kritiken von Christoph Funke in »Der Morgen«, 27. 12. 1983, und von Martin Linzer in »Theater der Zeit«, 1984, H. 3, heben sich davon ab.
6 Bertolt Brecht: Briefe 1913–1956. Bd. I: Texte. Berlin/Weimar 1983, S. 221.

Bernhard Greiner

Bürgerliches Lachtheater als Komödie in der DDR
Heins Bearbeitung von J. M. R. Lenz' »Der neue Menoza«

1

Ein Stück von Lenz zu bearbeiten, in der DDR, als ausgewiesener Dramatiker und Dramaturg, verkündet einen eigenen Anspruch: nicht zu fürchten, an Brechts programmatischer Bearbeitung des *Hofmeister* aus dem Jahre 1950 gemessen zu werden. Hein gibt seiner Bearbeitung des *Neuen Menoza* den Untertitel »Komödie nach J. M. R. Lenz« (H 233)[1] und fordert damit noch einen weiteren, nicht weniger anspruchsvollen Vergleich heraus, den mit Kleist. *Amphitryon. Ein Lustspiel nach Molière,* das meinte Orientierung sowohl am Text Molières als auch an einer anderen Zeit und anderen Erfahrungen, wie sie Molière noch nicht möglich waren. Analog folgt Hein auf weite Strecken dem Text von Lenz, ändert aber doch so, daß der Bezug zu seiner Zeit deutlich wird. Aus einer Sturm-und-Drang-Komödie, geschrieben für das bürgerliche Publikum der Aufklärung *vor* der bürgerlichen Revolution, muß durch die Bearbeitung – wenn diese ein Recht haben soll – der Bezug zu einer Gesellschaft manifest werden, die ihrem offiziellen Selbstverständnis nach die bürgerlichen Phasen des Gesellschaftsprozesses hinter sich hat, auf diese als etwas Vergangenes blicken kann. Und so stellt sich bei Wahl der Gattung Komödie die Erwartung ein, sie werde, getreu dem vielzitierten Marx-Wort, als Form des Abschieds von einer überwundenen geschichtlichen Phase behandelt:

> »Die Geschichte ist gründlich und macht viele Phasen durch, wenn sie eine alte Gestalt zu Grabe trägt. Die letzte Phase einer weltgeschichtlichen Gestalt ist ihre K o m ö d i e. Die Götter Griechenlands, die schon einmal tragisch verwundet waren im gefesselten Prometheus des Äschylos, mußten noch einmal komisch sterben in den Gesprächen Lucians. Warum dieser Gang der Geschichte? Damit die Menschheit h e i t e r von ihrer Vergangenheit scheide.«[2]

Hieraus wurde die Kategorie eines (objektiv) »Gesellschaftlich-Komischen«[3] abgeleitet. Die Klasse, die in Einklang mit dem sozialistischen Gesellschaftsprozeß herrscht (bzw. aus solchem Einklang ihren Herrschaftsanspruch ableitet), verlacht die Vergangenheit, die objektiv überlebt, wenn auch gegenwärtig noch erlebbar ist. Lachen, um Abstand und Abschied zu nehmen: das war der Fluchtpunkt von Brechts Lenz-Bearbeitung. (Ver-Lachen der deutschen Misere in ihrer bürgerlichen, nicht nur vorrevolutionären Spielart.) Hein geht den Weg von der in sich gebrochenen, darum gerne als tragikomisch apostrophierten[4] Sturm-und-Drang-Komödie des Lenz zur verabschiedenden Verlach-Komödie Brechts nicht. Dreißig Jahre nach Brechts Bearbeitung ist der sozialistische Typ der Verlach-Komödie problematisch geworden, hat sich das Ver-Lachen geschichtlich überwundener Positionen als trivial und der darin artikulierte Machtanspruch der Sieger als ideologisch erwiesen.

Hein läßt sich entschiedener als Brecht auf Lenz ein. Was dieser in Briefen[5] und in der Selbst-Rezension an Kritik und möglichen Umarbeitungen des *Neuen Menoza* vorschlägt, das eben scheint Hein auszuführen. Ungereimtheiten der Handlung und Charaktere werden getilgt oder doch gemildert. Figuren und Handlungen erhalten damit deutlichere Kontur, Schlüssigkeit. Offene oder blinde Motive werden integriert. Das Rastlose der vielen Kurzszenen und abrupten Umschwünge weicht einer ›ökonomischeren‹ Strukturierung der Handlung (Lenz gliedert das Drama wie folgt: I. Akt sieben Szenen, II. Akt sieben Szenen, III. Akt dreizehn Szenen, IV. Akt sechs Szenen, V. Akt drei Szenen, mithin insgesamt sechsunddreißig Szenen; Hein gliedert das Drama ganz regelmäßig in fünf Akte zu je vier Szenen, insgesamt also nur zwanzig Szenen). Aus einem Stück voller Ungereimtheiten wird eine erzählbare Geschichte. Hein führt damit aus, was Lenz als geplante Umarbeitung zwar ankündigte, aber gerade nicht verwirklichte – entsprechend dem Diktum in seiner Selbst-Rezension des *Neuen Menoza,* daß er alles Erzählen auf dem Theater hasse.[6] So verfehlt die Bearbeitung gewiß den Autor Lenz, dessen Zerrissenheit, die sie aber mit dem Recht der Bearbeitung für die eigene Zeit gar nicht treffen muß. Zu fragen ist nicht, ob Heins Bearbeitung Lenz ›gerecht‹ wird, sondern, was sie über die mögliche Spielart der Komödie in der DDR und über die Integrierbarkeit des Lenzschen Komödientypus in die literarische Öffentlichkeit der DDR – in der Auffassung dieses Bearbeiters – erkennen läßt.

2

Lenz' Komödie fand weder bei Erscheinen (1774) noch später bei den Theatern oder der Literaturwissenschaft Zustimmung – aus Gründen, die man vielleicht erst in jüngster Zeit dem Stück als Vorzug anrechnet. Die Handlung wird nicht hergeleitet, verläuft sprunghaft und ist insgesamt voller Unwahrscheinlichkeiten. Die Figuren sind extrem gesteigert oder inkonsistent. Es fehlt ein integrierendes Zentrum. Das Stück bringt drei Motive zusammen, die aber nicht durchgeführt werden, sich vielmehr einfach verlieren; diese Motive sind auch nicht dramaturgisch miteinander verbunden, ein neues Motiv wird vielmehr nur anstelle eines bisherigen gesetzt, breitet sich dann aus, ohne seinerseits strukturbestimmend zu werden.

Zu Beginn wird das Motiv des ›edlen Wilden‹ entfaltet, der, von einem fremden Erdteil kommend, das aufgeklärte Jahrhundert von seinem exotischen Standpunkt aus betrachtet und in seinen Schwächen durchschaut. Am Gegenbild des unverstellten Naturmenschen werden Künstlichkeit, Naturwidrigkeit, Degeneriertheit der europäischen Gesellschaft und Kultur entlarvt.[7] [...]

Was Lenz' Menoza, ein aus Asien angereister Prinz, der deutschen aufgeklärten Wirklichkeit vorzuwerfen hat, bleibt allerdings sehr allgemein: Verstellung, Schein, Betrug, Lasterhaftigkeit, insbesondere aber: Empfindungslosigkeit. Ganz offensichtlich gehört er zur Gruppe der Empfindsamen, und sein Ersticken im deutschen Morast war wohl nur so dahergesagt, Pose. Denn, um Biederlings Tochter zu gewinnen, ist der Prinz sofort bereit, noch weitere fünf Jahre, später erhöht er das Angebot sogar auf sieben Jahre, in diesem erstickenden Land zu bleiben.

So verliert sich das zivilisationskritische Motiv des edlen Wilden, statt dessen drängt sich das Motiv einer ödipalen Verstrikkung hervor. Im Prinzen Tandi kehrt der verschollene Sohn der Biederlings – ohne um seine Identität zu wissen – zu seinen Eltern zurück und vermählt sich mit der Tochter Biederlings, also seiner Schwester, schändet dem Vater mithin die nach der Gattin nächststehende Frau. So wird das inzestuöse Moment der ödipalen Konstellation akzentuiert, aber es wird nicht ausgeführt, da sich die Tochter, ehe es zur Katastrophe kommt, als gar nicht blutsverwandt, sondern als vertauscht erweist. Auch das zweite Spielerpaar führt eine ödipale Verstrickung vor. Die Gräfin Diana hat – ihrem Geliebten, dem Grafen Camäleon zu Willen – ihren Vater ermordet. So ist hier das aggressive Moment der ödipalen Konstellation akzentuiert. Wieder wird es entschärft, da sich erweist, daß Diana gar nicht die Tochter des ermordeten Grafen, sondern die vertauschte Tochter der Biederlings ist. Die gleichwohl mit dem Mord einer Sühne harrende Schuld bleibt aber offen; denn der Autor läßt diese Figur, nachdem sie den ungetreuen Gatten niedergestochen hat, aus dem Drama einfach verschwinden. Wo bei den beiden Spielerpaaren die Durchführung des ödipalen Motivs erfolgen müßte, läßt Lenz die latente Tragik verpuffen. Anstelle des ödipalen Motivs, das auf eine Tragödie verwiese, tritt dann das Komödienmotiv von der Rückkehr und dem Wiedererkennen verschollener oder totgeglaubter Familienmitglieder.[8] Allerdings bleibt dieses Motiv durch extreme Unwahrscheinlichkeiten und Ungereimtheiten desintegriert. [...]

So bleibt als Gesamteindruck auf dieser Ebene der Betrachtung: Motive, jedes für sich dramatisch genug, werden nicht ausgeführt: wo die Ausführung zu erfolgen hätte, macht sich ein neues Motiv breit, wo dieses dann zu entfalten wäre, ein drittes, das aber als das letzte auch nicht tragfähig ist, weil es durch seine Ungereimtheiten desintegriert bleibt. Diese Anlage weist auch schon auf den gebrochenen Komödiencharakter des Stücks. Das Motiv des edlen Wilden läßt eine Verlach-Komödie (Satire) erwarten, die aber ausbleibt. Das ödipale Motiv gehört in die Tragödie, zu der es aber nicht kommt, da das Motiv nicht durchgeführt wird, das Komödienmotiv der Wiederkehr verschollener Familienmitglieder kann zuletzt, als nicht tragfähig behandelt, auch keine Komödie begründen. Diese Brüche und Ungereimtheiten, dies latent Fragmentierende, insofern die Motive nicht durchgeführt, sondern durch neue einfach ersetzt werden, gibt aber auch etwas frei: Chaotisches, Lust am Unsinn, am Unmaß, an der Inkonsequenz, Spiellust. [...]

Die Spiellust, die sich in den beiden komplementären Handlungssträngen der Komödie ausagiert, wird durch die Biederlings als dramaturgische Leerstelle möglich. So begründen diese auch die beiden Grundvorgänge der Komödie. Den einen Vorgang hat Walter Hinck aufgewiesen.[9] Es ist der Vorgang der Überrumpelung, der in den Szenenfluchten immer neu wiederholt wird, für das gesamte Geschehen, wenig bekümmert um Motiv-, Kausal- und Final-Nexus, aufgebaut scheint. Affektäußerungen schlagen in körperliche Reaktionen, Empfindungsimpulse auf die gesamte leibliche Existenz um; die dramatischen Personen werden immer wieder aus einer extremen Gefühlslage in eine andere, entgegengesetzte, gestoßen.[10] [...]

Der Grundvorgang der Überrumpelung wird sogleich mit einem zweiten Vorgang verbunden, der nicht weniger auffällig die Szenen durchzieht, dem Vorgang der Verschiebung, der stellvertretenden Handlung, des Vertauschens. Der Prinz (in der Erzählung über seine Gefangenschaft) ganz eingeengt in schwindelnde Höhe, unter sich eine feuchte, neblichte Tiefe, der Sprung in diese, die prompte Ohnmacht Wilhelmines: Die Erzählung steht für eine Orgasmusphantasie, und Wilhelmine reagiert körperlich darauf. Immer steht in dieser Komödie etwas für ein anderes. Die leitenden Figuren sind nicht sie selbst, sondern vertauscht, maskiert; ebenso die Handlungen: eine Expedition in ferne Länder ist die Reise nach Hause, die Verpachtung von Land ist der versuchte Kauf der Pächterstochter, der Tanz mit der Geliebten ist versuchte Vergewaltigung der Gattin, die Mutter, die dem Vater das Weggeben des Sohnes vorwirft, hat selbst die Tochter vertauscht, der Helfer Zopf ist der Leidbringer, der Aufklärer Zierau ein Dunkelmann. In solchem universalen

Quiproquo ist alles Komödie, nennt Biederling seine Frau zu Recht »Komödiantin« (L 221) und spielt er selbst immer wieder Komödie. In den Momenten der Überraschung, der Überrumpelung aber manifestiert sich, was das Gesetz des Vertauschens, der Stellvertretung gerade ausschließt, der Körper. Walter Hinck hat zu Recht darauf hingewiesen, daß Lenz' Komödie mit ihrem Grundvorgang der Überrumpelung an die Tradition der Commedia dell'arte anknüpfe, was ihn dann aber fragen läßt, warum die Komödie trotz dieser erfolgsträchtigen Anbindung von den Bühnen nicht angenommen wurde. Er erklärt dies damit, daß die Personen der Komödie weder »den komödiantischen Zug der Commedia-dell'arte-Typen«, noch »die Überzeugungskraft ›realistischer‹ Figuren« hätten.[11] Hier wird zum Problem, daß Hinck nur den einen Grundvorgang der Überrumpelung herausarbeitet. Denn es ist der zweite Grundvorgang der Stellvertretung, der entwertend auf die Überrumpelungen, insgesamt auf den wiedergewonnenen Commedia-dell'arte-Gestus zurückwirkt. Aus Verschiebungen, Vertauschungen, stellvertretenden Handlungen, die ins Extreme getrieben werden, aus Verzerrungen, Ungereimtheiten, all dem, was nach Goethe das »Fratzenhafte«[12] von Lenz ausmacht, wird die Spannung gewonnen, die die Überrumpelung hervorbringt. So ist das Spiel der Körper, das in der Überrumpelung durchbricht, nicht, wie in der Commedia dell'arte, selbstverständlich da, sondern erst negativ, in einem Umkippen, in Bruchstellen, im Zusammenbrechen des Gesetzes der Vertauschung und Stellvertretung, das eben dies Spiel ausschließt. Die Biederlings im Zentrum des Stücks garantieren beides, die Stellvertretung, insofern sie nicht die Realität [...], sondern das Prinzip des Vertauschens repräsentiert, ebenso die Überrumpelung in den extremen Aufgipfelungen und Abspannungen der Handlung als die Leerstelle, die sie sind. Das Alte, die Commedia dell'arte, die mit den Reformen Gottscheds für die deutsche Komödie verabschiedet war, kehrt bei Lenz wieder, weil das Stück verweigert, was den angelegten Situationen und Handlungen nach zu verlangen wäre, ein Ich, das tragische Situationen auf sich nimmt und durchhält, und eine Welt, die tragische Figuren zwingt, sich an ihr abzuarbeiten. Beides verweigern die Biederlings als dramaturgische Leerstellen, und so kehrt wieder, was vor der Zentrierung im selbstbewußten und geschichtsmächtig sich verstehenden Ich in der Komödie sich artikuliert hat: das Chaotische, die Spiellust, die sich ausspielenden Körper der Commedia dell'arte. Deren Wiederkehr ist dann aber bei Lenz nicht befreiend, sondern niederdrückend. Denn sie bestätigt eine Leerstelle, einen Mangel; den Mangel eben der Größe, deren historische Stunde geschlagen hatte, des selbst-bewußten und geschichtsmächtigen Ich.

Was aber kann aus der Komödie werden, wenn sie in und für eine Zeit bearbeitet wird, für die eben dieses selbst-bewußte und geschichtsmächtige Ich und der Geschichtsprozeß, auf den es sich bezieht, ausgespielt hat? »Bürgerliches Lachtheater«[13] ist als adversativer Begriff zu verstehen. Das Lachtheater, die Spiellust, der Körper jenseits ihn unterdrückender Ausdrucks- und Sinngebote, entfaltet sich (im *Neuen Menoza*), wenn ausfällt, was im Zentrum bürgerlicher Wirklichkeit und Wertvorstellung steht: das Ich als Repräsentant eben der Ausdrucks- und Sinngebote, der Unterdrückung der Natur, des Körpers außer sich und in sich, ihrer Vertretung in der Ordnung der Zeichen. So ist »bürgerliches Lachtheater« eben die Einheit der beiden Grundvorgänge ›Stellvertretung‹ und ›Überrumpelung‹, für die Lenz eine mögliche Artikulationsform fand. Christoph Heins Bearbeitung kann entsprechend daraufhin gelesen werden, was für eine Chance der Autor diesem Lachtheater in einer nicht mehr bürgerlich sich verstehenden Gesellschaftsordnung gibt, beziehungsweise was für Wandlungen dieses Lachtheaters er für geboten hält.

3

Die drei leitenden Motive, die Lenz in seiner Komödie aufeinander folgen läßt (der ›edle Wilde‹, die ›ödipale Verstrickung‹, das ›Wiedererkennen verschollener Familienmitglieder‹) akzentuiert Hein merklich um.

Die Zivilisationskritik, die sich dem Komödienmotiv des ›edlen Wilden‹ verdankt, wird sozial konkreter ausgeführt. Hein läßt nicht nur einen Empfindsamen gegen eine kalte und falsche Welt klagen, sondern gleich zu Beginn die Werte der bürgerlichen Revolution einfordern:

»(Prinz:) Ich glaubte, aufgeklärte Menschen anzutreffen, eine freie Gemeinschaft der Brüderlichkeit, soziale Gleichheit aller Bürger, das vielgerühmte neue Europa. Aber was sich hier verändert hat, ist nicht viel mehr als der Name, und was neu ist, ist schlimmer als zuvor.« (H 236)

So erhält das empfindsame Hadern mit der Welt einen konkreten Bezugspunkt. In einer späteren Szene werden die Figuren des Magister, Studenten und Prinzen dem Dreigestirn Hegel, Schelling und Hölderlin angenähert. Sie treffen sich unterm Freiheitsbaum, verdammen ihre eigene Welt und loben das neue (bürgerlich-kapitalistische) Denken aus Frankreich. Entschiedener noch als Lenz denunziert Hein die Figuren des Magister und Studenten als bloße Maulhelden, Duckmäuser, die von Freiheit und Befreiung bloß reden:

»(Zopf:) [...] Nach außen gebe ich mich allerdings als Jesuit. Bedenken Sie, ich bin im Schuldienst, da kann ich mir in der Öffentlichkeit keine kühnen Gedanken leisten.

(Prinz:) Sehr wunderlich.
(Zopf:) Die Freiheit verlangt Opfer, lieber Prinz. Kommen mir die jesuitischen Spürnasen gar zu dicht auf den Pelz, so denunziere ich einen Kollegen und kann ungestört meinen freiheitlichen Gedanken nachhängen. Doch nun, Bruder Zierau, verbergen Sie gut unseren Freiheitsbaum. Schließlich wollen wir den Umsturz und keinen Ärger mit der Polizei. (Er geht ab; Zierau entfernt den Baumschmuck).« (H 266 f.)

Die Satire ist konkreter; dennoch hat sie, verglichen mit Lenz, weniger Biß. Denn sie hat nicht die historische Phase und Gesellschaftsphilosophie zum Gegenstand, die das Publikum als die eigene erkennen muß (das wäre die Wirklichkeit nach der sozialistischen Revolution), sondern die Wirklichkeit, die für das Publikum dem Anspruch nach überwunden, längst als überholt gekennzeichnet ist. Zum Gegenstand der Satire wird, was in der primären Bezugsöffentlichkeit des Autors längst schon distanziert ist. So wird die Satire affirmativ, damit um ihre Komik gebracht (während bei Lenz, aus Mangel an Konkretion, satirische Komik gar nicht aufkommt).
Das Motiv der ›ödipalen Verstrickung‹, das Hein analog der Vorlage folgen läßt, ist gleichfalls entschärft. Der Hinweis, daß Donna Diana die wahre Tochter der Biederlings ist, wird so früh gegeben, daß das Inzest-Thema keine tragische Höhe gewinnt, während in diesem Zusammenhang die ›Ungereimtheit‹ von Lenz sich als durchaus sinnvoll erweist, daß sich zuerst die Amme als Mutter Dianas ausgibt und erst kurz vor der Wiedererkennungsszene zwischen Vater und Sohn Diana als die Tochter Biederlings bestätigt wird. Während Lenz die Identität verschleiert, setzt Hein den Zuschauer in Kenntnis; nur die Figuren wissen eine Zeitlang wenig über sich. Ihre Schuld, ihr schwerer Schicksalsschlag –

»[...] durchstoße mich! Du hast mir schon das Herz durchbohrt«, ruft Wilhelmine (H 274), und der Prinz später: »Ihr kommt, Höllenstein in meine offne Wunde zu streuen« (H 286) –

weiß der Zuschauer als bloße Einbildung, als ein Nichts. Indem er so des Kontrasts zwischen eingebildeter Schuld und nicht bestehendem Grund inne ist, wird die latente Tragik des Stücks komisch.

Weiter nimmt Hein auch den zweiten, den aggressiven Aspekt der ödipalen Verstrickung völlig zurück. Im Bericht über den Tod des Grafen Velas (II, 2) wird Camäleon als der Mörder ausgewiesen. Damit ist Diana vom Vatermord entlastet, während sie selbst, als vertauschte Tochter der Biederlings angedeutet, das andere Spielerpaar vom Inzest entlastet. So wird Diana zur schuldlosen Rachegöttin in einer mörderischen und Frauen schändenden Männerwelt, mithin psychologisch eindeutig, annehmbar, in ihrer Raserei gerechtfertigt. Obwohl im vierten

Monat vom Grafen schwanger, erhält sie dann auch, jetzt als anerkannte Tochter der Biederlings »in deutscher Bürgerkleidung und mit Schneckenfrisur« (H 305) auftretend, einen braven Kutscher zum Mann, der von großen Leidenschaften träumt:

»(Herr von Biederling:) Nu – wenn er sie nur heiratet.
(Gustav:) Wenn sie nur nicht von ihrer Wut läßt. Meine Leidenschaften brauchen Feuer.« (H 306)

Hein verstärkt das Komödienmotiv der ›Rückkehr und des Wiedererkennens verschollener Familienmitglieder‹. Auf die Komik des Stücks wirkt dies allerdings eher lähmend. Der Akt des Wiedererkennens wird zuerst zwischen Diana und Frau von Biederling durchgespielt; damit wird die große Happy-End-Szene (Wiedererkennen zwischen Vater und Sohn, neue glückliche Vereinigung des scheinbar inzestuösen Paars) zur bloßen Wiederholung. Hein bringt jede Vertauschung in einer Szene des Wiedererkennens und Reintegrierens zu einem Abschluß, während Lenz die Camäleon-Diana-Handlung einfach abbricht. Das zeigt zwar eine dramaturgisch ordnende Hand, aber keinen Sensus für Spannungskurven des Komischen. Im Zu-Ende-Spielen des Motivs ›Vertauschen, Wiedererkennen‹ bei allen Figuren artikuliert sich ein dramatisches Kalkül, das sich das Spontane, den Einfall, das Nicht-Hergeleitete oder Nicht-zu-Ende-Geführte, das Augenblickshafte unterwirft; mithin Herrschaft des literarischen Systems über das Ordnungslose – was dem Wesen des Komischen konträr ist. Entsprechend überrascht es nicht, daß Hein die beiden letzten Szenen wegläßt, in denen bei Lenz die Komödie im Streit um das »Püppelspiel« selbst-reflexiv wird. Wie im Stück setzt sich in diesen Schlußszenen bei Lenz die Position der nicht geregelten, nicht in Ordnung, Illusion, Gefälligkeit gebrachten Natur – in diesem Sinne der »Hanswurst« (L 275) als Anwalt der Lust – gegen den Repräsentanten der literarischen und theatralischen Regelhaftigkeit durch. Hein aber, der das Ungereimte und Wilde der Komödie, ebenso deren Fallhöhen zwischen tragischem Pathos und Auflösung in Nichts, des weiteren ihre mangelnde Psychologie und Konsequenz ordnet, dämpft und rundet, er bearbeitet die Komödie im Sinne eben des Studenten, der die Regel, den Geschmack und die ordentliche Illusion vertritt. So kann am Ende nicht mehr das wilde Püppelspiel mit dem Harlekin im Zentrum gefeiert werden, sind beide vielmehr durch die Bearbeitung grade erneut vertrieben.

Ganz im Sinne solcher ›Ordnung‹, Beschneidung des ›Wildwuchses‹, der doch dieser Komödie erst ihren Reiz verleiht, integriert Hein ein Paralipomenon zum *Neuen Menoza* in sein Stück, in dem Lenz – entsprechend seiner angekündigten, aber eben nicht ausgeführten eigenen Bearbeitung – selbst angesetzt hatte, seiner Komödie das Anstößige zu nehmen (die Inzestthematik wird auf Camäleon verschoben, Diana bringt den Grafen erst zu Tode, nachdem dieser sie zur Kupplerin einer – inzestuösen – Liebesnacht mit Wilhelmine machen wollte). Heins Bearbeitung weist in lähmender Weise zurück. Sie erscheint als ein später Sieg der sächsischen Regelkomödie im Sinne Gottscheds über den Sturm und Drang, der eben dies Korsett aufgebrochen hatte. Was dabei verlorengeht, verdeutlicht ein Blick noch auf die Behandlung der beiden aufgewiesenen Handlungsstränge und Grundvorgänge des Stücks.

Die empfindsame Liebe ist durch die zurückgenommene, entschiedener auf Komik ausgerichtete Inzestthematik weniger beschwert. In ihrer tragischen Artikulation sind die Figuren nur lächerlich. Damit kann bei Hein der Mangel gar nicht aufscheinen, den Lenz' Figuren manifestieren und der der Komödie ihren gebrochenen Charakter gibt: daß es zur Tragödie nur deshalb nicht kommt, weil es kein Ich für die Tragödie gibt.

Das Mantel- und Degenstück wiederum kann sich extrem entfalten, weil es in die Biederling-Welt integriert wird. Die männermordende Furie Diana wird zur sächsischen Bürgerstochter, die jammert, daß sie vom Verführer schwanger ist, der Wüstling Camäleon stirbt zuletzt nicht an den Wunden, die ihm das Opfer als Nemesis beigebracht hat, sondern an den Schlaglöchern der sächsischen Landstraßen. Lenz' andere Bedingung der Komödie aus Mangel, daß es zwar das tragische Ich, aber keine Wirklichkeit gibt, an der es sich abarbeiten muß, ist so gleichfalls aufgegeben. Aus der gebrochenen Komik bei Lenz wird derart biederes Verlachen, Komik des Kontrasts zwischen Erwartung und Erfüllung.

Ihre fatalste Konsequenz zeigt diese Bearbeitung aber auf der abstrakten Ebene der beiden Grundvorgänge ›Überrumpelung‹ und ›Vertauschung‹, in deren durchgehaltener Spannung die Komödie bei Lenz ihr Leben, ihre Dynamik und ihre eigene Lust gewinnt. Der Impetus der Überrumpelung ist gebrochen. Das Durcharbeiten auf einen Kausalzusammenhang hin, auf konsistente Motivierung der Handlung und Psychologisierung der Figuren, das Dampfen des Auf und Ab, der Überraschungen und Fallhöhen, das Zu-Ende-Spielen der Motive: es läßt ein ordentlich geknüpftes Gewebe – in diesem Sinne einen ›Text‹ – entstehen und unterbindet gerade die Überrumpelung, das jähe, augenblickshafte Durchschlagen von Affekten, damit des Körperlichen. So kann Hein zum Beispiel mit der Miniaturszene I, 4 nichts anfangen, in der sich nur ein Auf und Ab körperlicher Zustände manifestiert:

»(Wilhelmine sitzt auf einem Sofa in tiefen Gedanken. Der Prinz tritt herein, sie wird ihn erst spät gewahr und steht etwas erschrocken auf)
(Prinz, nachdem er sie ehrerbietig gegrüßt:) Verzeihen Sie – Ich glaubt' Ihre Eltern bei Ihnen. (Entfernt sich)
(Wilhelmine, nachdem sie ihm einen tiefen Knicks gemacht, fällt wieder in ihre vorige Stellung)« (L 222).

Bei Hein ist die »Unterwerfung des Theaters unter den Text«[14] restituiert, gegen die die Komödie – und nachdrücklich gerade die von Lenz – doch immer ankämpft.

Und wie das Stück nicht mehr im Vorgang der Überrumpelung seinen Fluchtpunkt hat, kann auch darauf verzichtet werden, deren Gegengewicht, ›Vertauschung‹ und ›Stellvertretung‹ als zweiten Grundvorgang, besonders zu akzentuieren. Selbstverständlich bleibt das Motiv der Vertauschung auf der Handlungsebene erhalten, aber es verselbständigt sich nicht bis zur Verwirrung (über den Tausch zwischen Diana und Wilhelmine). Das Quiproquo wird nicht als universelles Spielelement gesetzt und in Kurzszenen einfach wieder ab- beziehungsweise aufgebrochen; durch Zu-Ende-Spielen und Zusammenziehen von Handlungen wird es vielmehr nach jeder Setzung auch wieder geregelt aufgehoben. (Folgende Szenen zieht Hein z. B. in eine zusammen: I, 6: der Name im Baum steht für die Liebe; I, 7: Rede mit den Studenten über Weltverbesserung anläßlich von Wielands ›Goldenem Spiegel [!]‹; II, 1: Wilhelmine entziffert das Liebesgeständnis im Baum, wird vom Grafen bedrängt und vom Prinzen beschützt; II, 2: Streit der Männer als Kampf um die Frau; Zeichen der Liebe und dessen Entzifferung stehen zusammen, ebenso Rede von Aufklärung und Verweigern des Duells; auf des Prinzen pathetischen Ausbruch, mit dem Lenz schließt, folgt bei Hein [H 249] ein neues Wort des Grafen als Gegengewicht: »Haha, ein Wilder! Er kann vom Aberglauben nicht lassen.«)

4

Wie aber steht solche Bearbeitung in der sozialen Wirklichkeit ihres Autors und des Theaters seiner Zeit? Lenz läßt in seinem Lachtheater Lust am Spiel, am Chaotischen, Wilden, Grenzenlosen sich ausagieren, indem der Grundvorgang der Vertauschung und Stellvertretung – in diesem Sinne der Textualität –, immer wieder Risse erhält, aufgebrochen wird und der andere Vorgang der Überrumpelung sich ausspielt. Diese Spiellust zeigt sich als Freisetzen von Lachen derart, daß die ausschließende Macht, das Gesetz der Stellvertretung, der Textualisierung selbst dazu gebracht wird, auszusprechen, also zu vergegenwärtigen, was sie ausschließt.[15] So manifestiert in diesem Lachen das Ausgeschlossene, das Nichtige (als Sinnloses) und das Körperliche (als das Unterdrückte) seine Zugehörigkeit zur ausschließenden Macht. Allerdings geschieht dies bei Lenz nicht befreiend, sondern als Ausdruck eines historischen Mangels, die Commedia dell'arte kehrt wieder, weil fehlt, was Gesetz der historischen Stunde war, das Ich als selbst- und geschichtsmächtige Instanz. Hein überwindet diesen Mangel, aber um einen Preis, der seine Komödie nicht freier, lustvoller, sondern nur noch lähmender werden läßt. Während Lenz' Komödie genommen werden kann als – sei es auch geschichtsphilosophisch regressive – Wiederkehr der Commedia dell'arte, dreht Hein für seine Zeit, die dem bei Lenz Fehlenden, dem selbst- und geschichtsmächtigen bürgerlichen Ich, mißtraut, die Konstellation des Lachens gerade um. Seine Bearbeitung bringt das Diskontinuierliche, das latent Chaotische und Ungereimte des Lenz-Stücks in ein geordnetes, stringentes Gefüge.[16] Die Vorgänge der Überrumpelung und der des universellen Quiproquo verflüchtigen sich daher, damit auch ihre Spannung zueinander, die Lenz' Stück belebt, und es verschwindet notwendig, worin beide Grundvorgänge ihren Fluchtpunkt haben, das Medium, in dem immer das eine am andern sich ausdrückt, die Spiellust. Statt dessen zwingt die Bearbeitung das Ausgeschlossene – den Commedia-dell'arte-Zug bei Lenz –, sich der Ordnung, der Regel, dem Prinzip der Stimmigkeit und Konsequenz zu überantworten, also an der Macht sich auszusprechen, die sie ausschließt. Nötigung also nicht der ausschließenden Macht, auszusprechen, was sie doch ausschließt, wie Ritter das Lachen bestimmt, sondern Nötigung des Ausgeschlossenen, sich der ausschließenden Macht zu unterwerfen, um Sprache zu finden. Aus Lenz' Komödie des ohnmächtigen Ich, des Ich als Leerstelle, die die Spiellust der Commedia dell'arte wiederkehren läßt, ist so eine Herrschaftskomödie geworden, Komödie der Macht, die sich durchgesetzt hat, Komödie der Sieger. Sie ist in die Theaterwirklichkeit der DDR als einer Gesellschaft, die nach rigiden Herrschaftsprinzipien organisiert ist, gut integrierbar.[17] Ihr beschnittener Komödiencharakter kann, wie Brecht dies einst am *Hofmeister* tat, wieder gelesen werden als Ausdruck deutscher Misere.[18] In dieser Stellung zu *ihrer* Zeit wiederholt die Bearbeitung jene der Lenz-Komödie zur vorrevolutionären bürgerlichen, trägt sie, fatalerweise auch in diesem Sinne lesbar, zu Recht den Untertitel *Komödie nach J.M.R. Lenz.*

Anmerkungen und Zitatnachweise

1 Zitatnachweise im Text sind wie folgt aufzulösen:
L J. M. R. Lenz: Der neue Menoza oder Geschichte des Kumbanischen Prinzen Tandi. Eine Komödie. In: Sturm und Drang. Dramatische Schriften 1. Hg. E. Loewenthal/L. Schneider. Heidelberg 1972.
H Christoph Hein: Der Neue Menoza oder Geschichte des kumbanischen Prinzen Tandi. Komödie nach Jakob Michael Reinhold Lenz. In: C. H.: Cromwell u. a. Stücke. Berlin/Weimar 1981.

2 Karl Marx: Einleitung zur Kritik der Hegelschen Rechtsphilosophie. In: Karl Marx/Friedrich Engels: Werke. Hg. Institut für Marxismus-Leninismus beim ZK der SED. Berlin 1956/68 (MEW). Bd. 1, S. 382.

3 Der Begriff wurde eingeführt von: Peter Christian Gise: Das »Gesellschaftlich-Komische«. Zu Komik und Komödie am Beispiel der Stücke und Bearbeitungen Brechts. Stuttgart 1974.

4 Vgl. Karl S. Guthke: Geschichte und Poetik der deutschen Tragikomödie. Göttingen 1961; ders.: Die moderne Tragikomödie. Theorie und Gestalt. Göttingen 1968; Helmut Arntzen: Die ernste Komödie. Das deutsche Lustspiel von Lessing bis Kleist. München 1968; Eckehard Catholy: Das deutsche Lustspiel. Von der Aufklärung bis zur Romantik. Stuttgart 1982.

5 J. M. R. Lenz an Lavater, 8. 4. 1775; an Gotter, 10. 5. 1775; an Sophie von La Roche, Juli 1775; an Herder, 28. 8. 1775. Ferner: »Recension des neuen Menoza, von dem Verfasser selbst aufgesetzt« (Anfang Juli 1775), u. a. abgedruckt in: J. M. R. Lenz: Ges. Schriften. Hg. Franz Blei. Bd. 2. München/Leipzig 1909, S. 329–334.

6 J. M. R. Lenz: Recension des neuen Menoza [...] (s. Nachweis 5), S. 333.

7 Vorausgehende prägende Gestaltungen dieses Motivs: Montesquieu: Lettres persanes (1721), Delisle de la Drévetière, Arlequin sauvage (1721), Voltaire: L'Ingénu (1767). Ausführlicher hierzu die Anmerkungen Walter Hincks, in: J. M. R. Lenz: Der Neue Menoza. Eine Komödie. Text und Materialien zur Interpretation besorgt von Walter Hinck. Berlin 1965. S. 76 f.

8 Auf den besonderen Stellenwert dieses Motivs in der Commedia dell'arte weist: Walter Hinck: Das Deutsche Lustspiel des 17. und 18. Jh. und die Italienische Komödie. Commedia dell'arte und Théâtre italien. Stuttgart 1965. S. 328 ff.

9 Walter Hinck (s. Nachweis 8), S. 335 ff.

10 Vgl. ebd., S. 335.

11 Ebd., S. 346.

12 Johann Wolfgang von Goethe: Dichtung und Wahrheit. 14. Buch (Goethes Werke. Hamburger Ausgabe. Bd. 10. Hamburg 1959. S. 8); vgl. ferner die zweite vielzitierte Lenz-Charakteristik, in: Dichtung und Wahrheit. 11. Buch. Zum Bezug Goethe – Lenz: Kurt R. Eissler: Goethe. Eine psychoanalytische Studie. Bd. 1. Frankfurt a. M. 1983, S. 57 ff.

[13] Damit wird dieser Begriff nicht mehr im Sinne seiner Einführung durch Volker Klotz gebraucht; vgl.: V. K.: Bürgerliches Lachtheater. München 1984.

[14] Antonin Artaud: Das Theater und sein Double. Frankfurt a. M. 1969, S. 95 (Das Theater der Grausamkeit, erstes Manifest); Zu Artauds Theaterkonzept: Jacques Derrida: Das Theater der Grausamkeit und die Geschlossenheit der Repräsentation. In: J. D.: Die Schrift und die Differenz. Frankfurt a. M. 1972.

[15] Vgl. Joachim Ritters Bestimmung des Lachens: J. R.: Das Lachen. In: J. R.: Subjektivität. Frankfurt a. M. 1974 (Erstveröffentlichung in: Blätter für deutsche Philosophie, XIV 1940).

[16] Entsprechend geht Hein auch in seinem Lenz-Essay nur kurz auf das Diskontinuierliche der Lenz-Stücke ein, um statt dessen – konform mit der historisch-materialistischen Lenz-Deutung – den »Realisten« Lenz herauszustellen. Vgl.: Christoph Hein: Waldbruder Lenz. In: C. H.: Die wahre Geschichte des Ah Q. Stück und Essays. Darmstadt 1984.

[17] Rezensionen der bisher einzigen Inszenierung des Stücks in der DDR (Theater Schwerin): Martin Linzer: Sommertheater. ›Der neue Menoza‹ von Lenz/Hein in Schwerin. In: Theater der Zeit (Berlin), 1982, H. 9; Andreas Roßmann: Die Wiederkehr des verlorenen Sohns. Lenz' Der Neue Menoza und seine Bearbeitung durch Christoph Hein, aufgeführt in Schwerin. In: Theater heute (Zürich), 1982, H. 8. Zur Beurteilung der literarischen Arbeiten Heins in der DDR: Ursula Heukenkamp: Die fremde Form. In: Sinn und Form (Berlin) 35 (1983), H. 3, S. 625–632.

[18] Vgl. Prolog von Brechts Bearbeitung des *Hofmeister* (»[. . .] Wills euch verraten, was ich lehre: / Das Abc der Teutschen Misere!«; in: B. B.: Ges. Werke. Frankfurt a. M. 1967. Bd. 6, S. 2333) und Brechts Bemerkungen zu seiner Bearbeitung des *Hofmeister* (Ebd., Bd. 17, S. 1221 ff., insbes. S. 1250).

Erika Stephan

Das Kammerspiel »Passage« im Verständnis des Theaters

Dem Schriftsteller Christoph Hein wurde häufig bestätigt, daß seine Dramatik im Vergangenheitsstoff Gegenwart erschließe. Was könnte darstellende Kunst mehr reizen? Heins Debüt 1974 innerhalb des Zyklus von Zeitstücken »Spektakel 2« der Volksbühne mit *Schlötel oder Was solls* und *Vom hungrigen Hennecke* folgten zwar in maßvoller Distanz vier weitere Stücke in insgesamt sieben Inszenierungen, aber Theaterpraxis und Theaterkritik zeigten sich zunächst reserviert. Schreibhaltung und poetische Wirkungsstrategie des Autors entzogen sich verbindlichen ästhetischen Konzepten und vermochten erst nach längerem Produktivitätsnachweis zur Überprüfung des literaturtheoretischen Instrumentariums zu verführen. Größere Aufmerksamkeit erfuhr das Kammerspiel *Passage,* das sein Thema über das Sujet von Judenverfolgung und Emigrantenschicksal abhandelt. (Vgl. Inszenierungsverzeichnis).

Innovatorische Kraft für die Gattung Schauspiel wurde dem Autor zuerkannt. Am nachdrücklichsten notiert durch Rudolf Münz, der Hein mit guten Gründen den Dramatikern Volker Braun und Heiner Müller zuordnet.[1] Hans Kaufmann jedoch zitiert zustimmend die »konstruktiv-kritische Frage Ingrid Seyfarths (anläßlich der Berliner Uraufführung des *Ah Q*), ob Hein zur Zeit ›seine bewegenden zeitgenössischen Themen‹ in erzählender Prosa besser artikulieren könne als in dramatischen Texten«, und verweist auf zu erhoffende neue Antworten des Autors.[2] Hein selbst allerdings sieht sich anders. Im Gespräch mit Agnes Hüfner und Hans Brender quittiert er die anerkennende Bemerkung zu *Der fremde Freund* – die ganze Erzählung sei sehr streng gebaut – mit der lakonischen Replik: »Vorteil von Dramatikern, wenn sie Prosa schreiben«.[3] Er hat langjährige, vielgestaltige Berufserfahrung am Theater, und sein Selbstverständnis als Dramatiker spricht sich deutlich aus in einer zurückhaltenden Bemerkung im Gespräch mit Gregor Edelmann 1983:

»[...] der *Ah Q* ist für mich die Dramatisierung des *Fremden Freundes.* Aber das kann wohl kein anderer verstehen, [...] für mich gibt es sehr viele Beziehungen.«[4]

Von einem Autor, der keinen Zweifel daran läßt, daß er in seiner Arbeit jeweils die Struktur wählt, in der er etwas von seiner

Situation, seiner Erfahrung spiegeln kann,[5] darf erwartet werden, daß sich *Passage* zu dem Roman *Horns Ende* – Klaus Hammer erkundet in ihm eine über das »Studium psychosozialer Überlebenstechniken hinausführende Wirkungsstrategie«[6] – in vergleichbarer Weise verhält. Peter Reichel geht in dem die biographischen und historischen Hintergründe des *Passage*-Sujets herausarbeitenden Essay folgerichtig auf diesen Zusammenhang ein und sieht diesen vor allem in der Übernahme des »strukturierenden Imperativs ›Erinnere dich. Du mußt dich erinnern!‹«, aber auch im Wiedererscheinen der Figuration einer ausgestoßenen und heimatlosen Minderheit.[7] Die thematische und strukturelle Analogie reicht vermutlich noch weiter. Für Reichel ist der Text vor allem eine Leistung als Veranschaulichung von Geschichte, unentbehrlich für die immer wieder zu beschwörende Erinnerung an Vergangenheit, die den Nachgeborenen allzuleicht in prozessualen Leitlinien einer abstrahierenden Geschichtsbetrachtung abhanden zu kommen droht. Die zugleich konstatierte »innere Selbstverständlichkeit der Figurenbewegung« könnte dann auch auf eine Lesart zielen, die den Text in die Nähe gewohnter Dramenstrukturen bringt und demzufolge eine an psychologischem Realismus orientierte Darstellungsweise erstrebenswert scheinen läßt. Eine Lesart, die gegebenenfalls auch szenisch-schauspielerische Rechtfertigung erheischt, die einige erstaunliche ›Inkonsequenzen‹ Heins zu korrigieren vermag – das unerklärliche Verschwinden der Gestapokommission, die Biographielosigkeit Ottos, das märchenhaft anmutende Phänomen der unangefochten durch ganz Europa ziehenden Gruppe alter Juden. Wünschenswert scheint zumindest eine Szenen- und Schauspielerführung, die Figuren wie Fakten in eine logisch verknüpfte Fabellinie, gerichtet auf die Entwicklung von Resignation zu Aktivität, einbindet.

Die Uraufführung am Staatsschauspiel Dresden (Regie: Klaus Dieter Kirst) findet besonders auf Grund ihrer überschaubaren, gelassenen Figurenhaltungen überwiegend zustimmende Resonanz. Die Entschlossenheit des Regisseurs zur Verteidigung der Utopie wird als Orientierung angenommen und erwidert: »Die Utopie ist nicht mehr eine schöne Hoffnung, eine Sache der Literatur und Poesie, sondern die einzig mögliche Aufgabe [...], das uns heute zugewiesene Machbare.«[8] Einwände treten hinter prinzipieller Zustimmung zurück – ein Mangel an »Reibung mit dem Material«[9] wird vermerkt oder »zu schnelle Überschaubarkeit und Durchschaubarkeit der charakterlichen Strukturen aller Handelnden«[10] kritisiert.

Die Inszenierung am Deutschen Nationaltheater Weimar dagegen – besorgt von Christina Emig-Könning (geb. 1951, Absolventin des Regie-Instituts 1987) – irritiert die Mehrzahl ihrer Besucher. Bedenklichkeit löst ein theaterästhetisches Konzept aus, das den Figuren Tapferkeit, Selbstbeherrschung, besonnene Zielstrebigkeit, »Adel des Geistes« verweigert, Fabelgestaltung und die realistische Motivation der Handlungen unterläßt. Statt dessen finde »eine pausenlose, phantastische Produktion existentieller Angstzustände« statt, »virtuos ausgeführt«.[11] Ein genaues ›Szenogramm‹ der Inszenierung, die – anders als in Dresden – nicht die weiträumige große Bühne nutzt, sondern in der Spielstätte »Foyer III« die Hinterstube des kleinen Cafés mit Utensilien vollstopft und mit 80 Zuschauerplätzen zusammendrängt, würde allerdings sichtbar machen, daß die mit geradezu eruptiver Energie gearbeiteten »Angstzustände« immer wieder in ganz zart gezeichnete, zunächst kaum wahrnehmbare, später situationsprägende Haltungen der Selbstbestimmung und Selbstfindung umschlagen. Es dominieren Motivationsketten, die der Zusammenprall von ursprünglich-vitalem Aktionsbedürfnis mit dem lähmenden Druck einer unbeeinflußbaren, ins Unerträgliche eskalierenden Zwangssituation freisetzt. Erzwungene Handlungsunfähigkeit treibt die Untiefen menschlicher Existenz heraus. Die latente Wartesituation, die immer wieder auf sich selbst zurückgeworfene Initiative und das durch die Umstände destrukturierte Handlungsbedürfnis bestimmen nicht nur thematisch die szenische Ereigniskette. Die Bühne wird zum Spielraum: Schrecken, Angst, in Hysterie oder Aggressivität umschlagende Hilflosigkeit – alle Schattierungen der wider besseres Wissen verdrängten Ausweglosigkeit finden ihre Entsprechung in unmittelbarer physischer Aktion: Gelächter und Aufschrei, Verstummen und unvermittelte Angriffslust gegen den Partner, euphorische Selbstdarstellung und Erstarrung in Sprachlosigkeit. [...] Alle schauspielerischen Aktionen erzählen von der verzweifelten Suche nach Geborgenheit, nach einem noch so winzigen Anker, der Halt geben könnte.

Die Frage liegt nahe, ob dieser betont spielerische Umgang mit der Spanne zwischen Impuls und Motorik, zwischen Wahrnehmung und Verdrängung, den Regisseurin und Ensemble gemeinsam erproben, lediglich inszenatorischer Willkür entsprungen ist. Sollte ein prinzipielles Unverständnis des Textes (und der Autorenintention) die Ursache sein für eine schauspielmethodische Entscheidung, die weniger geistige Haltungen, intellektuelle Souveränität und Gelassenheit als Merkmal moralischer Integrität zeigen will als vielmehr eine sogar die Koordination von Bewegungsabläufen desorganisierende existentielle Irritation? Liefert dieser Text doch genügend Signale, daß er sich auf ein intaktes Menschenbild, auf humanistisch-solidarische Selbstbehauptung in verzweifelter Lage richtet.

Christoph Hein, der – »nicht klüger als der Leser«[12] – den Dialog sucht und »mit Kunst der Welt beikommen«[13] will, hält Überlegungen bereit, die Subjektivität der Annäherung an sein Werk geradezu herausfordern. Angesichts tradierter Maßstäbe, die die

»neuen Angebote der Kunst [...] zweifelhaft erscheinen« lassen, sind Aussagen »allein von der Subjektivität des Produzenten oder des Konsumenten abhängig«[14].

Den Dialog zu steuern und der Ästhetik des Autors anzunähern bietet Heins Sicht auf Dramatik an:

»Stücke sind keine Lektüre, Theaterszenen schreiben heißt Spielanlaß geben.«[15]

Der Spielbegriff taucht bei ihm häufig und bedeutungsvoll auf, beispielsweise bemerkt er zu *Der fremde Freund*:

»Dieses Spielerische ist auch da, und das ist ebenfalls eine Distanz.«[16]

Die propädeutische Funktion des Spielbegriffs, verstanden als Aufhebung der Spanne zwischen Nähe und Distanz in der poetischen Gestalt, erscheint in Heins *Anmerkungen zu »Lassalle«* gleich in mehrfacher Bedeutung:

»Ein Spiel, nicht selbst gewählt, doch seinen Regeln unterworfen [...]. Und was schließlich zählt, sind ein paar Haltungen, die Transparenz des Individuums. – Ein Spiel, das heißt auch, [...] die Bühne vermittelt nicht Geschichtsstoff.« Und schließlich: »Das Lassalle-Stück spielt mit den Kunstformen des 19. Jahrhunderts und mißtraut ihnen.«[17]

Sollte ein ähnliches, konstruktiv-dialektisches Verfahren auch die Entscheidung für die Gattung Kammerspiel beeinflußt haben? Dann wäre die scheinbar so einleuchtend schlüssige Form des Stückes freilich zu bedenken. Die Tatsache, daß sich Schauplatz, Fabel und Personnage offensichtlich auf historische Fakten und Biographien beziehen – die Nähe der Frankfurther-Figur zu Walter Benjamin und dessen Freitod im Herbst 1940 in Port Bou, vergleichbare persönliche Belastungen der Lenka-Figur mit der familiären Situation Anna Seghers' –, dieser Tatbestand dürfte dann nicht allzu rasch zu einer Annäherung von Rollenfigur und historischem Vorbild führen. Jedenfalls könnte es der Ergründung der Stückstruktur dienlich sein, eine Schlußfolgerung Peter Reichels erst einmal anzuzweifeln, ehe sie zur Grundlage einer Lesart für eine Inszenierung wird: »Die dramatische Geschichte der *Passage*, die in einer bemüht einfachen Gestalt, in einer geschlossenen Form und mit progressiver Chronologie daherkommt, bedarf für ihr Verständnis keiner weiteren Interpretation.«[18] Schlägt sich in solcher Sicht nicht die Verführungskraft der scheinbaren Authentizität des Dialogs nieder? In vorhergehenden Stücken hat Hein den Schein der Abgeschlossenheit des Vorgangs mehr oder weniger auffällig durchbrochen. Über die Funktion sprachlicher Anachronismen, die die streng historische Diktion in *Cromwell* unvermittelt ins gegenwärtig Politische überleiten, haben sich sowohl Rudolf Münz wie Frank Hörnigk aufschlußreich geäußert.[19] Auch *Ah Q* bietet – besonders durch das Heraustreten der Titelfigur – deutliche Anzeichen für die erweiterten Kombinationsmöglichkeiten einer nichtdiskursiven Dialogsprache.[20] Vergleichbares findet in *Passage* nicht statt: keine Publikumsadresse, keine verfremdenden Einsprengsel im Dialog. Also doch ›Rückzug‹ auf die Herstellung der ›Anschaulichkeit von Geschichte‹, Verzicht auf den aktuell relevanten Kommentar? Wenn Reichel das Kammerspiel in Nähe zu Walter Benjamins Anspruch an marxistische Geschichtsdarstellung rückt, lenkt er die Aufmerksamkeit sowohl auf »den Kristall des Totalgeschehens« wie auf die »in Kommentarstruktur« zu erfassende »Konstruktion der Geschichte als solche«.[21] »Das Prinzip der Montage«[22] müßte dann in die Struktur des Kammerspiels selbst eingekapselt sein. Die Autonomie der Situation, die eine kleine Gruppe von Exilanten in der Ausweglosigkeit eines ungewissen Schlupfwinkels versammelt, wäre dann als kunstvolle Montage von Realitätszitaten zu analysieren, die in ihren Nahtstellen und Brüchen Auskunft gibt über wechselnde ästhetische Sichten auf die durch den Dialog mehr verdeckte als vermittelte existentielle Grundsituation.

Von zwei Seiten her bieten sich Zugänge an, der Verschmelzung von ›Anschaulichkeit‹ und »Kommentarstruktur« auf den Grund zu kommen. Da wäre einmal der Kette zunächst kleiner, dann eskalierender ›Widerhaken‹ im Dialog nachzugehen: ›Unstimmigkeiten‹, Widersprüche im Verhalten der Figuren sind zu beobachten, ein ›Gegenspieler‹ scheint die Handlung zu beenden, um kommentarlos von der Bildfläche zu verschwinden, die ›märchenhafte‹ Erscheinung der zu rettenden Juden wurde bereits reflektiert. Es wäre zu prüfen, ob die Summe der ›Unwahrscheinlichkeiten‹ auf ein tiefer liegendes Aktivierungsmodell verweist, das unterm Bewegungsmuster des Dialogs, der keine reale Veränderung oder Entwicklung eröffnet, verborgen liegt. Die ›Kombinationssignale‹ beginnen unauffällig: Da verweigert Kurt kategorisch das Weißbrot der Madame Grenier, da er »genügend Zigaretten« habe. Kurz darauf stürzt er sich maßlos auf das an Lisa als Legitimationszeichen übergebene Päckchen Gauloise. Frankfurther bietet dem unerwartet und störend in die spannungsgeladene Gemeinschaft hineingeratenen Hirschburg für Morphium »jeden Preis. In jeder Währung«. Aber die gebotene Chance, Dollar zu tauschen, kann er nicht nutzen, da ihm die erforderlichen Francs fehlen. Wenig später begeht er Selbstmord – ein Vorrat an Blausäure stand also noch zur Verfügung.

Frankfurthers Beruhigung, die Franzosen »würden die inhaftierten Deutschen rechtzeitig entlassen«, erweist sich bald als wider besseres Wissen gespendeter Trost für die verängstigte Lenka; gewiß ist: »die Welt wird einfach weggucken«. Widersprüche dieser Art können durchaus noch als realistische Charakterisierung von Individualitäten interpretiert werden; immer deutlicher aber wird: Die Figuren sagen nicht, was sie meinen; meinen nicht, was sie sagen. Brüchiger wird die Verflechtung der Gegebenheiten, wenn die als Rote-Kreuz-Delegation getarnte Gestapokommission »folgenlos« den Platz räumt und »fünfzehn uralte, unübersehbare Juden« (P 63)[23] einziehen ...

»Hein muß Gründe haben, die ich nicht erkennen konnte, wenn er so eklatant jeder Wahrscheinlichkeit zuwider handelt«[24], kommentiert Reichel. Sollten dem so klug kalkulierenden Autor derartige ›Unwahrscheinlichkeiten‹ unterlaufen sein? Auffällig ist, daß sich nach jedem aufstörenden Ereignis das wirkliche Verhalten der Emigranten verändert. Der Intensitätsgrad der verbalen Reflexion nimmt zu in dem Maße, in dem die Verunsicherung voranschreitet. Nahe liegt die Vermutung, daß Hein mit seinen »unglaublichen Ereignissen« wirkungsstrategisch den Stachel setzt, der die gewählte Struktur des Kammerspiels vor dem Verschleiß im Erwarteten bewahrt. Der »eine gewisse Klarheit des Denkens auch in der Poesie«[25] nicht verachtende Autor beschwört die »Vernunft des Herzens«, wenn es gilt, die Neuartigkeit eines Kunstwerks durch eine »um das Produkt entstehende Aura gültig und endgültig«[26] zu machen. Seine Erfindungen sind so extrem aufstörend und anrührend zugleich, daß sie die Unerträglichkeit der in die Banalität der Sprache integrierten Wirklichkeit durch den Kontrast wieder dingfest machen. Erst das Bewußtwerden der Spanne zwischen der Qual der Realität und der Unverzichtbarkeit von »heilsamen und beruhigenden Weltbildern« eröffnet die Chance auch für »Werte, die nicht auf Erkenntnis der Welt zielen, sondern auf Möglichkeiten, ... dennoch in ihr zu leben«.[27]

Das Stück beginnt mit einem Spiel: Frankfurther, der vierundfünfzigjährige hochkultivierte Sinologe, und Kurt, der fünfundzwanzigjährige, seit acht Jahren bindungslos umherirrende junge Arbeiter, spielen Schach. Im Verhalten zu den Anforderungen des Schachspiels eröffnen sich sofort die handlungstreibenden Gegensätze: zur Selbstbeherrschung, zum Training geistigen Reaktionsvermögens drängende Selbstdisziplin des Wissenschaftlers kollidiert mit der unverstellten agressiven Ablehnung des Jungen, die sich an der wohlsituierten Vergangenheit des Partners neu entzündet. Später, im zweiten Akt, in einer Situation unbestimmter Verlängerung des Wartens vor geschlossener Grenze, nach Lösung des Zwangs, ständig bohrenden Hunger weiterhin leugnen zu müssen, kann ausgesprochen werden, was alle immer wieder zu verdrängen suchen:

»Ich werde hier noch wahnsinnig. [...] Ich muß irgend etwas tun, und seis noch so sinnlos.« [Kurt] – »In mir ist alles in Unruhe. Ich könnte immerfort umherrennen.« [Frankfurther] (P 53)

Voraussetzung solchen Eingeständnisses, das sonst im Debattieren über sich ständig wiederholende Alltäglichkeiten, über Reminiszenzen an eine reale oder verklärte Vergangenheit und in immer neu beschworenen diffusen Hoffnungen aus dem Bewußtsein verdrängt wird, ist eine Charakterisierung ihrer Situation zur Aufklärung Hirschburgs:

»Das Ganze ist ein Spiel. Wir spielen Sommerfrische, das Dorf spielt den Ahnungslosen. Solange sich alle daran halten, geht es uns gut.« (P 59)

Im Verfahren des Figurenaufbaus wiederholt sich ein Gestaltungsprinzip aus *Horns Ende.* Klaus Hammer verweist auf »menschlich-emotionale Reaktionen, die in seelisch-geistigen Verdrängungen und Rollenspielen hervortreten«[28]. Auf die Flucht in die Rolle und ihre Verteidigung richtet sich die ganze Aktivität der Figuren – von Ottos mit dem Anspruch auf sein Informationsmonopol verbundenem Insistieren auf seinen »nom de guerre« bis zu Hirschburgs autosuggestivem Beharren auf seiner Identität als Deutscher. Erst die unterm Zwang der Realität erfolgende Zertrümmerung der Rolle legt den Weg frei zur Selbstfindung. Die Kreislaufsituation dieses Kampfes um Aufrechterhaltung der vermeintlich lebenserhaltenden Rolle erschließt sich in Eigentümlichkeiten der Sprachgestaltung. »Bleiben« ist das erste Wort des Dialogs; »warten« das letzte. In kontrastierenden Begriffspaaren drücken sich polarisierende Haltungen und Erlebnisbereiche aus, stiften einen Sinnraum, in dem sich die von den Figuren nicht eingestandene Alternativelosigkeit objektiviert: Warten – aufbrechen; gehen – bleiben; denken – reden; überlegen – handeln; reden – schweigen; Essen – Hunger; ich – wir.

Mit solcherart verbalisierten Beziehungen und Absichten korrespondieren Probleme der Identität: die Abhängigkeit aller von Instanzen außerhalb ihrer Einflußphäre (die Behörden, die Kommission, das Komitee in Marseille) und die Zweifel an eigener Kompetenz, die erst durch Hirschburgs Entschluß, die Juden über die Pyrenäen zu führen, aufgehoben werden.

Die Organisation des Spiels in der Weimarer Inszenierung bringt den Teufelskreis des Emigrantenschicksals hautnah an die Zuschauer: »Passage – ein Schwindelgefühl auf der Fluchtlinie zwischen ›hier nicht mehr‹ und ›dort noch nicht‹. Dieses ›Nirgends-mehr-dazu-gehören‹ ...«[29] Das winzige Hinterzimmer wird zum Schauplatz für das Lebensgefühl einer Übergangssituation. Für die Emigranten gibt es kein Zurück. Alle Beschwörung besonnter Vergangenheit, der vehemente Kraftaufwand, die sich mehrenden Mitteilungen über physische Vernichtung der Juden als »unglaubwürdige Greuelmärchen« zu verdrängen, vermag sie nicht über die wirkliche Gefahr, über das ständig enger werdende Netz ihrer Ausweglosigkeit hinwegzutäuschen. Ebenso unbeeinflußbar, ungewiß ist die Zukunft. Verrat, Auslieferung, Tod, erneutes Exil sind weitaus realere Perspektive als die geträumten vagen Zukunftsbilder. Die Passage, in der diese Exilanten zu existieren gezwungen sind, hat eher die Qualität des ›Reißwolfs‹ in Tarkowskis Film *Stalker*, als daß sie den mit Glas überdachten Durchgängen in den Zentren der Bürgerstädte ähnelt. Warten und aufbrechen, bleiben und gehen fallen zur Disparatheit des Unvereinbaren zusammen. Der Absurdität des absolut Unerträglichen zu entfliehen, bleibt den zur Handlungsunfähigkeit Verurteilten nur die groteske Alternative von Fiktion oder Verdrängung.

Die Energien – benötigt, um der lähmenden Ausweglosigkeit dieser realen Existenz als einzige Waffe ihren Überlebenswillen entgegenzusetzen – können sich nur in ein Rollenspiel flüchten, das in imaginierten Freiräumen der Phantasie Lebensfähigkeit trainiert, indem es die reale Gefahr ignoriert. Aber die »existentiellen Angstzustände« bestimmen nicht allein die Verknüpfung der Begebenheiten. Von flüchtigen Nuancen ausgehend, entwikkeln und verbreitern sich Situationen, in denen die Figuren zur Ruhe, zu sich selbst und zueinander kommen.

Sehnsucht nach Leben, der Wunsch nach Nähe und Gegenseitigkeit, Heiterkeit, Inspiration und Emotionalität sind im Hexenkessel der Verzweiflung und der latenten Gefühlsexplosionen anwesend. Aber der Taumel zwischen Fiktion und Eruption endet spät. Hirschburgs Entscheidung für die hilflosen alten Juden reißt den Schleier zur illusionsfreien Wirklichkeit auf. Selbst hier wird nicht ausgesprochen, was *wirklich* ist, aber der in den Dialog eingeschriebene Fakt und seine Funktion als handlungsauslösendes Motiv fallen unmittelbar zusammen:

»Otto: Auschwitz? Dort ist ein Arbeitslager. – Hirschburg: Ja, ein Arbeitslager, so heißt es. – Bürgermeister: Ja, und? – Hirschburg: Ich kann es Ihnen nicht erklären. Und Sie könnten es nicht glauben.« (P 64)

Die Leistung Hirschburgs liegt nicht nur im Entschluß zur Hilfeleistung. Seine wirkliche Leistung ist das rigorose Bekenntnis zum Schicksal der Juden und damit zu seiner Identität als Mensch.

Spontane Anerkennung findet das Schlußbild der Dresdner Inszenierung: Nach Hirschburgs Aufbruch öffnen sich Wände und die Decke des Raums, um ein sternenübersätes Firmament freizugeben. Im nachtblauen Licht, musikalisch kommentiert, verharren die Figuren in Hoffnung – die Überwindung fataler Umstände durch menschliches Wollen scheint garantiert.[30]

In Weimar bleiben die Gestalten erschöpft und auf sich selbst verwiesen zurück. Nicht mehr wird signalisiert als das nüchterne Begreifen der Wahrheit, die keinen Trost und keine Besserung der Lage bereithält. Gewonnen wurde »lediglich« die Fähigkeit, die Situation in ihrer ganzen Härte und individuellen Unbeeinflußbarkeit zu akzeptieren. Wenn die Zurückbleibenden erschöpft beieinander hocken und Otto schützend den Arm um die frierenden Frauen legt, dann bekommt jener seltsam anmutende letzte Satz des Stückes – »Einen Moment wollen wir noch warten« – seine innere Rechtfertigung.

Die Reaktionen – auch die des Publikums – auf die Inszenierungen von *Passage* in Dresden und Weimar geben Auskunft, wie stark Gewöhnung an geschlossene Dramaturgie und das Bedürfnis nach progressiver Fabel- und Figurenentwicklung, vor allem nach einer befreienden Konfliktlösung, die Kunstrezeption im Theater bestimmen. Das Spielkollektiv in Weimar hat das vermeintliche »Kammerspiel«, die scheinbare Autonomie des Vorgangs aufgesprengt und über Erfindung von ›Ersatzhandlungen‹ die Symptome eines Zustands dechiffriert, der nicht ›verändert‹, sondern ›begriffen‹ sein will. »Jederzeit« in der Konstruktion von Geschichte erweist sich als praktizierte Einsicht in die zerreißende Anstrengung des Subjekts, Illusion aufzugeben. Nicht der Aufstieg von Apathie und Verzweiflung zu Zielstrebigkeit und Hoffnung wird vorgeführt, sondern Deformation physischer und psychischer Energie als Folge einer Blokkierung von Realitätsbezug. Absicht und Spielstruktur sind einsichtig: Die sich in Extremsituationen entfaltenden ›psychosozialen Überlebenstechniken‹ der Figuren qualifizieren sich wirkungsstrategisch zu einer ›Empfehlung‹ für Öffentlichkeit: Ein Zustand der Frustration, das Erlebnis der Handlungsunfähigkeit wird nicht bewältigt, solange sich menschliche Aktivitäten in der Verklärung von Vergangenheit oder in der rigorosen Verdrängung von Wahrnehmungen erschöpfen. Erst der Entschluß, Realität unverstellt anzunehmen, ermöglicht Identitätsfindung und Kooperation. Mit einer solchen Spiel-Haltung wird künftig zu rechnen sein.

Anmerkungen und Zitatnachweise

1 Rudolf Münz: Nachwort. In: Christoph Hein: Cromwell u. a. Stücke. Berlin/Weimar 1981, S. 307 f., S. 312 f.

2 Hans Kaufmann: C. H. in der Debatte. In: H. K.: Über DDR-Literatur. Beiträge aus fünfundzwanzig Jahren. Berlin/Weimar 1986, S. 240.

[3] Christoph Hein: Die Intelligenz hat angefangen zu verwalten und aufgehört zu arbeiten. Ein Gespräch. In: C.H.: Öffentlich arbeiten. Essays und Gespräche. Berlin/Weimar 1987, S. 158.
[4] Gregor Edelmann: Gespräch mit C.H. In: Theater der Zeit, 1983, H. 10, S. 56.
[5] Vgl. ebd. S. 57.
[6] Klaus Hammer: Christoph Hein: Horns Ende. In: Weimarer Beiträge (Berlin) 33 (1987), H. 8, S. 1360.
[7] Peter Reichel: En passant. Zitate und Notate zu C.H.s »Passage«. In: Theater der Zeit, 1987, H. 5, S. 53.
[8] Volker Trauth: »Passage« am Staatsschauspiel Dresden. In: Ebd., 1988, H. 2, S. 38.
[9] Ebd., S. 39.
[10] Christoph Funke: Warten, hoffen, kämpfen. In: Der Morgen (Berlin), 2. 12. 1987.
[11] Ebd.
[12] Christoph Hein (s. Nachweis 3), S. 159.
[13] Christoph Hein: Ein Interview. In: (s. Nachweis 3), S. 99.
[14] Christoph Hein: Maelzel's Chess Player Goes To Hollywood. Das Verschwinden des künstlerischen Produzenten im Zeitalter der technischen Reproduzierbarkeit. In: Ebd., S. 199.
[15] Christoph Hein (s. Nachweis 3), S. 97.
[16] Christoph Hein (s. Nachweis 3), S. 160.
[17] Christoph Hein: Anmerkungen zu »Lassalle [...]«. In: (s. Nachweis 3), S. 29.
[18] Peter Reichel (s. Nachweis 7), S. 53.
[19] Vgl. Rudolf Münz (s. Nachweis 1), S. 315; Frank Hörnigk: C.H.: Cromwell. In: Weimarer Beiträge 29 (1983), H. 1, S. 33.
[20] Christoph Hein (s. Nachweis 4), S. 55.
[21] Walter Benjamin: Allegorien kultureller Erfahrung. Ausgew. Schriften 1920–1940. Leipzig 1984, S. 146.
[22] Ebd.
[23] Christoph Hein: Passage. In: Theater der Zeit, 1987, H. 5, S. 63 (Zitatnachweise im folgenden im Text).
[24] Peter Reichel (s. Nachweis 7), S. 53.
[25] Christoph Hein (s. Nachweis 4), S. 56.
[26] Christoph Hein (s. Nachweis 14), S. 172.
[27] Ebd., S. 170.
[28] Klaus Hammer (s. Nachweis 6), S. 1367.
[29] Aus dem Konzeptionsmaterial zur Inszenierung (Typoskript).
[30] Diese szenische Metapher wird auch als »romantisierend« kritisiert, so in Ingrid Seyfarths Rezension (Sonntag [Berlin], 1987, Nr. 52).

Karla Kochta

Austreibung des Grals?

»Zu den Vorstellungen, welche mich bisher außerordentlich beeindruckten, gehört Christoph Heins *Ritter der Tafelrunde,* erlebt in einer Vorführung im März 1989.

In kaum einer Vorstellung zuvor hatte ich das Gefühl, so unmittelbar Teil eines einheitlich empfindenden Publikums zu sein: öfter betroffene (bedrohliche?) Stille, aber auch befreiendes Lachen, Nachdenklichkeit und viel Szenenapplaus.

Damals war es mir leichter, an die Möglichkeit des Umbaus unserer Gesellschaft zu glauben, dem ›Gral‹ ein Stück näher zu kommen, wenn wir ihn vielleicht auch nicht finden würden. [...] Nach dem Aufbruch im Oktober sah es ganz danach aus. Mir scheint aber, daß die Botschaft der *Ritter* heute in dem Ruf nach einem vereinten Deutschland kaum noch gehört wird.«

(Aus einem Zuschauerbrief)

Fragt Hein in seinem Stück *Passage,* dessen vieldiskutierte Uraufführung 1987 im Dresdner Schauspielhaus stattfand, nach der ständig neuen Prüfung des Möglichen – ins Bild gesetzte Hoffnungsmetapher mit dem Aufbruch der 15 alten Juden aus dem Vernichtungslager Auschwitz durch halb Europa über die Pyrenäen ... –, zwingt er seine Figuren der *Tafelrunde* in einen vergleichbaren Prozeß des Umdenkens. Dieser Weg des Denkens in neuen Dimensionen ist schwer, aber möglich und notwendig, wird zur aktuellen Entscheidung – für das Überleben auf unserem Planeten, für die Nichtpreisgabe eines Ideals, für eine menschliche Form des Zusammenlebens. Eine Entscheidung, die nicht aufschiebbar ist und, durchgespielt auf der Königsebene, der Ebene der hohen Verantwortung, jeden einzelnen einbezieht. Die Verantwortung für unsere Welt ist nicht teilbar.

Hein siedelt sein Stück in grauer Vorzeit – etwa um 500 – an, damit der Legende, dem Mythos, näher als der realen Historie, und er erzählt eine Geschichte, die aus jenen fernen Zeiten auch morgen noch und erneut Gültigkeit haben wird: eine Umbruchsituation.

Die Ritter der Tafelrunde, einst angetreten, um den heilsbringenden Gral zu finden, haben, über der Suche alt geworden, den Glauben an den Gral verloren. Ihre Heldentaten sind mit ihnen gealtert und zur Legende erstarrt. Die Helden aber haben ihren

Ruhm überlebt. Die Tafelrunde bricht auseinander. Unterschiedlich sind die Methoden, das Wissen zu verdrängen: Resignation, Aktivität, aber auch jener gefährliche Traum vom offenen Kampf mit dem einstigen Gegner, der alle Fronten erneut klären könnte.

Hein beläßt es jedoch nicht bei der Bestandsaufnahme von Verdrängungsmechanismen und Gefährdungen, sondern zwingt seine Figuren zur Positionsbestimmung, zur Annahme von Realität.

Eine Geschichte, die subjektive Tragik in sich birgt, aber nichts anderes ist als realer Gang von Geschichte, Menschheitsgeschichte. Alle bisherige Entwicklung suchte ihren Gral, das schließt Näherungen, auch Leerlaufen und Scheitern ein. Und das Ende eines Weges ist nichts anderes als der Beginn eines neuen Versuches der Näherung an den Gral, wenn nicht Gral als etwas verstanden wird, was man morgen schon in der Hand halten kann, sondern als Prozeß zu einem Ideal.

Artus vollbringt die größte Leistung im Stück, indem er dieser Erkenntnis Raum gibt.

Fast ein Jahr ist seit der Uraufführung von Christoph Heins Komödie im Frühling 1989 vergangen. Wie ein Seismograph ließen gerade diese Vorstellungen politische und gesellschaftliche Veränderungen erkennbar werden. War damals Keies Forderung an Artus –

»Unser Artusreich wird nicht wiederzuerkennen sein, wenn es Leuten wie Mordret in die Hände fällt. [...] Wir müssen sie ausrotten. Entweder der Gral oder sie. [...] Du mußt Deinen Sohn töten, Artus. Töte Mordret, oder er wird das Artusreich zerstören« –

eine zwar denkbare, doch eher theoretische Gefährdung, änderte sich diese Situation Ende Mai 1989. Mit dem blutigen Massaker auf dem Platz des Himmlischen Friedens war diese Gefahr Realität geworden. Artus' Antwort –

»Wenn du Mordret und die jungen Leute umbringst, dann wird der Gral für uns endgültig verloren sein« –

ließ schmerzlich deutlich werden, daß diese Haltung nicht an einen realen Politiker, sondern an ein erstrebenswertes Ideal gebunden ist. Artus' Versuch, sein Reich und den Gral zu retten durch das Eingeständnis des Scheiterns, und seine Suche nach einem neuen, anderen Anfang finden bei den gealterten Rittern der Tafelrunde kein Echo. Der König übergibt seinem Sohn die Macht und das Reich – und die Aufgabe, einen neuen Weg zum Gral suchen zu müssen. Denn:

»Nur die Tiere können ohne Gral leben [...]. Der Gral ist das Leben [...]. Wenn wir den Gral aufgeben, geben wir uns selbst auf. Und was uns dann quält und verstört, ist ein Hunger auf Hoffnung. Und diesen Hunger, der uns verzehrt und unzufrieden macht, der manche in Verzweiflung und Resignation stürzt, der uns lähmt und uns zu Feinden unserer selbst macht, diesen Hunger müssen wir zu stillen suchen«.

Diese Sätze des legendenumwobenen König Artus in Christoph Heins Komödie sind es, die die Reaktion im Zuschauerraum seit den Oktobertagen 1989 immer mehr bestimmen. Wut mischt sich mit Trauer und Betroffenheit.

Als im Februar 1990 35 Germanistik- und Theaterwissenschaftsstudenten der Freien Universität Westberlin die Aufführung besuchten, blieb ihnen diese Betroffenheit unverständlich. Gekommen, um *das* ›Perestroika‹-Stück des DDR-Theaters zu sehen, erwarteten sie die komödiantische Sicht auf *vergangene* DDR-Geschichte. Zur Hauptfrage wurde, warum Mordret in unserer Inszenierung am Stückschluß den Freistuhl als Symbol der Suche nach dem Gral nicht zertrümmert. Ein schwieriger Weg der Verständigung. Pervertiert ist der Begriff des Sozialismus. Aber das Ideal? Der uralte Traum der Menschheit nach einer gerechteren Welt? Der Weg des Sozialismus als Gralsuche ist gescheitert. Christoph Hein aber entläßt Theater und Zuschauer nicht mit dieser schmerzhaften Bestandsaufnahme...

»Denn was uns dann quält...« *Die Ritter der Tafelrunde* zwingen uns zum Nachdenken über den Gral – über das Ideal, die Utopie. Der Freistuhl bleibt am Stückschluß auf der Bühne des Kleinen Hauses stehen – als Aufgabe, als Notwendigkeit der Auseinandersetzung für einen neuen Weg.
(1989/90)

»Das Geld ist nicht der Gral«

Aus einer Diskussion mit Christoph Hein und den Schöpfern des Fernsehfilms »Die Ritter der Tafelrunde« nach der Voraufführung in der Akademie der Künste zu Berlin am 29. 9. 1990

[...] FRAGE: Das Stück ist 1986 entstanden, und 1990 erst wurde der Film gedreht, in dem im Grunde offen bleibt, was Mordret beziehungsweise die Jugend macht. In der Realität hingegen findet ja jetzt eine Unterwerfung statt, unter einen neuen Gral: das Geld. Hinzu kommen die massiven globalen Probleme. Haben Sie das mitbedacht, haben Sie mitbedacht, daß schon nach einem Vierteljahr die Weichen gestellt sind auf einen neuen Gral?

HEIN: Wir sollten von einem Mißverständnis wegkommen: Weder beim Schreiben 1985/86 noch bei der Theateraufführung habe ich an ein Stück über die DDR gedacht, das hätte mich, mit Verlaub gesagt, gelangweilt. Es ist kein Honecker-Mielke-Stück. Bei der Uraufführung Anfang 1989 – es war kompliziert, die Genehmigung zu bekommen, es dauerte mehrere Monate, noch während der Proben – wurde mir natürlich auch der Vorwurf gemacht, ich würde Wandlitz meinen. Auch damals habe ich gesagt, ich meine damit nicht Wandlitz. Natürlich, wenn man ein Stück in einer bestimmten Zeit schreibt, in einem bestimmten Land, gehört dazu, daß man etwas reflektiert von dem Land. In jeder Arbeit, egal, zu welchem Thema. Aber direkte Bezüge habe ich nie gemeint, nie gewollt. Um dies der politischen Führung glaubwürdig zu machen, sagte ich, wenn ich hätte Analogien (etwa Artus = Honecker) schaffen wollen, dann hätte ich eine große Sünde begangen, ich hätte nämlich Schönfärberei betrieben. Das wurde damals akzeptiert. Ich denke schon, daß ich – aus meiner Sicht, 1985 oder 1990, mit dem Wissen um meine Zeit und ihre Geschichte – einfach noch einmal die alte Artus-Geschichte erzähle, mehr nicht. Da gibt es eben ein paar Figuren wie den Artus, den ich da nicht in der Weise abbauen wollte, damit er das Niveau des 20. Jahrhunderts bekommt. Ich meine weder die DDR noch die sozialistischen Länder, ich meine wirklich das Niveau unseres Jahrhunderts. Anderes wäre nur Kabarett oder irgendeine journalistische Geschichte. Das hat mich nie interessiert. Ich sage das deswegen so ausführlich, denn umgekehrt – die Gegenwart, 1990, da mit reinzubringen, würde, fürchte ich, erstens die gleiche Plattheit bringen; und das andere, was da ausgesprochen wird von Hoffnung, Utopie und dem Scheitern davon, das denke ich, das ist heute so da wie vor einem

Jahr und wie vor fünf Jahren. Wir haben ein paar Probleme hinter uns, und wir haben ein paar neue Probleme bekommen. Es gab sicher das Mißverständnis, daß das Geld alles lösen wird, ich denke, unser Land, die Bevölkerung, hat wohl schon begriffen, daß das Geld nicht der Gral ist, und da hat schon eine heftige Enttäuschung, eine Enttäuschung auf Grund eines Irrtums, stattgefunden. Einige Monate glaubte man wirklich in diesem Land, die D-Mark könnte alles lösen. Ich denke, man weiß inzwischen, daß es das nicht sein kann... Das ist ganz normal, völlig unpolemisch, hat mit Parteipolitik oder dergleichen nichts zu tun. Insofern, denke ich, braucht da auch nichts geändert zu werden, die Probleme werden uns sehr schnell wieder erwischen oder haben uns bereits wieder eingeholt.

FRAGE: Aber es gibt doch Literatur, die prophetische Züge hat, und das macht sie ja gewissermaßen zeitlos, von ihrer Entstehungszeit unabhängig und – wenn man an Theaterstücke denkt – über Jahrhunderte spielbar...

HEIN: Ich habe mich nie als Propheten verstanden ... Von heute aus würde ich sagen, ich bin überrascht, denn als ich das Stück geschrieben habe, hätte ich wahrscheinlich heftigst gestritten, wenn mir einer gesagt hätte, in fünf oder zehn Jahren ist es mit der DDR vorbei. Dann hätte ich gesagt, das ist Traumtänzerei oder so ... Ich bin insofern ganz froh, das Stück schon vor einiger Zeit geschrieben zu haben.

FRAGE: Mir fehlte an dem Film die Utopiekritik, das heißt, ich hatte das Gefühl, die Aussage, daß es einen Gral gibt und daß diese Hoffnung auf eine menschliche Gesellschaft, auf ein Paradies, auf ein Reich Gottes auf Erden, wie man es auch immer bezeichnen will, sozusagen Ihre Perspektive ist, die Sie geben wollen. Ich meine, genau dieser Gedanke oder diese Hoffnung auf eine utopische Gesellschaft hat letztlich schon das Tyrannisierende in sich. In einem interessanten Artikel habe ich gelesen, daß Utopien letztlich immer von Avantgarden vertreten werden, die ihre Ideen sozusagen in die Gesellschaft hineintragen wollen, weil sie der Meinung sind, sich auf ein höheres Prinzip oder auf eine Gesetzmäßigkeit berufen zu können. Aber genau das ist etwas, weil es ja mit Massen oder dem Volk oder der Gesellschaft zu tun hat, was eigentlich nicht geht. Wo von vornherein eigentlich schon die Tyrannei oder die Diktatur angelegt ist.

HEIN: Ich würde Ihnen in zwei Punkten heftig widersprechen wollen: Erstens denke ich, das, was Sie da vermißt haben, ist in der Arbeit, auch im Film, enthalten. Es wird irgendwo gesagt, und zwar ziemlich deutlich und zwar nicht nur von einer Person, sondern es ist ein bißchen die Haltung des Stücks, daß es diese Insel nicht gibt. Und dies wäre die Ideologiekritik, die Sie vermißt haben. Die Insel ist vermutlich nicht da, aber der Mensch kann auf Grund seiner Sterblichkeit ohne den Glauben kaum leben. Das ist das eine. Und das zweite: Ich glaube nicht, daß es eine Rolle, eine Aufgabe oder ein Privileg der Intellektuellen ist, Utopien zu entwerfen; dies ist eine Geschichte, die sich durch die Menschheit gezogen hat. Eine der allerersten Formen von Utopien sind ja die Religionen. Und da gibt es keine Unterscheidungen zwischen Gruppen oder Schichten. Daß immer wieder ein paar neue Religionen und neue Utopien kommen, hat zum Beispiel auch etwas mit den Intellektuellen zu tun (oder mit einer bestimmten Schicht), die eben geistig arbeiten, auch immer wieder Ideologiekritik leisten und so zu einer neuen Ideologie kommen. Die ist nicht der Gral, aber immerhin, aus der Kritik heraus wird wieder Neues geboren. Eine Einheit mit dem Volk besteht zumindest darin, daß das Volk – wenigstens in großen Teilen – dann eben die Religion statt dessen hat oder eine frühere Form dieser Utopie oder in einer anderen Form. Aber daß da eine Trennung sei zwischen Intellektuellen und dem Volk, das glaube ich nicht. Daß die Intellektuellen dafür kritisiert werden, daß sie immer mal wieder die Ideologie kritisieren, ist normal, und daß sie dann dafür kritisiert werden, daß sie durch die Kritik an der Ideologie wiederum eine neue schaffen, ist auch normal. Ich denke, das wird so bleiben.

FRAGE: Man braucht das eben einfach, weil man allein in die Welt geworfen ist und sich seine Welt schaffen muß, weil man sich ein Weltbild schaffen muß und weil man an der Unvollkommenheit, an der eigenen und der der Welt, leidet und weil man versuchen möchte, die Welt wieder rund zu kriegen. Ich denke, daß dies ein ganz archaisches Bedürfnis ist. Der Autor ist jemand, der diesem archaischen Prinzip in Form einer Maske, eines Spiegelbilds, eines Rollenspiels oder wie auch immer nachkommt, der diese eigene Unvollkommenheit auch spürt, der versucht, die Welt neu zu schaffen, sie wenigstens für sich wieder rund zu kriegen. Insofern ist es natürlich konsequent, sich heute wieder mit alten Mythen zu beschäftigen. Ist das einer der Gründe, warum Sie zum Beispiel zur Artus-Sage gegriffen haben?

HEIN: Ich weiß es nicht. Es ist schwer, das zu beantworten. Ich wußte in etwa, was ich schreiben wollte. Irgendwie wußte ich auch seit langem – eigentlich schon zehn Jahre zuvor –, daß ich es auch mit der Artus-Sage machen will. Alles andere wußte ich nicht. Der Rest war nur die Arbeit, das alles zusammenzubekommen. Ich arbeite eigentlich ganz gern mit alten Stoffen...

FRAGE: Haben Sie sich mal gefragt, warum?

HEIN: Ja, ich glaube, es ist sehr einfach, zumal bei der Bühne. Es gibt da ein Tradition, es ist mehr als eine Tradition: Von Anbeginn arbeitet die Bühne, indem sie Jahrhunderte, Jahrtausende zurückgreift. Die ganze Antike kennt nur ein einziges sogenanntes Gegenwartstück, alles andere liegt Hunderte, einiges Tausende Jahre zurück. Schauen Sie sich die Shakespeare-Stücke an, sie gehen immer ein wenig zurück. Ich vermute, nein, ich bin sicher, es ist der Grund, daß ich eine größere Freiheit habe. Um ein Problem von heute auf die Bühne zu bringen, kann ich eben wirklich den *Hamlet* spielen. Das ist eine der großen Möglichkeiten, die das Theater und auch der Film haben. Dadurch, daß mit der Inszenierung eine Übersetzung stattfindet, kann ich das ganz genau erzählen. Ich brauche dafür gar keinen neuen Stoff. Das ist eben das Tragische für Gegenwartsautoren, sie werden nicht oder nur selten gebraucht. Es ist dies eine Besonderheit der Bühne, im Unterschied zur Prosa. Ein fünfhundert Jahre alter Roman bleibt ein fünfhundert Jahre alter Roman. Ich lese mein Land, meine Zeit da nicht hinein. [...]

III
Bühnenrezeption

Stücke und Inszenierungen im Spiegel der Kritik

Heins Aufnahme durch die Theaterkritik kann hier nur durch ausgewählte Passagen von deutschsprachigen Rezensionen der Ur- und Erstaufführungen sichtbar gemacht werden. Zitiert wurden vornehmlich unterschiedliche Auffassungen zur Stück- und Inszenierungskonzeption, die als Interpretationshilfe dienlich sein können. Weitere Angaben zu den Inszenierungen und ihren Besprechungen kann der Leser in der Bibliographie aufsuchen. Die Titel der ausgewählten Rezensionen wurden belassen, solche der Redaktion sind mit * versehen. Auslassungen innerhalb der Texte sind gekennzeichnet.

»Schlötel oder Was solls«

U. 1974, Volksbühne Berlin

Als diese provokante, gleichsam auf Lackmuspapier geschriebene Komödie, auch eine dramatische Reflexion über die (Un-) Möglichkeit einer importierten Revolution, 1974 von Manfred Karge und Matthias Langhoff in der Volksbühne am Luxemburgplatz uraufgeführt wurde, war Schlötel noch ein »Flüchtling aus der Westzone«, der aus der Frankfurter Schule in die DDR ging. Auch sei »etwa ein Drittel des Textes«, so Hein im Gespräch mit »Theater der Zeit« (1978, H. 7, S. 51 f.), »aus allen unmöglichen Gründen gestrichen« worden: »Die Aufführung des Fragments lieferte somit nur eingeschränkte Erkenntnisse. [...]« [...]

Andreas Roßmann, in: Deutschland Archiv 19 (1986), Nr. 12, S. 1256.

Spektakel 2 – Zeitstücke

[...] Die Technik der Bühne war vom Regieteam voll genutzt für die Darstellung von Betriebsmilieu, das Publikum auf hochaufstrebenden Zuschauertribünen bewegte sich drehend um das Geschehen herum, ihm wird immer ein neuer Blickwinkel abgenötigt. Doch steht das Ergebnis nicht im rechten Verhältnis zum investierten Aufwand. Gleichviel: ich halte den Autor für hochtalentiert, den Stückvorwurf für hochinteressant – nur ist trotz vieler Bearbeitungsversuche noch nicht gelungen, aus dem lite-

Michael Gwisdek als Schlötel in der Volksbühne

rarischen Monster ein Stück zu machen. Der Held, Schlötel, ist ein junger westdeutscher Intellektueller, dessen rebellischer Geist von der revolutionären Praxis unseres Lebens angezogen und – direkt konfrontiert mit ihr – zugleich abgestoßen wird. Eingeladen, auf seinem Fachgebiet wissenschaftlich zu arbeiten, will er erst die Praxis kennenlernen, geht nach Schwedt, arbeitet in einer Brigade. Er empfindet schmerzhaft den Widerspruch zwischen utopischem Ideal und sozialistischer Wirklichkeit, den er vor allem überwinden will durch Belehrung der Massen. Mit dieser Messias-Haltung muß er scheitern, sein Weg verliert sich im Ungewissen. Interessant scheint mir, wie hier – innerhalb des »Spektakels« – ein anderer Blick auf unsere Wirklichkeit, gewonnen wird, sozusagen der aus der luftleeren Höhe Schlötels zugleich mit der Kritik an Schlötelschen Denk- und Beobachtungskriterien. Das Stück hat eine poetische Idee und enthält eine Fülle realistischer Beobachtungen, eine Reihe schöner Figuren [...], aber die Fabel zerfließt ins Episodische, oft auch Kabarettistische, dem Stück fehlt »Dramaturgie«. [...]

Martin Linzer, in: Theater der Zeit, 1974, H. 12, S. 51–53.

BRD-EA: 1986, Staatstheater Kassel

Kein leichtes Spiel: DDR-Dramatik im Westen

[...] Im Unterschied zu seinen anderen Dramen (*Cromwell, Lassalle, Ah Q*) wendet sich Hein in *Schlötel* nicht über historische Stoffe, sondern unmittelbar der DDR-Realität zu (und das ist wohl auch schon der Hauptgrund dafür, daß das Stück dort nur einmal inszeniert wurde). Die »Störenfriedformel« (Volker Klotz) des bürgerlichen Lachtheaters wird für die sozialistische Dramatik reaktiviert und variiert. Heins böse ironische Pointe: Der Auftritt des Außenseiters bleibt, obwohl er viele Mißstände aufwirbelt, folgenlos, er prallt ab von der Macht des Kollektivs und liquidiert sich am Ende selbst. [...]

In der Brigade stellt Schlötel unangenehme Fragen. Entschieden tritt er für den Objektlohn ein, den die Leitung ›von unten‹ nicht durchsetzen kann, und radikalisiert diesen unpopulären Vorschlag, was die Organisationsmängel im Werk und die Arbeitsmoral der meist verspießerten Kollegen in ein überscharfes kritisches Licht setzt. [...]

Schlötel, der mit den Idealen seiner Zeit identisch werden wollte, ist gerade deshalb subjektiv gescheitert. Objektiv aber hat er recht behalten: Der zunächst wieder zurückgenommene Objektlohn wird doch eingeführt, seine Klage gegen die Betriebsleitung, der er Sabotage vorwarf, postum abgewiesen. Fast ein Kohlhaas des Sozialismus. [...]

»Etwa ein Drittel des Textes« – mindestens genausoviel dürfte auch in Kassel gestrichen worden sein, wo das Stück [...] erstmals nachgespielt wurde. Vor allem Bezüge zur DDR-Wirklichkeit, auch ganze Figuren wurden herausgekürzt, andere geklittert, zusammengelegt oder gekreuzt [...]. Biographien, Hintergründe, DDR-Tabuthemen wurden abgeschnitten und damit zugleich Motivstränge, gesellschaftliche Haltungen, (Erfahrungs-)Zusammenhänge. Eine Textfassung, deren inhaltliche Retuschen kleinlich [...] und weitreichend genug sind, die formalen (Sinn-) Strukturen des Stücks zu beschädigen. Ein Umgang mit (vermeintlichen) Verständnisproblemen, der solche seinerseits schafft.

So sorgte schon die Bearbeitung dafür, daß dieses DDR-Stück in Kassel BRDigt wurde. [...]

Die Kasseler Aufführung, die die Komödie verkleinert, auch privater macht, offenbart vor allem die – vielleicht unüberbrückbaren – Probleme, die das Stück hier bereitet. Angemessener dürfte ihm eine Einstudierung sein, die sich seinen Fremdheiten stärker stellt und sie auszuhalten versucht, um damit ein szenisches Exempel zu geben, das auch uns angeht:

über die Kluft zwischen linker Utopie und (realsozialistischer) Praxis.

Andreas Roßmann, in: Deutschland Archiv, 1986, H. 12, S. 1256 f.

»Die Geschäfte des Herrn John D.«

U. 1979, Neustrelitz

Revue um Rockefeller

Bei der Uraufführung der Revue für Schauspieler *John D. erobert die Welt* kam ein Werk auf die Bühne, das überzeugte. Dabei ist der Erfolg weder mit einem unbekannten Stoff noch mit neu zu gewinnenden Einsichten zu begründen, ebensowenig mit überraschender künstlerischer Technik. Die Geschichte Rockefellers ist mehr oder weniger Allgemeingut. Wie es im Kapitalismus zugeht, wird bei uns zulande wiederholt verdeutlicht. Die Formelemente der *Dreigroschenoper* oder von *Mahagonny* hat der Theaterbesucher ebenso im Ohr wie die Arientechnik von Puccini. Offenbar nahm für diesen Abend ein, wie mit bekanntem Material umgegangen wurde: intelligent, einfallsreich im Detail, handwerklich gekonnt. [...]

Die Rockefeller-Story hatte Friedrich Wolf bereits 1930 für ein Hörspiel aufgegriffen und 1932 eine Version für die Bühne hergestellt. Wolf enthüllte Praktiken des Kapitals und forderte

Rockefeller-Revue in Neustrelitz

zu Engagement im Klassenkampf auf. Den Stoff übernahm Christoph Hein, mehr nicht. Eine andere historische Situation ermöglicht, eine andere Aussage zu nutzen. Hein geht auf die Verschleierung von gesellschaftlichen Vorgängen durch Ideologie ein, und er gibt historisch überwundene Verhaltensweisen dem Gelächter preis. Der Autor bevorzugt epische Momente – Lieder, Monologe. 17 Titel fassen die Szenen zusammen, deren Sinn vom einfachen Orts- oder Zeitbezug über die sachliche Charakterisierung bis zur Wertung reicht. Revue für Schauspieler ist bei Hein auch Verzicht auf individuelle Beziehungen der Figuren. Der Dialog läuft an den Zuschauer adressiert; er ist lakonisch notiert. Der Autor fand ausdrucksvolle sprachliche Wendungen, indem er passendes Material aus der Realität aufspürte und indem er wie andere gute Bühnenautoren unseres Jahrhunderts die Literatur plünderte./[...]

Der Regisseur Christian Bleyhoeffer hatte zum Textbuch eine Fülle von Vorschlägen, Gags. Es wurde auf vielfältige Mittel des Revuetheaters zurückgegriffen. Die Scheibe dreht. Rampe und Steg in den Zuschauerraum sind illuminiert. Der Zerhacker arbeitet. Eine Szene läuft als Schattenspiel. Beifall kommt aus der Konserve. Es gibt dekorative Arrangements. Pointen werden ausgestellt. Auch tänzerisch-akrobatische Einlagen fehlen nicht. [...]

Karl-Heinz Müller, in: Theater der Zeit 34 (1979), H. 6, S. 11–13.

EA Westberlin: 1983, Vagantenbühne

Drei-Dollar-Operette*

[...] Hein hat kein Lehrstück geschrieben. Vielmehr hat er den trivialen Stoff in eine Form gefaßt, die ihm entspricht. Er greift populäre Motive und Versatzstücke auf, verfremdet und verwirbelt sie mit Burleske und Spiel-im-Spiel, mit Songs und Rezitativen, die Henry Krtschil zitierfreudig, vor allem mit Blues- und Ragtime-Musik, vertont hat: zur Drei-Dollar-Operette.

»Eine Revue für Schauspieler« hat Christoph Hein sein Stück genannt. Doch gerade die beiden Ouvertüren der Rahmenhandlung, die diese Form ironisch und augenzwinkernd spiegeln, wurden von den Vaganten gestrichen. Das nimmt dem Text eine Spielebene, macht ihn scheinbar ernster und gewichtiger, verringert seine parodistischen Möglichkeiten. Trotz der – auch räumlichen – Einschränkungen bringt Doris Heiland jedoch das Kunststück fertig, die Szenen exakt und behende zu arrangieren. – So gelingt der Hinweis auf ein Stück, dessen Fähigkeit, intelligent zu unterhalten, mit anderen, größeren Mitteln noch deutlicher zur Geltung kommen dürfte.

Andreas Roßmann, in: Rheinische Post, 22. 6. 1983.

» Cromwell «

U. 1980, Theater der Stadt Cottbus

Konfliktreiche Interessenkämpfe*

[...] Hein meint Gegenwart – nicht begrenzt thematisch, sondern er schlägt Haltungen vor. Haltungen, die der unmittelbaren Alltäglichkeit gegenüber Souveränität beziehen aus dem Bewußtsein ihrer Einordnung im weitreichenden Gang der Geschichte. In der Biografie des Puritaners Oliver Cromwell, Initiator und Renegat der bürgerlichen englischen Revolution um 1649, sucht der Autor nach dem Verhältnis von begrenztem historischem Fakt und weiterreichender Verallgemeinerung. Nicht über die Präparierung einer moralisierenden Lehre, die auf den linearen Verlauf des gesellschaftlichen Fortschritts hoffen heißt, sondern durch die aktivierende Konfrontation, die Beruhigung nicht zuläßt.

Heins Dramaturgie ist von hohem informativem und poetischem Reiz. Sie lebt aus dem eigentümlichen Kontrast zwischen tradierter, fast betulich entrollter Historie und aufstörend provokanten Brechungen von Zeit- und Raumebenen mittels Situation und Sprache, Interessen und Erfahrungen der Figuren – eben

Wolfgang Dehler als Cromwell in Cottbus (li. Rüdiger Joswig: Graf v. Manchester)

noch aufs engste verflochten ins soziale, politische und ökonomische Panorama Londons im 17. Jahrhundert – erscheinen unvermittelt höchst gegenwärtig. Der anscheinend willkürliche Einsatz heutigen Vokabulars erweist sich auf Dauer als wirkungsvolles Verfahren, um die dreihundertjährige Distanz gegenüber Aufstieg und Niederlage Cromwells aufzubrechen. Im Spannungsfeld von Anspruch und Konvention, von subjektivem Wollen und objektivem Zwang, von Ideal und Wirklichkeit dieser bürgerlich-revolutionären Bewegung präsentieren sich die Erfahrungen heutiger Klassenkämpfe, signalisiert sich aber auch das Beharrungsvermögen des Gewohnten als latente potentielle Gefahr.

Die Inszenierung Peter Rölls entsteht aus dem Bekenntnis zum Autor und aus der Konsequenz gegenüber selbstgesetzten Prinzipien für die Profilierung des Hauses. Die Aufführung überzeugt am stärksten, wo sie in großzügigen Bildern und durchgestalteten Arrangements der Massenszenen die Vitalität und die Differenzierung der Armee Cromwells sichtbar macht. Hier bilden sich unaufdringlich gegenwärtige Assoziationen: Lateinamerika rückt ins Bewußtsein, der Elan und die Tragik Chiles. [...]

Erika Stephan, in: Sonntag, Nr. 30, 27. 7. 1980.

Wem nützen Ideale?

[...]

Cromwell ist eine Historie mit Fabel, Szenenführung und Figurenzeichnung in überlieferter Tradition. Die Schreibweise des Autors ist konservativ. Hervorzuheben ist ebenso, daß sein Verhältnis zur Geschichte und zum Stoff nicht konservativ ist. Das aktuelle Interesse und die Notwendigkeiten der Kunstform haben bestimmt, wie mit den überlieferten historischen Szenen umgegangen wurde; Wahl, Anordnung, Zutat ließ sich Christoph Hein nicht vom Lehrbuch diktieren. Auch dem Publikum bleibt beim historischen Stoff die Gegenwart ständig im Bewußtsein, wozu der Autor immer wieder heutige Worte, Begriffe, Betrachtungen ins Spiel bringt. Dieses dramaturgische Mittel verwischte die Inszenierung in Cottbus. Zwar kamen die verlangten heutigen Requisiten, Stahlhelme und Gasmasken, auf die Szene, aber die Farbgebung der Ausstattung und die Spielweise war auf stilistische Einheit, nicht auf Brüche, orientiert. Widersprüche bewußtzumachen, Figuren konkret, detailreich zu führen, scheint nicht der Geschmack oder das Verständnis zu sein, das der Regisseur Peter Röll vom Theater hat. Die Inszenierung setzte auf pompös arrangierte Bilder und auf die Vermittlung allgemeiner Tendenzen des Stücks. Damit wurde das Publikum überrollt und verführt. Beispielsweise gibt es ein Schlachtexerzitium zu Musik, das Imponiermittel wirkt immer noch. [...]

Karl-Heinz Müller, in: Theater der Zeit 35 (1980), H. 8, S. 12.

Habt bitte Angst vor dem großen Mann

[...] Hein verhandelt Geschichte, doch er bleibt ihr nicht verhaftet. Vielmehr geht er von heutigen Erkenntnissen und Erfahrungen aus und bringt diese provozierend ein. Er durchlöchert den historischen Kontext mit derben Anachronismen, flicht Redemontagen (etwa von Stalin oder Allende) ein und schafft Anknüpfungspunkte zur Gegenwart mit der Ambition, die Eigendynamik jeder revolutionären Bewegung aufzudecken. Im Rückgriff auf ein historisches Beispiel leistet Hein einen ästhetischen Vor-Wurf. In der (und für die) DDR kann sein Stück, das in einer anschaulichen, metaphernreichen, gewitzten Sprache geschrieben ist, als kritische Aufforderung an die Basis, den eigenen Kräften mehr zu vertrauen, und/oder als Warnung vor dem starken Mann gelesen werden. [...]

Wie mutig es war, *Cromwell* uraufzuführen, läßt sich erst einschätzen, wenn man um seine verhinderte Aufführungsgeschichte weiß. Wie viele nicht verwirklichte Inszenierungsvorhaben verschiedener Bühnen indirekt bestätigen, ist es, weil es die Fragen, Schwierigkeiten und Widersprüche, die die Revolution aufwirft, in der Distanz überschaubar macht, ein wichtiges Stück für die DDR. Weil es – allgemeiner – von der Idealbesessenheit, der simplizistischen und der mörderischen, handelt, könnte es auch bei uns einen brauchbaren, diskussionsträchtigen Spielanlaß liefern. [...]

Andreas Roßmann, in: Stuttgarter Zeitung, 31.7.1980.

BRD-EA: 1986, Theater Essen

Anlässe zu bürgerlicher Melancholie

[...] Christoph Hein hat sich zu sehr von den Parallelen zwischen der puritanischen Revolution und späteren blenden lassen. So fehlt es seinem Geschichtsdrama an Substanz. Daß Cromwell ein Revolutionär vor der Zeit war, in dem plötzlich die Utopie sichtbar wird, daß es die Zeit der Könige nicht mehr sei, wird so wenig verhandelt wie die lähmende Melancholie des Cromwell. Seit Walter Benjamin den Begriff der Melancholie von der Kunstgeschichte in die Literaturbetrachtung übertragen hat (1928 in seiner großen Arbeit *Über den Ursprung des deutschen Trauerspiels*), ist er uns Bestandteil der Analyse für eine spezifische Krankheit des Bürgertums geworden: seiner Nichtteilhabe an der Politmacht.

Der historische Cromwell hat an dieser Krankheit um so mehr gelitten, je blutrünstiger er sie an sich zu kurieren versuchte. Aber dieser Ansatz, der erst Heins Absicht stützen könnte, mit *Cromwell* eine szenische Parallelaktion zu seinem 1980 in Düsseldorf gezeigten Stück über Ferdinand Lassalle geschaffen zu haben, fehlt in dem Historiendrama völlig. Daraus mag im sozialistischen Deutschland Brisanz entstehen, im bürgerlichen Deutschland verstärkt es nur die Melancholie über die Geschichtsläufe.

Ulrich Schreiber, in: Frankfurter Rundschau, 29. 10. 1986.

Eine brave Revolution

[...] Für die späte bundesdeutsche Erstaufführung setzt Hansgünther Heyme aktualisierende Anspielungen – Cromwells Soldaten bezeichnen sich als »rote Brüder« und die Herrschenden wünschen sich eine »Datscha« – ganz direkt um, wohl auch im Sinne des Autors. Die Soldaten tragen Stahlhelme der DDR-Volksarmee, alle Puritaner rote Krawatten zu kleinbürgerlichen Anzügen, die mehr und mehr mit Ordensschnallen übersät sind und zu Litfaßsäulen der Siege werden. Die Königstreuen und die nur gewinnorientierten Kaufleute tragen historische Kostüme der Stuart-Zeit. Die dem Stück unaufdringlich eingewobene Kritik am notorischen Ablauf aller bisherigen Revolutionen wird so aktuell konkretisiert. Auch Cromwells Revolution verliert schnell ihre moralische Aura: Ein idealistisches, allen Menschen verpflichtetes Konzept radikalisiert sich angesichts zunehmender Zwänge und wachsender Begehrlichkeit in den eigenen Reihen zu militanter Gewaltherrschaft und bloßem Machtbehauptungswillen. Am Ende weiß der Lordprotector den Schuldigen für sein Scheitern zu nennen: Das Volk war »nicht reif genug«, zu schwach und zu faul. Hitler und Stalin dachten ähnlich. [...]

Werner Schulze-Reimpell, in: Theater heute 27 (1986), H. 12, S. 15.

Rundköpfe an der Macht

Die Revolution ist ja nicht blöd. Bevor sie also ihre Kinder frißt, mästet sie sie. So war das seit je, so wird das immer sein: hier ein Kronschatz, dort Ländereien, da eine Bettgenossin, und ab saust der Umsturz in die Spießerei oder, auch beliebt, in die Tyrannis. Wählt zwischen Robespierre und Danton, Bonaparte wartet schon – und hinter ihm feixt Louis Egalité, der Bürgerkönig. [...]

Gewonnen hat bei diesem blutigen Historienspiel allein die Bourgeoisie, das – um es auszusprechen – kapitalistische Besitzbürgertum; denn auf dessen Beihilfe waren die siegreichen Revolutionsproleten ebenso angewiesen wie dann wieder der König: Beide verzappeln ihre Ansprüche im Netz übernationaler Geldmarktbeziehungen. Das ist zu allen Zeiten in allen Ländern so gewesen. [...]

Über die Story und die Verteilung von Positionen hinaus allerdings gebricht es dem Stück an Plausibilität. Hein läßt Schlachten schlagen mit Gewehren statt mit Gedanken; Taten werden

»Cromwell« in Essen (in der Titelrolle Walter Kreye)

addiert, wo Argumente im Minus sind; dieser *Cromwell* ist ein Räuberschach.

Nun hätte Heyme daraus immerhin eine satte Figurenoper machen können [...], doch er machte Kabarett, ließ jeden, der da was zu sagen hatte, über Leitern vom Orchestergraben hoch zur Rampe klettern und sein Sprüchlein klopfen. Bisweilen standen sie aufgereiht zu fünft und sechst und redeten sich die Hucke voll vom Kampf, vom Sieg, vom Leben in der Etappe.

[...] Aber wäre da nicht ein dritter Weg denkbar gewesen [...]: Da hocken erschöpfte, verstörte Schauspieler wie ertrinkend, untergehend zwischen umgestürzten Stühlen, Tischen, Leitern, Mineralwasserflaschen. Da liest hier wer Zeitung, grübelt dort wer einem Einfall nach – und dem hier zuckt Erkenntnis durchs Gesicht. Diese Ratlosigkeit, dies ausgepumpte Nichtmehrweiterwissen, das wäre die Situation des *Cromwell.* Auf dem Weg von Shakespeare zu Brecht und Heiner Müller in Entwürfen steckengeblieben, in ersten Skizzen, ungeklärt in Form wie Inhalt. [...]

Michael Skasa, in: Süddeutsche Zeitung, 27.10.1986.

»Lassalle fragt Herrn Herbert nach Sonja. Die Szene ein Salon«

U. 1980, Schauspielhaus Düsseldorf

Schau-Spiel*

[...] Hein hat kein historisches Stück geschrieben, obwohl er viele exakte Details, biographische Fakten, verbürgte Textpassagen und Zitate verwendet. Diese aber zieht er, indem er Zeit-, Raum- und Figurenverschränkungen vornimmt, bewußt unhistorisch zusammen: Im Salon. Um die Anfänge der organisierten deutschen Arbeiterbewegunng darzustellen, werden Mittel des

19. Jahrhunderts bemüht und selbst in den Gegenstand hineingenommen. Dies erfolgt so konsequent, daß ihre Unangemessenheit als Kontrast zwischen Form und Inhalt augenfällig, ja zwingend wird. Die Rückbesinnung auf das Salonstück wird in einer Weise reflektiert, die zugleich Mißtrauen gegenüber dem Genre hegt und die Kritik an dem verkümmerten Geschichtsbewußtsein, für das es steht, mitteilt. So gewinnt der Text eine raffinierte Doppelbödigkeit: Schau-Spiel.

[...] Ästhetische und politische Fortschrittlichkeit klaffen ähnlich weit auseinander wie Anspruch und Praxis Lassalles, dessen Reaktionen auf seine Umgebung kritisch ausgestellt werden. Denn das ist das große und (drüben wie hüben) aktuelle Thema des Stücks: Da wird einer, der Intellektuelle Lassalle, sich schmerzlich inne, daß er so, wie er lebt, nicht richtig lebt, weil sein Engagement für jene, die Hoffnung tragen, nicht nur ohne Echo bleibt, sondern ihn auch von sich selbst entfernt und entfremdet: weil das Leben für andre auf Kosten des eigenen Lebens geht. Die Erkenntnis, daß jene ihn brauchen, es zugleich aber falsch ist, daß sie ihn brauchen, kennzeichnet seine Verzweiflung. (Wenn es, was ja nicht sein muß, einen rationalen Grund dafür gibt, daß Heins Stück in der DDR – bisher – nicht gespielt wurde, dann liegt er wohl in diesem Pessimismus, besser: in dieser begründeten Hoffnungslosigkeit.)

[...] Heinz Engels' Inszenierung verfehlt das Zentrum des Stücks, hinter den spielerischen Möglichkeiten, zu denen es einlädt, bleibt sie weit zurück, seine Doppelbödigkeit kann sie kaum einmal aufdecken. [...]

Andreas Roßmann, in: Deutschland Archiv 14 (1981), 2, S. 125.

Ein Produkt unserer beschränkten Einbildung

[...] Hein gelingt es, in der boshaften Identifizierung ›seines‹ Lassalle mit der Meinung der anderen Stückfiguren die Dialektik des Individuellen und des Allgemeinen durch den Schwank greifbar zu machen – und mit ihr die langanhaltende Bauart der von ihm denunzierten Theaterstruktur: auch wir verdienen diesen Lassalle aus dem bürgerlichen Amüsiertheater, weil wir – wie es der ›Held‹ im Stück einmal sagt – immer noch nicht gelernt haben, das Politische vom Privaten zu trennen.

Das trifft auch die Uraufführungsregie von Heinz Engels. Jede ihrer Grundentscheidungen ist gegen das Stück getroffen. So mußte die Wahl des Großen Hauses bei diesem Regisseur, dessen Stärke es ist, sich geduldig auf die Psyche von Menschen einzulassen, zum Fiasko führen: denn nicht Menschen zeigt uns Hein, sondern Produkte unserer beschränkten Einbildungskraft. Von deren gefährlicher Vifheit merkt man der in die Breite ausufernden Inszenierung kaum etwas an [...].

Statt das zum Aufweis seiner Kulturbesitzungen dienende Interieur von Lassalles erstem Berliner Salon zu zeigen (wie es der Autor zu Recht vorschreibt), schlägt Oelkers das riesige Geviert mit einem vaterländischen Schlachtengemälde aus; das genau war nicht der Weg der Assimilation, den Lassalle gewählt hatte [...]. So zeigt sich ein westdeutsches Staatstheater überfordert durch einen Text aus dem anderen Deutschland, der aber immerhin ein paarmal Luft vom anderen Planeten im Parkett verbreitete. [...]

Ulrich Schreiber, in: Frankfurter Rundschau, 14.11.1980.

Ein irritierendes Spektakel

[...] Ein irritierendes, ja frustrierendes Spektakel. Aber das ist nicht ausschließlich negativ zu verstehen. Schon lange nicht mehr hat mich eine Aufführung so hin und her gerissen zwischen Ärger und Interesse wie die Düsseldorfer Uraufführung des Stückes [...].

[...]. Es wirkt eher so, als habe der Autor sich den alten Kunstformen, mit ihnen vermeintlich spielend, zu sehr ausgeliefert. [...]. Das historische Material, das Hein ausgiebig verarbeitet, schlägt markant durch, und es steht mit diesem noch recht neuzeitlichen, immer wieder vergegenwärtigten Material in unseren relativ informierten Zeiten ja nicht mehr so wie zu den von Hein zur Rechtfertigung bemühten Zeiten Shakespeares. Es läßt sich ziemlich leicht identifizieren, und schon gerät das Spiel an den Rand der Denunziation. Zu drastisch nämlich nimmt es seinen Ausschnitt als das Ganze.

Hein hat sich zuviel vorgenommen, und die Düsseldorfer Aufführung nimmt trotz anspruchsvoller Besetzung leider keine der Möglichkeiten wahr, dies Zuviel vom Spiel her aufzuwiegen. [...]

Heinrich Vormweg, in: Süddeutsche Zeitung, 13.11.1980.

Der Revolutionär endet im Salon

[...] Der Reiz dieses kalkuliert gebauten, dialogsicheren Schauspiels von Christoph Hein, dessen dritter Akt (nach dem Duell-Tod, der in die Pause fällt) bloß noch ein alle vorausgegangenen Banalitäten satirisch in den Schatten stellender Epilog ist – dieser Reiz kann sich nur auf dem Hintergrund von historischen Kenntnissen und Zusammenhängen entfalten, über welche der bundesdeutsche Zeitgenosse kaum verfügt. Denn natürlich bricht sich Heins autobiographisches Spiel in den Facetten der Lassalleschen Biographie, die willkürlich-absichtsvoll herbeizitiert und nicht nur zu aktuellem Gebrauch ausgeschlachtet wird. Heutige Miseren und Konflikte finden sich wieder in den abgelebten des vergangenen Jahrhunderts: Ein abgebrochenes Leben wird beschworen zur Aufhellung zeitgenössischen Dahinlebens.

Der Salon [...] wird zum Spiegelkabinett überkommener Gefühle und Haltungen, zum Pendant der Partyplätze, auf denen heutzutage bekannte Gesichter und gemischte Gefühle seziert werden.

Die Düsseldorfer Uraufführungs-Inszenierung erlaubt manche Assoziationen, die der Lektüre des Textes zu verdanken sind, macht sie aber nicht ablesbar. Sie ist angesichts der Doppelbödigkeit dieses Stückes zu eindimensional, nimmt zwar die Kunstformen des 19. Jahrhunderts ernst, mit denen der Autor spielt, mißtraut ihnen aber nicht gleichzeitig, wie der Autor empfiehlt. Heinz Engels ist dem Stück offensichtlich lernend allzu sehr verpflichtet, als daß er noch spielerisch mit ihm hätte umgehen können. [...]

Heinz Klunker, in: Theater heute, 1981, H. 2, S. 10.

Das Bühnenportal als Schlüsselloch

[...] Das Stück beginnt damit, daß Lassalles Kammerdiener Herbert die Mutter seines Dienstherren brutal zurechtweist, weil sie hinter der Szene mit den Fingern von der Konfitüre genascht hat. Diese Perspektive behält Hein beharrlich bei. Die Historie wird ihm, wie in unserem Bewußtsein, zum Salonstück. Wir erleben Geschichte als Anekdote: das Bühnenportal als übergroßes Schlüsselloch zum Privatleben eines großen Mannes, den diese Perspektive rasch auf unternormales Format zurückschraubt.

Noch die historische Begegnung zwischen Bismarck und Lassalle, die beide in ihrem Antiliberalismus übereinstimmten, findet auf Heins Bühne seine private, personalisierte Entsprechung. Lassalles Diener Herbert stand zuvor bei Bismarck in Diensten; die Anbiederung Lassalles ans Establishment seiner Zeit erfolgt auf der Kammerdienerebene und kündet von einer Funktionärsmentalität, die das Stück als keineswegs historisch abgetan, sondern als fortwirkend aktuell zu beiden Seiten von Mauer und Stacheldraht erkennen läßt (was einleuchtend erklärt, weshalb dieses Stück keine Uraufführungsbühne in der DDR gefunden hat).

Hein ist mit diesem *Lassalle* ein ebenso böses wie brillantes Stück gelungen. In Düsseldorf macht Heinz Engels faszinierendes Theater daraus. Überzeugend vor allem auch die Bühnenbildlösung von Uwe Oelkers, der Lassalles Salon (an den sich nach hinten ein Wintergarten anschließt) mit einem rundum laufenden Bilderfries bemalt hat, auf dem napoleonische Truppen in die Schlacht ziehen: Geschichte diesmal als Heldenepos; aufs historische Bewußtsein des Hausherrn darf und soll geschlossen werden. [...]

Jochen Schmidt, in: FAZ, Nr. 265, 13. 11. 1980.

DDR-EA 1987, Städtische Bühnen Erfurt

Verlorene Geschichtlichkeit

[...] Im Vexierbild der Komödiengeste des am Gang der Restaurationsereignisse gescheiterten Lassalle das Negativmotiv verlorener Geschichtlichkeit. Im banalen Salonrevoluzzertum eine Art Wetterleuchten verlorener Utopie, zerrieben zwischen den Mahlsteinen gesellschaftlicher Existenzformen.

[...] Der im Bühnenbild von Jörg Wolf atmosphärisch genau ›inszenierte‹ bürgerliche Salon als Psychiatrie-Gehäuse und das alte Salondrama ein im Leerlauf hochtourendes Bewegungsstück. Die ganz auf groteske Enthüllung setzende Regie packt den geschichtlichen Vorgang im Moment der Selbstaufgabe jeglichen Existenzsinns. Der Rest, glänzend, aber einseitig gespielt, ist die Absurdität von Rollenverhalten und Stimmungen. Dem – zumindest konzeptionell vorgegebenen – Verlust an Problemtiefe entspricht andererseits ein erheblicher Zugewinn an Komödien-Hintersinn. [...]

Das intelligent gepuzzelte Zuviel an eifernder Leere und aufgeputzter Zustandsanalyse nimmt dem Salonstück die hinterfragende Ironie. Die Personen hinter den Glasscheiben sind nur noch Schemen und ihr Geplauder eine Art Stichwortmechanik. Sie haben ihre Vorgeschichten, ihre Biographien mit dem Auftritt abgelegt, und Herbert hat sie mit kundiger Hand glattgestrichen und an den Nagel gehängt. So interessiert letztlich nur noch das zur Schau gestellte Spiel, das Schau-Spiel als ein kunstvoller Vorgang. Darin sind die Erfurter von subtiler Perfektion in den abgestuften Nuancen sorgfältig zurechtgemachter Nichtigkeiten. Oftmals auch ein überraschend reizvolles Zitat aus anderen Literaturen und Kunstformen, eine gestische Anleihe und ein Hauch von Welt [...]. Jeder die Blitzaufnahme eines Zustandes, auch einer Befindlichkeit, nicht aber Bewegung in der dritten Dimension von mehreren Möglichkeiten. Ein Ergebnis der

Matthias Brenner als Lassalle und Matthias Winde als Vahlteich in Erfurt

konsequenten Lesart des Regisseurs, die Banalität des Utopieverlusts auf ihr Bürgerrecht zu visitieren und mangels Brisanz passieren zu lassen. [...]

Georg Menchén, in: Theater der Zeit, 1987, H. 5, S. 52 f.

»Der Neue Menoza«

U. 1982, Mecklenburgisches Staatstheater Schwerin

Sommertheater

[...] Auf den plot gebracht, ist die Geschichte vom kumbanischen Prinzen Tandi – die Parodie des aufklärerischen Motivs vom ›edlen Wilden‹ – die pure Kolportage, mit Kindes-Raub und Baby-Tausch, mit Giftmord-Versuch und pathetischem Happy end [...]. Im Ganzen fügt sich das in Shakespearisierender Manier Sturm-und-Drängerische Stück dennoch zu einem großen Gesellschaftspanorama der Zeit, komisches Abbild des emanzipierten und dabei schon verspießerten Bürgertums. [...]

Lothar Scharsisch hat, das mit kritischem Genuß spielbar zu machen, eine ästhetische Form gefunden: das Theater auf dem Theater, die primitive Schaubude mit Rampenlicht, flächigen Kulissen und groben Zeichen, giftgrünen Bäumen und winzigen Zäunchen. Die überwiegend weiß angezogenen Darsteller sind grotesk geschminkt. [...]

Stil und Konsequenz hat auch die Inszenierung von Wolf-Dieter Lingk, ihr ästhetischer Irrtum besteht meines Erachtens nur

»Der Neue Menoza« in Schwerin

darin, daß sie in der Spielweise mit ähnlichen Mitteln grotesker Überdrehung, hyperbolischer Übersteigerung arbeitet; durch Doppelung die Wirkung sich nicht potenziert, sondern eher aufhebt; die Figuren sich von dem vorgegebenen Canevas der szenografischen Lösung nicht plastisch abheben als realistische Figuren mit typischen Merkmalen, sondern, in die Karikatur getrieben, zu vorprogrammierten Typen verkommen. Will sagen: Die optische Konzeption und die spielerische Konzeption ergänzen einander nicht. Damit fehlt auch dem Abend Spannung, das Moment der Überraschung, Komik entsteht nicht aus Widersprüchen (von Haltungen und Situationen), sondern eher aus Details schauspielerischen Verhaltens [...]. Das durchaus differenzierte Bild deutscher Zustände [...], das im Stück enthalten ist und das die optische Lösung noch erkennen läßt, wird weitgehend eingeebnet. [...] Diese Reduzierung bewirkt, daß aus dem gesellschaftlichen Panorama letztlich ein typologisches Panoptikum wird.

[...] Das Vergnügen hielt sich in Grenzen eines heiter-unverbindlichen Sommertheaters, und eine assoziative Ebene wurde nicht über das Spiel, sondern höchstens über verbale Anspielungen hergestellt. Christoph Heins intelligente Bearbeitung der Lenzschen Komödie bleibt somit eine Aufgabe für unser Theater.

Martin Linzer, in: Theater der Zeit, 1982, H. 9, S. 28 f.

Der erneuerte Menoza

[...]

Gerade weil ihr Verfahren eher philologisch als ideologiekritisch ausgerichtet ist, stellt Heins Bearbeitung den energischen Versuch dar, einem Stück nach über zweihundert Jahren den Weg auf die Bühne zu ebnen. [...]. Der erste Schritt in diese Richtung aber wurde mit der Uraufführung in Schwerin (noch) nicht gemacht. Am Mecklenburgischen Staatstheater hat Lothar Scharsich auf der Bühne des Großen Hauses ein winziges Bühnchen plaziert: Eine Puppenstube mit leicht ansteigendem Dielenboden und wechselnden Pappkulissen, mit Spielzeugrequisiten, Bilderbuchprospekten und Passepartouts, die von der Rampenkante aus beleuchtet wird.

Diese lächerlich kleine Spielfläche, auf der sich die Akteure in personenreichen Szenen mehr behindern als befördern, bestimmt die Inszenierung von Wolf-Dieter Lingk, indem sie sie vereitelt: Ein angestrengt-munteres Kasperlspiel wird abgewickelt, das den Figuren keine Aufmerksamkeit schenkt, sie bloß billig denunziert. Die extremen Gefühlsumschläge, denen sie ausgesetzt werden, ihre Zerrissenheiten und Selbstentfremdungen werden allenfalls behauptet, nicht untersucht. [...]

Lingks Inszenierung will die kleinen Verhältnisse zeigen und zeigt doch nur kleines Theater. [...]
Andreas Roßmann, in: Deutschland Archiv, 1982, Nr. 12, S. 1257.

BRD-EA 1985 Städtische Bühnen Augsburg

Hohenemser startet durch die Mitte
[...] Das Ergebnis ist eine wohldurchdachte, gutgemachte Aufführung, bei der man freilich nicht weiß, ob das aparte Stück jetzt nur aus Vorwitz oder aus Vorsicht gewählt wurde. Lenzens Fabel vom »cumbanischen« Wildlingsprinzen Tandi, den es zu kulturellen Studienzwecken mitten nach Europa ins sächsische Naumburg verschlagen hat und welcher dortselbst sich mit der Tochter seines Wirtsherrn von Biederling verheiratet, worauf sich die junge Biederling erst als Tandis vermeintliche Schwester (o Inzest) und dann doch als von spanisch-aristokratischem Geschlecht entpuppt (nada Blutschande), diese ganze von Kindesvertauschungen und kindischen Versponnenheiten erfüllte Mischung aus (in heutigen Augen) Rousseau und Kotzebue und Kasperle ist halt eben nicht mehr als eine hübsche Petitesse der Dramenliteratur. Vermenschlichtes Püppelspiel, auch noch in Heins entwirrender, sozialkritisch etwas begradigender Bearbeitung. Und dem hat Henri Hohenemser eine pfiffiputzige Operette ohne Musik abgewonnen, [...] in schön ausgeleuchteten abstrahierenden Räumen, angesiedelt irgendwie zwischen Sturm und Drang, Biedermeier und einem bißchen Fellini: weil ein gräflicher Don Juan namens Camäleon hier maskenhaft an Donald Sutherlands Casanova bei F. F. erinnert. [...] Regisseur und Akteure halten die Komödie immer zwischen allen Extremen Lenzschen Schwermuts (der die Oberflächenheiterkeit des Textes grundiert) oder einer scharfen, dünnklingigen Groteske in der Mitte. [...]
P[eter] v[on] B[ecker], in: Theater heute, 1985, H. 6, S. 51.

»Die wahre Geschichte des Ah Q«

U. 1983, Deutsches Theater Berlin

Der Autor wird doch zu uns von heute reden wollen*
[...] Hein bedeutet im Titel, es sei eine »wahre Geschichte«, die er da erzähle. Und er erzählt sie wie eine Legende, wortreich, distanziert, mit wenig poetischen Momenten unmittelbar emotionaler Anteilnahme. [...] Die Gedanken, mit denen uns die beiden Hauptfiguren entgegentreten, in ihr Spiel einbeziehen wollen (die Inszenierung greift diesen sich öffnenden Gestus auf),

schwanken zwischen Banalem, sind nicht selten dem Sprucharsenal (auch dem literarischen) des Bürgertums entnommen. Nicht ohne Charme wird mit Begriffen und Haltungen jongliert. Immer wieder ist da viel Jux, viel Groteskes, aber auch viel Trivialität im Spiel, um mit Ah Q zu sprechen: »Es ist doch schon alles gesagt.«

Man stellt sich die Frage, worauf der Abend zielt. Keiner unterstelle dem Autor etwa die Meinung des Wang von der Welt, und auch nicht die der anderen Stückfiguren. [...] Auch erwarten wir von ihm keine ›Botschaft‹. Aber mit seinem eben geschriebenen Stück wird doch der Autor zu uns von heute reden wollen. (Wie er mit der für mich aufregendsten DDR-Prosa des Vorjahres, *Der fremde Freund*, sehr deutlich, analytisch, aufklärerisch, in großer Form zu uns sprach.) Da machen einzelne Sätzchen nicht froh, wenn die von vielen jungen Zuschauern der Premiere auch wie im Kabarett laut belacht und beklatscht wurden. Das Durchspielen möglicher Haltungen, das die Inszenierung frei assoziativ bedient, sozusagen Etüden zum Thema Aussteigen, Verweigerung oder revolutionäres Handeln, kann wohl auch nicht das alleinige Ziel des Abends sein. Die Inszenierung setzt zwar mit des Tempelwächters clowneskem Einstieg in den Pappkarton einen ironischen, Vorbilder von Endzeit zitierenden Schlußakzent; aber der Pragmatiker behält das letzte Wort.

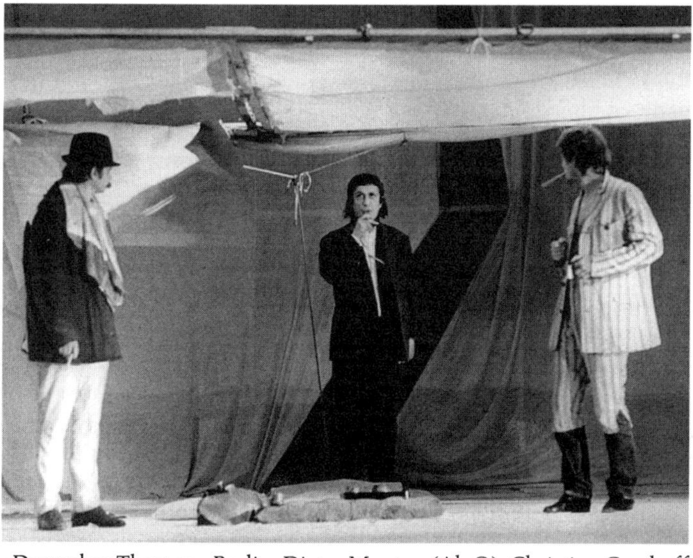

»Deutsches Theater«, Berlin: Dieter Montag (Ah Q), Christian Grashoff (Wang), Roman Kaminski (Tempelwächter)

Daß die Inszenierung von Alexander Lang auf den jungen Zuschauer zielt, verrät ihr Einsatz von DDR-Rockmusik. Sie wird in (fast) voller Phonstärke und reichlich eingeblendet. Man vermutet, daß sie noch einen anderen Zweck als den der Unterhaltung, des ›Anmachens‹ hat. Wenn Tamara Danz (Silly) »So ist das Leben, so ist es eben« verkündet und André Herzberg (Pankow) beteuert »Ich bin lieb«, hat das Bezüge zu Szenenvorgängen: kontrapunktisch, ironisch oder zustimmend. Diesen Bezug vermißt man dann bei anderen Titeln (»Disco in der U-Bahn« von Rockhaus u. a.). Also ist noch anderes gemeint, wiederkehrend im Vorhang mit seinen Luftballons und Wiener Drops: ein bißchen Aufmacher-Pop, eine Art Panoptikums-Rahmen.

Das Bühnenbild von Gero Troike ist dann, wie immer bei ihm, poetisch und funktionell: ein leichtes Papier-(Karten-)Haus ohne Chinoiserie; ein blau-rot-schwarzer Blitz zerreißt die Rückwand, wie die Welt, in zwei Teile. Ein Bühnenbild, das die Darsteller selbst und unaufwendig verändern können, das neben ganzflächigen Arrangements im Anfang so wunderbar poetische wie das der Feier freigibt. [...]

Ingrid Seyfarth, in: Sonntag, Nr. 3, 1984, S. 6.

Mit sehr viel Lärm zugedeckt

[...] Heins Parabel läßt offen, welche Revolution und welche Herrschaftslosigkeit gemeint sind. [...] Sie beschränkt sich viel zu sehr auf die Nabelschau falschen Bewußtseins, verbleibt existentialistischer Befund statt Ausfindigmachung sinnvoller Existenz. Die Auskunft, »keine Botschaft« zu haben, die von der Regie noch betont in Szene gesetzt wird, vermag den Eindruck nicht zu überspielen, daß der Autor selbst keine reale Alternative sieht. Es bleibt bei einem »Warten auf Godot« statt auf die Eröffnung »Weiterer Aussichten«, um auf bekannte Stücktitel anzuspielen.

Wenn dann Alexander Lang als Regisseur dazu an den Drehpunkten auch noch bekannte Titel von Rockgruppen aus der DDR einspielen läßt, so muß das nolens volens eher als Affirmierung dieser passiven Einstellung zum Leben, das sich in bloßem Räsonieren erschöpft oder in unnützes Selbsthelfertum ausartet, statt als Kritik daran wirken.

[...] Es sind so recht immer Haltungen, die die Darsteller bewußt ausstellen: die der Verweigerung, des lässigen oder bemühten Zynismus, des Zerquatschens von allem und nichts. Alles wird fast plakativ reflektierbar gemacht, Einfühlung um jeden Preis unterbunden.

[...] Besonders durch Licht- und Musikeffekte wird das Ganze immer wieder zur Schaubude, zu Rock- und Schocktheater, absichtlich grell und schrill, um die Zuschauer aufzustören. Aber genau besehen, bleibt die wahre Geschichte durch diese *Wahre Geschichte des Ah Q* doch mehr zu- als aufgedeckt, theatralische Sinnlichkeit und ideelle Sinngebung gelangen zu keiner überzeugenden Deckung, die abgehandelte Widersprüchlichkeit ist nicht konkret genug auf die Kämpfe der heutigen Welt beziehbar.

Ernst Schumacher, in: Berliner Zeitung, 10.1.1984.

Ratespiel ohne Botschaft

[...] Die Absichten des Autors bleiben auch für mich weitgehend im Text versteckt, sein Spiel bleibt mehrdeutig, ambivalent. Die konsequent komisch ausstellende Spielweise freilich (die auch durch Gero Troikes luftiges Bühnenbild unterstützt wird) ermöglicht mir immer wieder, auf den scheinbaren Nihilismus der Figuren, ihren Weltschmerz nicht hereinzufallen – und doch über drei Gründe solchen Verhaltens nachzudenken. Hein sprach davon, Gegenspieler der Figuren wäre eine für sie »nicht mehr faßbare Zeit«; Lang will zu ihrem Gegenspieler den durchaus faßbaren Zuschauer machen.

[...] Alexander Langs komisch-ausstellende Interpretation, die den Figuren die Sympathien des Autors nicht a priori nimmt, aber ihre Haltungen kritisch betrachtet (mit Beckett hat die Aufführung, ganz nebenbei, wirklich nichts zu tun [...]), scheint mir persönlich ein gangbarer und produktiver Weg, »die Nichteindeutigkeit des Ah Q ein wenig eindeutiger« zu machen, soviel an Dunkel-Rätselhaftem auch für den Betrachter bleiben mag, der auf eine eindeutige Aussage aus ist. Mehr und Eindeutigeres wäre dem Stück wahrscheinlich nur durch den Einsatz äußerer, kommentierender Mittel abzugewinnen gewesen, Mittel, wie sie Brecht im Auge hatte, als er vorschlug, Becketts *Warten auf Godot* vor einem Film über den sozialistischen Aufbau Chinas spielen zu lassen. Kurz: mit einer ›Botschaft‹, soviel ist sicher, wird man nicht entlassen, vielleicht mit einer »Nachricht« (Hacks), gewiß mit einem Nachdenken, und nicht nur über Ah Q.

Martin Linzer, in: Theater der Zeit, 1984, H. 3, S. 53.

Französische EA 1984, Théâtre Gennevilliers/Théâtre National Strasbourg

Zwischen Hund und Wolf

[...] »Entre chien et loup«, zwischen Hund und Wolf, das heißt als Redewendung aber auch Dämmerung im Französischen, Morgen- ebenso wie Abenddämmerung. Und diese zweite, idiomatische Bedeutung sagt zugleich etwas aus über das Verhältnis der Figuren zur Zeit, ihre Sicht und Erfahrung von

Geschichte: Ah Q und Wang sind auch, darin Becketts Tramps ähnlich, Wartende, die ihre Gegenwart als Übergangsphase wahrnehmen, unterwegs in eine andere, vielleicht lichtere, vielleicht dunklere Zukunft. Beide sind gegen alles, »Es lebe die Anarchie!« ist eine Losung, an der sie sich aufrichten, beide halten fest an dem vagen, fernen Traum einer Revolution. Als diese, wie eines Morgens bekannt wird, aus der Stadt importiert wurde, hat sie nur die Nomenklatur der Bürokratie verändert: Der gnädige Herr, der selbst nie auftritt, heißt nun der revolutionäre Herr, und Maske, der prügelnde Büttel der Macht, tut nun im revolutionären Auftrag seine Pflicht. Die Revolution als Geisterschiff.

Besagte Schwellensituation hat Italo Rota anschaulich ins Bild gesetzt: Seine zweiteilige Bühne zeigt im Hintergrund einen von staubigem hellen Schotter bedeckten Raum mit einer Eisentür in der schwarzen Rückwand, der sich, leicht abfallend und vorne gestuft, zum Auditorium hin weitet. [...]

Dieser kahle, unwirtliche Raum schafft – konkret und metaphorisch – das Fundament für eine sehr prägnante szenische Deutung, die das Stück ganz aus der Wirklichkeitserfahrung seiner Interpreten und, wie die Reaktionen in Straßburg bewiesen, auch seiner Zuschauer versteht: Charles Berling als etwas verstörter, doch immer noch kindlich begeisterungsfähiger Ah Q mit Managerkoffer und Beuys-Hut sowie Daniel Martin als skeptischer, fast mephistohaft verschlagener Wang mit Taschenbuch und Nickelbrille spielen zwei clowneske Clochards, wie sie als 68er Veteranen auch in der Pariser Metro anzutreffen sind, und Pierrick Mescam verwandelt den Tempelwächter in einen Concierge und damit in den Prototyp des ›petit bourgeois‹ – drei knapp und differenziert agierende Schauspieler, die die Kälte der Welt, die ihre Figuren erfaßt, und den Lebensanspruch, den sie ihr entgegensetzen, als spannungsreichen Konflikt beglaubigen.

Im Vergleich ist Sobels Inszenierung härter, eindrucksvoller, auch körperlich heftiger und vor allem erfahrungshaltiger als die geradezu elegante, artistische und theaterreflexive Uraufführung von Alexander Lang am Deutschen Theater Berlin. Gleichwohl begreift auch sie das Stück als Komödie, als verzweifelt-komischen Diskurs über die Existenz des Menschen und sein Festhalten am Trotzdem, gerade auch im Bewußtsein der so oft verratenen, verlorenen und verschütteten Hoffnung.

Andreas Roßmann, in: Frankfurter Rundschau, 12.12.1984.

BRD-EA 1984, Staatstheater Kassel

Keine wahre Geschichte

[...] Bernd Holzapfel hat dem Stück ein Bühnenbild gebaut, das die (alternativen) Vorschläge des Autors allesamt zu berücksichtigen sucht: Einen großen, in verwaschenem Blaugrün gefaßten Raum mit einem löchrigen, pagodenähnlichen Dach und einer schweren, über drei Stufen [...] zu erreichenden Tür in der Rückwand, in dem ein Sammelsurium von Requisiten und Zeichen [...] sowohl Realitäts- als auch Kunstbezüge herstellt. Zwischen diesen beiden Ebenen will und kann sich die Regie von Valentin Jeker nicht entscheiden, folglich verheddert sie sich in Verweisen und Metaphern. Geradezu eifrig nutzt sie die Versatzstücke für szenische Pointen, Einfälle und Spielchen, die den Text aber – statt ihn zu deuten – immer nur illustrativ verdeutlichen: Sein flinker, scharfzüngiger Witz, seine Poesie und Ironie werden wuchtig zerdehnt, seine Vieldeutigkeit verkommt zur Beliebigkeit.

[...] So hat dieses Schauspiel eines DDR-Autors seinen ersten West-Test sehr viel besser bestanden als diesen zweiten. Sobels Inszenierung ist wahr, da konkret, Jekers dagegen falsch, da unverbindlich. Was in Frankreich gelang, bleibt in der Bundesrepublik nachzuholen: Den Text als Möglichkeit zu begreifen, sich über die eigene Realität spielerisch zu verständigen. Das ist das Angebot, darin steckt die Bedeutung dieser *Wahren Geschichte des Ah Q.*

Andreas Roßmann, in: Frankfurter Rundschau, 25. 12. 1984.

Im Wartestand

[...] Die Geschichte des Ah Q ist ein Spiel um Haltungen im revolutionären Kampf, um die Unfähigkeit, utopisch, politisch, solidarisch zu denken und zu handeln, um eine Revolution, die nicht stattfindet, weil die, deren Interesse die Umwälzung ist, nicht imstande sind, sie herbeizuführen. [...]

Was Wang und Ah Q von Becketts Estragon und Wladimir unterscheidet, ist, daß die Handlungsmöglichkeit in ihnen angelegt ist, die humane Alternative ist stets mitgedacht, auch wenn Hein ihr keine Chance gibt. Dabei bleibt seine mahnende Kritik im Allgemeingültigen stecken. Man mag den Eindruck gewinnen, er illustriere eine historische Gesetzmäßigkeit in moralisierender Manier. Diffuses revolutionäres Potential und Parolen werden vereinnahmbar, wenn die eigentlichen Träger der Revolution diese nicht anführen und mit Inhalten füllen können. Das Terrorregime folgt so gewiß wie das Amen in der Kirche. Und darauf die Wendung an das Publikum: »Wen interessiert schon ein Blick ins Getriebe der Welt [...] Sieh dir ihre Gesichter an. Es interessiert sie nicht [...] Es ist ihr Leben [...] Das sollte sie interessieren.« Doch welches Publikum geht die Botschaft an – hüben, drüben oder gesamtdeutsch?

[...] *Ah Q* ist also sicher kein Stück über Gestalten am Rande einer chinesischen Revolution 1911, doch ist es ein Stück über Aussteiger aus einer gegenwärtigen Gesellschaft?

Edith Gerhards, in: Deutsche Volkszeitung/die tat, 4.1.1985, S.12.

Zeittheater für Zeitgenossen?

Jekers Kasseler Inszenierung verfehlt den souveränen Diskurs, den Ah Q und Wang zu riskieren haben, und läßt Siegfried Schwientek und Wolfram Kunkel in eine bedeutungsschwangere Auseinandersetzung eintreten, als müßten sie sich mit neu gewonnenen Einsichten erst gegenseitig überzeugen. Dabei hantieren sie doch zungenfertig mit empirisch und intellektuell gewonnenem Spielmaterial. Ein Divertimento ufert aus zur Schicksalssinfonie, wo Tairow gefordert wäre, wird Stanislawski exerziert. [...] Die Inszenierung beschädigt das vorliegende Stück, das weit weg ist von aller Chinoiserie und keinen spezifischen DDR-Stoff transportiert.

[...] In der Auseinandersetzung mit DDR-Dramatik macht sich nicht nur beim Publikum, sondern auch bei Theaterleuten ein Erfahrungsdefizit bemerkbar, das sich nicht auf die Realität des anderen Staates allein bezieht, sondern auch auf einen Fundus von Lektüre, auf Diskussionszusammenhänge, schmerzhafte Kollisionen von Theorie und Praxis, Denken und Tun. [...] Prosa und Lyrik sind im Ost-West-Transit der Dramatik weit voraus, was offensichtlich auch mit der gesellschaftlichen Rolle des Theaters zu tun hat.

Heinz Klunker, in: Theater heute, 1985, H.3, S.37.

Schweizerische EA 1985, Theater am Neumarkt Zürich
Stadttheater Bern

Witzig und bluttriefend: »Ah Q« kann alles

[...] Der Text von Christoph Hein ist nach allen Seiten offen, ist witzig und brutal, episch und spannend. Ist ein Theatertext. Die zwei Schweizer Aufführungen beweisen es. In Zürich und Bern fast dieselben Ausgangspositionen: die gleichen Sätze, der gleiche Bühnenaufbau. Nur Details weisen zu Beginn in verschiedene Richtungen. Die Türe zum Dachboden, die jeden Abend abgeschlossen und mit ebenso schöner Regelmäßigkeit wieder vom Tempelwächter aufgeschlossen wird: In Zürich glaubt man den Latten kaum, daß sie irgend jemanden ernstlich an der Flucht hindern könnten. In Bern geht es da physisch konkreter zu, schließt der Stahl hermetisch. Wenn in Zürich Ah Q seine sechzig Hiebe eingesteckt hat, sieht man Peter Lerchbaumer körperlich nichts von der Tortur an. Seine Schmerzen bringt er komödiantisch und leicht, beinahe, als wäre das für Ah Q ein kleines Späßchen der Weltgeschichte mehr gewesen.

[...] In Bern brauchen sie bei dieser Szene viel Theaterblut am ganzen Körper Ah Qs (Peter Greif). [...] In der Berner Inszenierung von Ralf Milde gesehen: ein Stück über Diktatur und Folter, über den Zynismus der Mächtigen. Atmosphäre: bedrükkend.

In der Züricher Inszenierung von Peter Schweiger gesehen: eine Auseinandersetzung über Intellektuellen-Phraseologie, über den Abstand von Ideologie und Realität, über den Elfenbeinturm der geistigen Hochstapler. Atmosphäre: komödiantisch. Das Berner Konzept wird aufgelockert durch eingeschobene V-Effekte, wenn die Protagonisten das Publikum direkt ansprechen (»Die wollen das alles doch gar nicht sehen, die langweilen sich«). Die Spanne in diesem Konzept reicht von den dazwischengeworfenen Sätzen bis zur düsteren Bühnenmusik (etwa das »Dies irae« aus Mozarts Requiem), die die Überleitung zwischen Szenen besorgt. Ihre Auswahl führt direkt zur Vergewaltigungsszene gegen Ende des Stücks. Inszeniert ist sie wie ein Traum Ah Qs; ein langsamer Todestanz zum bitteren Ende, die Bühne in schwüles Licht getaucht.

An dieser Stelle kreuzen sich die beiden Inszenierungen. Bei beiden gibt die Szene einen Kontrapunkt im Konzept. Weg von der physischen Gewalt in Bern, weg vom Sprachspiel in Zürich: Peter Lerchbaumer spielt das im Theater am Neumarkt ganz konkret und obszön. Christoph Heins Text gibt beiden Inszenierungen mit dieser unvermittelten Wende am Schluß Probleme auf.

Dominik Hunger, in: Baseler Zeitung, 7.6.1985.

»Theater am Neumarkt«, Zürich: Helmut Vogel (Wang), Peter Lerchbaumer (Ah Q). Probenfoto

U. 1987, Bühnen der Stadt Essen/Schauspielhaus Zürich/Staatsschauspiel Dresden

Flüchtlingsgespräche über die Kunst

[...] Der Selbstmord eines jüdischen Intellektuellen an der französisch-spanischen Grenze – das verweist, wie der Name Frankfurther und der Titel *Passage* unterstreichen, auf Walter Benjamin, der sich 1940 bei Port Bou das Leben nahm. Doch Heins Kammerspiel ist weder ein Geschichts- noch ein Schlüsseldrama. Wie in früheren Stücken umspielt der Ostberliner Autor historische Fakten und Biographien. So verbinden sich die Namen Grenier und Joly mit dem französischen Widerstand, andere wie Marie, Hirschburg oder Deutschmann erinnern an Figuren in zwei Romanen zum Thema, aus denen auch Motive übernommen sind – Anna Seghers' *Transit* und Klaus Manns *Vulkan*.

Solche Anspielungen können biographischen Hintergrund und individuelle Details nicht ersetzen, und eben damit wurden diese Emigranten, von Frankfurther und Hirschburg abgesehen, nur sehr spärlich bedacht. Die betont konventionelle Form des Kammerspiels, die die Handlung linear erzählt, wird gerade durch ihre Unangemessenheit produktiv: Während sich das Rad der Geschichte blutig dreht, sind die Flüchtlinge zum Warten verurteilt und damit auch zur trivialen Konversation. Der erzwungene Stillstand und sein Raum: Geschlossene Gesellschaft. [...]

Der Regisseur Heyme gibt dem Autor Hein eine faire Chance: eine ausgeglichene, streckenweise sogar spannende Partie. Das gerechte Ergebnis ist ein Remis, doch andere Varianten sind möglich. Jetzt sind Zürich und Dresden am Zug.

Andreas Roßmann, in: FAZ, 29.10.1987.

Am Fuß der blauen Berge

[...] Hansgünther Heyme hat Heins *Passage* als Verbrüderungsfeier im kleinen Kreis inszeniert. Die Distanz zwischen Bühne und Parkett ist aufgehoben, ein Bühnenbild gibt es nicht, nur einen Tisch und Stühle, eine über den Köpfen von Zuschauern und Schauspielern eingezogene Stoffdecke verstärkt noch den Eindruck des Miteinander-Eingeschlossenseins: Kelleratmosphäre. Doch der Kerker ist auch ein Zookäfig: Durch eine Seitenluke gaffen dann und wann die unsichtbaren anderen herein.

Diese Uraufführung, das wird bald klar, ist ein didaktisches Modell. Ein Zeitalter wird besichtigt. Hein hat ein Stück über die Vertreibung aus Hitler-Deutschland geschrieben, hat sich in einem gelehrten Verweise-Spiel der Biographien von Walter Benjamin, Anna Seghers und anderer bedient. Schon der Titel,

»Passage« in Essen. Schlußbild

Passage, ist vieldeutige Anspielung: Auf Benjamins *Passagen-*Werk, auf die Zufälligkeit des Zusammentreffens all dieser Passanten, auf den Ort. [...]

Wir erleben Geschichtsunterricht im melodramatischen Gewand. Die Typen kennen wir – von Film und Fernsehen. Nur bedient sich Heyme des pädagogisch wertvollen Mittels der Langsamkeit. Was eigentlich nicht nötig ist, denn der Autor hat die Kernsätze seines vorbildlichen Dramas deutlich herausgestellt. [...]

Zum – von Heyme surrealistisch angerichteten – Ende aber verwandelt sich Hirschburg in eine biblische Führergestalt: Eine Schar von jüdischen Greisen ist ins Dorf gekommen, plötzlich tut sich die Rückwand auf, ein gletscherblaues Gebirgspanorama wird sichtbar, durch eine bis dahin verborgene Seitentür betreten die fünfzehn Juden im Gänsemarsch den Raum. Die zuvor schon bedrohlich sich neigende Ebene des halbdokumentarischen Historiendramas kippt. Der Zuschauer reibt sich die Augen und weiß plötzlich: Hein und Heyme haben uns ein Märchen erzählt.

Wolfgang Höbel, in: Süddeutsche Zeituung, 30. 10. 1987.

Nun auch in der DDR angekommen

[...] Christoph Heins Plädoyer wider das Vergessen, für das Erinnern kommt als ziemlich konventionelles Kammerspiel daher und fand im Westen eine eher zwiespältige Aufnahme: Der Sachverhalt ist bekannt, historisch ›aufgearbeitet‹, szenische

»Passage« im Zürcher Schauspielhaus

Sensationen bleiben aus, und die »Neue Züricher Zeitung« bescheinigte denn auch der Inszenierung Urs Schaubs, die wohl über eine naturalistische Verdoppelung des Textes nicht hinauskam, »vollkommenes Mittelmaß«.

Beim Staatsschauspiel Dresden kam nun Heins *Passage* zu sich selbst und zu seinem wirklichen Publikum, das der sich allmählich steigernden DDR-Uraufführung mit wacher Intelligenz folgte. Ohne Verleugnung des historischen Kontextes, also auch ohne vordergründige Aktualisierung, entfaltete sich in der Tat ein Gegenwartsstück. Stagnation, heillose Bewegung im Stillstand, Frustrationen und Enttäuschungen angesichts ausbleibender Passagen, die Aura undurchlässiger Grenzen – alles das trifft im Sächsischen offenbar auf ein Lebensgefühl, das ein Westpublikum nachzuempfinden kaum in der Lage ist. [...]

In der Charakterisierung dieser Menschen, die gewohnte DDR-Erwartungshaltungen nicht bedienen, liegt die eigentliche Qualität dieser auf Binnenspannung zielenden Inszenierung. [...]

Wenn der Vorhang sich öffnet, fügt auf der Bühne das Zimmer sich zusammen, die Falle schnappt zu; am Ende öffnet es sich zum Sternenhimmel, die Utopie von der Flucht der Juden in ihren Kaftanen erscheint als Legende, schönes Märchen. Aber es wird nicht, wie in Essen, wo ein Kitschpanorama entworfen wird und die Juden real gezeigt werden, denunziert. Wo Heyme in seiner Version fast sklavisch den Text umsetzt, schreibt Kirst ihn szenisch weiter, häuft er Assoziationsmaterial an, daß es nur so knistert im Parkett. Er spielt die Historie nicht, er spielt mit und in ihr, nimmt sie also weder als Vorwand noch als Endzweck. Kirst: Die Historie »ist der Boden, auf dem die theatralische Verständigung über uns betreffende Menschenschicksale stattfindet«.

Das Dresdener Premieren-Publikum hat sich bewußt in diesen Verständigungs-Prozeß hineinbegeben und offensichtlich davon profitiert: Es feierte die Schauspieler und den Regisseur, das Stück und den Autor.

Heinz Klunker, in: Frankfurter Rundschau, 8.12.1987.

Hoffnung auf Passage

[...] Zwei Haltungen von Widerstand sind auf der Bühne erlebbar: die ohnmächtige Selbstverweigerung, die Passivität des Intellektuellen und der aktive Ausbruch aus dem lähmenden, hoffnungslosen Zustand. Denn: »... Kann uns Vernünftiges helfen? Sagen Sie. Dann muß uns etwas Dummes helfen.« Und Hirschburg wagt das Unvernünftige, weckt die Hoffnung durch seine Tat. Der Hoffnungsträger der ersten beiden Akte, der Intellektuelle, der sein Buchmanuskript zur Rettung übergibt, nicht sein Leben, sondern sein Werk als erhaltenswert befindet, kapituliert. Der Pragmatiker, der mit seinem eleganten Mantel und gelben Schuhen, mit einem Schatz an alten Generalstabskarten und seinem verbohrten Glauben an das Mißverständnis seiner Verfolgung mißtrauisch betrachteter, unerbetener Fremdkörper war, versucht das Unmögliche. Hier weist das Stück über die Auseinandersetzung mit Geschichte, mit menschlichen Bewährungssituationen hinaus zu uns. Das scheinbar Aussichtslose zu versuchen, nicht zu verharren in alten Verhaltensmustern von Gut und Böse, von Möglich und Unmöglich. In diesem Schluß – und in seiner Machart in der Dresdener Inszenierung – sehe ich vor allem den überwältigenden Schlußapplaus der Uraufführung [...] begründet.

Klaus Dieter Kirsts Regie akzentuiert diese Mischung aus Märchen und realer Hoffnung. Wie die Darsteller am Beginn der Aufführung von hinten in den geöffneten Bühnenraum (Ursula Müller a. G.) eintreten, um Erinnerungsarbeit [...], um Trauerarbeit zu leisten, wird sich der Kreis schließen, wenn am Ende der hermetisch abgeriegelte Bühnenraum nach oben »abhebt«, der Sternenhimmel über dem Geschehen aufleuchtet. Am Fenster haben sich die Zurückbleibenden zusammengefunden, kommentieren hoffnungsvoll den Weg der alten Männer in die Stille der Nacht, ihre eigene künftige Flucht vorwegnehmend, lauschend der Illusion ihrer Worte. [...]

Ingrid Seyfarth, in: Sonntag, 1987, Nr. 52, S. 5.

»Die Ritter der Tafelrunde«

U. 1989, Staatsschauspiel Dresden

Eine Zukunft, die keiner haben will

Die DDR als Artusreich, das Politbüro als Tafelrunde. Heins »Komödie« um den Mythos vom altgewordenen König Artus und seinen zerstrittenen, in Endzeitstimmung verfallenen Rittern am runden Tisch ist in Wirklichkeit eine Fabel über die politische Führung der DDR. In diesen Tagen ist das Stück – es spielt in der Zeit um 500 – von der realen Entwicklung eingeholt worden. Gab es im März bei der Premiere, die kurzfristig in eine »Uraufführung« umbenannt werden mußte, da die Genehmigung der Kulturbürokratie fehlte, noch politisches Gezerre hinter den Kulissen, Verbotsgerüchte, läßt die Offenheit, mit der in diesen Tagen auf Straßen, in Kirchen und Theatern, aber auch im ZK der Realsozialismus kritisiert wird, die *versteckte* Kritik Heins fast museal erscheinen.

[...] Am Ende, nach den letzten Sätzen der »Komödie« Heins, beginnt ein Stück von der Wirklichkeit des politischen Frühlings im Herbst in der DDR. Die Schauspieler treten aus ihren Rollen heraus, das Publikum bleibt nicht mehr stummer Zuschauer. Das Theater verwandelt sich in ein Diskussionsforum, nicht über das Stück, sondern über die DDR. [...]

Max Thomas Mehr, in: tageszeitung, Berlin, 26. 10. 1989.

Ritter von der traurigen Gestalt

[...] Die Dresdener Uraufführungs-Inszenierung vermeidet peinlich jede Aktualisierung. Was bei der Lektüre Witz, Tempo und kabarettistische Züge verspricht, wird von Kirst auf einer allgemeinen ideengeschichtlichen Ebene als zähes psychologisches Kammerspiel inszeniert. Damit wird den weniger gestalteten denn gedanklich konstruierten Figuren mehr aufgebürdet, als sie aushalten können : Keine Charaktere, sondern »Lautsprecher« sind sie hier. Auch entschärft diese »mittlere« Spielweise im immer gleichen Kammerton das Konfliktpotential. Dramatische Situationen, szenische Erfindungen kann – oder will – der Regisseur kaum anbieten. Nur vereinzelt wird die Enttabuisierung des Tisches (= Verdinglichung einer großen Idee) als Spielmotiv genutzt [...]

Heins – die drei Einheiten genau beachtende – »konventionelle« Komödie wirkt in ihrer spröden Alltagssprache in Dres-

Dresdener Uraufführung von »Die Ritter der Tafelrunde« (v. li. J. Kretschmer, R. Donath, J. Zschocke, Th. Stecher, J. Weber)

den wie »Palaverdramatik«. Heins Text leistet den Schauspielern und Zuschauern keinen Widerstand. Er schnurrt ab wie nach Stichwortmechanik und wird trotz des Inszenierungsstils von seiner vordergründigen politischen Bedeutung fast aufgesogen. Sicher liegt das daran, daß Hein fertige Haltungen vorspricht, statt unfertige zu entwickeln. Das Publikum begann sich erstaunlich schnell zu langweilen. Das hat nicht nur etwas mit düpierten Erwartungen zu tun: Wo ein Feuerwerk politischer Sottisen erwartet wurde, sah man nur traurige Gestalten in der Asche ihrer Hoffnungen wühlen. Es liegt sicher auch daran, daß die Notation minimaler Verhaltensänderungen, die in Heins Prosa aufregend wirkt, auf der Bühne in ihrer szenischen Unmerklichkeit an Spannung verliert. [...] Der Zuschauer kommt nicht zwischen Figur und Gedanken – der Leser schon.

Ein trostloses Ende: Wenn Mordret am Schluß vom einsichtigen Vater die Zustimmung zu Veränderungen bekommen hat (»Du wirst viel zerstören.« – »Ja, Vater.«) und die Stühle auf den Tisch räumt, so wirkt das in Dresden nur mehr unentschieden. Eine Haltung oder gar ein Aufbruchswillen des Artus-Nachfolgers ist nicht zu erkennen.

[...] Das Publikum in Dresden (lange Schlangen vor dem Theater!) reagierte trotz zwischenzeitlicher Ermüdung zum Schluß mit frenetischem Applaus.

Hartmut Krug, in: Theater heute, 1989, H. 7, S. 26.

Palaver am Runden Tisch

[...] Einheit der Zeit, des Ortes, und das Palaver als Ritual der Erstarrung. So magisch rund wie der Tisch, an dem die alt gewordenen Männer und ihre welkenden Frauen das Nichtfinden des Grals beklagen, so motorisch rund läuft ihre Konversation, drehen sie sich im Kreis. Langeweile, Stagnation, Verlust der Jugend und ehemaliger Mitstreiter, und immer wieder die Beschwörung des Grals sind ihre Themen. Dazwischen ein wenig Kabarett plus Anachronismen [...].

Der Neinsager Mordret übernimmt Verantwortung. Als erstes wird er den Tisch, das magische Rund, ins Museum bringen lassen. Auf die fragende Behauptung seines Vaters: Du wirst viel zerstören, antwortet er unsensationell: Ja, Vater. Die tragischen Konflikte in der »Komödie«, wie sie Hein bezeichnet, aufhebend [...]. Hoffentlich [...] wird nicht nur das Mobiliar ausgewechselt. Hoffentlich das Neue, Suchende (das Mordret nicht formuliert, noch nicht artikulieren kann) und die weise Mahnung des Artus beherzigend: Wenn wir den Gral aufgeben, geben wir uns selbst auf. Auch wenn, oder gerade weil Lancelot in den hermetisch abgeriegelten Raum die Nachricht von draußen, von der Basis bringt, daß die Leute nichts mehr vom Gral und von der Artusrunde wissen wollen, ihn verlacht haben [...].

Ingrid Seyfarth, in: Sonntag, Nr. 20, 14. 5. 1989, S. 7.

BRD-EA 1990, Staatstheater Kassel

Der Verlust der Mythen

Der Fall ist erledigt. Das Geschäft kann beginnen. Längst stehen die Herren mit den Aktenköfferchen vor den zerfallenen Mauern. Und der Junior im Herrscherhaus, der gerade seinen alten Herrn in den längst verdienten Ruhestand geleitet hat, wird nur noch mit ihnen verhandeln. Ob er allerdings dabei noch irgendeinen Rest des alten Reiches retten kann? Wenigstens das bleibt offen beim Finale der Erstaufführung des sicher drastischsten Wende-Stücks der DDR [...]. Doch Peter Sieferts Inszenierung macht dort spätestens in den letzten Bildern den Ansatz zunichte, den jede Bühneneinrichtung außerhalb der DDR haben müßte – nämlich auszuloten, ob es, wie Hein hoffnungsvoll meint, tatsächlich um Schwierigkeiten gehe, die nicht nur sein Land beträfen. Der Verlust aller Mythen, der Niedergang der Normen, die eine Gesellschaft notdürftig zusammenhielten, der Abschied von liebgewordenen, aber ausgehöhlten Werten, die Vernichtung der eigenen Geschichte, die keinen mehr interessiert und die die eigenen Zöglinge schon gar nicht als leuchtende Zukunft übernehmen möchten – dies alles mischt sich an Heins Tafelrunde zur Grundmetapher einer Gesellschaft ohne Zukunft.

Wer diese Gesellschaft repräsentiert, macht Regisseur Siefert in Kassel vom ersten Bild an derart aufdringlich klar, daß die plakative Rückkehr zu Heins spezieller DDR-Wirklichkeit nach zweieinhalb Stunden, die sich schließlich endlos dehnen, nur noch ein peinlicher Faux pas sein kann.

[...] Ein Firmen- und Familien-Idyll wie aus Dallas oder Denver oder sonstwo in der Neuen Welt. Hausherr Artus ist der zögerliche Boß, der sehr viel ahnt vom Zerfall der eigenen Macht, aber von der Hoffnung niemals lassen mag. Der Junior Mordret tritt auf als Glatzkopf mit Schwanzsträhnchen am Hinterkopf, eine Mischung aus sehr spätem Existentialismus und sehr früher Hafenstraße. Parzival schließlich, vom Ritter zum Enthüllungsjournalisten mutiert, hält der Tafelrunde, der er einst selber angehörte, nun eine Art »Spiegel« vor. Der Frau, die ihn verzehrend liebt, kann er nichts weiter bieten als graue Theorie. Als Lancelot, der Gralssucher, gealtert heimkehrt und nichts gefunden hat, muß diese Firma notgedrungen pleite gehen. [...]

Michael Laage, in: Die Welt, 5.3.1990.

Wandlitz im Mittleren Westen

[...] Die Inszenierung entgeht der Gefahr, im Thesenhaften zu vertrocknen, indem sie den Komödien-Charakter unterstreicht. Die Ritter-Metaphorik wird zurückgenommen und Ausstattung und Charaktere stark an Heutiges angenähert. Wichtigstes Mittel dabei sind die Anleihen beim Boulevardstück. Plauderton und effektvolle Auftritte im peinlichsten Moment, Seitensprung und stille Verehrung, Generationskonflikte und Tücke des Objekts: Dies Camelot bei Wandlitz ist auch das Heim eines College-Professors im Mittleren Westen. Auf diese Weise gelingt es in Kassel, das Stück für die bundesdeutsche Bühne zu erobern: viel effektvoller und sympathischer, als hätte man hämisch auf die platte Aktualität drüben gesetzt. Was diese Aufführung freilich an Unterhaltsamkeit gewinnt [...], das büßt sie an politischer Durchschlagkraft ein. So wird die Vereinigung auf dem Theater vollzogen, die Weglosigkeit Ost in die Lähmung West überführt.

[...] Lancelot war der letzte, der noch eine Fahrt gewagt hat. Er, die letzte Hoffnung der Tafelrunde, kehrt hoffnungslos zurück; er ist mit Steinen beworfen worden auf seiner Fahrt, hat gesucht und gefragt in jedem Winkel der Erde – keine Spur. Dieser Gral – so scheint es – hat keine Kraft und keine Perspektive mehr. Und nun? Wer soll in der anbrechenden Zerstörung den Hunger auf Hoffen stillen?

Joachim Schmitt-Sasse, in: Deutsche Volkszeitung/die tat, 23.3.1990.

ANHANG

Biographische Daten

1944 8. April: Christoph Hein im schlesischen Heinzendorf (heute Polen) in einer evangelischen Pfarrersfamilie geboren.

1945 Nach Kriegsende mit der Familie zunächst in Thüringen, dann Sachsen, H. wächst im Pfarrhaus Bad Düben in der Dübener Heide, unweit Leipzigs, auf.

1958 Da H. als Pfarrerssohn der Besuch der Oberschule in der DDR verwehrt wird, besucht er als Internatsschüler ein humanistisches Gymnasium in Westberlin.

1960 Übersiedlung der Familie nach Ostberlin.

1961 Die Errichtung der Mauer verhindert den Gymnasialabschluß in Westberlin; Rückkehr nach Ostberlin, Broterwerb als Montagearbeiter, Kellner und Buchhändler; danach ein Jahr Regieassistent Benno Bessons an der Volksbühne am Luxemburgplatz in Berlin.

1964 Abitur an einer Ostberliner Abendschule.

1966 Eheschließung mit Christiane H.; Geburt des Sohnes Georg.

1967 Vergeblicher Versuch, an der Filmhochschule Potsdam-Babelsberg Dramaturgie zu studieren; Aufnahme eines Philosophie-, später auch eines Logik-Studiums an der Universität Leipzig, »die noch immer ein wenig von [Ernst] Bloch und [Hans] Mayer geprägt war« (Hein, 1990).

1970 Wechsel an die Humboldt-Universität zu Berlin.

1971 Abschluß des Studiums ebd. mit einem Diplom im Fach Logik; Geburt des Sohnes Jakob; für zwei Jahre Anstellung als Dramaturg an der Volksbühne am Luxemburgplatz, erneute Zusammenarbeit mit Benno Besson.

1973 Als Hausautor der Volksbühne für sechs Jahre unter Vertrag (auch Heiner Müller ist Hausautor dieses Theaters); neben Stükken entsteht auch Prosa.

1974 Innerhalb des »Spektakel II« an der Volksbühne Berlin am 25. September U. der Komödie *Schlötel oder Was solls,* (R.: Manfred Karge/Matthias Langhoff) und (in einer halboffiziellen Vorstellung) des einaktigen Kinderspiels *Vom hungrigen Hennecke* (R.: Thomas Valentin).

1976 19. März: *Vom hungrigen Hennecke* als Puppenspiel in Meiningen aufgeführt.

1979 21. April: U. der Revue *Die Geschäfte des Herrn John D.* in Neustrelitz (R.: Christian Bleyhoeffer); Mai: Aufführung des Schauspiels *Cromwell* am Poetischen Theater »Louis Fürnberg« Leipzig. – Keine der 15 geplanten Uraufführungen von Stücken H.s kommt zustande; nachdem Benno Besson, Manfred Karge und Matthias Langhoff mit einigen ihrer Mitarbeiter wegen ständiger äußerer Eingriffe in die Spielplanpolitik der Berliner Volksbühne das Theater verlassen haben, wird auch Hein von der neuen Leitung genötigt, als Dramaturg zu gehen. Er wird freischaffend und übernimmt Gelegenheitsarbeiten (Übersetzungen, Funkfeatures, Kritiken).

1980 17. April: U. des Schauspiels *Cromwell* in Cottbus (R.: Peter Röll); 9. November: U. des Schauspiels *Lassalle fragt Herrn Herbert nach Sonja. Die Szene ein Salon* im Schauspielhaus Düsseldorf (R.: Heinz Engels); Erscheinen des Erzählungsbandes *Einladung zum Lever Bourgeois* (als westdeutsche Lizenzausgabe 1982 u. d. T. *Nachtfahrt und früher Morgen* bei Hoffmann & Campe Hamburg) und der Sammlung *Cromwell und andere Stücke* im Aufbau-Verlag Berlin und Weimar.

1981 17. Mai: Sendung der Gastinszenierung des *Lassalle*-Stückes von Düsseldorfer Schauspielern am Mülheimer Theatertheater im Deutschlandfunk; 9. Dezember: Vorlesung über einen Satz Heinrich Heines (*Lorbeerwald und Kartoffelacker*) vor Studenten der Germanistik an der Friedrich-Schiller-Universität Jena.

1982 Eintritt in den Schriftstellerverband der DDR; 1. April: Heinrich-Mann-Preis der Akademie der Künste der DDR für den Erzählungsband *Einladung zum Lever Bourgeois* und für die Stücke; die Laudatio hält Peter Hacks. 30. Mai: U. der Komödie *Der Neue Menoza oder Geschichte des kumbanischen Prinzen Tandi*, eine Bearbeitung des Dramenfragments von J. M. R. Lenz, in Schwerin (R.: Wolf-Dieter Lingk); 3. Juni: Diskussion des Bezirksverbandes Berlin des DDR-Schriftstellerverbandes zum Thema »Material und Wirklichkeit«, an ihr beteiligt sich Hein mit dem Redebeitrag *Öffentlich arbeiten.* – Im Aufbau-Verlag erscheint die Novelle *Der fremde Freund* – »das war gewissermaßen so ein Durchbruch« (Hein) –, die westdeutsche Lizenzausgabe kommt im Frühjahr 1983 bei Luchterhand heraus, aus Gründen des Titelschutzes u. d. T. *Drachenblut.*

1983 9. Juni: Inszenierung der Revue *Rockefeller I.* an der Vaganten-Bühne in Westberlin (R.: Doris Heiland); mit dem Essay *Massa Sloterdijk und der linke Kolonialismus* (veröffentlicht in »literatur konkret«) beteiligt sich Hein an der bundesdeutschen Diskussion über Peter Sloterdijks *Kritik der zynischen Vernunft* (1983). – 22. Dezember: U. *Die wahre Geschichte des Ah Q* am Deutschen Theater Berlin (R.: Alexander Lang).

1984 Literaturpreis des Verbandes deutscher Kritiker, (West-) Berlin, für *Drachenblut*; im Altberliner Verlag erscheint das ursprünglich nur für den Sohn geschriebene Kinderbuch *Das Wildpferd unterm Kachelofen*, Lizenzausgabe im Beltz Verlag Wiesbaden und Basel; im Luchterhand Verlag Darmstadt kommt *Die wahre Geschichte des Ah Q. Stücke und Essays* heraus. – 26. Februar: *Cromwell* in Gera, 5. Oktober: in Eisenach aufgeführt; 15. November: französische EA des *Ah Q* unter dem Titel *Entre chien et loup* durch das

Théâtre Gennevilliers in Co-Produktion mit dem Théâtre National Strasbourg in Strasbourg (R.: Bernard Sobel); 16. Dezember: bundesdeutsche EA des *Ah Q* in Kassel (R.: Valentin Jeker).

1985 24. März: bundesdeutsche EA von *Der Neue Menoza* in Augsburg (R.: Henri Hohenemser); 20. Februar: österreichische EA des *Ah Q* in Graz (R.: Hein Hartwig), 30. Mai: schweizerische EA am Theater am Neumarkt Zürich (R.: Peter Schweiger), weitere Inszenierungen: 4. Juni in Bern, 15. Juni in Düsseldorf, 20. September portugiesische EA im Teatro Darainha, 19. Dezember Inszenierung in Nürnberg. – *Horns Ende* erscheint gleichzeitig im Aufbau-Verlag und im Luchterhand Verlag. – 11. Oktober: *Der Neue Menoza* in Senftenberg aufgeführt; 28. Oktober: Vorlesung zu einem Satz von Anna Seghers (*Worüber man nicht reden kann, davon kann die Kunst ein Lied singen*) im De Balie Amsterdam.

1986 17. Januar: Premiere der Revue *Rockefeller I.* in Recklinghausen (R.: Doris Heiland); Aufführungen von *Ah Q* im Studiotheater »Fartov« Bordeaux (5. Februar), in Wiesbaden (18. April), im Theater im Zimmer in Hamburg (9. Oktober); 20. Oktober polnische EA in Opole (R.: Bogdan Słonski) und in Łodz (R.: Jerzy Hutek); 24. Oktober bundesdeutsche EA von *Cromwell* in Essen (R.: Hansgünther Heyme). – *Schlötel oder Was solls. Stücke und Essays* erscheint bei Luchterhand. – 26. Juni bundesdeutsche EA von *Schlötel* in Kassel (R.: Matthias Fontheim). – 17. November: Literaturpreis »Der erste Roman« der Neuen Literarischen Gesellschaft Hamburg.

1987 *Öffentlich arbeiten. Essais und Gespräche* erscheint im Aufbau-Verlag. – 14. Februar: DDR-EA von *Lassalle* in Erfurt (R.: Ekkehard Emig); Inszenierungen von *Ah Q* in Tübingen (25. Februar), im Theater Gruppe 80 in Wien (7. März), in Schwedt (24. April) und in der Werkstatt des Schillertheaters (West-)Berlin (20. Juni; R.: Friedhelm Ptok); 25. Oktober: U. des Kammerspiels *Passage* in Essen (R.: Hansgünther Heyme), gemeinsam mit Zürich und Dresden geplant; 15. November Premiere am Schauspielhaus Zürich (R.: Urs Schaub) und am 28. November in Dresden (R.: Klaus Dieter Kirst). – 24.–26. November: X. Schriftstellerkongreß der DDR; H. hält in einer Arbeitsgruppe die Rede *Die Zensur ist überlebt, nutzlos, paradox, menschenfeindlich, volksfeindlich, ungesetzlich und strafbar.*

1988 Im Luchterhand Literaturverlag erscheint *Passage. Ein Stück.* – 12. Januar: *Passage* in Weimar; 27. Februar in Karl-Marx-Stadt, 29. Februar französische EA im Théâtre Populaire de Lorraine Thirnville (R.: François Mathieu), 27. August in Schwerin, 16. September in Nordhausen; 16. Juli Erstsendung der Funkfassung durch Radio DDR II (Funkbearb. Heide Böwe, R.: Achim Scholz); 13. November U. der Filmadaption (Fernsehen der DDR; Drehb. und R.: Fritz Bornemann). – Im Henschelverlag Berlin erscheint der Band *Die wahre Geschichte des Ah Q. Passage.* – Aufführung von *Ah Q* in Saarbrücken (30. Mai), Oktober tschechische EA in Usti nad Labem, November in Rio de Janeiro (Compania Brasileira de Arte; R.: Sergio Fonta).

1989 21. Januar: In Kamenz Auszeichnung mit dem Lessing-Preis, dem Dramatiker-Preis der DDR. – *Der Tangospieler* erscheint im Aufbau-Verlag und im Luchterhand Literaturverlag. – Aufführungen von *Passage* in Wittenberg (18. Februar), in Rostock (22. April), in Baden-Baden (29. April), in Frankfurt/O. (8. September), in Eisenach (16. September) und in Zeitz (6. Oktober). – 14. April *Schlötel* in Annaberg und 10. Juni in Karl-Marx-Stadt aufgeführt; 2. Juni *Ah Q* in Paderborn. – Im Sommersemester Antritt der Poetik-Dozentur am gerade gestifteten Lehrstuhl für Poetik der Folkwang-Schule in Essen; 29. Mai: Vorlesung *Die Zeit, die nicht vergehen kann oder Das Dilemma des Chronisten. Gedanken zum Historikerstreit anläßlich zweier deutscher vierzigster Jahrestage.* – 9. September: Stefan-Andres-Preis der Stadt Schweich an der Mosel. – 14. September: Rede *Die fünfte Grundrechenart* auf der Tagung des Berliner Schriftstellerverbandes. – Oktober: Mitarbeit im Ausschuß zur Ermittlung der polizeilichen Übergriffe vom 7. bis 9. Oktober in Berlin; 15. Oktober: Vortrag der *Öffentlichen Erklärung* während einer Lesung im Berliner Ensemble; 23. Oktober: Veröffentlichung des »Spiegel«-Gesprächs *Die DDR ist nicht China*; 24. Oktober: Beitrag zur Podiumsdiskussion »DDR – wie ich sie träume« im Berliner Haus der Jungen Talente. – 26. Oktober: *Lassalle* in Recklinghausen aufgeführt. – 28. Oktober: *Der Dialog reicht nicht aus,* Ansprache in der Erlöser-Kirche auf der Veranstaltung »Wider den Schlaf der Vernunft«; 31. Oktober: Poetik-Vorlesung *Der Apfelwein der Madame de Guermantes* an der Universität Leipzig; 4. November: Auf dem Alexanderplatz Ansprache (*Der alte Mann und die Straße*) während der von Berliner Kulturschaffenden initiierten und organisierten Kundgebung. – Die Appelle *Fassen Sie Vertrauen!* vom 9. November und *Für unser Land* vom 28. November werden von H. nicht unterzeichnet; der am 5. Dezember veröffentlichte *Appell an die Vernunft* trägt auch seine Unterschrift. – 10. Dezember: »... *und andere*« (für Gustav Just), vorgetragen während des Gedenkkonzerts für die Opfer der stalinistischen Verfolgung in der DDR im Berliner Schauspielhaus. – 13. Dezember: *Achtung Abgründe!* Laudatio für Max Frisch anläßlich der Verleihung des Heinrich-Heine-Preises der Stadt Düsseldorf.

1990 7. Januar: Rede zum 100. Geburtstag von Kurt Tucholsky *Ein bißchen laut* im Deutschen Theater Berlin. – 25. Januar: *Lassalle* in Stralsund aufgeführt; Januar *Ah Q* im Theater im Westen in München, April in Nordhausen, 24. April in Krefeld-Mönchengladbach, September in Altenburg; 30. Januar: *Die Ritter der Tafelrunde* in Altenburg, 3. Februar in Leipzig, 10. Februar in Eisleben, 16. März in Zwickau, 27. März in Frankfurt/O., 30. März in Bielefeld; bundesdeutsche EA am 3. März in Kassel (R.: Peter Siefert); 22. März: U. von *Ma ... Ma ... Marlene. Szenen nach Horns Ende* von Ruth Reinicke und Manfred Schmidt am Maxim Gorki Theater, Berlin; 8. April: *Passage* in Gießen, 31. Mai in Marburg/Lahn aufgeführt. – Erscheinen der Autobiographie *Zeuge in eigener Sache* von Gustav Just mit Heins Vorwort »... *und andere*« im Buchverlag Der Morgen und im Luchterhand Literaturverlag, der Sammlungen *Die fünfte Grundrechenart* (Aufsätze und Reden) im Luchterhand Literaturverlag und *Als Kind habe ich Stalin gesehen* (Essais und Gespräche) im Aufbau-Verlag sowie der Erzählung *Bridge freezes before Roadway* in der Berliner Handpresse. – 24. April: Erstsendung der ZDF/ORF-Aufzeichnung der Dresdener Inszenierung von *Die Ritter der Tafelrunde.* – 6. Mai: In Wien Auszeichnung mit dem Erich-Fried-Preis, gestiftet von der Internationalen Erich-Fried-Gesellschaft; die Preisrede hält Hans Mayer: ›Es gab für mich eigentlich nur einen einzigen Kandidaten. Dieser hier: Christoph Hein‹; der Autor dankt mit der Rede *Unbelehrbar – Erich Fried.* – 30. Juni: Berufung zum Mitglied der Akademie der Künste (West-)Berlin, zus. mit Volker Braun und Jurek Becker; 16. Juli: neben Stefan Heym und Rainer Kirsch Wahl zum Ordentlichen Mitglied der Ostberliner Akademie der Künste. – 29. August: englische EA von *Ah Q* durch The Soho Theatre Company in London (R.: Rebecca Wolman). – 7. Oktober: U. des Fernsehfilms *Die Ritter der Tafelrunde* (Deutscher Fernsehfunk, R.: Fritz Bornemann).

1991 17. Januar: *Die Ritter der Tafelrunde* in Mainz aufgeführt; Februar: englische EA in London. – 1. Februar: Funkbearbeitung von *Ma ... Ma ... Marlene. Szenen nach Horns Ende* (R.: Angelika Perl) im Deutschlandsender Kultur. – 13. Februar: auf fast allen Berliner Bühnen wird H.s Text *Kein Krieg ist heilig, kein Krieg ist gerecht* als Protest der Theaterkünstler gegen den Golfkrieg verlesen. – 18. Februar: Premiere des DEFA-Films *Der Tangospieler* (R.: Roland Gräf) während der Berliner Filmfestspiele. – *Ah Q* am 17. März in Potsdam (R.: Bernd Weißig), am 31. März im Verein Theater Bureau Wien, am 27. September in Angers (R.: Claudia Stavisky), am 29. September in Gießen (R.: Meinhardt Zanger) aufgeführt. – 11. April: Rede zur Auszeichnung des Dresdener Staatsschauspiels mit dem Ehrenpreis des Deutschen Kulturpreises, gestiftet von der Deutschen Kulturförderung in München. – 22. November: Wahl zum Vizepräsidenten der Internationalen Erich-Fried-Gesellschaft. – 3. Dezember: Beteiligung an einer Diskussion in der (Ost-)Berliner Akademie der Künste *Gibt es die Wiedervereinigung in der deutschen Kultur*; 8. Dezember: beide Berliner Akademien der Künste laden zu einem Gespräch über Rassismus, Gewalt und Ausländerhaß ins Deutsche Theater ein; H.s »Brief an (fast alle) Ausländer« *Eure Freiheit ist unser Auftrag* wird auszugsweise im »Spiegel« veröffentlicht; 9. Dezember: die (Ost-)Berliner Akademie der Künste tritt zu Neuwahlen zusammen, um die Voraussetzung für eine spätere Vereinigung mit der (West-)Berliner Akademie zu schaffen; H. wird als Mitglied der neuen Akademie gewählt.

Klaus Hammer/Heinz-Peter Preußer

Bibliographie

Werke, Inszenierungen, Sekundärliteratur

Die verwendeten Abkürzungen sind wie folgt aufzulösen:

A	Ausstattung
Ah Q	Die wahre Geschichte des Ah Q
B	Bühnenbild
Baier	Christoph Hein. Texte, Daten, Bilder. Hg. Lothar Baier. Frankfurt a. M. (SL 943) 1990.
Cr	Cromwell und andere Stücke
Dr	Drachenblut
e	entstanden
EA	Erstaufführung
FAZ	Frankfurter Allgemeine Zeitung (Frankfurt a. M.)
fGr	Die fünfte Grundrechenart
FR	Frankfurter Rundschau (Frankfurt a. M.)
HE	Horns Ende
K	Kostüme
ND	Neues Deutschland (Berlin)
NDL	Neue Deutsche Literatur (Berlin)
NZZ	Neue Züricher Zeitung (Zürich)
Öfa	Öffentlich arbeiten
R	Regie
U	Uraufführung

1. Werke

1.1. Schriften (in der Reihenfolge ihres Erscheinens)

Die Geschäfte des Herrn John D. München (Drei Masken) o. J.

Einladung zum Lever Bourgeois. Nachbem. Günther Drommer. Berlin/Weimar (Aufbau; Edition Neue Texte) 1980, 191 S., [2]1986. [Weitere Ausgaben unter dem Titel: *Nachtfahrt und früher Morgen.* Prosa. Hamburg (Hoffmann und Campe) 1982, 165 S. Mit anderer Paginierung: München (dtv 10705) 1987, 134 S., Frankfurt a. M. (SL 841) 1989. In der westdeutschen Erstausgabe (Hoffmann und Campe) fehlt – ebenso wie in der ersten Taschenbuchausgabe bei dtv – das siebente Prosastück des (noch nicht abgeschlossenen) Zyklus' *Ein Album Berliner Stadtansichten* mit dem Titel *Der Sohn.* Es liegt nur in der Originalausgabe des Aufbau-Verlages sowie in der neuen (Taschenbuch-)Ausgabe des Luchterhand Literaturverlages vor (dort S. 62–70).

Diese Ausgabe stellt auch die Abfolge der Originalausgabe wieder her, indem sie *Einladung zum Lever Bourgeois* an den Anfang und *Die russischen Briefe des Jägers Johann Seifert* an das Ende des Bandes setzt. In den früheren Ausgaben u. d. T. *Nachtfahrt und früher Morgen* wurden Anfang und Schluß vertauscht.]
Darin: Einladung zum Lever Bourgeois, S. 5–27. – Aus: Ein Album Berliner Stadtansichten, S. 28–70 (Friederike, Martha, Hilde, S. 28–40; Die Witwe eines Maurers, S. 40–42; Die Familiengruft, S. 42–47; Charlottenburger Chaussee, 11. August, S. 47–49; Nachtfahrt und früher Morgen, S. 49–58; Frank, eine Kindheit mit Vätern, S. 58–61; Der Sohn, S. 61–70). – Leb wohl, mein Freund, es ist schwer zu sterben, S. 71–81. – Der neuere (glücklichere) Kohlhaas, S. 82–103. – Die russischen Briefe des Jägers Johann Seifert, S. 104–183. – [Anschließend:] Typische Bemerkungen zu untypischen Texten. Von Günther Drommer, S. 185–190.
Erstdrucke und Nachdrucke (chronologisch): Einladung zum Lever Bourgeois. In: Programmheft der Volksbühne am Luxemburgplatz, Berlin, Spielzeit 1974/75, zur Inszenierung von: Jean Racine: Britannicus. Dt. Fassg.: C. H. – Aus einem Album Berliner Stadtansichten. In: Geländewagen... Bd. 1, Berlin 1979, S. 17. – Die Witwe eines Maurers. In: Protokolle (Wien/München) 1980, H. 3, S. 82. – Friederike/Martha/Hilde. In: Litfass (München) 5 (1980/81), H. 19, S. 4–14. Nachdruck in: 10 Jahre ›Litfass‹. Eine Auswahl. In: Litfass 10 (1986), H. 40. – Die Familiengruft. In: Tintenfisch (Berlin) 22 (1983), S. 57–60. Aus: Ein Album Berliner Stadtansichten. U. a.: Friederike, Martha, Hilde. In: Deutsch als Fremdsprache (Leipzig) 21 (1984), Sonderheft, S. 44–45. [Im Anschluß an den Beitrag von Wolfgang Albrecht: C. H. Dramatiker und Erzähler. Ebd., S. 41–44.]

Cromwell und andere Stücke. Nachw. Rudolf Münz. Berlin/Weimar (Aufbau) 1981, 322 S., ^{2}1985, 331 S.
Darin: Cromwell. Ein Schauspiel [Erstabdruck in: Theater der Zeit 33 (1978), H. 7, S. 52–64.], S. 5–91. – Lassalle fragt Herrn Herbert nach Sonja. Die Szene ein Salon. Schauspiel in drei Akten [auch in: Ah Q, S. 7–75], S. 93–165. – Schlötel oder Was solls. Eine Komödie, S. 167–231. – Der Neue Menoza oder Geschichte des kumbanischen Prinzen Tandi. Komödie nach Jakob Michael Reinhold Lenz, S. 233–307.

Der fremde Freund. Novelle. Berlin/Weimar (Aufbau) 1982, ^{7}1990, 212 S., Tb-Ausg. Berlin/Weimar (Aufbau; bb) 1988, ^{2}1989, 157 S.; u. d. T.: Drachenblut. Novelle. Darmstadt/Neuwied (Luchterhand) 1983, 156 S. [Raubdruck dieser Ausg. o. O., vermutl. 1984], weitere Ausgaben: ebd. (SL 616), 1985, 175 S. (9. Aufl. SL 616: Frankfurt a. M. 1990); Frankfurt a. M. (Büchergilde, Die kleine Reihe) 1985, 206 S.
Erstdrucke und Nachdrucke: Der fremde Freund [Vorabdruck, Auszug]. In: NDL 30 (1982), H. 6, S. 18–32. – Drachenblut [Gesamtabdruck in Folgen]. In: Der Tagesspiegel (Berlin), 3. 6.–28. 7. 1984. – Textprobe [zum Beitrag: Lutz Richter: C. H. Auf neue Art zum Nach-

denken zwingen] in: Deutsch als Fremdsprache 23 (1987), Literarisches Sonderheft, S. 83–89.

Die wahre Geschichte des Ah Q. Stücke und Essays. Darmstadt/Neuwied (SL 550) 1984, 188 S.
Darin: Lassalle fragt Herrn Herbert nach Sonja. Die Szene ein Salon, S. 7–75 [auch in Cr 93–165]. – Anmerkungen zu »Lassalle fragt Herrn Herbert nach Sonja. Die Szene ein Salon«. S. 76–80 [auch in Öfa 29–33]. – Die wahre Geschichte des Ah Q (Zwischen Hund und Wolf). Nach Lu Xun, S. 81–135 [Erstabdruck in: Theater der Zeit (Berlin) 38 (1983), H. 10, S. 57–64]. – Waldbruder Lenz [Essay], S. 136–160 [auch in Öfa 70–96]. – Öffentlich arbeiten [Essay], S. 161–164 [auch in Öfa 34–38]. – Lorbeerwald und Kartoffelacker [Essay], S. 165–187 [auch in Öfa 5–28].

Das Wildpferd unterm Kachelofen. Schöne Geschichten von Jakob Borg und seinen Freunden. Ill. Manfred Bofinger. Berlin (Altberliner Verlag) 1984, [2]1987, 208 S.; u. d. T: Das Wildpferd unterm Kachelofen. Ein schönes dickes Buch von Jakob Borg und seinen Freunden. Bilder Rotraut Susanne Berner. Weinheim/Basel (Beltz) 1984, [2]1986, 250 S.; sowie: Das Wildpferd unterm Kachelofen. Berlin/Weimar (Aufbau, bb) 1989.

Horns Ende. Roman. Berlin/Weimar (Aufbau) 1985, [4]1990, 320 S. Weitere Ausgaben: Darmstadt/Neuwied (Luchterhand) 1985, 266 S.; ebd. (SL 699) 1987, [4]1989, 229 S. Sonderausg. ebd. 1990, 268 S.
Dr. Spodeck [Auszug]. In: Tintenfisch 25 (1986), S. 114–121. – Ma ... Ma ... Marlene. Szenen nach Horns Ende. Von Ruth Reinicke und Manfred Schmidt. U. 22. 3. 1990, Maxim Gorki Theater, Berlin.

Schlötel oder Was solls. Stücke und Essays. Darmstadt/Neuwied (Luchterhand, Originalausg. als SL 670) 1986, 203 S.
Darin: Worüber man nicht reden kann, davon kann die Kunst ein Lied singen, S. 7–19 [auch in Öfa 43–56]. – Schlötel oder Was solls. Eine Komödie, S. 21–85 [auch in Cr 167–231]. – Cromwell. Ein Schauspiel, S. 87–172 [auch in Cr 5–91]. – Anmerkungen zu »Cromwell«, S. 173–176 [auch in Öfa 116–119] – Hamlet und der Parteisekretär, S. 177–182 [Auszüge aus: C. H. antwortet auf Fragen von »Theater der Zeit«; auch in Öfa 97–107]. – Linker Kolonialismus oder Der Wille zum Feuilleton, S. 183–200 [auch in Öfa 135–153].

Öffentlich arbeiten. Essais und Gespräche. Berlin/Weimar (Aufbau) 1987, [3]1991, 200 S.
Darin: Lorbeerwald und Kartoffelacker. Vorlesung über einen Satz Heinrich Heines [Gastvorlesung an der Friedrich-Schiller-Universität Jena, gehalten vor Studenten der Germanistik am 9. 12. 1981; auch in Ah Q 165–187], S. 5–28. – Anmerkungen zu »Lassalle fragt Herrn Herbert nach Sonja. Die Szene ein Salon« [zuerst in: Programmheft zur Uraufführung am Düsseldorfer Schauspielhaus, 1980; auch in:

Ah Q 76–80], S. 29–33. – Öffentlich arbeiten [Diskussionsbeitrag zur Tagung des Schriftstellerverbandes der DDR, Bezirksverband Berlin, 3. 6. 1982; zuerst in: Tintenfisch 24 (1985), S. 42–44; auch in: AhQ 161–164], S. 34–38. – Sprache und Rhythmus [zuerst in: Programmheft zur Aufführung von »Die wahre Geschichte des Ah Q« am Düsseldorfer Schauspielhaus, 1985], S. 39–42. – Worüber man nicht reden kann, davon kann die Kunst ein Lied singen. Zu einem Satz von Anna Seghers [Vorlesung im De Balie Amsterdam, 28. 10. 1985, zuerst in: Connaissance de la RDA (St. Denis) 1986, H. 22, S. 61–70], S. 43–56. – Über Friedrich Dieckmann [Laudatio, gehalten anläßlich der Verleihung des Heinrich-Mann-Preises der Akademie der Künste der DDR im Jahre 1983; zuerst in: Mitteilungen der Akademie der Künste der DDR (Berlin) 21 (1983), Nr. 4, S. 7–9; sowie in: NDL 31 (1983), H. 7, S. 159–164], S. 57–65. – Zwei Sätze zu Thomas Mann [Beitrag zur Veranstaltung »Aufbau-Autoren lesen Aufbau-Autoren«, anläßlich des Jubiläums »40 Jahre Aufbau-Verlag« im Theater im Palast, Berlin, 24. 9. 1985], S. 66–69. – Waldbruder Lenz. Über Sprache, Poesie und Herrschaft [zuerst in: Connaissance de la RDA, Paris, 1981, H. 13; auch in: Ah Q 136–160; Literatur konkret 1984/85, H. 9, S. 67–73], S. 70–96. – Ein Interview. C. H. antwortet auf Fragen von »Theater der Zeit« [zuerst in: Theater der Zeit 33 (1978), H. 7], S. 97–107. – Besson oder Der Mangel an Geschmack [zuerst als: Besson ou le manque de gout. In: Cahiers Théâtre Louvain, Leuven, 1978, H. 35/36], S. 108–115. – Anmerkungen zu »Cromwell« [zuerst in: Programmheft zur Uraufführung am Theater der Stadt Cottbus, 1980], S. 116–119. – Gespräch mit Christoph Hein [zuerst in: Beiträge zur Literaturgeschichte und -methodologie. Jena 1982], S. 120–129. – Brief an M. F., Regisseur der westdeutschen EA von »Schlötel oder Was solls« [zuerst in: Programmheft des Staatstheaters Kassel, 1986], S. 130–134. – Linker Kolonialismus oder Der Wille zum Feuilleton [zuerst u. d. T.: Massa Sloterdijk und der linke Kolonialismus. In: Literatur Konkret, Hamburg, 1983], S. 135–153. – Die Intelligenz hat angefangen zu verwalten und aufgehört zu arbeiten. Ein Gespräch [mit Hans Brender und Agnes Hüfner; zuerst in: Deutsche Volkszeitung/die tat, Nr. 10, 9. 3. 1984, S. 9], S. 154–164. – Maelzel's Chess Player Goes To Hollywood. Das Verschwinden des künstlerischen Produzenten im Zeitalter der technischen Reproduzierbarkeit [Brief an Phillip McKnight, Lexington, Kentucky, USA, März 1986, überarbeitet; zuerst u. d. T.: Das Verschwinden des künstlerischen Produzenten im Zeitalter der Reproduzierbarkeit. In: Freibeuter (Berlin) 1987, H. 31, S. 63–71, H. 32, S. 11–19; auch in: fGr 9– 33], S. 165–194.

Passage. Ein Kammerspiel in drei Akten. Darmstadt (Luchterhand Theater) 1988, 77 S. [zuerst in: Theater der Zeit 42 (1987), H. 5, S. 54– 64].

Die wahre Geschichte des Ah Q/Passage. Berlin (Henschel; Reihe dialog) 1988.
Darin: Die wahre Geschichte des Ah Q, S. 7–61. – Passage, S. 63–133.

Der Tangospieler. Erzählung. Berlin/Weimar (Aufbau) 1989, ²1990, 206 S. Mit der Bezeichnung »Roman«: Frankfurt a.M. (Luchterhand) 1989, ²1990, 217 S.; sowie: Frankfurt a.M. (Büchergilde, Kleine Reihe) 1990; Bertelsmann Buchclub 1990; Frankfurt a.M. (SL 982) 1991, 244 S.

Die Ritter der Tafelrunde. Eine Komödie. Frankfurt a.M. (Luchterhand) 1989 [zuerst in: Sinn und Form (Berlin) 41 (1989), H. 4, S. 786–829; sowie in: Theater der Zeit 44 (1989), H. 7, S. 55–64].

Die fünfte Grundrechenart. Aufsätze und Reden 1987–1990. Frankfurt a.M. (Luchterhand) 1990 [Titel, die nicht vom Autor stammen, sondern vom Verlag, wurden mit * gekennzeichnet].
Darin: Maelzel's Chess Player Goes to Hollywood. Das Verschwinden des künstlerischen Produzenten im Zeitalter der technischen Reproduzierbarkeit [zuerst in Öfa 165–194], S. 9–33. – Des Menschen Auge hat's nicht gehört*. Von der Magie und den Magiern [zuerst u.d.T.: Von der Magie und den Magiern. In: Windvogeldreieck. Schriftsteller über Wissenschaften und Wissenschaftler. Hg. John Erpenbeck. Berlin (Buchverlag Der Morgen) 1987, S. 11–34; auch in: Wallbergens Sammlung... Hg. C.H. Leipzig (Kiepenheuer) 1988], S. 34–56. – Leserpost oder Ein Buch mit sieben Siegeln. Für Christa Wolf [zuerst in: Christa Wolf. Ein Arbeitsbuch. Zum 60. Geburtstag der Autorin. Hg. Angela Drescher. Berlin/Weimar (Aufbau) 1989; auch Frankfurt a.M. (Luchterhand) 1990; auch in: Christa Wolf zum sechzigsten Geburtstag am 18. März 1989. Walter Jens. Hans Mayer. Christoph Hein. Klara Obermüller. Frankfurt a.M. (Luchterhand) 1989. Privatdruck. S. 21–41], S. 57–73. – Ein deutscher Molière. Zur »Bargfelder Ausgabe« der Werke Arno Schmidts [zuerst in: Literatur Konkret, H. 13, Okt. 1988], S. 74–88. – Der Apfelwein der Madame de Guermantes. Betrachtungen über Poetik-Vorlesungen [Reihe: Poetik-Vorlesungen von Schriftstellern, Universität Leipzig, 31. Okt. 1989; u.d.T.: Der Most der Herzogin von Guermantes, zuerst in: Liber Nr. 2, 15.12.1989, S. 4 (Beilage zur FAZ), übers. u.a. als Beilage von TLS (The Times Literary Supplement) u.d.T.: The cider of Madame de Guermantes; auch in: Sinn und Form 42 (1990), S. 631–635], S. 89–97. – Die Welt ist kleiner geworden*. Beitrag zum internationalen Friedensforum des Schriftstellerverbandes der DDR, »Berlin – ein Ort für den Frieden«. Mai 1987 in Berlin (DDR), S. 101–103. – Die Zensur ist überlebt, nutzlos, paradox, menschen- und volksfeindlich, ungesetzlich und strafbar. Rede auf dem X. Schriftstellerkongreß der DDR [zuerst in: Die Zeit (Hamburg) Nr. 50, 4.12.1987, S. 57–59], S. 104–127. – Die Zeit, die nicht vergehen kann oder Das Dilemma des Chronisten. Gedanken zum Historikerstreit anläßlich zweier deutscher 40-Jahrestage [überarb. Fassg. einer Vorlesung vom 29.5.1989, Folkwangschule Essen; zuerst in: Blätter für deutsche und internationale Politik (Köln) 1990, Nr. 1], S. 128–154. – I Saw Stalin Once [zuerst in: Zeit-Magazin, 11.8.1989, u.d.T.: Ein Bild des Jahrhunderts], S. 155–159. – Die fünfte Grundrechenart. Rede auf

der Tagung des Ost-Berliner Schriftstellerverbandes [14.9.1989; zuerst in: Die Zeit, Nr. 41, 6.10.1989, S. 65–66; u. d. T.: Gutgemeint ist das Gegenteil von wahr. Für Gustav Just. In: Sonntag, Nr. 45, 5.11. 1989, S. 3–4], S. 163–172. – Öffentliche Erklärung [zuerst vorgetragen bei einer Lesung im Berliner Ensemble, 15.10. 1989], S. 173–174. – Die DDR ist nicht China. Spiegel-Gespräch [mit Ulrich Schwarz und Hartmut Palmer; zuerst in: Der Spiegel, 23.10.1989], S. 175–181. – Ein Berliner Traum im Oktober 1989, der bereits im August 1968 von deutschen Panzern auf dem Wenzelsplatz überrollt wurde [Beitrag zur Podiumsdiskussion »DDR – wie ich sie träume«. 24.10.1989, Haus der Jungen Talente, Berlin], S. 182–183. – Der Dialog reicht nicht aus*. Ansprache in der Erlöserkirche [zur Veranstaltung »Wider den Schlaf der Vernunft«. 28.10.1989], S. 184–188. – Weder das Verbot noch die Genehmigung als Geschenk*. Gespräch mit der »Berliner Zeitung« [Gesprächspartner: Dieter Krebs. 4./5.11.1989], S. 189–193. – Der Alte Mann und die Straße*. Ansprache auf dem Alexanderplatz [anläßlich der Demonstration vom 4.11.1989, initiiert vom Verband der Berliner Kulturschaffenden], S. 194–196. – Brief an Sara, New York [zuerst in: The New York Times Magazine, 17.12.1989, u. d. T.: East Berlin Diary], S. 197–209. – Brief an den Rowohlt-Verlag, Reinbek [20.11. 1989], S. 210. – »... und andere«. Für Gustav Just [vorgetragen bei einem Gedenkkonzert für die »Opfer der stalinistischen Verfolgung in der DDR«. 10.12. 1989 im Ost-Berliner Schauspielhaus; zuvor in: FR, Nr. 291, 15.12.1989, S. 5; in: Sonntag (Berlin), Nr. 1, 7.1.1990, S. 3 u. 6; sowie als Vorwort zu: Gustav Just. Zeuge in eigener Sache. Berlin (Buchverlag Der Morgen) 1990; auch: Frankfurt a. M. (Luchterhand) 1990], S. 213–219. – Achtung Abgründe. Laudatio für Max Frisch [anläßlich der Verleihung des Heinrich-Heine-Preises der Stadt Düsseldorf, 13.12.1989], S. 220–229. – Ein bißchen laut. Zum 100. Geburtstag von Kurt Tucholsky [Rede zur Gedenkveranstaltung im Deutschen Theater, Berlin, 7.1.1989], S. 230–241.

Als Kind habe ich Stalin gesehen. Essais und Reden. Berlin/Weimar (Aufbau; Texte zur Zeit) 1990.
Darin: Alle Texte aus: Die fünfte Grundrechenart. Außer: Maelzel's Chess Player [...]; geringfügig veränderte Titel und Reihenfolge. – *Zusätzlich:* Ich bin ein Schreiber von Chroniken [zuerst in: ND, 2./3.12.1989], S. 201–207. – Wer heute so laut schreit, soll sagen, was er früher tat [Gespräch mit Frank Schumann; zuerst in: Junge Welt (Berlin), 12.12.1989], S. 208–214. – Ein stilles, ein vergessenes Opfer. Dank für den Stefan-Andres-Preis – Schweich bei Trier, 9.9.1989, S. 227–229.

Die Ritter der Tafelrunde und andere Stücke. Berlin/Weimar (Aufbau) 1990, 261 S.
Darin: Die wahre Geschichte des Ah Q, S. 5–60. – Passage, S. 61–130. – Die Ritter der Tafelrunde, S. 131–193. – Britannicus. Tragödie von Jean Racine. Dt. Fassg. C. H., S. 195–263 [Erstveröffentlichung

der Übersetzung zur Spielzeit 1974/75, Volksbühne am Luxemburgplatz].

Bridge freeze before Roadway. Erzählung. Berlin (Berliner Handpresse) 1990.

1.2. Verstreute Schriften (in der Reihenfolge ihres Erscheinens)

Biographie Leo Löwenthal. In: Exil (Maintal) 9 (1989), H. 2, S. 78.

Die Aufklärung wird zunehmend behindert. Erklärung des Schriftstellers Christoph Hein. Nationaler Verteidigungsrat sagt nicht aus. In: National-Zeitung (Berlin), 1. 12. 1989.

Die Vergewaltigung. Erzählung. In: ND Nr. 284, 2./3. 12. 1989, S. 11.

Nachdenken über Deutschland. In: Die Weltbühne (Berlin) 85 (1990), H. 10, 6. 3. 1990, S. 295–298.

»Unbelehrbar sein, das ist eine Pflicht des Intellektuellen« [Rede zur Auszeichnung mit dem Erich-Fried-Preis] In: Frankfurter Rundschau Nr. 120, 25. Mai 1990, S. 33. U. d. T.: Unbelehrbar – Erich Fried. Rede zur Verleihung des Erich-Fried-Preises am 6. Mai in Wien. In: Freibeuter (Berlin), Nr. 44, 1990, sowie in: Baier, S. 20–34. Ebenso u. d. T.: Die Geschichte liebt Ironie. In: Der Morgen, 23./24. 6. 1990.

Kein Seeweg nach Indien [u. d. T.: No Sea Route to India, als Antwort auf eine Umfrage der Redaktion, zuerst in: Time (New York), 25. 6. 1990, S. 68; dt. zuerst in: Freitag (Berlin), Nr. 49, 30. 11. 1990, S. 3; auch in: Baier, S. 13–19].

Kein Krieg ist heilig, kein Krieg ist gerecht [Stellungnahme zum Golfkrieg]. In: Berliner Zeitung, 13. 2. 1991.

Erinnerung an eine Zeit. [Vorwort]. In: Und diese verdammte Ohnmacht. Report der unabhängigen Untersuchungskommission zu den Ereignissen vom 7./8. Oktober 1989 in Berlin. Berlin (BasisDruck) 1991, S. 9–13.

Erklärung von C. H. vom 29. 11. 89. In: Ebd., S. 327 f.

A World Turning Point. In: Text + Kritik (vgl. 3.1.1.), S. 3–5.

1.3. Interviews, Gespräche, Briefwechsel

Anonymus: C. H. antwortet auf Fragen von »Theater der Zeit«. In: Theater der Zeit 33 (1978), H. 7, S. 51–52; auch in Öfa, S. 97–107.

Bischof, Alois: Die Verzweiflung trügt wie die Hoffnung. In: Wochenzeitung (Zürich), 7. 6. 1985; u. d. T. »Mut ist keine literarische Kategorie«, in: Baier, S. 95–100.

Braun, Volker und C.H. in der Diskussion. In: Die Literatur der DDR. Akten Pisa. Hg. Anna Chiarloni, Gemma Sartori, Fabrizio Cambi. Pisa (Giardini) 1988. S. 159–168.

Brender, Hans, und Agnes Hüfner: »Die Intelligenz hat angefangen zu verwalten und aufgehört zu arbeiten«. Interview. In: Deutsche Volkszeitung/die tat, Nr. 10, 9.3.1984, S. 9; auch in Öfa, S. 154–164; u. d. T.: Ich kann mein Publikum nicht belehren, in: Baier, S. 68–75.

Edelmann, Gregor: »ansonsten würde man ja aufhören zu schreiben...« Interview [zu Ah Q]. In: Theater der Zeit 38 (1983), H. 10, S. 54–56; auch in: Programmheft des Deutschen Theaters, Berlin, Spielzeit 1983/84.

Faber, Elmar, und C. H.: Literatur & Publikum. Ein Briefwechsel. In: Sinn und Form 40 (1988), H. 3, S. 672–678.

Funke, Christoph: »3. Oktober – auch ein Verdienst Christa Wolfs«. Der Dramatiker C. H. warnt vor einem vehement erwachenden Chauvinismus in der DDR. In: Der Morgen (Berlin), 29./30.9.1990.

Gaus, Günter: Gespräch mit C.H. [14.3. 1990]. In: G.G.: Zur Person. Sechs Porträts in Frage und Antwort. Berlin (Volk und Welt) 1990, S. 95– 114; auch in: G.G.: Deutsche Zwischentöne. Gesprächs-Porträts aus der DDR. Hamburg (Hoffmann und Campe) 1990.

Gutschke, Irmtraud: »Ich bin ein Schreiber von Chroniken...« In: ND, Nr. 284, 2./3.12.1989, S. 11; auch in: Als Kind habe ich Stalin gesehen. Berlin/Weimar 1990, S. 201–207.

Hammer, Klaus: Gespräch mit C.H. In: Wissenschaftliche Beiträge der Friedrich-Schiller-Universität Jena. Beiträge zur Literaturgeschichte und -methodologie. Jena 1982; auch in: Öfa, S. 120–129.

Hartmann, Grit: C.H. Öffentlichkeit – kein Geschenk [Ein Gespräch]. In: Börsenblatt für den Deutschen Buchhandel (Leipzig) 154 (1987), H. 45/46, S. 836–838.

Hornauer, Uwe, und Hans Norbert Janowski: Schreiben gegen die Sterblichkeit. In: Evangelische Kommentare 2 (Stuttgart), Febr. 1985, S. 95 ff.; u. d. T.: Schreiben als Aufbegehren gegen die Sterblichkeit, in: Baier, S. 76–86.

Hurton, Andrea, und Helmut Schneider: Der Stil ist der Mensch. In: Falter. Wiener Zeitschrift für Kultur und Politik, 2.5.–15.5.1985; u. d. T.: Der Stoff eines Autors ist eben auch der Autor, in: Baier, S. 87 bis 94.

Jansen, Hans: »Die westdeutsche Literatur ist unpolitisch geworden«. In: Westdeutsche Allgemeine Zeitung (Essen), Nr. 151, 1. Juli 1989.

Joachimczak, Krzysztof: Gespräch mit C.H. In: Sinn und Form 40 (1988), H. 2, S. 343–359. [Geführt in Krakau, 7.1.1986. Polnisch in Zycie Literackie]; u. d. T.: Wir werden es lernen müssen, mit unserer Vergangenheit zu leben, in: Baier, S. 45–67.

Krebs, Dieter: Weder das Verbot noch die Genehmigung als Geschenk. In: Berliner Zeitung, 4./5.11.1989; auch in: fGr 189–193; sowie in: Als Kind habe ich Stalin gesehen, S. 178–183.

Löffler, Sigrid: Die Idee des europäischen Hauses ist gestorben. In: profil (Wien), Nr. 11, 12.3.1990; gekürzt u. d. T.: Die DDR – auf Knien und

mit weißer Flagge in die Einheit. In: die tageszeitung (Berlin), Nr. 3059, 17. 3. 1990, S. 10; ungekürzt u. d. T.: Die alten Themen habe ich noch, jetzt kommen neue dazu, in: Baier, S. 37–44.
Meyer-Gosau, Frauke: »ich bin der Leser, für den ich schreibe«. Ein Gespräch mit C. H. In: Text + Kritik (vgl. 3.1.1.), S. 81–91.
Michalsky, Oliver: Ich finde einen schweren Beginn glänzend. In: National-Zeitung, 11./12. 11. 1989.
Murray, Janice, und Mary-Elizabeth O'Brien: Interview mit C. H. In: New German Review (New York) 3 (1987), S. 53–66.
Renoldner, Klemens: Wird Europa auch zur Bronx? Ein Gespräch mit C. H. In: Wiener Zeitung/Lesezirkel, 1990, Nr. 46.
Ders.: Arbeit am Nachlaß. C. H. zu einer Fußnote deutscher Geschichte. In: Wochenzeitung (Zürich), 13. 7. 1990.
Ders.: Anschluß auf Knien, mit weißer Flagge. Ein Gespräch mit C. H. In: Österreichs und Deutschlands Größe. Ein schlampiges Verhältnis. Hg. G. Heiß, G. Schmid, O. Rathkolb. Salzburg 1990.
Schumann, Frank: Wer heute so laut schreit, soll sagen, was er früher tat. Gespräch mit C. H. In: Junge Welt, 12. 12. 1989 [auch in: Als Kind habe ich Stalin gesehen, S. 208–214].
Schwarz, Ulrich, und Hartmut Palmer: Die DDR ist nicht China. [Gespräch zur »Wende« in der DDR]. In: Der Spiegel, 23. 10. 1989; auch in: fGr 175–181.

1.4. Herausgaben

Wallbergen, Johann: Sammlung natürlicher Zauberkünste oder aufrichtige Entdeckung vieler bewährter, lustiger und nützlicher Geheimnisse, insbesondere denen Wein-Negozianten dienende. Nebst einem Anhange von medizinisch, sympathetisch-antipathetisch und ergötzenden Kunst-Stücken. Hg., Essay und Register C. H. Anmerkungen Birgit Dietzsch, Zeittafel Rainer Schulz. Leipzig/Weimar (Kiepenheuer; Bibliothek des 18. Jahrhunderts) 1988, 463 S.; München (Beck; Bibl. d. 18. Jh.) 1988.

1.5. Teilsammlungen

C. H. Gralsritter. Hg. Deutsche Schule London. London: Londoner Lesehefte [Nr. 12] 1990. 34 S.

1.6. Übersetzungen

Einladung zum Lever Bourgeois

Ungarisch Budapest: Europa 1986; *Französisch* Aix-en-Provence: ALINEA 1989; *Italienisch* Rom: edizioni e/o 1989.

Der fremde Freund

Polnisch Warschau: Państwowy Instytut Wydawniczy 1985; *Schwedisch* Stockholm: Norstedt & Söners 1985; *Dänisch* Kopenhagen: Gyldendalske Boghandel Nordisk Forlag 1985, 1988 [Schulbuch-Ausg.]; Nordisk Samlerens Bogklub 1985; *Finnisch* Helsinki: Kustannusosakeyhtiö

Otava 1985; *Norwegisch* Oslo: Gyldendal Norsk Forlag 1985; *Französisch* Aix-en-Provence: ALINEA 1985; *Bulgarisch* Sofia: Narodna Kultura 1985; *Niederländisch* Amsterdam: van Gennep 1986; *Italienisch* Rom: edizioni e/o 1986 (Hardcover-Ausg.); 1990 (Tb.-Ausg.); *Ungarisch* Budapest: Magvetö 1986; *Russisch* Moskau: Raduga 1986; *Spanisch* Madrid: Ediciones Alfaguara 1987 (Buchclub-Ausg.); *Estnisch* Tallinn: Romans Siirak 1987; *Portugiesisch* Lissabon: Publicacoes Don Quichote 1988; *Katalanisch* Barcelona: Ediciones Empuries 1988; *Rumänisch* [zus. m. Horns Ende] Bukarest: Editura Univers 1988; *Tschechisch* [zus. m. Horns Ende] Prag: Odeon 1989; *Griechisch* Athen: AXIOS Editiones Ltd. 1989; *Slowakisch* Bratislava: Verlag Smena 1989; *Amerikanisches Englisch* New York: Pantheon Books 1989; *Litauisch* Vilnius: WAGA 1989; *Japanisch* Tokio: Dogakuska AGM 1990.

Das Wildpferd unterm Kachelofen

Finnisch Helsinki: Kustannusosakeyhtiö Otava 1985; *Schwedisch* Stockholm: Almqvist & Wiksell/Gebers Förlag 1985; *Dänisch* Kopenhagen: Gyldendalske Boghandel Nordisk Forlag 1985; *Niederländisch* Utrecht: Stichting Sjaloom 1985; *Spanisch* Madrid: Ediciones alfaguara 1985; *Englisch* London: Andersen Press Ltd. 1988; *Italienisch* Juvenilia Edizioni Scolastiche 1987; *Französisch* Paris: Flammarion 1987; *Polnisch* Warschau: Nasza Księgarnia 1988; *Russisch* Moskau: Detskaja Literatura 1987; *Slowakisch* Bratislava: Mladé letá 1991.

Horns Ende

Französisch Aix-en-Provence: ALINEA 1986; *Niederländisch* Amsterdam: van Gennep 1986; *Finnisch* Helsinki: Kustannusosakeyhtiö Otava 1987; *Schwedisch* Stockholm: Norstedt & Söners 1987; *Polnisch* Warschau: Państwowy Instytut Wydawniczy 1987; *Italienisch* Rom: edizioni e/o 1987; *Dänisch* Kopenhagen: Gyldendalske Boghandel Nordisk Forlag 1987, 1988 [Schulbuch-Ausg.]; *Spanisch* Madrid: Principe de Vergara 1988; *Rumänisch* [zus. m. Der fremde Freund] Bukarest: Editura Univers 1988; *Hebräisch* Tel Aviv: Sifriat Poalim Publishers 1988; *Slowakisch* Bratislava: Slovenske Pisovatel 1988; *Amerikanisches Englisch* New York: Pantheon Books 1989; *Russisch* Moskau: Innostrannaja Literatura 1989; Moskau: Raduga 1989; *Tschechisch* [zus. m. Der fremde Freund] Prag: Odeon 1989; *Ukrainisch* Kiew: Wseswit 1989; *Ungarisch* Budapest: Europa 1989; *Serbokroatisch* Sarajevo: Svetlost 1991.

Der Tangospieler

Finnisch Helsinki: Kustannusosakeyhtiö Otava 1989; *Schwedisch* Stockholm: Norstedt Förlag 1989; *Norwegisch* Oslo: Gyldendal Norsk Forlag 1989; *Französisch* Aix-en-Provence: ALINEA 1990; *Dänisch* Kopenhagen: Gyldendal 1990; *Niederländisch* Amsterdam: van Gennep 1990; *Spanisch* Barcelona: Grupo editorial Grijalbo 1990; *Italienisch* Rom: edizioni e/o 1991; *Amerikanisches Englisch* New York: Pantheon Books 1991; *Ungarisch* Budapest: Europa 1991; *Katalanisch* Valencia: Editorial Tres i Quatre 1991/92.

1.7. Fremdsprachige Teilsammlungen

Christoph Hein. Concu et réalisé par François Mathieu. Paris (Connaissance de la RDA) 1984, 127 S.

2. Inszenierungen

2.1. Vom hungrigen Hennecke

U.: Volksbühne Berlin/Spektakel II (im Freien), 25.9.1974, R.: Thomas Valentin, A.: Lothar Scharsich; Meininger Theater, zus. mit Helmut Baierl: Frau Flinz (in der Pause als Puppenspiel), 19.3.1976

2.2. Schlötel oder Was solls

U.: Volksbühne Berlin/Spektakel II, 25.9.1974, R.: Manfred Karge/Matthias Langhoff, A.: Pieter Hein; BRD-EA: Staatstheater Kassel/Experimentierbühne »tif«, 26.6.1986, R.: Matthias Fontheim, B.: Stefan Mayer, K.: Stephanie Geiger; Landestheater Saarbrücken, 30.5.1988, R.: Norbert Hilchenbach; Eduard-von-Winterstein-Theater Annaberg, 14.4.1989, R.: Reinhard Simon a.G., A.: Ines Arnemann a.G.; Städtische Theater Karl-Marx-Stadt/Schauspielhaus, 10.6.1989, R.: Hasko Weber, A.: Wolfgang Bellach.

2.3. Die Geschäfte des Herrn John D./Rockefeller I.

U.: Friedrich-Wolf-Theater Neustrelitz, 21.4.1979, R.: Christian Bleyhoeffer, A.: Horst Mamerow, Musik: Henry Krtschil; Westberliner EA.: Vaganten-Bühne in der Kantstr., 9.6.1983, R.: Doris Heiland, A.: Susanne Dieringer; BRD-EA.: Ensemble Ruhrfestspiele Recklinghausen, 17.1.1986, R.: Doris Heiland, B.: Stelios Vasikarides, K.: Michael Göing, Musik: Henry Krtschil/Wolfgang Florey.

2.4. Cromwell

U.: Theater der Stadt Cottbus, 17.4.1980, R.: Peter Röll, A.: Hans-Dieter Ruhland/Horst Leiteritz; Poetisches Theater »Louis Fürnberg« der Karl-Marx-Universität Leipzig, Mai 1979; Bühnen der Stadt Gera, 21.9.1983 (Jena) und 26.2.1984 (Gera), R.: Klaus Krampe, A.: Theo Hug; Landestheater Eisenach, 5.10.1984, R.: Michael Grosse, A.: Carola Pabst; BRD-EA: Theater Essen/Großes Haus, 24.10.1986, R.: Hansgünther Heyme, A.: Wolf Münzner.

2.5. Lassalle fragt Herrn Herbert nach Sonja

U.: Schauspielhaus Düsseldorf/Großes Haus, 9.11.1980, R.: Heinz Engels, B.: Uwe Oelkers, K.: Klaus Arzberger; Mülheimer Theatertheater, Gastinszenierung Düsseldorfer Schauspieler, Erstsendung im Deutschlandfunk: 17.5.1981; DDR-EA: Städtische Bühnen Erfurt, 14.2.1987, R.: Ekkehardt Emig, A.: Jörg Wolf; Ensemble Ruhrfestspiele Recklinghausen/Theater im Depot, 26.10.1989, R.: Wolfgang Lichtenstein; Theater Stralsund, 25.1.1990, R.: Fred Grasnick, A.: Hans Claus.

2.6. Der Neue Menoza

U.: Mecklenburgisches Staatstheater Schwerin/Großes Haus, 29.5. 1982, R.: Wolf-Dieter Lingk, A.: Lothar Scharsich a.G.; BRD-EA: Städtische Bühnen Augsburg, 24.3.1985, R.: Henri Hohenemser, A.: R. Sinell; Theater der Bergarbeiter Senftenberg, 18.10.1985, R.: Holger Teschke, A.: Jörg Masser.

2.7. Die wahre Geschichte des Ah Q

U.: Deutsches Theater Berlin/Kammerspiele, 22.12.1983, R.: Alexander Lang, A.: Gero Troike; Bühnen der Stadt Zwickau/theater in der mühle, 2.3.1984, R.: Christine Harbort a. G., A.: Peter Uhlig; Französische EA: Théâtre Gennevilliers in Co-Produktion mit Théâtre National Strasbourg u. d. T. »Entre chien et loup« in Strasbourg, 15.11.1984, R.: Bernard Sobel, A.: Italo Rota; BRD-EA: Staatstheater Kassel/Schauspielhaus, 16.12.1984, R.: Valentin Jeker, A.: Bernd Holzapfel; Österreichische EA: Vereinigte Bühnen Graz/Malersaal, 20.2.1985, R.: Heinz Hartwig, A.: Ilse Reiter; Schweizerische EA: Theater am Neumarkt, Zürich, 30.5.1985, R.: Peter Schweiger, B.: Hans Gloor, K.: Marion Steiner; Stadttheater Bern/Mansarde, 5.6.1985, R.: Ralf Milde, A.: Brigitte Friesz; Schauspielhaus Düsseldorf/Kleines Haus, 15.6.1985, R.: Herbert König, A.: Heiko Zolchow; Portugiesische EA: Teatro da Rainha Caldas da Rainha Lissabon, 20.9.1985, R.: José Peixoto, A.: José Carlos Faria/Teresa Lima; Städtische Bühnen Nürnberg/Kammerspiele, 19.12.1985, R.: Berndt Renne, A.: Ursula Scheib; Fartov Studio Théâtre Bordeaux, 5.2.1986, R.: Jean Pierre Nercam, A.: Daniel Texier; Hessisches Staatstheater Wiesbaden/Studio, 18.4.1986, R.: Max K. Hoffmann, A.: Reinhard Wust; Theater im Zimmer Hamburg, 9.10.1986, R.: Berndt Renne, A.: Christian Masuth; Polnische EA: Jan Kochanowski Theater Opole, R.: Bogdan Słonski, A.: Andrzej Szczerbań; Stefan Jaracz Theater Łodz, 20.10.1986, R.: Jerzy Hutek, A.: Grzegorz Małecki; Landestheater Tübingen/Werkstatt, 21.2.1987, R.: Meinhardt Zanger, A.: Konrad Hartmann; Theater Gruppe 80 Wien, 7.3.1987, R.: Erhard Pauer, B.: Ahmed Hamouda, K.: Maxi Tschunko; Theater der Stadt Schwedt, 24.4.1987, R.: Karl-Heinz Liefers a. G., A.: Esther Angelika Kempter a. G.; Werkstatt Schillertheater (West-)Berlin, 20.6.1987, R.: Friedhelm Ptok, A.: Gerd Rohde; Tschechische EA.: Činoherní studio Usti nad Labem, 27.10.1988; Brasilianische EA.: Companhia Brasileira de Arte Rio de Janeiro, November 1988, R.: Sergio Fonta, A.: Tadeu Burgos; Westfälische Kammerspiele Paderborn, 2.6.1989, R.: Manfred Neuböck, B.: Edgar Ruf, K.: Daniela Kock; Theater im Westend München, Januar 1990, R.: Gregor Kern, A.: Cornelia Brunn; Englische EA: Soho Theatre Company/The Midnight Theatre Company London, 29.8.1990, R.: Derek Wax/Rebecca Wolman, A.: Thomasina Smith/ Matthew Swift; Theater Nordhausen, 6.4.1990, R.: Thomas Zieler, A.: Jörg Jansing a. G.; Vereinigte Bühnen Krefeld-Mönchengladbach, 24.4.1990, R.: Peter Borchardt; Landestheater Altenburg, 23.9.1990, R.: Florian Schwanhäusser, A.: Jochen Kaske; Hans-Otto-Theater Potsdam/Theater i. d. Zimmerstraße, zus. mit Samuel Beckett: Katastrophe, 17.3.1991, R.: Bernd Weißig, A.:

K.P.M. Wulff; Verein Theater Bureau Wien, 31.3.1991; Théâtre Angers, 27.9.1991, R.: Claudia Stavisky, A.: Jacques Percher; Stadttheater Gießen, 29.9.1991, R.: Meinhardt Zanger, A.: Wilfried Sakowitz.

2.8. Passage

U. an 3 Theatern: Schauspielhaus Essen/Grillo Theater, 25.10.1987, R.: Hansgünther Heyme, A.: Wolf Münzner; Schauspielhaus Zürich, 15.11.1987, R.: Urs Schaub, B.: Florian Parbs; Staatsschauspiel Dresden/Schauspielhaus, 28.11.1987, R.: Klaus Dieter Kirst, A.: Ursula Müller a.G.; Deutsches Nationaltheater Weimar/Foyer III, 12.1.1988, R.: Christina Emig-Könning a.G., A.: Dieter Lange; Städtische Theater Karl-Marx-Stadt/Schauspielhaus, 27.2.1988, R.: Hartwig Albiro, A.: Ralf Winkler; Französische EA: Théâtre Populaire de Lorraine Thirnville, 29.2.1988, R.: François Mathieu; Produktion Rundfunk der DDR/Radio DDR II, Erstsendung: 16.7.1988, Funkbearb.: Heide Böwe, R.: Achim Scholz; Mecklenburgisches Staatstheater Schwerin, 27.8.1988, R.: Martin Meltke, A.: Matthias Kupfernagel; Bühnen der Stadt Nordhausen, 16.9.1988, R.: Lutz Graf, A.: Holger Weißgerber a.G.; Film des Fernsehens der DDR, Erstsendung: 13.11.1988, Drehbuch und R.: Fritz Bornemann; Elbe-Saale-Bühnen Wittenberg-Bernburg, 25.3.1989, R.: Clara Widmer, A.: Annerose von Hünefeld; Volkstheater Rostock/Kleines Haus, 22.4.1989, R.: Heinz Klevenow, A.: Jochen Haselwander; Theater Baden-Baden, 29.4.1989, R.: Wolfgang Schön, A.: Hans-Joachim Weygold; Kleist-Theater Frankfurt a.O., 8.9.1989, R.: Peter Ibrik, A.: Annett Schroedter a.G.; Landestheater Eisenach, 16.9.1989, R.: Fred Graeve/Wilfried Klaus, A.: Bernhard Schwarz; Theater der Stadt Zeitz, 5.10.1989, R.: Jürgen Kautz, A.: Bibiana Golla a.G.; Stadttheater Gießen, 8.4.1990, R.: Johannes Kaetzler, A.: Wilfried Sakowitz; Theater neben dem Turm Marburg/Lahn, 31.5.1990.

2.9. Die Ritter der Tafelrunde

U.: Staatsschauspiel Dresden/Kleines Haus, 12.4.1989, R.: Klaus Dieter Kirst, A.: Ursula Müller a.G.; Landestheater Eisenach, Lesung: 2.10.1989; Theater der Stadt Plauen, 14.10.1989, R.: Ekkehard Dennewitz, A.: Klaus Weber; Landestheater Halle/neues theater, 14.10.1989, R.: Peter Sodann, A.: Ursula Müller a.G.; Städtische Bühnen Erfurt/Schauspielhaus, 14.10.1989, R.: Klaus Stephan, A.: Angelika Esther Kempter; Mecklenburgisches Staatstheater Schwerin/Großes Haus, 17.11.1989, R.: Martin Meltke, A.: Änn Schwerdtle; Brandenburger Theater, 10.12.1989, R.: Peter Lange a.G., A.: Bibiana Golla a.G.; Theater der Altmark Stendal, 16.12.1989, R.: Rainer Eigendorff, A.: Olaf Kalisch; Leipziger Schauspiel/Neue Szene, 3.2.1990, R.: Gotthard Müller, A.: Christian Neugebauer; Thomas-Müntzer-Theater Eisleben, 10. 2. 1990, R.: Frank Hofmann, A.: Marlis Knoblauch a.G.; Landestheater Altenburg, 18.2.1990, R.: Gert Hof, B.: Aelrun Goette/Gert Hof/Rainhard Killemann, K.: Aelrun Goette; BRD-EA: Staatstheater Kassel/Schauspielhaus, 3. 3. 1990, R.: Peter Siefert, A.: Hans Georg Schäfer; Bühnen der Stadt Zwickau, 16.3.1990, R.:

Michael Grosse, A.: Peter Uhlig; Kleist-Theater Frankfurt a. O./Werkstatt, 27.3.1990, R.: Erika Westphal, A.: Gudrun-Maria Urban a.G.; Bühnen der Stadt Bielefeld/Theater am Alten Markt, 30.3.1990, R.: Jürgen König, A.: Axel Schmitt-Falckenberg; Aufzeichnung der Dresdner U./Gemeinschaftsproduktion ZDF/ORF, Erstsendung: 22.4. 1990; Produktion Deutscher Fernsehfunk/DFF 1, Erstsendung: 7.10. 1990, R.: Fritz Bornemann, Kamera: Wolfgang Baier; Staatstheater Mainz, 17.1.1991, R.: Guy Reinesch, A.: Jürgen Aue; Englische EA: City Theatre London, Februar 1991.

2.10. Ma... Ma... Marlene, Szenen nach Horns Ende

U.: Maxim Gorki Theater Berlin, 22.3.1990, für die Bühne bearb. von Ruth Reinicke und Manfred Schmidt, R.: Thomas Langhoff, A.: Holger Weissgerber. Erstsendung Deutschlandsender Kultur, 1.2.1991, R.: Angelika Perl.

3. Sekundärliteratur

3.1. Gesamtdarstellungen (und Darstellungen zu mehreren Werken)

3.1.1. Monographien

Fischer, Bernd: C.H. Drama und Prosa im letzten Jahrzehnt der DDR. Heidelberg (Winter; Reihe Siegen. Beiträge zur Literatur-, Sprach- und Medienwissenschaft Bd.98) 1990, 154 S. – C.H. Texte Daten Bilder. Hg. Lothar *Baier.* Frankfurt a.M. (SL 943) 1990. 201 S. [Rezeption: S.119–191. Einzelnachweise nach Werken und Autoren gegliedert] – *Janssen-Zimmermann,* Antje: Gegenwürfe. Untersuchungen zu Dramen C.H.s. Frankfurt a.M./Bern/New York/Paris (Lang; Literarhistorische Untersuchungen Bd.13) 1988, 155 S. – *Meyer-Gosau,* Frauke (Redaktion): C.H. Text + Kritik. H.111 (München), Juli 1991, 107 S. – *Preußer,* Heinz-Peter: Zivilisationskritik und literarische Öffentlichkeit. Strukturale und wertungstheoretische Untersuchungen zu erzählenden Texten C.H.s. Frankfurt a.M./Bern/New York/Paris (Lang; Bochumer Schriften zur deutschen Literatur Bd.24, Hg. Paul Gerhard Klussmann), 1991, 140 S. – *Quickenborne,* Kathleen van: Kulturpolitische Aspekte der Dramen C.H.s. Ein Schriftsteller in der heutigen DDR. Diss. Universität Leuven [Typoskript], Sept.1987. – *Zekert,* Ines: Untersuchungen zu poetologischen und geschichtsphilosophischen Positionen C.H.s unter besonderer Berücksichtigung seiner Walter-Benjamin-Rezeption. Diss. Universität Leipzig [Typoskript], 1991. 223 Bl.

3.1.2. Aufsätze

Albrecht, Wolfgang: C.H. Dramatiker und Erzähler. In: Deutsch als Fremdsprache 21 (1984), Literarisches Sonderheft, S.41–44 [nachfolgend Auszüge aus: Ein Album Berliner Stadtansichten, S.45–54]. – *Behn,* Manfred: C.H. In: Kritisches Lexikon zur deutschsprachigen Gegenwartsliteratur. Hg. Heinz Ludwig Arnold. 34.Nlg., 1990 (1.Fassg. 19.Nlg., 1985). – *Cambi,* Fabrizio: Jetztzeit und Vergangenheit: ästhetische und ideologische Auseinandersetzung im Werke C.H.s. In: Die Literatur der DDR 1976–1986. Akten Pisa. Hg. v. Anna Chiarloni, Gemma Sartori, Fabrizio Cambi. Pisa (Giardini) 1988, S. 79–86. – *Fischborn,* Gottfried: Umgehen mit Geschichte. In: NDL 32 (1984), H. 11, S. 64 ff. [Zu den Theaterstücken]. – *Funke,* Christoph: Spiel mit Geschichte. C. H.: »Einladung zum Lever Bourgeois«, »Cromwell und andere Stücke«. In: NDL 29 (1981), H. 10, S. 149–152. – *Grunenberg,* Antonia: Geschichte und Entfremdung. C. H. als Autor der DDR. In: Michigan Germanic Studies (Michigan) 8 (1982), H. 1–2 [erschienen 1985], S. 229–251. – *Hacks,* Peter: Heinrich-Mann-Preis 1982. [Laudatio auf C. H.]. In: NDL 30 (1982), H. 6, S. 159–163 [zuerst in: Mitteilungen Akademie der Künste der DDR 20 (1982), H. 4, S. 15–16]. – *Hammer,* Klaus: Figurengeschichten als Zeitpsychogramme [enth. auch ein Gespräch mit C. H.]. In: Beiträge zur Literaturgeschichte und -methodologie. Gemeinsamer Studienbd. v. Germanisten d. Friedrich-Schiller-Univ. Jena u. der Alexandru-Ion-Cuza-Univ. Iaşi. Hg. Horst Fassel/Klaus Hammer. Jena 1982, S. 198–207. – Ders.: Das gewöhnliche und das ungewöhnliche Individuum. Intentionen und Darstellungsweisen bei Jürgen Groß, C. H. und Albert Wendt. In: Generationen, Temperamente, Schreibweisen. Hg. Hans Richter. Halle (Mitteldt. Verlag) 1986, S. 177–209. – *Heukenkamp,* Ursula: Die fremde Form [zu: NfM, Cr, Dr]. In: Sinn und Form 35 (1983), H. 3, S. 625–632. – *Hirdina,* Karin: Diagnosen, Konstruktionen, Geschichten. Strukturen von DDR-Prosa. In: DDR-Literatur '86 im Gespräch. Hg. Siegfried Rönisch. Berlin/Weimar (Aufbau) 1987, S. 33–44 [u. a. zu: Dr, HE]. – *Hörnigk,* Frank: C. H. In: Literatur der Deutschen Demokratischen Republik. Einzeldarstellungen. Autorenkollektiv, Leitung Hans Jürgen Geerdts/Hannelore Prosche. Berlin (Volk und Wissen) 1987, S. 101–116. – Ders.: Geschichte im Drama. Studien zum Problem von Geschichte und Geschichtsverständnis in der neueren DDR-Dramatik, zu Aspekten der Erberezeption sowie der Aneignung von Stücken der sozialistischen Weltliteratur durch das zeitgenössische Theater. Diss. Berlin (Humboldt-Universität) 1981 [S. 200–243 zu C. H.] – *Janssen-Zimmermann,* Antje: Schlötel, Lassalle und König Artus. Aktuelle Anmerkungen zu Dramen von C. H. In: Baier, S. 171–183 [gekürzter Vortrag]. – *Kaufmann,* Hans: C. H. in der Debatte. In: DDR-Literatur '83 im Gespräch. Hg. Siegfried Rönisch. Berlin/Weimar (Aufbau) 1984, S. 41–51. Auch in: Ders.: Über DDR-Literatur. Berlin, Weimar (Aufbau) 1986, S. 231–240. – *Krumbholz,* Martin: Utopie und Illusion. Die »arbeitende Geschichte« in den Stükken von C. H. In: Text + Kritik (vgl. 3.1.1.), S. 28–35. – *Lehmann,* Joachim: C. H. – Chronist und »historischer Materialist«. In: Text + Kritik (vgl. 3.1.1.), S. 44–56. – *Löffler,* Dietrich: C. H.s. Prosa. Chronik der Zeitgeschichte. In: Weimarer Beiträge 33 (1987), H. 9, S. 1484–1487. – *Mayer,* Hans: Rede für C. H. Zur Verleihung des Erich-Fried-Preises, gehalten im Wiener Burgtheater am 6. Mai 1990 [nach dem Mitschnitt der frei gehaltenen Rede]. In: Baier, S. 121–127. – *Menke,* Timm: Der Literat als Politiker: zur Vorwärtsverteidigung der Kunst in den Essays von C. H. In: The Germanic review (New York) 64 (1989), S. 177–181. – *Meeck,* Tony: C. H.: Dichten fürs Theater. In: Kurz bevor der Vorhang fiel. Zum Theater der DDR. Londoner Symposium. Hg. von John L. Flood, Amsterdam [u.a.] 1990; S.55–64. – *Münz,* Rudolf: Nachwort [zum Bd. Cr, S.309–331]. – *Munzar,* Jiři: Die Dramen C.H.s und einige Gattungsprobleme der jüngeren Dramatik der DDR. In: Brücken (Prag) 1986/87, (Germ. Jb. DDR-ČSSR), S.148–155. – *Nagel,* Wolfgang und Jo *Röttger* (Fotos): Zu Hause hinter der Mauer. Ein Bericht [über C.H.]. In: Zeitmagazin, Nr. 8, 17.2. 1984, S.28–33. – *Renoldner,* Klemens: Vom Pathos der Sachlichkeit. In: Baier, S.128–137. – *Richter,* Lutz: C.H. Auf neue Art zum Nachdenken zwingen. In: Deutsch als Fremdsprache 23 (1987), Literarisches Sonderheft, S.79–82. – *Rudloff,* Holger: Subjektive Gefühlsevidenzen und allgemeines Teilnehmungsgefühl. Anmerkungen zu literarischen Texten von Peter Handke, C.H. und Robert Gernhardt. In: Diskussion Deutsch (Frankfurt a.M.) 20 (1989), S.252–261. – *Schulze-Reimpell,* Werner: Theater als Laboratorium der sozialen Phantasie – Heiner Müller, Volker Braun, C.H. In: Tendenzen des Gegenwartstheaters. Hg. Wilfried Floeck. Tübingen 1988. S.177–191. – *Šlibar,* Neva, und *Vòlk,* Rosanda: »Das Spiegelkabinett unseres Kopfes«. Schreibverfahren und Bilderwelt bei C.H. In: Text + Kritik (vgl. 3.1.1.), S.57–68. – *Snamenskaja,* Galina: Die geistig-seelische Suche im Werk C.H.s [gekürzter Vortrag zur Konferenz »DDR-Literatur in den achtziger Jahren im literaturgeschichtlichen und weltliterarischen Kontext«, Rostock, 7.11.1989]. In: Weimarer Beiträge 36 (1990), H.3, S.506–511. – *Thiele,* Eckhard: Engagiert – wofür? Zu C.H.s öffentlichen Erklärungen nach der »Wende« in der DDR. In: Text + Kritik (vgl. 3.1.1.), S.74–80. – *Töteberg,* Michael: Der Anarchist und der Parteisekretär. Die DDR-Theaterkritik und ihre Schwierigkeiten mit C.H. In: Text + Kritik (vgl. 3.1.1.), S.36–43.

3.1.3. Rezensionen und Kurzbeiträge

Baier, Lothar: Für eine neue Lektüre. In: Baier, S.7–11. – *Emmerich,* Wolfgang: Kleine Literaturgeschichte der DDR. 1945–1988. Erw. Ausg. Frankfurt a.M. (SL 801) 1989, S.380–382 [C.H. als Dramatiker]. – *Grieger,* Manfred: Dem vorgestanzten Leben trotzen. C.H.: Utopie und Erinnerung. In: Unsere Zeit (Neuss a.Rh.), Nr. 237, 13.10.1989, UZ Magazin Literatur. – *Just,* Gustav: Er speiste nie an der Tafel der Mächtigen. In: Baier, S.188–191. – *Kübler,* Gunhild: »Wenn ihr schweigt, dann werden die Steine schreien«. Anmerkungen zum Motiv des Schweigens in der Prosa C.H.s und der neueren DDR-Literatur. In: NZZ (Fernausg.), Nr. 88, 18.4.1986, S.40. – *Lennartz,* Knut: Gefahr für die Außenseiter. Literatur kann zum Wandel beitragen. Ein Porträt des kritischen DDR-Schriftstellers C.H. In: Kölner Stadt-Anzeiger, Nr. 105, 6./7.5. 1989. – *Renoldner,* Klemens: Wo warst du, Adam. Schreiben wider den Gedächtnisschwund: Der Erich-Fried-Preisträger C.H. In: Die Presse (Wien), Nr. 12649, 5./6.5.1990, S.VII. – *Roßmann,* Andreas: Ein Dramatiker ohne Theater. Über den DDR-Schriftsteller C.H. In: FR, 23.10.1982, S.II. – *Vetter,* Roland: Der Tod in C.H.s Prosa. In: Der Literat (Bad Soden) 28 (1986), S.101.

3.2. Darstellungen zu einzelnen Werken (in der Reihenfolge ihres Erscheinens)

3.2.1. Zu: Die Geschäfte des Herrn John D./Rockefeller I.

– Rezensionen und Theaterkritiken –

Roßmann, Andreas: [Rez.]. In: Theater heute, 24 (1983), H. 11, S. 55.

U. Neustrelitz, 21. 4. 1979

Müller, Karl-Heinz: Revue um Rockefeller. »Die Geschäfte des Herrn John D.«, »John D. erobert die Welt«. Von: C. H. (Text) und Henry Krtschil (Musik). In: Theater der Zeit 34 (1979), H. 6, S. 11–12.

Berlin/West (Vaganten-Bühne), 9. 6. 1983

Grack, Günther: John D. ist nicht J. R. In: Der Tagesspiegel, 11. 6. 1983; *Roßmann,* Andreas: Eine Drei-Dollar-Operette. In: Deutschland Archiv (Köln) 16 (1983), H. 9, S. 905 f.; Ders.: Revue über Rockefeller. In: Rheinische Post (Düsseldorf), Nr. 141, 22. 6. 1983. – *Weitere Rez.*: BZ (Berlin/West), 10. u. 11. 6. 1983; Main-Echo (Aschaffenburg), 15. 6. 1983; General-Anzeiger (Bonn), 15. 6. 1983; Abendpost/ Nachtausgabe, 29. 6. 1983; Wiesbadener Kurier, 15. 7. 1983.

BRD-EA Recklinghausen, 17. 1. 1986

Anonymus: Ironisch-bissig. In: Welt der Arbeit (Köln), Nr. 4, 23. 1. 1986; Ruhrfestspiele: Rockefeller-Revue erstmals in westdeutschem Theater. In: Westfälische Rundschau (Dortmund), Nr. 8, 10. 1. 1986; *Buschey,* Monika: Spaß am flotten Reigen. In: Westdeutsche Allgemeine Zeitung (Essen), Nr. 16, 20. 1. 1986; *Kisser,* Erwin: Funktionieren des Kapitals. In: Volksstimme (Wien), 30. 1. 1986 [Gastsp. d. Insz. Recklinghausen in Wien]. – *Schmidt,* Hannes: Plakatives Polit-Theater. In: General-Anzeiger, Nr. 29155, 27. 1. 1986, S. 9; Ders.: Frommer Baptist und kalter Businessman. In: Kieler Nachrichten, Nr. 18, 22. 1. 1986, S. 11; *Schreiber,* Ulrich: Rockefeller und die Arbeitslosigkeit [Rockefeller I in Recklinghausen und Karge in Bochum]. In: Handelsblatt (Düsseldorf), Nr. 17, 24./25. 1. 1986, S. B 6; Ders.: Amerika: Kein Mythos. In: FR, Nr. 17, 21. 1. 1986, S. 7; *Wagner,* Renate: »Brechtiger« Rockefeller [Rockefeller I: Gastsp. der Insz. Recklinghausen in Wien]. In: Die Presse, Nr. 11364, 30. 1. 1986, S. 5; *Wohlgemuth,* Johann: »Rockefeller I«. Stationen eines rüden Kapitalisten. In: Westfälische Rundschau (Dortmund), Nr. 16, 20. 1. 86; *Roßmann,* Andreas: [Rez.]. In: Theater heute (Velber) 24 (1983), H. 11, S. 55.

3.2.2. Zu: Einladung zum Lever Bourgeois

– Aufsätze –

Fischer, Bernd: ›Einladung zum Lever Bourgeois‹: C. H.s first prose collection: In: Studies in GDR Culture and Society 4. Selected Papers from the Ninth New Hampshire Symposium on the GDR. Hg. v. Margy Gerber u. a. Lanham, New York, London 1984, S. 125–136; *Krumrey,* Marianne: Gegenwart im Spiegel der Geschichte. In: Temperamente

(Berlin) 6 (1981), H. 4, S. 143–147; *Marquardt,* Jochen: Ästhetik der Toten – tote Ästhetik? Der neuere (glücklichere) Umgang mit Kleists Erbe in C. H.s Variation auf ›Michael Kohlhaas‹. In: Beiträge zur Kleist-Forschung. Frankfurt/O. 1988 [1989], S. 17–35.

– Rezensionen und kürzere Beiträge –

Auer, Alexandra: Echte und falsche Töne. C. H. [und Michael Scharang] bei der Literatur im März [Lesung versch. Texte, u. a.: Einladung zum Lever Bourgeois]. In: Die Presse, Nr. 12612, 21. 3. 1990, S. 13; *Bartsch,* Detlev: Die literarische Gestaltung von Ehe und Familie in der Literatur der Prosa-Debütanten der DDR im Zeitraum von 1976–1986. Diss. Halle (Martin-Luther-Universität) 1987, S. 152–153; *Franke,* Konrad: Spiegelungen. In: Süddeutsche Zeitung (München), Nr. 230, 6. 10. 1982. Lit.-Beil., S. III; *Jäger,* Manfred: Das Ungeheuerliche im alltäglichen Leben. In: Deutsches Allgemeines Sonntagsblatt (Hamburg), Nr. 42, 17. 10. 1982, S. 26; *Krumrey,* Marianne: Beachtliche Kurzgeschichten junger Autoren. Von Martin Stephan, Bernd Wagner, Maria Seidemann, Beate Morgenstern, C. H. und Christa Müller. In: Weimarer Beiträge 29 (1983), S. 305–309; *Linsel,* Klaus: Vollendet ausgedachte Wirklichkeiten. In: die tat (Frankfurt a. M.), Nr. 4, 22. 1. 1982, S. 11; *Meyer,* Barbara: Differenzierte Wirklichkeitssicht. In: NZZ (Fernausg.), Nr. 3, 6. 1. 1983, S. 27–28; *Niedlich,* Wendelin: Skeptischer Chronist [Lesung in der katholischen Akademie]. In: die tageszeitung (Hamburg), Nr. 3004, S. 24; *Schiffer,* Wolfgang: So möglich gewesene Geschichte. In: Deutsche Volkszeitung (Düsseldorf), Nr. 13, 26. 3. 1981, S. 14; *Schuenke,* Christa: [Rez.]. In: Forum (Berlin) 35 (1981), H. 5, S. 15; *Wittstock,* Uwe: Michael Kohlhaas als Buchhalter. In: FAZ, Nr. 230, 5. 10. 1982. Lit.-Beil., S. 5.

3.2.3. Zu: Cromwell und andere Stücke

– Rezensionen –

Fischborn, Gottfried: Umgehen mit Geschichte. In: NDL 32 (1984), H. 11, S. 64 ff.; *J[ohn],* H[ans] R[ainer]: [Rez.]. In: Theater der Zeit 37 (1983), S. 78; *Kaske,* Jochen: Der Trend des »Aktualisierens«. In: National-Zeitung (Berlin), 17. 1. 83; *Kutorga,* V.: Cromwell und andere Stücke. In: Sovremennaja chudožestvennaja literatura za rubežom (Moskva) 1983, H. 6, S. 39–43.

3.2.4. Zu: Cromwell

– Aufsätze –

Hörnigk, Frank: C. H.: Cromwell. »Geschichte ist das Interesse an uns ...« In: Weimarer Beiträge 29 (1983), H. 1, S. 33–39.

– Rezensionen und Theaterkritiken –

U. Cottbus, 17. 4. 1980

Funke, Christoph: Irrlichternder Revolutionär. In: Der Morgen (Berlin), 25. 4. 1980; *Hartmann,* Hasso: Um aktuellen Bezug bemüht [Gespräch mit Peter Röll]. In: Lausitzer Rundschau (Cottbus), 19.4.1980; *Klunker,* Heinz: Unterwegs vergilbt [Cr in Cottbus und Essen]. In: Deutsches Allgemeines Sonntagsblatt, Nr. 44, 2.11.1986, S. 26; *Müller,* Karl-Heinz: Wem nützen Ideale? C.H.s »Cromwell« im Theater der Stadt Cottbus uraufgeführt. In: Theater der Zeit 35 (1980), H. 8, S. 12–13; *Roßmann,* Andreas: Die Revolution frißt ihre Ideale. In: Theater heute 21 (1980), H. 10, S. 64, 66 [auch in: Der Tagesspiegel, Nr. 10592, 29.7.1980; [Anonym] in: Deutschland Archiv 13 (1980), H. 8, S. 797 f.; Saarbrücker Zeitung, Nr. 173, 29.7.1980]; Ders.: Gefressene Ideale. In: Rheinische Post (Düsseldorf), Nr. 178, 4.8.1980; Ders.: Habt bitte Angst vor dem großen Mann. Die DDR und die Geschichte. In: Stuttgarter Zeitung, Nr. 175, 31.1. 1980; *Stephan,* Erika: Cromwell von C.H. Uraufführung: Theater Cottbus. In: Sonntag 34 (1980), Nr. 30, 27.7. – *Weitere Rez.:* Mannheimer Morgen, 2.8.1980; General-Anzeiger (Bonn), 30.7.1980; Bremer Nachrichten, 4. 8. 1980.

Gera, 21.9.1983

Fischer, Peter J.: Das Spiel von der Macht. In: Thüringer Neueste Nachrichten (Weimar), 8.2.1984; *Herbrand,* Wolfgang: Im Dialog mit dem Publikum. In: Thüringer Tageblatt (Weimar), 31.1.1984; *oke*: Die Mechanik eines Revolutionärs. In: Thüringer Landeszeitung (Weimar), 2.2.1984; *Stephan,* Erika: [Rez.] In: Theater der Zeit 38 (1983), H. 12, S. 3.

Eisenach, 5.10.1984

Funke, Christoph: Anspruch an Revolution. In: Der Morgen, 1.4. 1986; *Gleiss,* Jochen: Requiem für einen Puritaner. In: Theater der Zeit 40 (1985), H. 12, S. 4 f.

BRD-EA Essen, 24.10.1986

Finemeyer, Rolf: Die Revolution frißt ihre Kinder. In: Ruhr-Nachrichten (Dortmund), Nr. 249, 27.10.1986, S. 11; *Fischer,* Ulrich: Gemixtes aus Geschichte und Gegenwart. In: Südkurier (Konstanz), Nr. 252, 31.10. 1986, S. 7; *Haase,* Marlis: Ende einer Revolution. In: Neue Ruhr-Zeitung (Essen), 27.10.1986; *Hennecke,* Günther: Von bürgerlicher Revolution zu Spiessers Freuden [Zu: Stefan Dähnert: Herbstball; Cr in Essen; Tom Stoppard: Stürmische Überfahrt]. In: NZZ (Fernausg.), Nr. 257, 6.1.1986, S. 37; *Heyme,* Hansgünther: Keine Dreigroschenoperette mehr, bitte [Gespräch mit Frieder Reininghaus zu Cr und Brechts Dreigroschenoper]. In: die tageszeitung, Nr. 2054, 4.11.1986, S. 12; *Jansen,* Hans: Anatomie einer Revolte. In: Westdeutsche Allgemeine Zeitung, Nr. 250, 27.10.1986; *Kill,* Reinhard: Das alte Macht-Spiel. In: Rheinische Post, Nr. 253, 31.10.1986; *Kirchhoff,* Rainer: »Cromwell«: Panoptikum der Revolution. In: Westfälische Rundschau, Nr. 250, 27.10.1986; *Klunker,* Heinz: Unterwegs vergilbt [Cr in Cottbus und Essen]. In: Deutsches Allgemeines Sonntagsblatt, Nr. 44, 2.11.1986, S. 26; *Reininghaus,* Frieder: Puritanischer Schweiß, mißratene Revolution. In: die tageszeitung, Nr. 2054, 4.11.1986, S. 12 f.; *Roßmann,* Andreas: Kein leichtes Spiel: DDR-Dramatik im Westen. In:

Deutschland-Archiv 19 (1986), H. 12, S. 1255–1259 [Schlötel in Kassel, Cr in Essen]; Ders.: Wo Freiheit sich in Terror verkehrt. In: Weltwoche (Zürich), Nr. 44, 30. 10. 1986, S. 63; *sch*: Mit Volksarmee und Wodka. In: Westermann's special (München) (1986), H. 12, S. 122; *Schreiber*, Ulrich: Anlässe zu bürgerlicher Melancholie. In: FR, Nr. 251, 29. 10. 1986, S. 7; Ders.: Verlierer in Uniform [Zu Cr in Essen; Stefan Dähnert: Herbstball]. In: Handelsblatt, 30. 10. 1986, Signatur der Zeit S. 5; *Schulze-Reimpell*, Werner: Grundsolide, brav, ohne Biß. In: Stuttgarter Zeitung, Nr. 248, 27. 10. 1986, S. 12; Ders.: Casinowitze und Volksreden [Zu: Herbstball von Stefan Dähnert und Cr in Essen]. In: Rheinischer Merkur/Christ und Welt (Bonn), Nr. 45, 31. 10. 1986, S. 18; Ders.: Mechanismus des Scheiterns. In: Kölner Stadt-Anzeiger, Nr. 252, 29. 10. 1986, S. 9; Ders.: Eine brave Revolution. In: Theater heute 27 (1986), H. 12, S. 15; *Schwab-Felisch*, Hans: Ein Gang durch die Geschichte. In: FAZ, Nr. 250, 28. 10. 1986, S. 25; *Skasa*, Michael: Rundköpfe an der Macht. In: Süddeutsche Zeitung, Nr. 247, 27. 10. 1986, S. 37; *Ziermann*, Horst: Bilder nebeln sich ein. Ein Stück und viele Fragen. In: Die Welt (Hamburg), Nr. 263, 11. 11. 1986, S. 27. – *Weitere Rez.*: Weser-Kurier (Bremen), 30. 10. 1986; *Schuenke*, Christa: Tyrann und Don Quixote. Zu C. H.s Schauspiel »Cromwell«. In: Theater der Zeit 33 (1978), H. 7, S. 50 [Rez. zum Textabdruck].

3.2.5. Zu: Lassalle fragt Herrn Herbert nach Sonja

– Aufsätze –

Kellner, Henny: Das Schauspiel »Lassalle fragt Herrn Herbert nach Sonja. Die Szene ein Salon« von C. H. In: Geschichte – Revolution – Dramaturgie. Beitr. v. e. Kolloquium am 14. 5. 1984 während d. IV. Werkstattage d. DDR-Schauspiels. Hg. Verband d. Theaterschaffenden d. DDR (Material zum Theater, 184.) Berlin o. J. [vermutl. 1984], S. 71–75.

– Rezensionen und Theaterkritiken –

U. Düsseldorf, 9. 11. 1980

Barth, Achim: Bühnenasyl für einen Revolutionär. In: Rheinischer Merkur/Christ und Welt, Nr. 47, 21. 11. 1980, S. 22; *Klunker*, Heinz: Der Revolutionär endet im Salon. C. H.s »Lassalle fragt Herrn Herbert nach Sonja. Die Szene ein Salon« in Düsseldorf. In: Theater heute 22 (1981), H. 2, S. 8–10; *Inw*: Lassalle als Figur der Gegenwart. In: Ruhr-Nachrichten (Dortmund), Nr. 263, 11. 11. 1980; *Lewy*, Hermann: Revoluzzer Lassalle. In: Allgemeine Jüdische Wochenzeitung (Bonn), Nr. 48, 28. 11. 1980; *Platzeck*, Wolfgang: Revolution und Jet-Set. In: Westdeutsche Allgemeine Zeitung, 12. 11. 1980; *Plunien*, Eo: Die Baronesse war an allem schuld. In: Die Welt, Nr. 264, 11. 11. 1980; *Roßmann*, Andreas: C. H.s »Lassalle«-Stück in Düsseldorf uraufgeführt. In: Deutschland-Archiv 14 (1981), H. 2, S. 125 f.; Ders.: Schau-Spiel im Salon. In: Rheinische Post, Nr. 263, 11. 11. 1980; Ders.: Das Scheitern von Hoffnungen [Lassalle in Düsseldorf und: Heiner Müller, Der Auftrag]. In: Deutsches Allgemeines Sonntagsblatt, Nr. 47, 23. 11. 1980; *Schmidt*, Jochen:

Das Bühnenportal als Schlüsselloch. In: FAZ, Nr. 265, 13. 11. 1980; *Schreiber*, Ulrich: Ein Produkt unserer beschränkten Einbildung. In: FR, Nr. 266, 14. 11. 1980; *Schulze-Reimpell*, Werner: Revolution aus dem Salon. In: Vorwärts (Bonn), Nr. 48, 20. 11. 1980; Ders.: Gier des Revoluzzers nach süßem Leben. In: Stuttgarter Zeitung, Nr. 263, 12. 11. 1980; Ders.: Salonkomödie um Lassalle. In: Hessische Allgemeine (Kassel), Nr. 265, 13. 11. 1980; *Slevogt*, Herbert: Autor aus der DDR darf nicht kommen [Vorankündigung Lassalle in Düsseldorf]. In: Rheinische Post, Nr. 261, 8. 11. 1980; *S. Q.*: Spieler der Revolution. In: NZZ, Nr. 266, 15. 11. 1980; *Stauch von Quitzow*, Wolfgang: Lassalle: Revolutionäre auf Jagd nach Mädchen. In: Westfälische Rundschau, Nr. 263, 11. 11. 1980; Ders.: Lassalle: Ein Spieler der Revolution. In: General-Anzeiger, Nr. 27619, 12. 11. 1980, S. 13; *Unger*, Wilhelm: Die Demontage des Ferdinand Lassalle. In: Koelner Stadt-Anzeiger, Nr. 265, 12. 11. 1980, S. 22; *Vielhaber*, Gerd: Spiele eines Sprachjongleurs. [Zu: Jandl, Lassalle in Düsseldorf und Mühl]. In: Der Tagesspiegel, Nr. 10718, 24. 12. 1980; Ders.: Die Anekdoten der Marionetten. In: Hannoversche Allgemeine, 12. 11. 1980; *Vormweg*, Heinrich: Ein irritierendes Spektakel. In: Süddeutsche Zeitung, Nr. 263, 13. 11. 1980; – *Weitere Rez.*: Pforzheimer Zeitung, 13. 11. 1980; Eßlinger Zeitung, 13. 11. 1980; Recklinghäuser Zeitung, 13. 11. 1980; BZ (Berlin/West), 11. 11. 1980; Flensburger Tageblatt, 13. 11. 1980; Gießener Allgemeine, 13. 11. 1980; Neue Ruhr-Zeitung, 11. 11. 1980; Bremer Nachrichten, 30. 12. 1980.

DDR-EA Erfurt, 14. 12. 1987

Funke, Christoph: Mit Hoffnung als Einsatz? In: Der Morgen, 16. 3. 1987; *Menchén*, Georg: Verlorene Geschichtlichkeit. In: Theater der Zeit 42 (1987), H. 5, S. 52 f.; *Seyfarth*, Ingrid: Lassalle fragt Herrn Herbert nach Sonja. In: Sonntag, Nr. 13, 29. 3. 1987, S. 6; *W. L. C.*: Anspruch und Wirklichkeit. In: Thüringer Neueste Nachrichten (Erfurt), 3. 3. 1987.

Recklinghausen, 26. 10. 1989

Bandermann, Peter: Komödie gegen Funktionäre ohne Basis. In: Ruhr-Nachrichten, Nr. 254, 30. 10. 1989, S. 13; *Lamza*, Klaus: Lassalle – nackt oder in Unterhosen. In: Recklinghäuser Zeitung, 30. 10. 1989; *Steinkirchner*, Peter: [Rez.]. In: Prinz (Bochum) 1989, Nr. 12, S. 99; *Stenger*, Michael: Herr Herbert darf rülpsen. In: Westfälische Rundschau, Nr. 254, 30. 10. 1989; *Strasdat*, Werner: Eine mehrfach gebrochene Figur. In: Westfälische Rundschau, Nr. 254, 30. 10. 1989.

– Rezensionen und Sonstiges –

Dammaschke, Mischka: Ist es zu früh, ist es zu spät? Einige Werke der DDR-Dramatik im Licht der Sickingen-Debatte zwischen Marx, Engels und Lassalle. Zur Gestaltung revolutionärer Elemente bei C. H. (»Lassalle«), Volker Braun (»Der Sonnenstaat«, »Großer Frieden«) und Heiner Müller (»Der Auftrag«). In: Theater der Zeit 38 (1983), H. 10, S. 1–4.

3.2.6. Zu: Schlötel oder Was solls

– Rezensionen und Theaterkritiken –

U. Berlin (Volksbühne am Luxemburgplatz), 25. 9. 1974

Linzer, Martin: Spektakel 2 – Zeitstücke [u. a. von: Bartsch, Braun, Hein, Müller]. In: Theater der Zeit 29 (1974), H. 12, S. 50–55.

BRD-EA Kassel, 26. 6. 1986

Burri, Peter: Kein wahrer Held. In: FAZ, Nr. 162, 17. 7. 1986, S. 19; *cbg.*: Arbeit und Lohn im Sozialismus. In: NZZ (Fernausg.), Nr. 151, 4. 7. 1986, S. 40; *Kuntze*, Bernd-Otto: Kampf gegen Apparatschicks und Bürokraten. In: Westfälische Rundschau, Nr. 147, 28. 6. 1986; *Mennichen*, Rainer: Leise Stimme, kleiner Schrei. In: Bühne und Parkett (Düsseldorf), 1987, H. 1, S. 14–16; *Roßmann*, Andreas: Fast ein Kohlhaas des Sozialismus. In: FR, 4. 7. 1986; Ders.: Hier und dort. In: Deutsches Allgemeines Sonntagsblatt, Nr. 27, 6. 7. 1986, S. 21; Ders.: Kein leichtes Spiel: DDR-Dramatik im Westen. In: Deutschland-Archiv 1986, H. 12, S. 1255–1259 [Schlötel in Kassel, Cr in Essen]; *Schmücker*, Reinhold: H.s Komödie, die keine ist. In: Ruhr-Nachrichten, Nr. 149, 2. 7. 1986.

Annaberg, 14. 4. 1989

Schölling, Traute: In Bruchstücke zerlegt. In: Theater der Zeit 44 (1989), H. 7, S. 2.

3.2.7. Zu: Der Neue Menoza

– Aufsätze –

Greiner, Bernhard: Bürgerliches Lachtheater als Komödie in der DDR: J. M. R. Lenz' »Der neue Menoza«, bearbeitet von C. H. In: Die Literatur der DDR 1976–1986. Akten Pisa. Hg. v. Anna Chiarloni, Gemma Sartori, Fabrizio Cambi. Pisa (Giardini) 1988. S. 329–345; *Stötzer*, Jürgen: »Lenz – ein Schatten nur einer ungesehenen Tradition?« Aspekte der Rezeption J[akob] M[ichael] R[einhold] Lenz' bei C. H. In: Zeitschrift für Germanistik (Leipzig) 9 (1988), S. 429–441.

– Rezensionen und Theaterkritiken –

U. Schwerin, 29. 5. 1982

Linzer, Martin: Sommertheater. In: Theater der Zeit 37 (1982), H. 9, S. 28 f.; *Roßmann*, Andreas: Der erneuerte Menoza. In: FR, Nr. 2174, 31. 7. 1982; auch in: Deutschland Archiv, 1982, H. 12, S. 1256 f.; Ders.: Die Wiederkehr des verlorenen Sohns. Lenz' »Der Neue Menoza« und eine Bearbeitung durch C. H., aufgeführt in Schwerin. In: Theater heute 23 (1982), H. 8, S. 42 f.; *mz* [d. i. Manfred *Zelt*]: Ein Prinz sucht aufgeklärte Menschen. In: Norddeutsche Zeitung (Schwerin), 17. 6. 1982.

BRD-EA Augsburg, 24.3.1985

Becker, Peter von: Augsburg: Hohenemser startet durch die Mitte. In: Theater heute 26 (1985), H.6, S.51; *Hübner,* Ursula: Ekstasen des Sturm und Drang. In: NZZ, 29.3.1985.

3.2.8. Der fremde Freund/Drachenblut

– Monographien –

Erbe, Thomas: C.H.s Novelle »Drachenblut« im Spiegel der Literaturkritik beider deutscher Staaten. Magisterarbeit am Fachbereich Germanistik der Freien Universität Berlin, 1985/86 [Typoskript], 115 Bl.; *Lücke,* Bärbel: C.H., Drachenblut: Interpretation. München (Oldenbourg, Oldenbourg Interpretationen Bd.38) 1989, 134 S.; *Saavedrová,* Jiřina: Linguostilistische Untersuchungen zur Erzählstruktur epischer Texte, dargestellt an C.H.s Novelle »Der fremde Freund«. Diss. Leipzig (Karl-Marx-Univ.) 1987, 130, X Bl.

– Aufsätze –

Bernhardt, Rüdiger, Klaus *Kändler,* Bernd *Leistner,* Gabriele *Lindner,* Bernd *Schick,* Ursula *Wilke*: Für und Wider. »Der fremde Freund« von C.H. In: Weimarer Beiträge 29 (1983), H.9, S.1635–1655; der Beitrag von Rüdiger Bernhardt auch in: Baier, S.138–143; *Böttcher,* Brigitte: Diagnose eines unheilbaren Zustandes. C.H.: »Der fremde Freund«. In: NDL 31 (1983), H.6, S.145–149; *Bohnen,* Klaus/Ernst-Ulrich *Pinkert,* Tarmo *Kunnas,* Ralf-Eric *Nyström,* Hans-Georg *Werner*: »Der fremde Freund« von Christoph Hein. Lesarten. In: Der Ginkgobaum. Germanistisches Jahrbuch für Nordeuropa. Hg. Deutschlektorate bei den DDR-Kulturzentren in Helsinki und Stockholm (Helsinki), 1986, Nr.5, S.34–44; *Corino,* Karl: Liebe zu Möbeln statt zu den Menschen. In: Stuttgarter Zeitung, Nr.285, 10.12.1983, S.50; *Doerfler,* Heinz: Leben ohne zu leben. In: Blätter für den Deutschlehrer (Frankfurt a.M.) 32 (1988), S.8–16; *Dwars,* Jens-F.: Hoffnung auf ein Ende. Allegorien kultureller Erfahrung in C.H.s Novelle »Der fremde Freund«. In: Text + Kritik (vgl. 3.1.1.), S.6–15; *Emmerich,* Wolfgang: Neue Literatur aus der DDR [Dr überwiegend und: Ernst Wenig: Abbruch der Beziehungen]. Sendung des Deutschlandfunks, 16.5.1983; *Fischer,* Bernd: Drachenblut. C.H.s »Fremde Freundin«. In: Colloquia Germanica (Bern), 21 (1988), S.46–57; *Gates,* Ilse-Marie: C.H.s Novelle »Der fremde Freund« – ein fiktionaler Bericht moderner Kommunikationsschwierigkeiten. In: Carleton Germanic papers 18 Ottawa (1990), S.51–73; *Haase,* Horst, Walfried *Hartinger,* Ursula *Heukenkamp,* Klaus *Jarmatz,* Joseph *Pischel,* Dieter *Schlenstedt*: DDR-Literaturentwicklung in der Diskussion. Rundtischgespräch. In: Weimarer Beiträge 30 (1984), H.10, S.1589–1616; *Hirdina,* Karin: Soziale Erkundungen in der Literatur der DDR. In: Positionen 1. Leipzig/Halle (Mitteldt. Verlag) 1984, S.78ff.; *McKnight,* Phillip S.: »Alltag«. Apathy, anarchy: GDR everyday life as a provocation in C.H.s novella »Der fremde Freund«. In: Studies in GDR culture (Madison) 8, S.179–190; *Krauss,* Hannes: Mit geliehenen Worten das Schweigen brechen. C.H.s Novelle »Drachenblut«. In: Text + Kritik (vgl. 3.1.1.),

S. 16–27; *Lebrun,* Jean-Claude: »L'étrangère«. A propos du roman de C. H. »L'ami étranger«. In: Connaissance de la RDA (Paris), 1986, Nr. 23, S. 7–42; *Richter,* Lutz: C. H. Auf neue Art zum Nachdenken zwingen. In: Deutsch als Fremdsprache 23 (1987), Literarisches Sonderheft, S. 79–82 [mit einer Textprobe, S. 83–89]; *Roberts,* David: Surface and Depth. C. H.s »Drachenblut«. In: The German Quarterly 63 (1990), H. 3/4, S. 478–489; *Rudloff,* Holger: Subjektive Gefühlsevidenzen und allgemeines Teilnehmungsgefühl [Zu: Handke, Dr, Gernhardt]. In: Diskussion Deutsch 20 (1989), S. 252–261; *Saavedrová,* Jiřina: Möglichkeiten einer linguostilistischen Analyse literarisch-künstlerischer Texte. dargestellt an C. H.s Novelle »Der fremde Freund«. In: Brücken (Germ. Jahrbuch DDR/ČSSR), 1986/87, S. 156–65; Dies.: Linguostilistische Betrachtungen zur Erzählstruktur von C. H.s Novelle »Der fremde Freund«. In: Beiträge zur Erforschung der deutschen Sprache (Leipzig) H. 10 1991, S. 61–71.

– Rezensionen und kürzere Beiträge –

Anonymus: Stillstand ist Veränderung. In: Sozialismus (Hamburg), 1983, H. 11, S. 39; Eine fatale Ich-Konfrontation. In: Die Union (Dresden), 22./23. 10. 1983; Porträt einer Resignierten. In: Volkswacht (Berlin), 29. 4. 1983; Ein Leben von trostloser Unverletzbarkeit. In: Der Bund (Bern), 7. 4. 1984; *Bilke,* Jörg Bernhard: C. H.: Drachenblut. In: Neue Deutsche Hefte (Berlin) 30 (1983), H. 4, S. 833–835; Ders.: Laufen, um nicht hinzufallen. In: Rheinischer Merkur/Christ und Welt, Nr. 41, 14. 10. 1983, S. 35; *Bohnen,* Klaus, und Ernst-Ullrich *Pinkert*: Notrufe »sprachlos Gewordener«. In: Der Ginkgobaum (Helsinki), 5 (1986), S. 40–44; *Booß,* Rutger: Unverletzbar bis zur seelischen Verkümmerung. In: Unsere Zeit (Neuss a. Rh.), Nr. 25, 4. 2. 1984, S. 7; *Corino,* Karl: Tod eines fremden Freundes. In: Hannoversche Allgemeine, 14. 1. 1984; Ders.: Liebe zu Möbeln statt zu Menschen. In: Stuttgarter Zeitung, Nr. 285, 10. 12. 1983, S. 50; *Eberlein,* Ruth: Mit der Erzählerin wird man sich streiten. In: Volksstimme (Wien), 27. 7. 1983; *Ebert,* Peter: Verlust an Menschlichkeit. In: Freie Erde (Suhl), 16. 3. 1984; *Effenberger,* Boris: André hat nicht in Drachenblut gebadet. Louis Malles Film »Mein Essen mit André« und C. H.s Buch »Drachenblut«. In: Spuren (Hamburg), 1984, H. 6, S. 31–32; *Emmerich,* Wolfgang: Kleine Literaturgeschichte der DDR. 1945–1988. Erweiterte Ausg. Frankfurt a. M. (SL 801) 1989, S. 310–312 [vgl. auch ders.: ›Dialektik der Aufklärung‹ in der jüngeren DDR-Literatur. In: Die Literatur der DDR 1976–1986. Akten Pisa. Hg. v. Anna Chiarloni, Gemma Sartori, Fabrizio Cambi. Pisa (Giardini) 1988, S. 407–423, hier S. 417]; *Enderlein,* Sybille: Claudia und kein Anfang. In: Tribüne (Berlin), 25. 3. 1983; *Feix,* Ingrid: Eine Art nicht wirklich zu leben. In: Junge Welt, 31. 5. 1983; *Fink,* Adolf: Ein Lindenblatt der Verletzlichkeit. In: Lesezeichen. Deutsche Literatur vom Herbst. 1983, H. 7, S. 13; auch in: Deutsche Literatur 1983. Stuttgart (Reclam) 1984, S. 134–138; *Franke,* Konrad: Nicht glücklich, aber zufrieden. In: Süddeutsche Zeitung, Nr. 235, 12. 10. 1983. Lit.-Beil., S. IV; *Funke,* Ch[ristoph]: Monolog einer Ärztin. In: Der Morgen, 12./13. 2. 1983; *Görtz,* Franz Josef: Drachenblut. In: FAZ 28. [29?] 7. 1983;

Großmann, Karin:Die Einsamkeit der Ärztin. In: Sächsische Zeitung (Dresden), 14.7.1983; *Grüneberger*, Ralph: Papierprotokoll in Warnfarbe. In: Leipziger Volkszeitung, 30.4./ 1.5.1983; *Hähnel*, Michael: Eintritt frei [Lesung im Berliner Haus der Jungen Talente]. In: Sonntag, Nr. 40, 30.9.1984, S. 7; *Hammer*, Klaus: Literatur als Psycho- und Soziogramm. In: Thüringer Tageblatt, 28.5. 1983; Ders.: Der fremde Freund. In: Sonntag, Nr. 15, 10.4.1983, S. 5; auch in: Kritik 83. Halle (Mitteldt. Verlag) 1984, S. 101–104; *Haslinger*, Josef: Drachenblut [Rez.]. In: Wespennest (Wien) 1984, H. 57, S. 48; *Holzer*, Konrad: Lust und Verlust der Liebe. In: Die Presse (Wien), Nr. 10703, 19./20.11.1983, S. VI; *Jäger*, Manfred: Die Vorteile der Illusionsarmut. In: Titel, Jg. 3 (1984), April/Mai, S. 30 f.; *Kändler*, Klaus: Der fremde Freund. In: Weimarer Beiträge 29 (1983), H. 9, S. 1639 ff.; *Kaufmann*, Ulrich: Bleibt beim Konstatieren stehen. In: Schweriner Volkszeitung, 22.7.1983; *Klausenitzer*, Hans Peter: Das enteignete Sein. In: Deutschland Archiv 17 (1984), Nr. 2, S. 192– 194; *Kreis*, Gabriele: In diese Haut dringt nichts mehr ein. In: Deutsches Allgemeines Sonntagsblatt, Nr. 51, 18.12.1983, S. 22; Dies.: In diese Haut wird nichts eindringen. In: Konkret Literatur (Hamburg), Herbst 1983, S. 82 f.; *Krödel*, Arndt: Dickes Fell für den Gefühlswinter [Lesung in der Stadtbücherei Heidelberg]. In: Rhein-Neckar-Zeitung (Heidelberg), Nr. 43, 21.2.1984, S. 6; *Kunnas*, Tarmo: »Der fremde Freund« von C.H. In: Der Ginkgobaum 5 (1986), S. 39 f.; *KT*: [Rez.]. In: Deutsche Post (Frankfurt a.M.) Nr. 2, 20.1. 1985, S. 25; *Kutorga*, V.: Der fremde Freund [Rez.]. In: Sovremennaja chudožestvennaja. Literatura za rubezom (Moskva), 1984, H. 4, S. 38–40; *Mechtenberg*, Theo: [Rez.] In: Deutsche Studien (Lüneburg) 22 (1984), S. 399– 401; *Michaelis*, Rolf: Leben ohne zu leben. In: Die Zeit, Nr. 46, 11.11.1983. Lit.-Beil., S. 1; auch in: Baier, S. 143–147; *Mudrich*, Heinz: Ärztin geschieden, keine Klagen. In: Saarbrücker Zeitung, Nr. 58, 8.3.1984, S. VII; *Nyström*, Ralf-Eric: Verletzte und unverletzliche Persönlichkeit. In: Der Ginkgobaum 5 (1986), S. 36–38; *Obermüller*, Klara: Das Leben wird doch eine Pointe haben. In: Die Weltwoche (Zürich), Nr. 4, 26.1.1984, S. 39; *Peltsch*, Steffen: Bestandsaufnahme einer Lüge. In: Neuer Tag (Frankfurt/O.), 11.6.1983; *Prüss*, Jens: Unverletzbar durch Drachenblut [Lesung im Düsseldorfer Schauspielhaus]. In: Rheinische Post, Nr. 138, 19.6.1985; *Reinhardt*, Stephan: Vom Schweigen und Verschweigen. In: FR, Nr. 234, 8.10.1983, S. 4; *Richter*, A.: Flucht vor sich selbst. In: Liberal-Demokratische Zeitung (Halle), 11.6.1983; *R.*, M.: Kaltblütig. In: General-Anzeiger, Nr. 28519, 3.11. 1983, S. 32; *Rosenstrauch*, Hazel: Drachenblut [Rez.]. In: Spuren, 1984, H. 8, S. 62–64; *Schlenstedt*, Dieter u.a.: DDR-Literatur in der Diskussion. In: Weimarer Beiträge 30 (1984), H. 10, S. 1589–1616; *Schloder*, Holger: Ein deprimierendes Gesellschaftsbild. In: Darmstädter Echo [zugleich Rüsselsheimer Echo, Heimat-Zeitung Groß-Gerau, Bergstraßer Echo], 15.10.1983; Ders.: Ein Leben ohne Illusionen. In: Mannheimer Morgen, 3./4.3.1984; *Schütte*, Wolfram: Kalte Echse – scheintot. In: Baseler Zeitung, 5.1.1984; *Schulz*, Helmut H.: Jedes gelungene Kunstwerk nutzt. Zu Büchern von Breda und H. In: Berliner Zeitung, 21.4.1983; *Schulz*, Uwe: [Rez.]. In: Handelsblatt, Nr. 65, 30.3.

1984; *Solcher,* Lilo: Über die ganz normale Lieblosigkeit. In: Augsburger Allgemeine, 26./27. 11. 1983; *Stephan,* R.: [Rez.]. In: FR, 8. 10. 1983; *Tschapke,* Reinhard: [Rez.]. In: Nicht Direkt, 1987, Nr. 13, S. 34–37; *v.,* m.: Die langen Schatten der Vergangenheit. In: NZZ (Fernausg.), Nr. 252, 29. 10. 1983, S. 45; *Werner,* Hans-Georg: Selbstoffenbarung und Selbstwiderlegung. In: Der Ginkgobaum 5 (1986), S. 34–36; *Wittstock,* Uwe: Letzte Liebe in der Seelenwüste. In: FAZ, Nr. 216, 17. 9. 1983.

3.2.9. Zu: Die wahre Geschichte des Ah Q

– Aufsätze –

Fischer, Bernd: C. H.s »Die wahre Geschichte des Ah Q. Zwischen Hund und Wolf nach Lu Xun«: Zum komischen Traditionsbezug im Drama der DDR. In: Crossings – Kreuzungen. A Festschrift for Helmut Kreuzer. Hg. v. Edward R. Haymes. Columbia 1990, S. 10–31; *Hörnigk,* Frank: »Die wahre Geschichte des Ah Q« – ein Clownsspiel mit Phantasie. In: DDR-Literatur '83 im Gespräch, Hg. Siegfried Rönisch. Berlin/Weimar (Aufbau) 1984, S. 234–239.

– Rezensionen und Theaterkritiken –

U. Berlin (Deutsches Theater), 22. 12. 1983

Andrießen, Carl: Theater-Eule. In: Eulenspiegel (Berlin), 1984, H. 4; *Baran,* Peter: Es war einmal ein Stück. In: Junge Welt, 28. 12. 1983; *Beckelmann,* Jürgen: Auf der Suche nach der Revolution. In: FR, Nr. 4, 5. 1. 1984, S. 10 [zu Brecht: »Die Tage der Kommune« und Ah Q]; Ders.: Kritisch, doch mit Bedeutung überladen. In: Kölner Stadt-Anzeiger, 17. 1. 1984; Ders.: Das Dilemma der Revolution. In: Kieler Nachrichten, Nr. 5, 6. 1. 1984, S. 13; Ders.: Von der Pariser Commune zu Ah Q. In: Süddeutsche Zeitung, Nr. 7, 10. 1. 1984, S. 25; *Bellmann,* Günther: Im Stück bekommen wir keine Sicherheiten. In: BZ am Abend (Berlin), 27. 12. 1983; *Butter,* Martin G.: Die verschlafene Revolution. In: Liberal-Demokratische Zeitung (Halle), 6. 1. 1984; *Cwojdrak,* Günther: Ah Q oder was solls? In: Weltbühne (Berlin), 1984, H. 1, S. 26–28; *Eichler,* Rolf-Dieter: Kaum eine Geschichte und noch weniger wahr. In: National-Zeitung (Berlin), 28. 12. 1983; *Funke,* Christoph: Welt aus Spiel und Phantasie. In: Der Morgen, 27. 12. 1983; *Gersch,* Wolfgang: Clownerien mit Diskomusik. In: Tribüne, 2. 1. 1984; *Krug,* Hartmut: Valuta und sozialistische Ideale. Erläuterungen zur DDR-Kulturpolitik [auch zu Ah Q]. In: Zitty (Berlin), H. 7, 1984, S. 62 f.; Ders.: Keine Botschaft mehr. In: Ebd., H. 8, 1984, S. 67 f.; *Lang,* Alexander: Abenteuer Theater. Hg. Martin Linzer. Berlin (Henschel) 1987, S. 239 ff.; *Linzer,* Martin: Ratespiel ohne Botschaft. Nachdenken über »Ah Q« von C. H. und seine Inszenierung am Deutschen Theater. In: Theater der Zeit 39 (1984), H. 3, S. 52–54; auch in: Alexander Lang:Abenteuer Theater [s. oben], S. 179–182; *Mommert,* Wilfried: Umjubelte Christoph-Hein-Uraufführung in Ost-Berlin. In: die tageszeitung, 24. 12. 1983; *Nöldechen,* Peter: Godot läßt grüßen. In: Rhein-Neckar-Zeitung, Nr. 300, 29. 12. 1983, S. 2; Ders.: Verwandtschaft zu Beckett wird nicht geleugnet. In: Westfälische Rundschau, Nr. 300, 28. 12. 1983; *Roßmann*, Andreas: Die Revolution als Geisterschiff. In: Stuttgarter Zeitung, Nr. 3, 4. 1. 1984, S. 23 [auch in: Deutschland-Archiv 17 (1984), H. 3, S. 232 f. Theater heute 25 (1984), H. 3, S. 53; Vorwärts, 2. 2. 1984; Rheinische Post, Nr. 301, 29. 12. 1983]; Ders.: Warten auf die Revolution. In: Deutsches Allgemeines Sonntagsblatt, Nr. 2, 8. 1. 1984, S. 17; Ders.: Aus Fausts Schatten: Ah Q. In: Die Weltwoche, Nr. 3, 19. 1. 1984, S. 41; Ders.: Ein Mensch mit kleinem Mut. In: Vorwärts, Nr. 6, 2. 2. 1984, S. 25; Ders.: Die Ideale sind aufgezehrt, die Botschaften verschlissen. In: Wiesbadener Kurier, 10. 1. 1984; *Schumacher*, Ernst: Mit sehr viel Lärm zugedeckt. »Die wahre Geschichte des Ah Q« im DT. In: Berliner Zeitung, 10. 1. 1984; *Seyfarth*, Ingrid: Die wahre Geschichte des Ah Q. In: Sonntag, Nr. 3, 15. 1. 1984, S. 6; *Stone*, Michael: Eine gelungene Clownerie. In: Der Tagesspiegel, Nr. 11631, 28. 12. 1983, S. 4; Ders.: Warten auf Chinas Godot. In: Saarbrücker Zeitung, Nr. 1, 2. 1. 1984; *Ullrich*, Helmut: Enttäuschte Hoffnungen. In: Neue Zeit (Berlin), 23. 12. 1983; – *Weitere Rez.*: Badische Neueste Nachrichten, 28. 12. 1983; Die Rheinpfalz, 31. 12. 1983; Osnabrücker Zeitung, 28. 12. 1983; Westfälische Nachrichten (Münster), 24. 12. 1983; Nordsee-Zeitung (Bremerhaven), 28. 12. 1983; Fränkisches Volksblatt, 24. 12. 1983; Augsburger Allgemeine, 27. 12. 1983; Aachener Volkszeitung, 27. 12. 1983; Berliner Morgenpost, 24. 12. 1983; Volksblatt Berlin, 24. 12. 1983; Hannoversche Allgemeine, 6. 1. 1984; Göttinger Tageblatt, 10. 1. 1984; Kieler Nachrichten, 8. 1. 1984; Offenbach-Post, 29. 12. 1983.

Zwickau, 2. 3. 1984

Linzer, Martin: Die wahre Geschichte des Ah Q von C. H. Bühnen der Stadt Zwickau. In: Theater der Zeit 39 (1984), H. 5, S. 4; *Walther*, Klaus: Ah Q – oder des Kaisers neue Kleider. In: Freie Presse (Karl-Marx-Stadt), 23. 3. 1984.

Frz. EA Strasbourg, 15. 11. 1984

Burri, Peter: Ah Q. In: FAZ, Nr. 268, 27. 11. 1984, S. 25; *Neuschaefer*, Anne: Deutsche Dramatiker auf Frankreichs Bühnen [Ah Q in Gennevilliers und: Büchner, Schiller, Kleist, Müller]. In: Universitas (Stuttgart) 40 (1985), S. 633–642; *Roßmann*, Andreas: Zwischen Hund und Wolf. In: FR, Nr. 290, 12. 12. 1984, S. 10; Ders.: Zwischen Hund und Wolf [Ah Q in Strasbourg und Kassel]. In: Badische Zeitung, Nr. 297, 22./23. 12. 1984, S. 10; auch in: Stuttgarter Zeitung, Nr. 6, 8. 1. 1985, S. 21; Deutschland-Archiv 18 (1985), Nr. 2, S. 125–127; Ders.: Drama im West-Test [Ah Q in Strasbourg und Kassel]. In: Rheinische Post, Nr. 7, 1. 9. 1985; Ders.: Verzweifelt-komischer Diskurs über die Existenz des Menschen. In: General-Anzeiger, Nr. 28855, 10. 12. 1984, S. 12; Ders.: Revolution Träumen. In: Saarbrücker Zeitung, Nr. 277, 29. 11. 1984, S. 5.

BRD-EA Kassel, 16. 12. 1984

Andree, Christian: Das Denken schadet nur. In: Die Welt, Nr. 304, 29. 12. 1984, S. 15; *Anonymus*: [Rez.]. In: Bühne und Parkett, H. 3, Mai/

Juni 1985; *cbg.* (d.i. Colberg): Gegenteil eines Lehrstückes. In: NZZ (Fernausg.), Nr. 297, 21.12.1984, S. 37 f.; *Gerhards*, Edith: Im Wartestand. In: Deutsche Volkszeitung/die tat (Frankfurt a.M.), Nr. 1, 4.1. 1985, S. 12; *Klunker*, Heinz: Zeittheater für Zeitgenossen? [Zu: Ah Q und: Hürlimann, Strauß, Schütz u.a.]. In: Theater heute 26 (1985), H. 3, S. 32–37; *Roßmann*, Andreas: [s. unter Frz. EA Strasbourg]; Ders.: Keine wahre Geschichte. In: FR, Nr. 300, 25.12.1984, S. 19; *Schulze-Reimpell*, Werner: Ein Autor zwischen den Stühlen. In: Vorwärts, Nr. 3, 12.1.1985, S. 21; Ders.: Aus dem gnädigen Herrn wird der Bonze der Revolution. In: Rheinischer Merkur/Christ und Welt, Nr. 51, 21.12. 1984, S. 18; Ders.: Verschlissene Ideale dieser Gesellschaft. In: Kölner Stadt-Anzeiger, Nr. 6, 8.1.1985, S. 7. – *Weitere Rez.*: Hessische/Niedersächsische Allgemeine, 13.12.1984 und 18.12.1984; Badische Neueste Nachrichten, 20.12.1984; Hannoversche Allgemeine, 18.12.1984.

Schweizer EA Zürich, 30.5.1985

Hunger, Dominik: Witzig und bluttriefend: »Ah Q« kann alles [Ah Q in Zürich und Bern]. In: Baseler Zeitung, 7.6.1985; *Köchli*, Yvonne-Denise: Traum von einer anderen Wirklichkeit. In: Die Weltwoche, Nr. 23, 6.6.1985, S. 55; *mw.*: Vom Schönen Klang des Wortes Anarchie. In: NZZ (Fernausg.), Nr. 123, 1.6.1985, S. 45.

Düsseldorf, 15.6.1985

Busch, Frank: Im Suff die Revolution verschlafen. In: Westfälische Rundschau, Nr. 140, 20.6.1985; *König*, Ute: Verpaßte Revolten. In: Neue Rhein Zeitung (Essen), 17.6.1985; *Lackmann*, Thomas: Ende eines Hundelebens. In: Westdeutsche Allgemeine Zeitung, Nr. 140, 20.6. 1985; *Roßmann*, Andreas: Eckensteher der Geschichte. In: Rheinische Post, Nr. 137, 17.6.1985; *Schulze-Reimpell*, Werner: Slapstick mit Sätzen. In: Stuttgarter Zeitung, Nr. 141, 22.6.1985, S. 37; *Schwab-Felisch*, Hans: Erkenntnis kommt nach dem Fall. In: FAZ, Nr. 141, 22.6.1985, S. 25; *Slevogt*, Herbert: Nach Bühnenmorden stehen alle wieder auf. In: Rheinische Post, Nr. 129, 7.6.1985; *Tolmein*, Oliver: »Sind wir Anarchisten? Wir haben keine Wahl«. In: die tageszeitung (Berlin), 22.6.1985; *Weckend*, Heike: [Rez.]. In: Marabo (Bochum), 1985, Nr. 9.

Bern, 4.6.1985

Hunger, Dominik: [s. unter Schweiz. EA Zürich].

Nürnberg, 19.12.1985

Roßmann, Andreas: Balanceakt – ohne Risiko. In: FR, Nr. 65, 18.3.1986, S. 9; *Thieringer*, Thomas: Aufbruch aus der Provinzialität. In: Süddeutsche Zeitung, Nr. 7, 10.1.1986, S. 35; auch in: Theater heute 27 (1986), H. 3. – *Weitere Rez.*: Nürnberger Zeitung, 21.12.1985; Nürnberger Nachrichten, 21.12.1985.

Wiesbaden, 18.4.1986

Köpke, Horst: Ein Aussteiger und die anderen. In: FR, Nr. 94, 23.4.1986, S. 11.

Hamburg (Theater im Zimmer), 9. 10. 1986

Ehrich, Brigitte: »Ah Q« im Zimmertheater. Mr. Beckett läßt schön grüßen. In: Hamburger Abendblatt, 12. 10. 1986; *sabse*: Das Einfache, das schwer zu machen ist. In: die tageszeitung (Hamburg), Nr. 2036, 14. 10. 1986, S. 18; *Thieringer,* Thomas: Revolution und Romantik. Inszenierungen von Berndt Renne und Annegret Ritzel wecken Hoffnungen [u. a. Ah Q in der Insz. v. B. Renne]. In: Theater heute 27 (1986), H. 3, S. 52 f.

Tübingen, 25. 2. 1987

Weber, Mirko: Anarchie heißt das Zauberwort. In: Stuttgarter Zeitung, Nr. 49, 28. 2. 1987, S. 35.

Wien (Gruppe 80), 7. 3. 1987

Hochreiter, Otto: Theaterlust und Geist. In: Die Presse, Nr. 11697, 9. 3. 1987, S. 6.

Schwedt, 24. 4. 1987

Humbsch, Kristian: Unmittelbarer Dialog zwischen Bühne und Parkett vermittelt. In: Neuer Tag (Frankfurt/O.), 7. 5. 1987.

Berlin (Schillertheater), 20. 6. 1987

Cramer, Sibylle: Dürres Ding. In: FR, Nr. 150, 3. 7. 1987, S. 12; *Göpfert,* Hans Peter: Die Revolution kommt in die Provinz. In: General-Anzeiger, Nr. 29628, 2. 7. 1987, S. 15; *Grack,* Günther: Ein Traum von Glück. In: Der Tagesspiegel, Nr. 12687, 23. 6. 1987, S. 4; *Luft,* Friedrich: Regisseur Friedhelm Ptok macht Abend der Wirrnis durchschaubar. In: Berliner Morgenpost, 23. 6. 1987.

Saarbrücken, 30. 5. 1988

Mudrich, Heinz: Deutsches für Fortgeschrittene. In: Saarbrücker Zeitung, Nr. 126, 1. 6. 1988, S. 10.

Paderborn, 2. 6. 1989

Hoog, Eckhard: Zwischen Denken und Handeln können Welten liegen. In: Aachener Volkszeitung, 8. 6. 1989; *Kock,* Mechthild: Schwammig inszeniert. In: Neue Westfälische (Bielefeld), 5. 6. 1989.

München (Theater im Westend), Januar 1990

Dössel, Christine: Warten auf die Revolution. In: Süddeutsche Zeitung, Nr. 12, 16. 1. 1990, S. 11.

Nordhausen, 6. 4. 1990

Kraus, Dorothee: Nur kleine Zeigefinger (Gastspiel in Darmstadt). In: Darmstädter Echo, 18. 6. 1991; *Strümpel,* Jan: Im Getriebe der Welt. In: Göttinger Tagblatt, 10. 4. 1990.

Altenburg, 23.9.1990

Graupner, Joachim: Ansprechende Harmonie von Regie und Darstellern. In: Leipziger Volkszeitung, 1.10.1990.

Potsdam, 17.3.1991

Dössel, Christine: Warten auf die Revolution. In: Süddeutsche Zeitung, 16.1.1990; *Reber,* Annette: Singin' in the Rain. In: tageszeitung (Frankfurt a.M.), 3.4.1991.

– Rezensionen und Sonstiges –

Conrad, Gabriele: Lesedramatik [Rez. zu Ah Q und Pas, Reihe dialog]. In: Sonntag, Nr.6, 5.2.1989, S.4; *Haberl,* Franz P.: Die wahre Geschichte des Ah Q [Rez.]. In: World literature today (Norman/Oklahoma) 59 (1985), S.588.

3.2.10. Zu: Das Wildpferd unterm Kachelofen

– Rezensionen –

Achtner-Theiss, Elke: Sehnsucht nach Freundschaft. In: FR, Nr.162, 14.7. 1984, S.34; *Braun,* Ernst: Dem Wildpferd ins Maul schauen. In: NDL 33 (1985), H.11, S.152–154; *Dankert,* Birgit: Adlerfeders schnurrige Träume. In: Die Zeit, Nr.10, 2.3.1984, S.50; *Fensch,* Helmut: Die Geschichte vom kleinen Jakob Borg. In: National-Zeitung, 27./28.4. 1985, Beil. S.7; *Frisé,* Maria: Beste Freunde. In: FAZ, Nr.95, 21.4.1984; *Kilian,* Heinke: Katinkas heimliche Wünsche. In: Stuttgarter Zeitung, Nr.264, 13.11.1984, Buch-Beil., S.VI; *Kolbe,* Vera: Logik des Wunderbaren. In: Süddeutsche Zeitung, Nr.229, 3.10.1984. Lit.- Beil., S.XVII; *Woehlert,* Fritz: Heins Heiterkeit. In: Junge Welt, 28.11.1989; *Wolf,* Fritz: Bei Gegenwind ist es schwer, der Menschheit einen Dienst zu erweisen. In: Deutsche Volkszeitung/die tat, Nr.40, 4.10.1985, S.18.

3.2.11. Zu: Horns Ende

– Aufsätze –

Engler, Jürgen: Moral ohne Rückhalt. C.H.s Roman »Horns Ende«. In: DDR-Literatur '85 im Gespräch. Hg. Siegfried Rönisch. Berlin/Weimar (Aufbau) 1986, S.130–136; *Hammer,* Klaus: C.H.: Horns Ende. In: Weimarer Beiträge 33 (1987), H.8, S.1358–1369; *Hirdina,* Karin: Erkundungen in der Prosa-Literatur der DDR. In: Positionen 3. Wortmeldungen zur DDR-Literatur. Halle/Leipzig (Mitteldt. Verlag) 1987, S.37ff.; *Honnef,* Theo: »Wir haben schon wieder weiße Flecke«. Die Anfangsjahre der DDR in Werken Loests, Heyms und H.s. In: German life & letters (Oxford) 44 (1990/91), S.143–164; *Jäkel,* Sigfried: Das Prinzip des Eklektizismus in C.H.s Roman »Horns Ende«. In: Jahrbuch für finnisch-dt. Literaturbeziehungen (Helsingfors) 21 (1989), S.193–201; *Lindner,* Gabriele: Ein geistiger Widergänger. In: NDL 34 (1986), H.10, S.155–161; auch in: Kritik 86, S.69–76; Baier, S.153–160; *McKnight,* Phil: Ein Mosaik. Zu C.H.s Roman »Horns Ende«. In: Sinn und Form 39 (1987), H.2, S.415–425; *Neumann,* Thomas: Im Schüfftan-Spiegel gebrochene Hermunduren. In: Düsseldorfer Debatte 1985,

H. 11, S. 33–38; *Saavedrová,* Jiřina: C. H.: Horns Ende. Versuch einer kommunikativ-pragmatisch orientierten Stilanalyse. In: Brücken (Germ. Jahrb. DDR/ČSSR), 1987/88, S. 206–214.

– Rezensionen –

Altenburg, Matthias: Dem Leben kann man nur davonlaufen. In: Literatur konkret 85/86. Herbst 1985, S. 88–89; *Anonymus:* Autor erzählt vom Mief in einer deutschen Kleinstadt. [Lesung HE und Herrad Schenk: Die Unkündbarkeit der Verheißung, in Dortmund bei Reinoldi]. In: Westdeutsche Allgemeine Zeitung, Nr. 263, 11. 11. 1985; *Baier,* Lothar: Einspruch gegen das Vergehen der Vergangenheit. Eine Laudatio auf C. H. und seinen Roman »Horns Ende«. In: FR, Nr. 283, 6. 12. 1986, Literarische Rundschau, S. 1 f.; *Beckelmann,* Jürgen: Die Gleichzeitigkeit des Unvereinbaren. In: Mannheimer Morgen, 2. 1. 1986 *Bosse-Sporleder,* Maria: Der ganz gewöhnliche Wille zu überleben. [Rez. zur Lesung in Freiburg]. In: Badische Zeitung, Nr. 264, 14. 11. 1985, S. 7; *Ch.,* K.: Chronik der Gefühle. In: Welt der Arbeit (Köln), Nr. 6, 6. 2. 1986, S. 14; *chh:* Kritisch gehört [Funkbearbeitung von HE]. In: Stuttgarter Zeitung, Nr. 271, 24. 11. 1987, S. 8; *Claas,* Herbert: Horns Ende in gebrochenen Spiegeln. In: Deutsche Volkszeitung/ die tat, Nr. 40, 4. 10. 1985, S. 17; *Cramer,* Sibylle: Kampf um Erinnerung. Der erste Roman des DDR-Schriftstellers C. H. In: FR, Nr. 234, 9. 10. 1985. Literaturbeil., S. 6; *D'erme,* Elisabetta: Suicidio per motivi politici. In: il manifesto (Rom), 22. 3. 1986 [allgemein und HE]; *Emmerich,* Wolfgang: Kleine Literaturgeschichte der DDR. 1945–1988. Erw. Ausg. Frankfurt a. M. (SL 801) 1989, S. 337 f.; *Faust,* Siegmar: Bürgermeister in Nöten. In: Die Welt, Nr. 235, 9. 10. 1985, S. 3; *Flügge,* Reiner: C. H. Horns Ende. In: L'80 (Köln) 1987, H. 41, S. 177–179; *F.,* M.: Erinnere dich! In: Glaube und Heimat. Evang. Wochenzeitung für Thüringen (Jena), Nr. 21, 25. 5. 1986; *Groß,* Roland: »Mir reicht es aus, Chronist zu sein« [Lesung bei Bouvier]. In: General-Anzeiger, Nr. 29135, 13. 11. 1985, S. 14; *HaS:* Horn geht in den Tod [Lesung bei Gonski]. In: Kölner Stadt-Anzeiger, Nr. 269, 19. 11. 1985, S. 19; *hkr:* Der gesamtdeutsche Spießer. In: Prinz (Bochum), Nr. 11/87, S. 50; *Hofmann,* Michael: Kleinstaat, Kleinstadt. In: Thüringische Landeszeitung, 14. 2. 1986, S. 173; *Hove,* Oliver vom: Verdrängte Schuld, drüben. In: Die Presse (Wien), Nr. 11354, 18./19. 1. 1986, S. 8; *Hüfner,* Agnes: Die Erinnerung ist unversöhnlich. In: Süddeutsche Zeitung, Nr. 263, 14. 11. 1985, S. 52; auch in: Volker Hage: Zur deutschen Literatur 1985. Stuttgart (Reclam) 1986, S. 200–204; *Hultenreich,* Jürgen K.: Nicht nur Horns Ende. In: Kölner Illustrierte, 1985, H. 10; *Ingen,* Ferdinand van: C. H. Horns Ende. In: Deutsche Bücher (Amsterdam) 15 (1985), H. 4, S. 256 f.; *Kübler,* Gunhild: Der Selbstmörder als Revenant: In: NZZ (Fernausg.), Nr. 259, 8. 11. 1985, S. 46; *Leggewie,* Claus: Wie ein Alp auf den Seelen. In: Die Zeit, Nr. 14, 28. 3. 1986, S. 59; auch in: Baier, S. 148–152; *Löffler,* Dietrich: C. H.s Prosa – Chronik der Zeitgeschichte [Beitrag unter dem Obertitel: Aspekte jüngster DDR-Literatur. 27 Versuche]. In: Weimarer Beiträge 33 (1987), S. 1484–1487; *Lüdtke,* Andrea: Ende offen. In: Westdeutsche Allgemeine Zeitung, Nr. 232, 5. 10. 1985; Dies.: [Rez.]. In: Presse,

11354, 18.1.1986; *Mudrich,* Heinz: Deutsche Melancholie. In: Saarbrücker Zeitung, Nr. 2, 3.1.1986, S. 21; *Nawe,* Günter: Überall ist Guldenberg. Die Chronik vom Leben und Sterben eines Wissenschaftlers. In: Rhein-Ahr-Rundschau (Bonn), Nr. 61, 13.3.1986; *Obermüller,* Klara: Plädoyer gegen das Vergessen. In: Die Weltwoche, Nr. 41, 10.10. 1985, S. 55; *ras*: [Notiz zur Tb-Ausg.]. In: Die Welt, Nr. 210, 10.9.1987, S. 27; *Renoldner,* Klemens: Das Pathos der Sachlichkeit. In: Wiener Tagebuch. Juli/August 1986; *Schachtsiek-Freitag,* Norbert: Erinnere dich: Das Vergangene ist nicht tot. In: Deutschland Archiv 20 (1989), Nr. 5, S. 540–542; *Sellner,* Angela: Mosaik eines Geschehens. In: General-Anzeiger, Nr. 29244, 25.3.1986, S. 21; *Schmierer,* Joscha: Das Menschliche, der Mann, der Funktionär und die Frauen. In: Kommune (Frankfurt a.M.) 1986, H. 3, S. 65–68; *Schmitz,* Rainer: Landvermessung. In: Neue Zeit, 4.11.1985; *Schulz,* Uwe: Bürgerkrieg in Bad Guldenberg. In: Stuttgarter Zeitung, Nr. 283, 7.12.1985, S. 50; Ders.: Ortswechsel in Deutschland. Neue Bücher von C.H., Erich Loest und Helga M. Novak. In: Handelsblatt, Nr. 244, 20./21.12.1985, S. 25; *Schulze-Reimpell,* Werner: Weiter, Junge, Du mußt Dich erinnern. In: Rheinischer Merkur/Christ und Welt, Nr. 48, 23.11.1985, S. 21; *Tilburg,* Jutta van: »Horns Ende« und die Verheißung [Lesung]. In: Ruhr-Nachrichten, Nr. 262, 11.11.1985; *uk*: Unerfüllte private Freundschaften. In: Pinneberger Tageblatt, 3.1.1986; *Wittstock,* Uwe: Der Mann mit dem Strick um den Hals. In: FAZ, Nr. 269, 19.11.1985, Literaturbeil. S. 1 [vgl. Notiz zur Tb-Ausg. mit Zitaten aus Wittstocks Beitrag. In: Ebd. Nr. 256, 4.11.1987, S. 28]; *wst*: Lesung aus dem Leben im geteilten Land. Mief und Dreiecksverhältnis [Lesung HE und Herrad Schenk: Die Unkündbarkeit der Verheißung, in Dortmund bei Reinoldi]. In: Westfälische Rundschau, Nr. 263, 11.11.1985.

Zu: Ma… Ma… Marlene. Szenen aus »Horns Ende« Berlin (Maxim-Gorki-Theater) U. 22.3.1990

Beckelmann, Jürgen: Schwach! Sinnig? Sinnig! Schwach? In: FR, Nr. 90, 18.4.1990, S. 15; Ders.: Die Traumtänzerin von Guldenberg. In: Stuttgarter Zeitung, Nr. 82, 7.4.1990, S. 42; Ders.: Traumtänzereien. In: Süddeutsche Zeitung, Nr. 80, 5.4.1990, S. 49; Ders.: Die Närrin und ihr Bräutigam. In: Nürnberger Nachrichten, 17.4.1990; *Funke,* Christoph: Reichtum der Gezeichneten. Ruth Reinecke in »Ma… Ma… Marlene«. In: Der Morgen, 27.3.1990; *Kaiser,* Ch.: Erschütternde Geschichte als virtuoses Solostück. In: Ruhr-Nachrichten, Nr. 73, 27.3.1990; *Lehmann,* Gaby: Wenn »Verrücktsein« normal wird. In: Junge Welt, 24./25.3.1990; *Linzer,* Martin: Drei Frauen allein. In: Theater der Zeit 45 (1990), H. 6, S. 21; *Meves,* Ursula: Ein alter, wuchtiger Schrank wird zum Gefängnis. In: ND, Nr. 76, 30.3.1990, S. 4; *Mommert,* Wilfried: Verdrängung und neuerliche Anpassung. In: Gießener Allgemeine, 24.3.1990; auch u. d.T. Selbstquälerische Theaterübung. In: Straubinger Tagblatt, 3.4.1990; *Scheffel,* Meike: Die Törin als (An-)Klageweib. In: die Rheinpfalz (Ludwigshafen), 10.4.1990; *Schumacher,* Ernst: Unverzichtbare Trauerarbeit. In: Berliner Zeitung, 28.3.1990; *Stone,* Michael:

Was heißt schon normal. In: Der Tagesspiegel, Nr. 13528, 24. 3. 1990, S. 4; Ders.: Eine geistig verwirrte Frau mit Klarsicht. In: Westfälische Rundschau, Nr. 71, 24. 3. 1990; Ders.: Norm und Wahnsinn. In: Rheinische Post, 4. 4. 1990; *Tomerius*, Lorenz: Des Autors Skepsis war berechtigt. In: Weser-Kurier (Bremen), 4. 4. 1990; Ders. [unter dem Kürzel tom]: Ohne theatralische Selbstbehauptung. In: Main Spitze (Rüsselsheim), 18. 4. 1990; *Wenderoth*, Horst: Die Schatten der Diktaturen. Tabori, Lemke und Hein auf Ostberliner Bühnen [Zu: Mein Kampf; Männerbiographien in der DDR; Ma... Ma... Marlene]. In: NZZ (Fernausg.], Nr. 73, 29. 3. 1990, S. 42.

3.2.12. Zu: Öffentlich arbeiten

– Aufsätze –

Jarmatz, Klaus: Vorführung eines dialogischen Prinzips. In: NDL, 36 (1988), H. 9, S. 135–140; *Löffler*, Dietrich: C. H., »Öffentlich arbeiten«. In: DDR-Literatur '87 im Gespräch. Hg. Siegfried Rönisch. Berlin/Weimar (Aufbau) 1988, S. 252–258.

– Rezensionen –

Berger, Christel: Wirkungen von Kunst nachspüren. In: Berliner Zeitung, 23. 3. 1988; *Engler*, Jürgen: Zwischen Kunst und Öffentlichkeit. In: Sonntag, Nr. 2, 10. 1. 1988, S. 4; *Funke*, Christoph: Welt – poetischer Begriff. In: Der Morgen, 9./10. 4. 1988; *Gutschke*, Irmtraud: Gedanken über Literatur und Leser. In: ND, Nr. 123, 26. 5. 1988, S. 6; auch in: Kritik 88, S. 99–101; *Heimberger*, Bernd: In dringlicher Ausübung des Amtes. In: Neue Zeit, 30. 5. 1988; *L[inzer]*, M[artin]: [Rez.]. In: Theater der Zeit 43 (1988), H. 6, S. 72; *Schütt*, Hans-Dieter: Hoffnung als Prinzip. In: Junge Welt, 11. 3. 1988.

3.2.13. Zu: Passage

– Aufsätze –

Stephan, Erika: C. H.s Kammerspiel »Passage« im Verständnis des Theaters. In: DDR-Literatur '87 im Gespräch. Hg. Siegfried Rönisch. Berlin/Weimar (Aufbau) 1988, S. 259–274.

– Rezensionen und Theaterkritiken –

U. Essen, 25. 10. 1987

dpa: Dichterische Freiheit überlagert Realität. In: General-Anzeiger, Nr. 29729 S. 13, 27. 10. 1987; *Finkelmeier*, Rolf: Verhaltene Dramatik. In: Ruhr-Nachrichten, Nr. 251, 27. 10. 1987, M 6; *Hartmann*, Rainer: Menschen im Elend des Exils. In: Kölner Stadt-Anzeiger, Nr. 252, 28. 10. 1987, S. 33; *Hennecke*, Günther: Eisige Luft der Freiheit. In: NZZ (Fernausg.), Nr. 251, 30. 10. 1987, S. 43; *Höbel*, Wolfgang: Am Fuß der blauen Berge. In: Süddeutsche Zeitung, Nr. 250, 30. 10. 1987, S. 37; *Jansen*, Hans: Die Welt guckte weg. In: Westdeutsche Allgemeine Zeitung, Nr. 251, 27. 10. 1987; *Jütte*, Anat: Der Jude als Opfer unter anderen. In: Allgemeine Jüdische Wochen-Zeitung, Nr. 42, 18. 12. 1987, S. 7; *Klu.*: Ruhestörer. In: Deutsches Allgemeines Sonntagsblatt, Nr. 44, 1. 11. 1987, S. 23; *Leymann*, Klaus: Die Kunst der Verfremdung. In: Marabo 1987, H. 12, S. 78; *Pohlhausen*, Rolf: Theater als Ort der Erinnerung. In: coolibri 1987, H. 12, S. 12 f.; *Roßmann*, Andreas: Flüchtlingsgespräche über die Kunst. In: FAZ, Nr. 251, 29. 10. 1987, S. 30; vgl. die Buchankündigung der FAZ Nr. 94, 22. 4. 1988, S. 30, wo aus diesem Beitrag zitiert wird; Ders.: Flüchtlingsgespräche. In: Deutschland-Archiv 1988, H. 7, S. 703–706 [Zu Pas in Essen, Zürich, Dresden]; *Ruf*, Wolfgang: Im Hinterzimmer der Geschichte. In: Deutsche Bühne (Zürich) 59 (1987), H. 12, S. 36–38; *Schmidt-Mühlisch*, Lothar: Müde Pappkameraden. In: Die Welt, Nr. 251, 28. 10. 1987, S. 23; *Schreiber*, Ulrich: Begegnungen der dritten Art. In: FR, Nr. 257, 5. 11. 1987, S. 8; *Schulze-Reimpell*, Werner: Menschen auf der Flucht. In: Theater heute 28 (1987), H. 12, S. 22; Ders.: Wer mag Flüchtlinge? In: Stuttgarter Zeitung, Nr. 251, 30. 10. 1987, S. 25; Ders.: Hinter den Akten versteckt. In: Rheinischer Merkur/Christ und Welt, Nr. 44, 30. 10. 1987, S. 18; *Skasa*, Michael: Die Szene ein Hinterzimmer. In: Die Zeit, Nr. 45, 30. 10. 1987, S. 64; *Wanzelius*, Rainer: »Passage«. Emigranten stecken in der Sackgasse. In: Westfälische Rundschau, Nr. 251, 27. 10. 1987. – *Weitere Rez.*: Badisches Tageblatt, 3. 11. 1987; Nürnberger Nachrichten, 28. 10. 1987.

U. Zürich, 15. 11. 1987

dlw: Biederes Flüchtlingsdrama. In: NZZ, 18. 11. 1987; *Obermüller*, Klara: Durch die Erinnerung zur Weißglut. In: Die Weltwoche, Nr. 47, 19. 11. 1987; *Roßmann*, Andreas: [s. unter U. Essen]; *Schaub*, Fritz: Ein Hauch von Freiheit. In: Südkurier (Konstanz), Nr. 270, 23. 11. 1987, S. 2.

U. Dresden, 28. 11. 1987

Antosch, Georg: Vom Prinzip Hoffnung künden. In: Neue Zeit, 4. 12. 1987; *Ehrlich*, Lothar: Herausforderung, über Grenzen des Möglichen nachzudenken. In: Sächsische Zeitung (Dresden), 1. 12. 1987; *Heitzenröther*, Horst: Zwischen Hoffnung und tödlicher Bedrohung. In: National-Zeitung 8. 12. 1987; *Kersten*, Heinz: Warten auf die Ausreise. In: Der Tagesspiegel, Nr. 12845, 25. 12. 1987, S. 5; *Klunker*, Heinz: Nun auch in der DDR angekommen. In: FR, Nr. 284, 8. 12. 1987, S. 7; *Menchén*, Georg: Utopie zwischen Furcht und Hoffen. In: Thüringische Landeszeitung (Weimar), 23. 1. 1988 [zu Pas in Dresden und Weimar]; *Roßmann*, Andreas: [s. unter U. Essen]; *Seyfarth*, Ingrid: Hoffnung auf Passage. In: Sonntag, Nr. 52, 27. 12. 1987, S. 5; *Spieler*, Heinrich: Warten, Hoffen, Kämpfen. In: Der Morgen, 2. 12. 1987; *Starke*, Frank: Beklemmende »Passage«. In: Die Weltbühne 83 (1988), H. 7, (16. 2.), S. 215 f.; *Trauth*, Volker: Sensibel nacherzählt. In: Theater der Zeit 43 (1988), H. 2, S. 38 f.; *Wirsing*, Sibylle: Wenn sie nicht gestorben sind [Pas und Heiner Müller: Anatomie Titus in Dresden]. In: FAZ, Nr. 281, 4. 12. 1987, S. 27.

Weimar, 12.1.1988

Funke, Christoph: Turnerische Angstzustände. In: Der Morgen, 15.1. 1988; *Menchén,* Georg: [s. unter U. Dresden]; *Trauth,* Volker: Unterschiedliche Varianten [Pas in Weimar und Karl-Marx-Stadt]. In: Theater der Zeit 43 (1988), H.5, S.4f.

Karl-Marx-Stadt, 27.2.1988

Funke, Christoph: Die Emigranten im Hinterzimmer. In: Der Morgen, 4.3.1988; *Trauth,* Volker: [s. unter Weimar];

Nordhausen, 16.9.1988

Ulrich, Peter: Grenzüberschreitungen [Pas und: Braun: Transit Europa]. In: Theater der Zeit 43 (1988), H.12, S.30–32.

Baden-Baden, 29.4.1989

Weisenburger, Hansjörg: Geschlossenes Haus an der Fluchtgrenze. In: Badisches Tageblatt (Baden-Baden), 2.5.1989.

Eisenach, 16.9.1989

Hitzeroth, Manfred: »Passage« ohne Beengung. Landestheater Eisenach gastierte mit Heins Drama in Kassel. In: Oberhessische Presse (Marburg), 19.5.1990.

Gießen, 8.4.1990

Ruckelshausen-Weckler, Olga: Charakterzeichnungen mit historischem Hintergrund. In: Gießener Allgemeine, 10.4.1990.

»Passage« als Fernsehfilm (DFF; U. 13.11.1988)

Funke, Christoph: Selbstfindung in schlimmer Lage. In: Der Morgen, 16.11.1988; *Hoyer,* Gisela: Gefährliche, gefährdete Zuflucht. In: Der Morgen, 12./13.11.1988; *Meves,* Ursula: Nahaufnahme von Menschen in einer Situation der Entscheidung. In: ND, 15.11.1988; *Novotny,* Ehrentraud: Anspielen gegen das Vergessen. In: Berliner Zeitung, 15./16.11.1988; *Pietzsch,* Ingeborg: Passage. In: Film und Fernsehen (Berlin) 17 (1989), Nr.4, S.5; *Rätzke,* Angelika: Fragen nach dem Maß menschlicher Größe. In: Berliner Zeitung, 16.11.1988; *Rathewalde,* Christian: Die Zerreißproben risikoreichen Wartens. In: National-Zeitung, 9.9.1988.

– Rezensionen und Sonstiges –

Conrad, Gabriele: Lesedramatik [Rez. zu Ah Q und Pas, Reihe dialog]. In: Sonntag, Nr.6, 5.2.1989, S.4; *dpa*: Hein-Stück wird in Essen uraufgeführt [Notiz-Vorankündigung: Pas in Dresden, Essen, Zürich]. In: Westfälische Rundschau, Nr.224, 25.8.1987; *Reichel,* Peter: En passant. Zitate und Notate zu C.H.s »Passage«. In: Theater der Zeit 42 (1987), H.5, S.50–53.

3.2.14. Zu: Der Tangospieler

– Aufsätze –

Hirdina, Karin: Das Normale der Provinz. In: NDL 37 (1989), H. 8, S. 138–142; *Jackman,* Graham: »Vergiss die dumme Geschichte«. ›History‹ and ›Story‹ in C. H.s »Der Tangospieler«. In: GDR Monitor (Loughborough/Leicester) Nr. 22, Sommer 1990, S. 45–68.

– Rezensionen –

Anonymus: Letzter Tango. Ein deutsches Unikum bei den Berliner Festspielen. In: Der Spiegel. Jg. 45. 25. 2. 1991, H. 9, S. 264; *Baier,* Lothar: Geschichte einer Übertretung. In: Wochenzeitung, 28. 4. 1989; *Berger,* Christel: Gleichgültigkeit gegenüber dem Leben. In: Berliner Zeitung, 26. 7. 1989; *Berke,* Bernd: Der »Tangospieler« hat Heimweh nach der Zelle. In: Westfälische Rundschau, Nr. 175, 29. 7. 1989; *Bilke,* Jörg Bernhard: Politischer Ex-Häftling. In: Bayernkurier (München), Nr. 21, 27. 5. 1989, S. 19; *Buhrfried,* Anne: »Tangospieler« wird verfilmt. In: Börsenblatt für den Dt. Buchhandel (Leipzig), Nr. 30, 12. 4. 1990; *Claas,* Herbert: Der gerade Weg ist das Labyrinth. In: Deutsche Volkszeitung/die tat, Nr. 16, 14. 4. 1989, S. 18; *Cwojdrak,* Günther: Eindringling C. H. In: Die Weltbühne, Nr. 27, 4. 7. 1989, S. 850–852; *Denneler,* Iris: Parabel einer Gefangenschaft. In: Der Tagesspiegel, Nr. 13259, 7. 5. 1989, Lit.-Beil., S. XII; *Ferchl,* Irene: Ziellos durch die Betten. In: Stuttgarter Zeitung, Nr. 108, 12. 5. 1989, S. 26; *Gallien,* Thomas: Die Sehnsucht nach der Gefängniszelle. In: Badische Zeitung, Nr. 166, 22./23. 7. 1989, S. 4; *Götze,* Karl-Heinz: Windflüchter. In: FR, Nr. 185, 12. 8. 1989, S. ZB 4; *Gutschke,* Irmtraud: Ein träger Ruderer – getrieben über Klippen im Flusse der Zeit. In: ND, Nr. 252, 26. 10. 1989, S. 4; *Gwosc,* Detlef: Vorführung einer labyrinthischen Sicht. In: National-Zeitung, 3. 7. 1989; *Habel,* Susanne: [Rez.]. In: Sudetenland (München) 31 (1989), S. 375 f.; *Hage,* Volker: Freiheit, mir graut's vor dir. In: Die Zeit, Nr. 13, 24. 3. 1989, Lit.-Beil.; *Hove,* Oliver vom: Der staatsgefährdende Tango. In: Die Presse, Nr. 12377, 10./11. 6. 1989, S. VIII; *Hüfner,* Agnes: Immer so weitermachen. In: Süddeutsche Zeitung, Nr. 59, 11./12. 3. 1989, Lit.-Beil., S. IV; *Jäger,* Manfred: Dallow ist bockig. In: Deutsches Allgemeines Sonntagsblatt, Nr. 12, 24. 3. 1989, S. 30; *Jäger-Hülsmann,* Friedrich: Der Tangospieler. Eine ironisch-satirische Erzählung. In: Sonntag, Nr. 27, 2. 7. 1989, S. 4; *Kurz,* Josef: Neues von den Mühen der Ebenen. In: Börsenblatt für den Dt. Buchhandel, Nr. 29, 18. 7. 1989, S. 551; *Korte,* Karl-Rudolf: Die Angst vor Veränderungen. In: Deutschland-Archiv, 22 (1989), Nr. 11, S. 1287–1289; *Kübler,* Gunhild: Von unerlaubten Witzen und anderen Untaten. In: NZZ (Fernausg.), Nr. 124, 2. 6. 1989, S. 47; *Lehmann,* Ralf: Ein Antiheld in der DDR. In: Westdeutsche Allgemeine Zeitung, Nr. 85, 12. 4. 1989; *Lennartz,* Knut: Gefahr für die Außenseiter. In: Kölner Stadt-Anzeiger, 6./7. 5. 1989; *Mohr,* Peter: Wenn ein Tango zum Verhängnis wird. In: Aargauer Tagblatt, 6. 5. 1989; Ders.: Neue Politik, neue Opfer. In: General-Anzeiger, Nr. 30225, 24. 7. 1989, S. 12; Ders.: Ein frecher Tango mit Folgen. In: Schwäbische Zeitung, 13. 9. 1989; *Mudrich,* Heinz:

Trauriger deutscher Tango. In: Saarbrücker Zeitung, Nr. 124, 1. 6. 1989, S. 19– 21; *Obermüller,* Klara: Von einem, der dem Recht unter die Räder geriet. In: Die Weltwoche (Zürich), Nr. 23, 8. 6. 1989, S. 62; *Prévost,* Claude: Une carapace d'indifférence. In: L'Humanité (Paris), 25. 7. 1990. Dt. (Ü. Lothar Baier) in: Baier, S. 166–170; *Rudloff,* Marie: Zu zaghaft? [Zur Rez. v. F. Jäger-Hülsmann]. In: Sonntag, Nr. 32, 6. 8. 1989, S. 4; *Scheller,* Wolf: Ein Künstler der Verstellung. In: Rheinische Post, Nr. 145, 24. 6. 1989; *Schmalhaus,* Stefan: [Rez.]. In: Münster-Magazin 9 (1989), Nr. 8, S. 53; *Sichtermann,* Barbara: Weder Außenseiter noch Pechvogel. In: Baier, S. 161–166; zuerst gesendet im Südwestfunk, 18. 11. 1989; *Steinberger,* Mikela: [Rez.]. In: Passagen, Nr. 7, I/1990, S. 12 f.; *Ullrich,* Eckhard: Eine Parabel mit bitteren Abgründen. In: Tribüne, 25. 8. 1989; *Vetter,* Roland: Schicksalhafte Ausweglosigkeit. In: der literat (Bad Soden), Nr. 7, 15. 7. 1989, S. 214; *Werner,* Norbert: Tango für ein Leben? In: Neue Zeit, 19. 6. 1989; *Wilke,* Christian Hartwig: Keinen Tango mit dem Stasi. In: Nürnberger Zeitung, Nr. 119, 27. 5. 1989, NZ am Wochenende, S. 2; *Wittstock,* Uwe: Kammerkonzert mit Trillerpfeife. In: Frankfurter Allgemeine Zeitung, Nr. 104, 6. 5. 1989; *Würtz,* Hannes: Dallows Rückkehr. In: Junge Welt, 26. 5. 1989; *Zulauf,* Jochen: Die Ironie der Wirklichkeit. In: Marabo 1989, Nr. 4, S. 89.

Zum Film »Der Tangospieler« (DEFA, U. 18. 2. 1991)

Bulgakowa, Oksana: Verlogene Nostalgie. Roland Gräfs »Der Tangospieler« im Wettbewerb. In: die tageszeitung, 18. 2. 1991, S. 22; *Knietzsch,* Horst: »Ob mein Film einmal Premiere haben wird, weiß ich noch nicht« [Interview mit Roland Gräf]. In: ND, Nr. 156, 7./8. 7. 1990, S. 5; *Herold,* Roland: Keiner will es gewesen sein. Interview mit DEFA-Regisseur Roland Gräf. In: Sonntag, Nr. 28, 15. 7. 1990, S. 5; *Kretschmann,* Waltraud: Der Tangospieler. In: Filmspiegel (Berlin), 36 (1990), Nr. 18, S. 8 f.; *Pollatschek,* Constanze: Versuch eines differenzierten Rückblicks. In: Der Tagesspiegel, Nr. 13626, 22. 7. 1990, S. 12; *Wischnewski,* Klaus: Bestürzend fern und nah. In: Die Weltbühne. Jg. 86, H. 13, 19. 3. 1991, S. 365–368.

3.2.15. Zu: Die Ritter der Tafelrunde

– Rezensionen und Theaterkritiken –

U. Dresden, 12. 4. 1989

Ebert, Gerhard: Parabel auf das Streben nach menschlicher Vervollkommnung. In: ND, Nr. 103, 3. 5. 1989, S. 3; *Funke,* Christoph: Artus in der Nachfolge Lessings. In: Der Morgen, 17. 4. 1989; *Haider,* Hans: Greise auf der Suche nach dem Gral [Gastsp. in Wien]. In: Die Presse, Nr. 12528, 7./8. 12. 1989, S. 7; *Heitzenröther,* Horst: Diskussionsstück um Ideale und den Sinn des Lebens. In: National-Zeitung, 18. 4. 1989; *Ignée,* Wolfgang: Backpfeifen fürs Politbüro. [Gastsp. in Ludwigsburg]. In: Stuttgarter Zeitung, Nr. 125, 1. 6. 1990, S. 29; *Klunker,* Heinz: Angst vorm Gral. Zur Nicht-Kritik der Hein-Urauff. in den Zeitungen der DDR. In: Theater heute 30 (1989), H. 7, S. 24; *Krug,* Hartmut: Greise

Kämpfer ohne Volk [RTr in Dresden und Kassel]. In: Badische Zeitung (Freiburg), Nr. 55, 7.3.1990, S. 8; Ders.: Ritter von der Traurigen Gestalt. In: Theater heute 30 (1989), H. 7, S. 23–26 [anschließend Textabdruck S. 27–35]; *Mehr,* Max Thomas: Eine Zukunft, die keiner haben will. In: die tageszeitung (Berlin), Nr. 2346, 26.10.1989, S. 13; *Menge,* Marlies: Ende des Schweigens. In: Die Zeit, 28.4.1989; *Mezger,* Martin: König Erichs Tafelrunde. Dresdner Gastspiel in Ludwigsburg: Politbüro-Endspiel. In: Eßlinger Zeitung, 2.6.1990; *Murr,* Felix: Artus hält im Kreml Hof. In: Die Welt, Nr. 74, 30.3.1989, S. 19; *Pietzsch,* Ingeborg: Suche nach dem Gral. In: Theater der Zeit 44 (1989), H. 7, S. 53 f.; *Schell,* Roland: Die Hüter des Grals sind müde und alte Männer. In: Heilbronner Stimme, 1.6.1990 [Gastsp. in Ludwigsburg]; *Senger,* Judith: Hunger auf Hoffnung. In: FR, Nr. 113, 18.5.1989, S. 20; *Seyfarth,* Ingrid: Palaver am runden Tisch. In: Sonntag, Nr. 20, 14.5.1989, S. 7; auch in: Baier, S. 184–187; *Wirsing,* Sibylle: Der heiße Schauplatz Dresden. In: FAZ, Nr. 248, 25.10.1989.

Zur Fernseh-Aufzeichnung der Inszenierung Dresden (ZDF/ORF; U. 24.4.1990)

[?], Hans Joachim: Erregend. In: Kölner Stadtanzeiger, Nr. 97, 26.4.1990, S. 37; *Ahrends,* Martin: Die große Leere [Vorschau]. In: Die Zeit, Nr. 17, 20.4.1990, S. 62; *Anonymus*: ORF produziert in der DDR. In: Die Presse, Nr. 12574, 5.2.1990, S. 6; *Wienert,* Klaus: Ein Schlüsselstück über tragisch überforderte Bonzen. In: Süddeutsche Zeitung, Nr. 94, 24.4.1990, S. 21; *W.,* K.: [Vorschau]. In: Stuttgarter Zeitung, Nr. 94, 24.4.1990, S. 29; Ders.: [Vorschau]. In: Badische Zeitung, Nr. 94, 24.4.1990.

Halle, 10.10.1989

is: Das Ende der Macht der alten Männer. [Gastsp. in Mülheim]. In: Ruhr-Nachrichten, Nr. 118, 22.5.1990, M 10; *Maack,* Christine: Da wurde Redakteur Parzival zynisch. Bei den Mülheimer Theatertagen: Was DDR-Autoren vor der Wende schrieben. In: Saarbrücker Zeitung, 28.5.1990; *Müller,* Christoph: Schmiede, Schmiere oder: Das Recht der ersten Nacht. Wie Kassels Intendant die SED-Ritter aus Halle von Tübingen fernhielt. In: Theater heute 31 (1990), H. 2, S. 66 [Leserbriefe dazu in: Ebd., H. 3, S. 70]; *Pietzsch,* Ingeborg: Passé? »Die Ritter der Tafelrunde« in Halle und Schwerin. In: Theater der Zeit 45 (1990), H. 2, S. 16 f.

Schwerin, 17.11.1989

Pietzsch, Ingeborg: [s. unter Halle]; *Rickert,* Jürgen: Deutsche Wirklichkeit auf der Bühne. In: Landeszeitung für die Lüneburger Heide (Lüneburg), 1.3.1990.

Leipzig, 3.2.1990

Boullon, Frank-Rafael: Ein komödischer »Vorwendetext« mit philosophischen Dimensionen inszeniert. In: ND, 14.3.1990.

BRD-EA Kassel, 3.3.1990

[?]: Einen Gral gibt es nicht. In: FR, Nr. 54, 5.3.1990, S. 16; *cbg* [d.i. Klaus Colberg]: Brentanos Ehe und eine Gralsfabel [Zu: Enzensberger: Eine romantische Frau und RTr]. In: NZZ (Fernausg.), Nr. 56, 9.3.1990, S. 47; Ders.: Erich Honecker und König Artus' Tafelrunde. In: Schwäbische Zeitung (Leutkirch), 10.3.1990; Ders.: Abgesang der Ideologien. In: Allgemeine Zeitung (Mainz), 7.3.1990; Ders.: Abgesang einer Ideologie. In: Bremer Nachrichten, 24.3.1990; Ders.: Abgesang auf eine Ideologie. In: Nordwest-Zeitung (Oldenburg), 5.4.1990; auch in: Wilhelmshavener Zeitung, 6.4.1990; Ders.: Karikiertes Gesellschaftspanorama. In: Niederelbe Zeitung (Otterndorf), 14.3.1990; auch in: Nordsee-Zeitung (Bremerhaven), 14.3.1990, Zevener Zeitung, 14.3.1990; *Drömer*, Jens: Nichts ist mehr wie früher. In: Westdeutsche Allgemeine Zeitung, Nr. 55, 6.3.1990; *Krug*, Hartmut: Greise Kämpfer ohne Volk [RTr in Dresden und Kassel]. In: Badische Zeitung (Freiburg), Nr. 55, 7.3.1990, S. 8; *Laages*, Michael: Der Verlust der Mythen [Zu: Enzensberger: Eine romantische Frau und RTr]. In: Die Welt, Nr. 54, 5.3.1990, S. 22; *M. B.*: Die Rückkehr der Jedi-Ritter. In: Neue Westfälische (Bielefeld), 2.4.1990; *Roßmann*, Andreas: Altersheim der Macht. In: FAZ, Nr. 57, 8.3.1990, S. 36; *Sandner v. Dehn*, Claudia: Ohne Gral in die Zukunft. In: Hessische Allgemeine (Fritzlar-Homberg), 5.3.1990; *Schmitter*, Elke: Ein Klappstuhl für den Messias. In: die tageszeitung (Berlin), Nr. 3051, 7.3.1990, S. 17; *Schmitt-Sasse*, Joachim: Wandlitz im Mittleren Westen. In: Volkszeitung, Nr. 13, 23.3.1990, S. 12; *Skasa*, Michael: Von Lieb' und Haß in Bett und Staat [Enzensberger: Romantische Frau und RTr]. In: Die Zeit, Nr. 11, 9.3.1990, S. 57; *Weishaupt*, Jürgen: Artusreich im Lande Nirgendwo. In: Triererischer Volksfreund, 7.3. 1990; Ders.: Die alten Mythen greifen nicht mehr. In: Badisches Tagblatt (Baden-Baden), 6.3.1990; Ders.: Im Stadium des Verfalls. In: Heilbronner Stimme, 6.3.1990; *Zerull*, Ludwig: Heins Tafelrundritter – schnell gealtert. In: Theater heute 31 (1990), H. 4, S. 45 f.; Ders.: Vom Messerstecher zum Bürokraten. In: Hannoversche Allgemeine Zeitung, 9.3.1990.

Frankfurt/O., 27.3.1990

Vogt, Heribert: Es wird nie mehr so, wie es war. Kleist-Theater Frankfurt/Oder mit »Die Ritter der Tafelrunde« im Studio. In: Rhein-Neckar-Zeitung (Heidelberg), 26.5.1990.

Bielefeld, 30.3.1990

Kahmann, Uli: Bedenklich. In: Bielefelds Stadtillustrierte, Nr. 5, 21.4.–4.5.1990; *Wiese*, Heide: Kämpfer sind müde... In: Herforder Kreisblatt, 2.4.1990.

Zu »Die Ritter der Tafelrunde« als Fernsehfilm (DFF 2; U. 7.10.1990)

dpa: DDR-Fernsehen will Werke von Heym und Hein verfilmen [Notiz]. In: Der Tagesspiegel, 13.1.1990, S. 19; *Morgner*, Martin: Weg vom Gral der Alten und auf der Suche – wonach? In: Berliner Zeitung, 8.10.

1990; *Müllheimer,* Marina: Die vergebliche Suche nach dem Gral. Verfilmung der »Ritter der Tafelrunde« lebt von der Gedankentiefe der Text-Vorlage. In: Der Morgen, 8.10.1990.

Mainz, 17.1.1991

Clauer, Markus: Ein fauliger Machtapparat wird seziert. In: die Rheinpfalz (Ludwigshafen), 21.1.1991; *Frederiksen,* Jens: Abgerissene Haudegen beim Talk im Turm. In: Main Spitze (Rüsselsheim), 16.2.1991; *Kienzle,* Siegfried: Verspätete Provokation. In: Darmstädter Echo, 21.1. 1991.

– Rezensionen und Sonstiges –

Cases, Cesare: Die Ritter der Tafelrunde [Rez. und anschließender Textauszug aus dem 3. Akt]. In: Liber [Beilage der FAZ], Nr. 2, Dez. 1989, S. 5; *Grieger,* Manfred: Die verwaisten Stühle der greisen Artus-Runde. In: Unsere Zeit, Nr. 237, 13.10.1983, Lit. S. V; *Juhn,* Arnim: Der aktuelle Spielplan des Lesers [RTr, Petruschewskaja, Hildesheimer]. In: Deutsches Allgemeines Sonntagsblatt, Nr. 40, 6.10.1989, S. 20 [Rez.]; *Schaber,* Susanne: Parzival ist in die Jahre gekommen. In: Aargauer Tagblatt, 3.2.1990 [Rez.]; *Schnabel,* Dieter: Ein Haufen von Narren, Idioten und Verbrechern. C.H.s »Die Ritter der Tafelrunde« bei den Festspielen Baden-Württemberg im Ludwigsburger Theater im Forum. In: Main-Post (Würzburg), 1.6.1990; *Wunderlich,* Werner: »Zuviel Durcheinander hier...« Geschichten und Gestalten des Mittelalters in literarischen Neuerscheinungen 1989 [u.a. Dorst, Handke, Hein]. In: NZZ (Fernausg.), Nr. 55, 8.3.1990, S. 54 [Rez.]

3.2.16. Zu: Die fünfte Grundrechenart

– Rezensionen –

Engler, Jürgen: Der Einzelne und das Eigentum. In: Sonntag, Nr. 33, 19.8.1990, S. 6; *Hage,* Volker: Kein schöner Thema weit und breit [C.H., Heym, Wolf, Grass, Walser]. In: Die Zeit, Nr. 11, 9.3.1990. Lit.-Beil., S. 1f.; *Hüfner,* Agnes: Der Chronist stärkt das Geschichtsbewußtsein. In: Süddeutsche Zeitung, Nr. 58, 10./11.3.1990, S. XVI; *Kelter,* Jochen: Sind die Intellektuellen blind? [C.H., Walser, Grass]. In: Badische Zeitung, Nr. 148, 30.6./1.7.1990, S. 4; *Mi.:* »Sie meinen nicht unser Paradies«. Max Frischs und C.H.s Reden in Düsseldorf [fGr, S. 200–229]. In: Rheinische Post, Nr. 293, 15.12.1989; *Nöldechen,* Peter: »Bilder, die wir bisher nur aus Chile kannten« [Lesung im Berliner Ensemble, Berlin, aus: fGr 128–154, 163–172, u.a.]. In: General-Anzeiger, Nr. 30327, 16.10.1989, S. 14; Ders.: »Wir haben Bilder gesehen, die wir nur aus Chile kannten«. [Lesung, s. oben]. In: Westfälische Rundschau, Nr. 242, 16.10.1989; *Noll,* Hans: Jetzt werden alle mutig. In: Die Welt, Nr. 156, 7.7.1990, S. 21; *Obermüller,* Klara: »Wer je die Zeit vergißt...«. In der DDR melden sich jetzt die Opfer des Stalinismus zu Wort [Zu: Janka, Just, Naumann und fGr]. In: Die Weltwoche, Nr. 15, 12.4.1990, S. 63; *Reich-Ranicki,* Marcel: Die Angst vor dem Schriftsteller. Zu C.H.s bemerkenswerter Rede über den Verfall der Kultur in der

Bundesrepublik und die Zensur in der DDR [fGr 104–127]. In: FAZ, Nr. 285, 9.12.1987, S. 23; *Schirrmacher*, Frank: Jeder ist mit seiner Wahrheit allein [C. H., Havel, Müller, Szczypiorski, Heym]. In: FAZ, Nr. 85, 10.4.1990. Lit.-Beil., S. 1 f.; *Schmitt*, Hans-Jürgen: Deutsche Ein- & Aussichten [C. H., Grass, Wolf]. In: FR, Nr. 83, 7.4.1990, S. B4, Lit.-Beil.; *Siebenhaar*, Klaus: Aus einem fremden Land. In: Der Tagesspiegel, Nr. 13541, 8.4.1990, S. L2.

3.2.17. Zu: Als Kind habe ich Stalin gesehen

Engler, Jürgen: [s. unter fGr]; *Funke*, Christoph: Der Dichter im Umbruch. In: Der Morgen, 7.8.1990.

3.2.18. Zu: Die Ritter der Tafelrunde u. a. Stücke

Weiß, Alwin: Zu viel geredet, zu wenig gesprochen. Heftig diskutierte Stücke von C. H. in einem Sammelband des Aufbau-Verlages. In: Junge Welt, 1.2.1991.

3.2.19. Sonstiges

Anonymus: Zur Person [Notiz zur Verleihung des Kritikerpreises 1983]. In: Westdeutsche Allgemeine Zeitung, Nr. 37, 13.2.1984; *Anonymus*: Lehrstuhl für C. H. [Notiz]. In: Kultur + Gesellschaft (Neuss) Nr. 1, Jan./ Feb. 1989, S. 22; [Notiz: Stefan-Andres-Förderpreis für HE]. In: Die Welt, Nr. 202, 31.8.1989, S. 20; Literaturpreis für de Bruyn und Hein. In: ND, 7.5.1990; *Auer*, Alexandra: Echte und falsche Töne. C. H. [und Michael Scharang] bei der Literatur im März [Lesung, u. a. Einladung zum Lever Bourgeois]. In: Die Presse, Nr. 12612, 21.3.1990, S. 13; *Baumann*, Wolfgang: C. H. – bloßer Chronist? Literatursendung im KIZ. In: Budapester Rundschau, Nr. 39, 25.9.1989; *Bongardt*, Karl: Hohe Auszeichnung für C. H. Der DDR-Autor nimmt in Schweich (BRD) den Stefan-Andres-Preis entgegen. In: Neue Zeit, 9.9.1989; *dpa*: Kritikerpreis für DDR-Autor Hein. [Notiz]. In: General-Anzeiger, Nr. 28604, 13.2.1984, S. 12; *dpa*: DDR-Autor C. H. lehrt ein Jahr lang in Essen. [Notiz]. In: Ruhr-Nachrichten, Nr. 278, 29.11.1988; *F. A. Z.*: C. H. Erster Träger des Erich-Fried-Preises. [Notiz]. In: FAZ, Nr. 20, 24.1. 1990; *Gorgs*, Michael: DDR-Autor als Dozent [Autoren-Lehrstuhl in Essen]. In: Rheinische Post, Nr. 275, 26.11.1988; *hai*: Eine Dichterfeier, bühnenreif. DDR-Autor C. H. bekam Erich-Fried-Preis. In: Die Presse, Nr. 12650, 7.5.1990, S. 10; *H.*, H.: Deutsche Konvergenzen. Hein erhält den Erich-Fried- Preis. In: Die Presse, Nr. 12563, 23.1.1990, S. 6; *Jansen*, Hans: Die WAZ-Gruppe stiftet ersten Autoren-Lehrstuhl [Hein wird als erster an die Folkwang-Hochschule Essen berufen]. In: Westdeutsche Allgemeine Zeitung, Nr. 276, 26.11.1988; Ders.: Grenzgänger der Literatur [Autoren-Lehrstuhl für C. H.]. In: Westdeutsche Allgemeine Zeitung, Nr. 91, 19.4.1989; *kle*: Zeitungsgruppe stiftet Autorenprofessur [in Essen]. In: Westfälische Rundschau, Nr. 276, 26.11.1988; *K.*, P.: Erster Fried-Preis an C. H. [Notiz]. In: Badische Zeitung, Nr. 20, 25.1.1990, S. 12; *Krause*, Manfred: Marionetten der

Macht. Christoph Heins Projekt »Das große Essen in der Meierei« [in Essen]. In: Westdeutsche Allgemeine Zeitung, Nr. 42, 19. 2. 1990; *rp*: Poetik-Lehrstuhl: Stück über Kunst im Faschismus [Projekt-Skizze Hein]. In: Westfälische Rundschau, Nr. 91, 19. 4. 1989; *Wintzenburg*, Ludwig: Da tanzten die Puppen! Zum Abschied von C. H. [Zu: Das große Essen in der Meierei. Projekt während des Autorenlehrstuhls für C. H.]. In: Neue Ruhr Zeitung, 19. 2. 1990.

Quellennachweise

Wir danken den Autoren und Verlagen für die freundliche Genehmigung des Abdrucks.

Klaus *Hammer*: Gespräch mit Christoph Hein. Februar 1991. Erstdruck.

Christoph *Hein*: Eure Freiheit ist unser Auftrag. Dezember 1991. Erstdruck.

Jochen *Marquardt*: Es war einmal ein Land, das hieß DDR oder Wie Kohlhaas zum Staatsbürger ward. Überarbeitete und veränderte Fassung seines Aufsatzes in: Beiträge zur Kleist-Forschung. Frankfurt/O. 1988 [1989].

Antonia *Grunenberg*: Geschichte als Entfremdung. Christoph Hein als Autor der DDR. In: Michigan Germanic studies (Michigan) 8 (1982), H. 1/2 (erschienen 1985), S. 229–251. Gekürzt.

Lesarten: »Der fremde Freund«. – Brigitte *Böttcher*: Diagnose eines unheilbaren Zustands. In: Neue deutsche Literatur 31 (1983), H. 6, S. 145–149. – Bernd *Leistner*: Für und Wider: »Der fremde Freund«. In: Weimarer Beiträge (Berlin) 29 (1983), H. 9, S. 1642–1645. – Wolfgang *Emmerich*: ›Dialektik der Aufklärung‹ in der jüngeren DDR-Literatur. In: Die Literatur der DDR. 1976–1986. Akten der Internationalen Konferenz Pisa, Mai 1987. Hg. Anna Chiarloni/Gemma Sartori/Fabrizio Cambi. Pisa 1988. S. 416–418 (Auszug).

Bernd *Fischer*: Drachenblut. Christoph Heins ›Fremde Freundin‹. In: Colloquia Germanica (Bern) 21 (1988), H. 1, S. 46–57.

Fabrizio *Cambi*: Jetztzeit und Vergangenheit. Ästhetische und ideologische Auseinandersetzung im Werk Christoph Heins. In: Die Literatur der DDR. 1976–1986. Akten der Internationalen Konferenz Pisa, Mai 1987. Pisa 1988. S. 79–86.

Thomas *Neumann*: Im Schüfftan-Spiegel gebrochene Hermunduren. Christoph Heins Roman »Horns Ende«. In: Düsseldorfer Debatte (Düsseldorf) 1985, H. 11, S. 33–38.

Klaus *Hammer*: »Horns Ende«. Versuch einer Interpretation. In: Weimarer Beiträge 31 (1987), H. 8, S. 1358–1369. Gekürzt.

Heinz-Peter *Preußer*: Hoffnung im Zerfall. Das Negative und das Andere in »Horns Ende«. Aus: H.-P. P: Zivilisationskritik und literarische Öffentlichkeit. Strukturale und wertungstheoretische Untersuchung zu erzählenden Texten C. H.s. Frankfurt a. M., Bern, New York, Paris 1991. Gekürzte Fassung eines Kapitels.

Karin *Hirdina*: Das Normale der Provinz. In: Neue deutsche Literatur 37 (1989), H. 8, S. 138–143.

Friedrich *Dieckmann*: Christoph Hein, Thomas Mann und der Tangospieler. Ein Essay zur Lesung mit Christoph Hein anläßlich der Buchveröffentlichung »Der Tangospieler« am 18. 5. 1989 im tip (theater im palast) Berlin. In: F. D.: Glockenläuten und offene Fragen. Frankfurt a. M. 1991.

Reinhard *Andress*: Christoph Heins Weg durch den Herbst 1989. Erstdruck.

Frauke *Meyer-Gosau*: Christoph Hein, Politiker. Vortrag, gehalten beim 14. Münstereifeler Literaturgespräch zum Thema: Christoph Hein – Werk und Wirkung in Ost und West. Bad Münstereifel, Mai 1990. Erstdruck.

Antje *Janssen-Zimmermann*: »Subjektive Objektivität«. 1992. Erstdruck.

Frank *Hörnigk*: »Die wahre Geschichte des Ah Q« – ein Clownsspiel mit Phantasie. In: DDR-Literatur '83 im Gespräch. Hg. Siegfried Rönisch. Berlin/Weimar 1984. S. 234–239.

Bernhard *Greiner*: Bürgerliches Lachtheater als Komödie in der DDR. J. M. R. Lenz' »Der neue Menoza«, bearbeitet von Christoph Hein. In: Literatur der DDR. 1976–1986. Akten der Internationalen Konferenz Pisa, Mai 1987. Pisa 1988. S. 329–345. Gekürzt.

Erika *Stephan*: Christoph Heins Kammerspiel »Passage« im Verständnis des Theaters. In: DDR-Literatur '87 im Gespräch. Hg. Siegfried Rönisch. Berlin/Weimar 1988. S. 259–274. Gekürzt.

Karla *Kochta*: Die Austreibung des Grals? In: Programmheft »Die Ritter der Tafelrunde« (Spielzeit 1989/90); Schauspiel. Journal des Staatsschauspiels Dresden, 1989/90, Nr. 6.

Aus einer Diskussion mit Christoph Hein und den Schöpfern des Fernsehfilms »Die Ritter der Tafelrunde« nach der Voraufführung in der Akademie der Künste zu Berlin am 29. 9. 1990. Nach dem Mitschnitt der Diskussion; der AdK danken wir für die uns zur Verfügung gestellte Kassette. Erstdruck.

Autorinnen und Autoren des Bandes

Reinhard Andress, Ph. D., Assistant Professor of German, Alfred University, New York. Forschungsgebiete: DDR-Literatur, Pädagogik. Aufsätze u. a.: DDR-Schriftsteller und die Herbst-Ereignisse 1989; Die Schriftstellerfigur in der DDR-Prosa der 70er und 80er Jahre; Feudalabsolutistisches Barock und DDR-Literaturverhältnisse: Johann Christian Günther in Joachim Walthers Roman »Bewerbung bei Hofe« (alle 1991).

Brigitte Böttcher, geb. 1950, 1972–91 Lektorin im Mitteldeutschen Verlag Halle/Leipzig, ab 1991 dort redaktionelle Mitarbeiterin; Herausgaben und Literaturkritiken.

Fabrizio Cambi, geb. 1952, seit 1989 Professor für Deutsche Sprache und Literatur am Istituto di Lingue e Letterature germaniche an der Universität Florenz. Zahlreiche Publikationen über Strömungen und Autoren des 17. und des 20. Jahrhunderts, insbesondere zu Th. Mann, R. Musil, U. Johnson, I. Bachmann und zur DDR-Literatur; Herausgeber von Werken C. H.s in italienischer Sprache.

Friedrich Dieckmann, geb. 1937, Studium der Philosophie und Germanistik, später Mathematik und Physik in Leipzig, seit 1963 freischaffend, 1972/76 Dramaturg am Berliner Ensemble, schreibt Prosa, Lyrik, Essays, Kritiken, Features. Buchpublikationen u. a.: Streifzüge. Aufsätze und Kritiken (1977); Theaterbilder. Studien und Berichte (1979); Orpheus, eingeweiht. Erzählung (1983); Richard Wagner in Venedig. Collage (1983); Radierungen zur »Zauberflöte« (1984); Wagner, Verdi/Geschichte einer Unbeziehung (1989); Glockenläuten und offene Fragen. Berichte und Diagnosen aus dem anderen Deutschland (1991); Die Geschichte Don Giovannis. Werdegang eines erotischen Anarchisten (1991).

Wolfgang Emmerich, geb. 1941, Dr. phil., seit 1978 Professor für Neuere deutsche Literaturgeschichte und Kulturwissenschaft an der Universität Bremen; Gastprofessuren an den Universitäten Madison/Wisconsin und Paris. Forschungsgebiete: Literatur des 20. Jahrhunderts, insbesondere Exil- und Gegenwartsliteratur, Kulturgeschichte und -theorie. Zahlreiche Publikationen, u. a.: Kleine Literaturgeschichte der DDR., 1945–1988 (erw. Ausg. 1989).

Bernd Fischer, geb. 1953, Dr. phil., seit 1983 Assistant Professor an der Ohio State University, Department of German, Columbus. Zahlreiche

Veröffentlichungen zur Literatur des 20. Jahrhunderts, u. a.: Christoph Hein. Drama und Prosa im letzten Jahrzehnt der DDR (1990).

Bernhard Greiner, geb. 1943, Dr. phil., Professor für Neuere deutsche Literaturgeschichte an der Universität Tübingen, 1983–86 Vorsitzender des Internationalen Arbeitskreises für Literatur und Germanistik in der DDR. Forschungsgebiete: Klassik und Romantik, Drama und Theater, Literatur nach 1945, insbesondere Literatur der DDR. Zahlreiche Veröffentlichungen, u. a.: Von der Allegorie zur Idylle. Die Literatur der Arbeitswelt in der DDR (1974); Literatur der DDR in neuer Sicht. Studien und Interpretationen (1986).

Antonia Grunenberg, Dr. phil., Privatdozentin an der RWTH Aachen und wissenschaftliche Mitarbeiterin an der Forschungsstelle Osteuropa der Universität Bremen; gegenwärtig Fellow am Wissenschaftszentrum Nordrhein-Westfalen (Kulturwissenschaftliches Institut in Essen). Zahlreiche Veröffentlichungen, u. a.: Aufbruch der inneren Mauer. Politik und Kultur in der DDR 1971–90 (1990).

Klaus Hammer, geb. 1934, Dr. phil. sc., Dozent für deutsche Literatur an der TU Dresden. Zahlreiche Publikationen zur Geschichte und Theorie des Dramas, Literatur und Kunst des 20. Jahrhunderts, insbesondere zur DDR-Literatur. Herausgeber von Werkausgaben und Dokumentationen, u. a. zu Friedrich Wolf, Ludwig Renn; Anthologien zur DDR-Literatur.

Karin Hirdina, geb. 1941, Professorin für Ästhetik an der Humboldt-Universität Berlin. Veröffentlichungen zur Ästhetik der zwanziger Jahre, zur philosophischen Ästhetik und zur DDR-Literatur (u. a. Günter de Bruyn, Christa Wolf, Günter Kunert, Hans Eckart Wenzel, Alfred Wellm).

Frank Hörnigk, geb. 1944, Professor für Neuere Deutsche Literatur an der Humboldt-Universität Berlin. Publikationen zur Geschichte der DDR-Literatur, u. a.: Heiner-Müller-Material, sowie zur Literaturgeschichte des 19. und 20. Jahrhunderts. Theaterarbeit.

Antje Janssen-Zimmermann, geb. 1960, Studium der Germanistik und Katholischen Theologie, wissenschaftliche Angestellte am Lehrstuhl für Neuere deutsche Literatur der RWTH Aachen. Veröffentlichungen zur DDR- bzw. Gegenwartsliteratur, u. a.: Gegenwürfe. Untersuchungen zu Dramen Christoph Heins (1988).

Karla Kochta, Dramaturgin am Staatsschauspiel Dresden, betreute u. a. die Dresdner Inszenierungen von C. H.s »Passage« (1988) und »Die Ritter der Tafelrunde« (1989).

Bernd Leistner, geb. 1939, Dr. phil. habil., Dozent am Institut für Literatur Leipzig. Veröffentlichungen zur deutschen Literatur der Klassik, des

19. Jahrhunderts und der Gegenwart, insbesondere zur DDR-Literatur, u. a.: Unruhe um einen Klassiker. Zum Goethe-Bezug in der neueren DDR-Literatur (1978); Johannes Bobrowski. Studien und Interpretationen (1981); Sixtus Beckmesser. Essays zur deutschen Literatur (1989).

Jochen Marquardt, geb. 1953, Dr. phil. habil., wissenschaftlicher Assistent am Germanistischen Institut der Universität Leipzig. Mitarbeit an literaturwissenschaftlichen Lexika, Aufsätze zur deutschen Literaturgeschichte, insbesondere zu H. v. Kleist.

Frauke Meyer-Gosau, geb. 1950, Dr. phil., z. Z. Forschungsstipendiatin am Zentrum für Antisemitismus-Forschung der TU Berlin, Redakteurin der Zeitschrift »Text + Kritik«, u. a. die Hefte: MachtApparat Literatur. Literatur und Stalinismus (1990); Literatur in der DDR. Rückblicke (Sonderband 1991); Christoph Hein (1991). Weitere Publikationen zum Verhältnis von Geschichtserfahrung und literarischer Produktion in der DDR, zu feministischer Romantikrezeption, C. Wolf, U. Johnson, I. Bachmann, Erwin Strittmatter.

Thomas Neumann, geb. 1937, Dr. phil., Redakteur der Zeitschrift »Mittelweg 36« des Instituts für Sozialforschung, Hamburg. Veröffentlichungen u. a.: Die Maßnahme. Eine Herrschaftsgeschichte der SED (1991).

Heinz-Peter Preußer, geb. 1962, Studium der Neueren deutschen Literatur, Linguistik, Theater-, Film- und Fernsehwissenschaften an der FU Berlin. Veröffentlichungen zu C. Hein, G. Kunert, zur DDR-Literatur, Filmtheorie; Zivilisationskritik und literarische Öffentlichkeit. Strukturale und wertungstheoretische Untersuchung zu erzählenden Texten Christoph Heins (1991).

Erika Stephan, Dipl.-Theaterwissenschaftlerin, 1960–90 Hochschullehrerin an der Theaterwissenschaftlichen Abteilung der Theaterhochschule »Hans Otto« Leipzig, seit 1990 freiberufliche Theaterkritikerin. Forschungsgebiete: Schauspieltheorie und Geschichte und Theorie der Theaterkritik.

Bildnachweis

ADN GmbH/Bildarchiv/Schneider: S. 168/Uhlemann: S. 39, 159, 175; Dieter Andree, Berlin: S. 148; Hans-Ludwig Böhme, Dresden: S. 259; Martin Dettloff, Berlin: S. 247; Günter Dietel, Erfurt: S. 243; Wolfdietrich Gerhard, Neustrelitz: S. 233; Harry Hirschfeld, Berlin: S. 14, 16, 231; Roger Mellis, Berlin: S. 12; Sigrid Meixner, Schwerin: S. 244; Klaus Morgenstern, Berlin: S. 25; Stefan Odry, Köln: S. 239, 255; Gerhard Rösler, Cottbus: S. 235; Christina Zilioli, Zürich: S. 253; Leonard Zubler, Zürich: S. 256.

Christoph Hein
als
Dramatiker

Christoph Hein
Die Ritter der Tafelrunde
und andere Stücke
261 Seiten, Leinen

»Heins Texte sind Versuche, Erinnerung zu korrigieren, Geschichtsbilder in Frage zu stellen, festgefügte Ansichten zu stören und zu entheroisieren.«
Klemens Renolder

Christoph Hein
als
Essayist und
Kritiker

Christoph Hein
Öffentlich arbeiten
Essays und Gespräche
200 Seiten, Leinen

Christoph Hein
Als Kind habe ich Stalin gesehen
Essays und Reden
268 Seiten, Leinen

»... eigentlich ist in diesen
Texten alles vorausgesagt, was
wir inzwischen in der Wirklichkeit
gleichsam bloß nachgeliefert
erlebt haben.«
Hans Mayer